CHINESE

今日汉语

FOR TODAY

CHINESE

今日汉语

FOR TODAY

[BOOK 1]

Compiled and written by
Huang Zhengcheng, Ding Yongshou,
Liu Lanyun, Qiu Yanqing, Li Jiyu,
Lu Jianji, Hu Huainian and Xiong Wenhua
of The Beijing Languages Institute

**CHINA
BOOKS**
& Periodicals, Inc.

Chinese for Today—1

Compiled and written by
Huang Zhengcheng, Ding Yongshou, Liu Lanyun, Qiu
Yanqing, Li Jiyu, Lu Jianji, Hu Huainian and Xiong Wenhua
of The Beijing Languages Institute

Originally published by The Commercial Press, Ltd.,
Hong Kong.

Published by
China Books and Periodicals, Inc.
2929 24th Street, San Francisco, California 94110.

Printed by
C & C JOINT PRINTING CO. (H.K.), LTD.
75, Pau Chung Street, Kowloon, Hong Kong.
First edition, 1988

ISBN 0-8351-1840-1

PREFACE

I

CHINESE FOR TODAY is a series in two stages conceived and designed for people outside China who want to learn modern Chinese. It can be used as a textbook for regular classroom teaching, as well as for self-teaching purposes.

The textbook for Stage One contains 35 lessons preceded by a concise introduction to speech sounds and tones of modern Chinese. The texts of these lessons are all lively and true-to-life dialogues. They deal with situations a foreigner travelling or living in China is likely to find him or herself in. The major aim of this stage is to teach basic sentence patterns and ways of expression in modern spoken Chinese.

In the 35 lessons of the second stage, spoken and written Chinese are given equal attention, and a broader spectrum of life in modern Chinese society is presented through dialogues and stories. More complex sentence patterns and different ways of expression in a given situation are introduced and drilled, while what has been taught in the first stage is systematically revised. An integral part of each lesson in this stage is a Word Study section which illustrates, compares and summarizes the most frequently used expressions and phrases through examples and explanation.

In Stage One each text ranges from one to three hundred characters of which about 30 are new words. In Stage Two each text contains four to six hundred characters with some 40 of them being new words.

The learner, upon finishing the two stages, can expect to be able to recognize two thousand five hundred characters, at least half of which he should be able to write. These characters should be adequate for him or her to understand non-technical radio broadcasts, to carry on conversations on a variety of topics and to read newspapers and non-technical journals.

In compiling this series, conscious efforts were made to incorporate the finer features of other Chinese textbooks. The underlying objective of this series is to enable the learner to acquire a solid command of the Chinese language in aural comprehension, speaking, reading, and writing. This is achieved, among other ways, through careful grading of material, giving particular attention to what presents special difficulty to the foreign learner, and systematic presentation of ways of expression peculiar to the Chinese language. For the convenience of average users of this textbook linguistic terminology is cut down to the minimum.

To acquire facility in a language the learner needs to be familiar with the cultural and historical background of the nation where the language is spoken. This being the case, concise, clear annotations are provided where necessary. These will help the learner to understand what the Chinese would say in a given situation, how he or she would put it and why. The language taught in the series is consistantly standard modern Chinese, and gives due emphases to common set phrases, sayings and idioms.

To be used with Stage One is the companion book *EXERCISES IN READING AND WRITING CHINESE CHARACTERS*, in which exercises, notes, as well as interesting anecdotes serve to aid the user in recognizing, reading and writing characters. To meet the needs of some users, in the word lists, underneath all the simplified characters their originals in complex strokes are given. There is also a companion *READER* to go with the second volume. It is to help the learner revise what he or she has learned and obtain a broader and deeper understanding of Chinese history and culture.

In *CHINESE FOR TODAY* ample exercises of various types have been devised for those language points which the learner is expected to master. Answers to exercises marked by the sign " * " can be found at the end of the book. After every five lessons there is a special section for revision.

As a supplement, recordings of speech sounds and tones and the texts in standard spoken Chinese are available on cassette tapes.

II

HOW TO USE *CHINESE FOR TODAY*

Both the person wishing to learn Chinese on his own and the instructor teaching a course will find this series should serve their purposes admirably. Furthermore, the series is designed so that it may be used by learners with different specific goals. For example, the learner whose sole objective is mastery of basic spoken Chinese need only use the main textbooks of Stages One and Two, and the student equally interested in oral and written forms may use all materials simultaneously.

In using this series, the importance of practice should be emphasized. This is particularly so when a Chinese environment is lacking. The lessons are written and arranged in such a way as to facilitate the learner to do an ample amount of exercises.

The following are some hints the user of this textbook may find useful.

1   **Phonetics.** More time and effort should be given to the comparatively few difficult sounds and tones instead of directing equal attention to everything. The learner will find it rewarding to listen to the recordings and to compare his or her own voice with that on the tape and thus to correct errors in pronunciation and intonation. It is most stimulating to combine phonetic exercises with the study of the

texts.

2   **Dialogue/text and new words lists.** The student is encouraged to listen to the recordings first all the way through, then practise repeatedly reading aloud with the recordings afterwards. Difficult words and language points are numbered for quick reference. Extensive oral exercises on the new words and the text may be done in class to enable the learner to understand properly and to use correctly what is being taught in different situations.

3   **Study points.** The learner should bear in mind that not all that is annotated here is of the same importance. Some of the notes are just to provide background information.Those points which have exercises to go with them are the ones on which the student should concentrate.

4   **Exercises.** The exercises are designed to help the student to use in real situations the language they have just learnt. The phonetic exercises, oral exercises and listening exercises can be used for drills in class, while written exercises are recommended to be assigned as homework.

5   *EXERCISES IN READING AND WRITING CHINESE CHARACTERS* is a collection of exercises intended to improve the learner's ability to recognize, to read and to write characters, as well as to improve his or her reading comprehension. For those who are interested in Chinese characters, this supplement should prove invaluable. It is divided into two parts, one for reading and one for writing. As the two parts are independent, the learner who wishes to learn both reading and writing should use them simultaneously.

This textbook was written by Huang Zhengcheng(黄政澄), Ding Yong-shou (丁永寿), Liu Lanyun (刘岚云), Qiu Yanqing(邱衍庆), Li Jiyu (李继禹) and Lu Jianji(鲁健骥).English translation is by Hu Huainian(胡怀年).Xiong Wen hua (熊文华) also took part in the translation of Book One. The compilers and translators are all teachers at the Beijing Languages Institute.

In the course of compiling this series, we have received generous assistance from Lo Chihong of the Commercial Press, Ltd. in Hong Kong and Linda Jaivin of Oxford University Press. For this we wish to express our appreciation and gratitude.

The authors

FORMAT OF STAGE ONE OF *CHINESE FOR TODAY*

1   There are 35 lessons in this volume, with a section for revision between every five lessons. Preceding the lessons is an introduction to phonetics and coming after the lessons are a general word list in the Chinese alphabetic order and answers to the

exercises. Each lesson is composed of the following parts: the new words, the text, the notes, the supplementary words and the exercises.

2 *Pinyin* (Romanized spelling) is provided under each line of the text, which is translated into English on the right. Points in the text which are annotated are marked by small Arabic numerals.

3 New words, which are arranged in the order of their appearance in the text, are accompanied by their Romanized Chinese spellings (*pinyin*), English translation and indication of parts of speech. The student can also refer to the Word List in the appendix where the characters are listed in alphabetical order by *pinyin* spelling. English translations of the new words, as a rule, are of the same parts of speech as the Chinese originals. The relatively few words that don't correspond to standard English parts of speech are properly explained. Proper names are rendered into Romanized Chinese spellings. Accepted English spellings are also given for words such as Běijīng (Peking), and Guǎngzhōu (Canton). New words in the exercises are listed under Supplementary Words.

4 Some of the examples in the notes are taken from the text. Where necessary, extra examples have been added. These additional examples are accompanied by both Romanized Chinese spellings and English translations.

5 There are four types of exercises in this book. They are: phonetic exercises, oral exercises, written exercises and listening exercises.

6 All the simplified characters in this series follow the *LIST OF SIMPLIFIED CHARACTERS* published in January, 1956 by the State Council of the People's Republic of China. For the convenience of overseas learners, characters in complex strokes are provided underneath their simplified versions in the word lists of the *EXERCISES IN READING AND WRITING CHINESE CHARACTERS.*

目　　录

PHONETICS

Traditionally a Chinese syllable is divided into two parts: the initial (*sheng*), which is the beginning consonant, and the final (*yun*). The syllable can be pronounced in different contours which are known as tones, e.g. in *sān* (三), *s* is the initial and *an* the final, and the syllable is in the high-level tone.

The initial is made up of only one consonant and the final might be made up of one, two or three vowels, or a combination of one or two vowels and a consonant (-n or -ng).

The following is a brief description of the initials (*sheng*), finals (*yun*) and tones.

INITIALS

The 23 initials (*sheng*) in standard modern spoken Chinese are shown in the table below:

Voiceless						Voiced	
unaspirated	aspirated	unaspirated	aspirated				
b	p					m	w
				f			
		z	c	s			
d	t					n	l
		zh	ch	sh	r		
		j	q	x			y
g	k			h			

b is similar to "b" in the English word "bore" but is voiceless.

p is similar to "p" in "port" in English, but is invariably produced with a strong puff of air.

m is equivalent to "m" in "more".

f is equivalent to "f" in "four".

d is similar to "d" in "dirt" but is voiceless. It is pronounced with the tip of the tongue more to the front of the mouth than the "d" in English.

t　is similar to "t" in the English word "term". It is produced with a stronger puff of air and with the tip of the tongue more to the front of the mouth than the "t" in English.

n　is equivalent to "n" in "nurse" in English.

l　is equivalent to "l" in "learn" in English.

z　is similar to the cluster "ds" in "cards" in English but is voiceless and is produced with the tip of the tongue more to the front of the mouth.

c　is the aspirated counterpart of *z*. It is similar to the cluster "ts" in "its" in English but is pronounced with a stronger puff of air and with the tip of the tongue more to the front of the mouth.

s　is similar to "s" in the English word "air", but in pronouncing it, the tip of the tongue is more to the front of the mouth.

zh　is a voiceless consonant produced with the tip of the tongue pressed against the hard palate and with the air puffed out from between the tongue and the hard palate. It is similar to the "dge" in the English word "judge", but is pronounced with the tip of the tongue drawn more to the back of the mouth.

ch　is the aspirated counterpart of *zh*. In pronouncing it, the tip of the tongue is drawn more to the back of the mouth than when pronouncing "ch" in "church" in English.

sh　is produced with the tip of the tongue raised toward the hard palate and air is squeezed out from the channel thus made. To pronounce it, the tip of the tongue is drawn more to the back of the mouth than when pronouncing "sh" of "shirt" in English.

r　is the voiced counterpart of *sh*. It is different from "r" of "run" in English in that, to pronounce it, the tip of the tongue is drawn more to the back and the lips are not pursed.

j　is produced by placing the tip of the tongue against the back of the lower teeth and pressing the blade against the hard palate. It is similar to the "d" and "y" combination in "and yet" in English, but is voiceless. When pronouncing it, the tip of the tongue is much lower than when pronouncing "j" of the English word "jeep".

q　is the aspirated counterpart of *j*. It is similar to the "t" and "y" combination in "don't you", but is produced with a stronger puff of air. The tip of the tongue is much lower than when pronouncing "ch" in the English word "cheese".

x　is produced by placing the tip of the tongue against the lower teeth and raising the blade toward the hard palate. It is similar to the "s" and "y" combination of "bless you" in English. The tip of the tongue is much lower than when pronouncing "sh" of the English "she".

g   is similar to the English consonant "g" in "girl" but is voiceless.

k   is similar to "k" in the English word "kerf", but is produced with a stronger aspiration.

h   is produced by raising the back of the tongue toward the soft palate and releasing the air through the channel thus made. It is similar to the "ch" in the German word "ach", but is different from the "h" of English "hot" in that the former (Chinese *h*) is a velar fricative while the latter a glottal fricative.

y   is similar to the English "y" of "yes", but it can be produced with slight friction.

w   is similar to the English "w" in "woo", but it can be produced with slight friction.

In learning the Chinese initials, attention must be paid to the difference between the aspirated and unaspirated initials which differentiate words, e.g.

Aspirated	Unaspirated
qīkān 期刊 (periodical)	jīgān 鸡肝 (chicken liver)
chū tǔ 出土 (unearthed)	zhūdǔ 猪肚 (pork tripe)

When pronouncing the aspirated initials, the learner may hold a piece of thin paper close to the mouth. The paper would vibrate as the result of aspiration when the sound is properly pronounced.

If he has difficulty in producing *j, q, x*, the learner may press the tip of tongue with his finger to ensure that it doesn't move away from the back of the lower teeth.

To get the correct pronunciation of *zh, ch, sh, r*, the learner may push the tip of the tongue backward with his finger.

As a rule, we don't pronounce any initial alone. There must be a final after it, so that it sounds clear. Thus, for citation purpose,

b, p, m, f are followed by *o: bo, po, mo, fo*.

d, t, n, l, g, k, h are followed by *e: de, te, ne, le, ge, ke, he*.

z, c, s are followed by i^2: *zi, ci, si*.

zh, ch, sh, r are followed by i^3: *zhi, chi, shi, ri*.

j, q, x, y are followed by i^1: *ji, qi, xi* and *yi*.

w is followed by *u: wu*.

FINALS

There are 29 finals in standard modern spoken Chinese:

Simple finals						Diphthong and triphthong finals				Finals ending with -n or -ng					
					a	*a*i		*a*o		an					
											ang				
				o				o*u*							
													ong		
			e¹												
				e² er						en		eng			
					e³										
						e*i*									
i¹			i*a*			i*e*	i*a*o	i*u*		i*a*n	in	i*a*ng		ing	iong
	i²														
		i³													
	u	u*a*	u*o*			u*a*i	u*i*			u*a*n	un	u*a*ng			
	ü					ü*e*				ü*a*n	ün				

In the Table, finals on the same line have the same beginning vowel and the italicized vowels of those in the same column, are roughly of the same value. The italicized vowel in a final represents one pronounced louder than the rest.

a is equivalent to the "a" in the English word "farm" as pronounced by Americans.

ai is roughly of the same value as "ai" in "aisle" in English, but the beginning *a* is pronounced shorter than that of English.

ao is roughly of the same value as "ou" in "out" in English, but the beginning *a* is shorter than the "o" (in "out") in pronunciation.

an is *a* with -n ending.

ang is equivalent to "a (as in "father")+ng" in English, or to "ang" in German.

o is similar to "or" in English in pronunciation. It is spelled only with *b*, *p*, *m*, *f*, *y*, *w*.

ou is equivalent to "oa" in "boat" in American English, but *o* is shorter than its counterpart in English.

ong is equivalent to "u (as in "put")-ng" in English or "ung" in German.

e¹ which occurs after *d*, *t*, *n*, *l*, *g*, *k*, *h*, *z*, *c*, *s*, *zh*, *ch*, *sh*, *r*, is produced with the same tongue position as that of *o*, but the lips are unrounded. It is similar to "er" in "herb" in English; only, the back of the tongue is raised a little.

e² which occurs in a neutral tone syllable, is equivalent to the unstressed "a" (the indefinite article) in English.

e^3 is equivalent to "e" in "yes". It may stand alone or follow y or $\ddot{u}$ and may be written as $\hat{e}$ to avoid confusion with e^1.

er is pronounced with the tongue in the same position as pronouncing e^2 but the tip of the tongue turns up toward the hard palate. It is similar to "er" in "better" in American English.

ei is of the same value as "ei" in the English word "eight", but e in *ei* is very short.

en is the combination of "e^2+n". It is pronounced as the unstressed indefinite article "an" in English.

i^1 is equivalent to "ea" in the English word "eat" in pronunciation. Note that i^1 is different from "i" of "it" in English.

i^2 is vocalized *s,* i.e. when producing *s,* friction is released by a drawback of the tip of the tongue and the vocal cord is made vibrating at the same time. i^2 occurs only after *z, c, s.*

i^3 is vocalized *r,* i.e. when producing r, the tip of the tongue is lowered a bit, but there is no friction. It occurs only after *zh, ch, sh, r.*

ia is the combination of "i^1+a", in which a is louder and clearer than i which serves only as a medial.

iao is the combination of "i^1+ao".

ian is the combination of "i^1+e^3+n".

iang is the combination of "i^1+ung".

ie is the combination of "i^1+e^3" which is similar to "ye" in "yes" but without friction.

iu is the combination of "i^1+u" and between the two vowels, there is a very weak e^2.

iong is the combination of "i^1+ong".

in is the combination of "i^1+n". This is different from the English "in" in that it is pronounced with a higher position of the tongue.

ing is the combination of "i^1+ng".

u is similar to "u" in "rule" in English, but the lips are not so tightly pursed and is shorter than the English "u". It doesn't occur after j, q, x, y.

ua is the combination of "u+a".

uai is the combination of "u+ai".

uan is the combination of "u+an".

uang is the combination of "u+ang".

uo is the combination of "u+o".

ui   is the combination of "*u+i*" with a very weak e^2 in between.

un   is the combination of "*u+n*" with a very weak e^2 in between.

ü   is similar to the French sound "u" or German sound "ü". It is produced with the same tongue position as when pronouncing i^1, but the lips are pursed as producing *u*. When spelled with *j, q, x, y*, the two dots in the letter *ü* are omitted, e.g. qūyù 区域 (region), but they will remain when spelled with the initials *n* and *l*.

üan   is the combination of "*ü+e³+n*". It is written *uan* (the two dots in the letter *ü* are omitted) when spelled with *j, q, x, y*, e.g. yuánquán 源泉 (source).

üe   is the combination of "*ü+e³*". It is written *ue* (the two dots in the letter *ü* are omitted), e.g. quèyuè 崔跃 (to jump for joy) and the dots remain when spelled with the initials *n* and *l*.

ün   is the combination of "*ü+n*". It is only spelled with *j, q, x, y* and is written *un* (the two dots in *ü* are omitted), e.g. jūnyún 均匀 (homogeneous).

Note that all the beginning *i, u, ü* in the above finals are merely medials which are very short.

The Chinese initials and finals are very regularly combined with each other. Just read the following Table:

Finals \ Initials	b	p	m	f	w	d	t	n	l	g	k	h	z	c	s	zh	ch	sh	r	j	q	x	y
o	bo	po	mo	fo	wo																		yo
e^1						de	te	ne	le	ge	ke	he	ze	ce	se	zhe	che	she	re				
e^3																							ye
i^1	bi	pi	mi			di	ti	ni	li											ji	qi	xi	yi
i^2													zi	ci	si								
i^3																zhi	chi	shi	ri				
u	bu	pu	mu	fu	wu	du	tu	nu	lu	gu	ku	hu	zu	cu	su	zhu	chu	shu	ru				
ü								nü	lü											ju	qu	xu	yu

TONES

There are, in standard modern spoken Chinese, 4 basic tones, commonly known as the 1st, 2nd, 3rd and 4th tones. The tones are represented respectively by the tone-graphs " - ", " ´ ", " ˇ " and " ` " which are written over the simple final or the main vowel in a compound final. The values of the four tones are shown in the five-degreed pitch-graph as follows:

The first tone: 55, e.g. *mā* (mother)

The second tone: 35, e.g. *má* (hemp)

The third tone: 214, e.g. *mǎ* (horse)

The fourth tone: 51, e.g. *mà* (curse)

The 1st tone is a high level tone, the 2nd tone starts from the middle pitch and rises to the high pitch, the 3rd tone starts from the mid-low pitch, falls to the low pitch and then rises to the mid-high pitch, and the 4th tone is a complete falling tone, i.e. it falls from the high-pitch to the low-pitch.

The four tones can also be represented by musical notes as follows:

1st tone 2nd tone 3rd tone 4th tone

a♯ -b   f ♯ -c'   e-c♯ -a♯   b-c

However, the pitch of a tone is not absolute. People speak in different pitch ranges, but the relative tone contours are the same.

Another point to be noted is that every tone contour, like the glide in music, is presented in a gradual glide rather than a sharp falling or rising.

The learner should not be satisfied with an approximately correct command of the tones, but should try to be perfect. When they have grasped the four tones in general, they have to learn which tone the syllable(s) of a word is (are) in, for tones can differentiate words. For example, *mǎi* 买 (to buy) is in the 3rd tone. If you fail to get it correct and pronounce it in the 4th tone, it becomes *mài* 卖 (to sell) which means completely differently. And if you read it in the 1st tone, the syllable carries no sense, for there is no such a syllable in Chinese.

Each of the four tones, when followed by another, will more or less undertake some changes, but the third tone changes most prominently. Here is a brief account of these changes:

1) The 3rd tone loses its final rise when followed by a 1st, 2nd, 4th or a neutral tone syllable, i.e. only the initial falling portion remains. This is called the half-third tone, e.g.

qǐng hē 請喝 (please drink)

(Note: The dot over *i* is replaced by the tone-graph where there is one.)

lǚyóu 旅游 (tour)

wǒ shì 我是 (I am)

nǐmen 你们 (you (pl.))

2) The 3rd tone changes to the second when followed by another 3rd tone syllable e.g. Nǐ hǎo! 你好 (How are you!) is pronounced Ní hǎo! but the syllable is still marked in the third tone.

Apart from the four basic tones, there is a special tone called the neutral tone which occurs always in syllables other than the beginning one. The neutral tone is pronounced short and soft and goes without any tone-graph in writing. The neutral tone has three values:

| 1st+neutral | 2nd+neutral | 3rd+neutral | 4th+neutral |

1) It is pronounced in the middle pitch when following a 1st or 2nd tone syllable (including those which are originally in the third tone), e.g.

hēide 黑的 (a black one)

báide 白的 (a white one)

2) It is pronounced in the mid-high pitch when following a 3rd tone syllable, e.g.

xiǎode 小的 (a small one)

jiějie 姐姐 (elder sister)

3) It is pronounced in the low pitch when following a 4th tone syllable, e.g.

dàde 大的 (a big one)

EXERCISES

1. Pronounce the following after the recording:

1) Initials:

    b(o)   p(o)   m(o)   f(o)

    d(e)   t(e)   n(e)   l(e)

    z(i)   c(i)   s(i)

    zh(i)   ch(i)   sh(i)   r(i)

    j(i)   q(i)   x(i)

    g(e)   k(e)   h(e)

    y(i)   w(u)

2) Finals:

    a ai ao an ang o ou ong e¹ e² e³ er en eng

    i¹ ia iao ian iang ie iu iong in ing

    u ua uai uan uang uo ui un

    ü üan üe ün

3) Tones:

    ā   á   ǎ   à

    lā   lá   lǎ   là

    yī   yí   yǐ   yì

    mī   mí   mǐ   mì

    wū   wú   wǔ   wù

    fū   fú   fǔ   fù

2. Discriminate the initials that are easily confused:

1) Read the following in pairs:

(1) b, p	(2) d, t	(3) g, k	(4) z, c
bō pō	dā tā	gē kē	zī cī
bāo pāo	dāi tāi	gāng kāng	zōng cōng
bēi pēi	dī tī	gū kǔ	zǎn cǎn
bēn pēn	duō tuō	guān kuān	zūn cūn

(5) zh, ch	(6) j, q	(7) c, s	(8) ch, sh
zhī chī	jīn qīn	cī sī	chē shē
zhuī chuī	jiē qiē	cāng sāng	chī shī
zhuāng chuāng	jiū qiū	cū sū	chuān shuān
zhōu chōu	jū qū	cā sā	chēn shēn

(9) q, x (10) zh, j (11) ch, q (12) sh, x
  qī xī   zhī jī   chī qī   shī xī
  qīng xīng zhāng jiāng chōu qiū shā xiā
  quē xuē   zhōu jiū   chān qiān shēn xīn
  quān xuān zhūn jūn   chuān quān shāo xiāo

(13) z, j   (14) c, q   (15) s, x   (16) z, zh
  zī jī   cī qī   sī xī   zī zhī
  zēng jīng cā qiā   sōu xiū   zā zhā
  zāo jiāo   cāng qiāng sān xiān   zū zhū
  zuān juān cāo qiāo   sūn xūn   zōng zhōng

(17) c, ch (18) s, sh
  cī chī   sī shī
  cuō chuō   sā shā
  cāi chāi   sōu shōu
  cuī chuī   suān shuān

* 2) Listen to the recording and cross out the wrong one from each pair of
   initials:
   Example: b/p 八 (eight)
   (1) b/p 皮 (skin)   (2) b/p 背 (to carry on the back)
   (3) d/t 太 (too)   (4) d/t 对 (right)
   (5) zh/ch 吃 (to eat)   (6) zh/ch 住 (to live)
   (7) j/q 去 (to go)   (8) j/q 叫 (to call)
   (9) c/s 层 (floor)   (10) c/s 扫 (to sweep)
   (11) ch/sh 上 (upper)   (12) ch/sh 出 (to come out)
   (13) q/x 想 (to think)   (14) q/x 晴 (fine weather)
   (15) zh/j 纸 (paper)   (16) zh/j 几 (several)
   (17) ch/q 长 (long)   (18) ch/q 墙 (wall)
   (19) g/k 关 (to close)   (20) g/k 开 (to open)
   (21) z/c 次 (time)   (22) z/c 坐 (to sit)
   (23) sh/x 深 (deep)   (24) sh/x 新 (new)
   (25) z/j 见 (to see)   (26) z/j 脏 (dirty)
   (27) c/q 层 (floor)   (28) c/q 请 (please)
   (29) s/x 先 (first)   (30) s/x 三 (three)
   (31) z/zh 租 (to hire)   (32) z/zh 张 (sheet)
   (33) c/ch 村 (village)   (34) c/ch 春 (spring)
   (35) s/sh 四 (four)   (36) s/sh 市 (city, municipality)

* 3) Listen to the recording and mark a "+" on the words in which the two
   syllables have the same initials:

Example: + 批评 (to criticise)
　　　　支持 (to support)

(1) 积极 (active)　　　　　(2) 机器 (machine)

(3) 刻苦 (industrious)　　 (4) 赶快 (hurry up)

(5) 普遍 (universal)　　　 (6) 宝贝 (treasure)

(7) 态度 (attitude)　　　　(8) 探讨 (probe into)

(9) 紫菜 (laver)　　　　　(10) 自在 (at ease)

(11) 支出 (pay)　　　　　 (12) 支柱 (pillar)

* 4) Fill in the blanks with the initials according to the recording:

Example: zài jiàn 再见 (good-bye)

(1) ___ì___ǐ　　自己 (self)　　　　　　　　(2) ___á___ì　　杂志 (magazine)

(3) ___ié___àng　结帐 (to settle account)　 (4) ___ái___ǎn　财产 (property)

(5) ___óng___ián　从前 (before)　　　　　 (6) ___īng___u　清楚 (clear)

(7) ___iān___eng　先生 (Mr.)　　　　　　　(8) ___uí___í　随时 (any time)

(9) ___òng___íng　送行 (to see off)　　　　(10) ___iàn___ī　电梯 (lift)

(11) ___ē___àn　车站 (station)　　　　　　(12) ___íng___ǐng 情景 (situation)

3. Discriminate the finals which are easily confused:

1) Read the following in pairs:

(1) a, e　　　　　(2) an, en　　　　(3) ang, eng　　　(4) ai, ei
　dá dé　　　　　 fān fēn　　　　　páng péng　　　　bǎi běi
　hā hē　　　　　 gān gēn　　　　　dǎng děng　　　　mǎi měi
　zá zé　　　　　 hǎn hěn　　　　　shāng shēng　　　lái léi
　chā chē　　　　 zhān zhēn　　　　zāng zēng　　　　gǎi gěi

(5) ao, ou　　　　(6) ou, uo　　　　(7) ia, ie　　　　(8) iao, iu
　hǎo hǒu　　　　 gòu guò　　　　　jiā jiē　　　　　diāo diū
　táo tóu　　　　 zǒu zuǒ　　　　　xià xiè　　　　　niǎo niǔ
　zǎo zǒu　　　　 shōu shuō　　　　liǎ liě　　　　　jiào jiù
　shǎo shǒu　　　 dōu duō　　　　　qiā qiē　　　　　xiǎo xiǔ

(9) ua, uo　　　　(10) u, ü　　　　(11) ü, iu　　　　(12) uo, üe
　huá huó　　　　 nǔ nǚ　　　　　　jù jiù　　　　　luò lüè
　guà guò　　　　 lǔ lǚ　　　　　　xū xiū　　　　　chuō quē
　zhuā zhuō　　　 zhù jù　　　　　　qǔ qiū　　　　　zhuó jué
　shuā shuō　　　 wǔ yǔ　　　　　　lǜ liù　　　　　shuō xuē

(13) an, ang　　　(14) en eng　　　(15) in, ing　　　(16) ian, iang
　fàn fàng　　　　 fēn fēng　　　　xìn xìng　　　　nián niáng
　tán táng　　　　 shēn shēng　　　lín líng　　　　liǎn liǎng
　chǎn chǎng　　　 zhēn zhēng　　　mín míng　　　　jiàn jiàng
　kàn kàng　　　　 rén réng　　　　yín yíng　　　　xiān xiāng

12

(17) uan, uang   (18) un, ong
   guǎn guǎng   dūn dōng
   huān huāng   hún hóng
   chuán chuáng chūn chōng
   zhuàn zhuàng sūn sōng

* 2) Listen to the recording and cross out the wrong finals:

Example: a̸ / e 和 (and)

(1) a / e 茶 (tea)　　　　(2) a / e 这 (this)
(3) an / en 人 (person)　　(4) an / en 山 (mountain)
(5) ang / eng 称 (to weigh)　(6) ang / eng 忙 (busy)
(7) ai / ei 给 (to give)　　(8) ai / ei 开 (open)
(9) ao / ou 手 (hand)　　(10) ao / ou 早 (early)
(11) ou / uo 过 (past)　　(12) ou / uo 够 (enough)
(13) ia / ie 家 (family)　　(14) ia / ie 写 (to write)
(15) iao / iu 小 (small)　　(16) iao / iu 球 (ball)
(17) ua / uo 花 (flower)　　(18) ua / uo 桌 (table)
(19) u / ü 女 (female)　　(20) u / ü 路 (road)
(21) ü / iu 酒 (wine)　　　(22) ü / iu 局 (office)
(23) uo / üe 略 (omit)　　(24) uo / üe 落 (to fall)
(25) an / ang 帮 (help)　　(26) an / ang 谈 (to talk)
(27) en / eng 很 (very)　　(28) en / eng 风 (wind)
(29) in / ing 请 (please)　(30) in / ing 新 (new)
(31) ian / iang 千 (thousand)　(32) ian / iang 讲 (to speak)
(33) uan / uang 逛 (to stroll)　(34) uan / uang 短 (short)
(35) un / ong 东 (the east)　(36) un / ong 准 (accuracy)

* 3) Listen to the recording and mark "+" on the expressions with same finals in both syllables:

Example: + 发达 (developed)
      发射 (to launch)

(1) 卡车 (truck)　　　　(2) 客车 (passenger train)
(3) 衬衫 (shirt)　　　　(4) 谈判 (to negotiate)
(5) 长城 (the Great Wall)　(6) 帮忙 (to help)
(7) 配备 (to equip)　　(8) 佩带 (to wear)
(9) 糟糕 (bad luck)　　(10) 招手 (to beckon)
(11) 落后 (backward)　　(12) 罗嗦 (verbose)

* 4) Give the finals and tone-graphs according to the recording:

Example: xueshuo 学说 (academic knowledge)

(1) f__n__ 妇女 (woman)　(2) l__q__ 录取 (to enroll)

(3) q___z___ 确凿 (established)   (4) y___l___ 约略 (about)

(5) f___m___ 繁忙 (busily)   (6) ch___zh___ 城镇 (city and town)

(7) x___q___ 心情 (state of mind)   (8) j___y___ 讲演 (lecture)

(9) g___g___ 观光 (to make a   (10) k___ch___ 昆虫 (insect)
                    sightseeing trip)

(11) j___q___ 接洽 (to contact)   (12) j___l___ 交流 (to exchange)

*4. Tones discrimination:

1) The 2nd and 3rd tones:

A. Read the following in pairs:

(1) bó bǒ   (2) pó pǒ   (3) mó mǒ   (4) duó duǒ   (5) tuó tuǒ

(6) luó luǒ   (7) zhǒu zhóu   (8) chǒu chóu   (9) shǒu shóu   (10) jiě jié

(11) qiě qié   (12) xiě xié

B. Listen to the recording and cross out the wrong one from each pair of syllables:

Example: bá / bǎ 把 (a measure word)

(1) bái / bǎi 百   (hundred)   (2) cháng / chǎng 常 (often)

(3) qíng / qǐng 请 (please)   (4) jí / jǐ 极   (extreme)

(5) láo / lǎo 老   (old)   (6) méi / měi 没   (have not)

(7) liáng / liǎng 两 (two)   (8) guó / guǒ 国   (country)

C. Give the tone-graph to each syllable according to the recording:

Example: rén 人 (person)

(1) wan 完 (finish)   (2) wan 晚 (late)

(3) zuo 左 (left)   (4) zuo 昨 (yesterday)

(5) mai 买 (to buy)   (6) mai 埋 (to bury)

(7) lan 蓝 (blue)   (8) lan 懒 (lazy)

2) The 1st and the 4th tones

A. Read the following in pairs:

(1) gē gè   (2) kē kè   (3) hē hè   (4) zāi zài   (5) cāi cài

(6) sāi sài   (7) bèi bēi   (8) pèi pēi   (9) fèi fēi   (10) jiào jiāo

(11) qiào qiāo   (12) xiào xiāo

B. Listen to the recording and cross out the wrong one from each pair of syllables:

Example: bā / bà 八   (eight)

(1) bāo / bào 报 (newspaper)   (2) fāng / fàng 放 (to put)

(3) qiān / qiàn 千 (thousand)   (4) jīn / jìn 斤 (a measure word)

(5) shū / shù 书 (book)   (6) wēn / wèn 问 (to ask)

(7) mō / mò 墨 (ink)   (8) yē / yè 夜 (night)

C. Give the tone-graph to each syllable according to the recording:

14

Example: shì 是 (to be)

(1) dai 带 (to bring) (2) dai 呆 (to stay)
(3) shou 收 (to receive) (4) shou 售 (to sell)
(5) ji 鸡 (chicken) (6) ji 寄 (to send)
(7) jiang 姜 (ginger) (8) jiang 酱 (sauce)

*5. **Dictation**

1) Give the tone-graphs to the following words:

Example: xióngwěi 雄伟 (magnificent)

(1) youlan 游览 (to tour) (2) youju 邮局 (post office)
(3) gongchang 工厂 (factory) (4) gongyuan 公园 (park)
(5) maoyi 毛衣 (woolen jacket) (6) maoyi 贸易 (to trade)
(7) laojia 劳驾 (excuse me) (8) laojia 老家 (native place)

2) Write down the disyllabic words in the recording:

Example: mótuō 摩托 (motor)

(1) 收拾 (to put in order) (2) 休息 (to rest)
(3) 香菜 (coriander) (4) 现在 (now)
(5) 宽广 (wide) (6) 请进 (come in, please)
(7) 球队 (team of ball games) (8) 女婿 (son-in-law)

6. **Read the following:**

xiān xué shísì, zài xué sìshí;
xué sìshí bié shuō shísì, xué shísì bié shuō sìshí.

先学十四, 再学四十;
学四十别说十四, 学十四别说四十。

First learn fourteen, then learn forty;
When you learn forty, don't say fourteen,
When you learn fourteen, don't say forty.

词 类 简 称 表

Abbreviations of Parts of Speech

（名）	míng	名 词	noun
（代）	dài	代 词	pronoun
（动）	dòng	动 词	verb
（助动）	zhùdòng	助动词	aux. verb
（形）	xíng	形容词	adjective
（数）	shù	数 词	numeral
（量）	liàng	量 词	measure word
（副）	fù	副 词	adverb
（介）	jiè	介 词	preposition
（连）	lián	连 词	conjunction
（助）	zhù	助 词	particle
（叹）	tàn	叹 词	interjection
（象声）	xiàngshēng	象声词	onomatopoeia
（头）	tóu	词 头	prefix
（尾）	wěi	词 尾	suffix

1 Welcome
欢迎 huānyíng

(Wang Fang, a staff member of the Tourist Bureau, goes to the Beijing International Airport to meet Mr. Chen Mingshan, an overseas Chinese, and his family.)

(一)   I

王 芳①: 您 好!②   Hello!
Wáng Fāng: Nín hǎo!

华 侨：	您 好！	Hello!
huáqiáo:	Nín hǎo!	
王 ：	请 问，您 是 陈	Excuse me, are you Mr.
Wáng:	Qǐng wèn, nín shì Chén	Chen Mingshan?
	明山 先生 吗？③	
	Míngshān xiānsheng ma?	
华 ：	我 不 是 陈 明山 。④	No, I'm not.
huá:	Wǒ bú shì Chén Míngshān.	
王 ：	对 不 起。	I'm sorry.
Wáng:	Duì bu qǐ.	
华 ：	没 关系。	It's all right.
huá:	Méi guānxi.	
王 ：	再见 。	Good-bye.
Wáng:	Zàijiàn.	
华 ：	再见 。	Good-bye.
huá:	Zàijiàn.	

（二） II

王 ：	您 好！	Hello!
Wáng:	Nín hǎo!	
陈 明山 ：	您 好！	Hello!
Chén Míngshān:	Nín hǎo!	
王 ：	请 问，您 是 陈	Excuse me, are you Mr.
Wáng:	Qǐng wèn, nín shì Chén	Chen Mingshan?
	明山 先生 吗？	
	Míngshān xiānsheng ma?	
陈 ：	对，我 是 陈 明山 。	Yes, I am.
Chén:	Duì, wǒ shì Chén Míngshān.	
王 ：	我 是 旅游局 的，⑤ 我 叫	I'm from the Tourist
Wáng:	Wǒ shì Lǚyóujú de, wǒ jiào	Bureau. My name is
	王 芳。欢迎 您，	Wang Fang. Welcome,
	Wáng Fāng. Huānyíng nín,	Mr. Chen.
	陈 明山 先生 。	
	Chén Míngshān xiānsheng.	
陈 ：	谢谢 您，王 小姐。	Thank you, Miss Wang.
Chén:	Xièxie nín, Wáng xiǎojie.	

• new words • 生词 • shēngcí

1	欢迎	（动）huānyíng	to welcome, to meet
2	您	（代）nín	you (respectful form of address for the second person singular)
3	好	（形）hǎo	good, all right
	您好	nín hǎo	Hello, How are you?
4	华侨	（名）huáqiáo	overseas Chinese
5	请问	qǐng wèn	Excuse me, but ...?, May I ask ...?
6	是	（动）shì	to be (is, are ...)
7	先生	（名）xiānsheng	Mr., sir, gentleman (as in 'who is that gentleman?')
8	吗	（助）ma	a particle used at the end of a sentence to turn it into a question
9	我	（代）wǒ	I, me
10	不	（副）bù	no, not
11	对不起	duì bu qǐ	I am sorry. Excuse me.
12	没关系	méi guānxi	That is all right. It does not matter.
13	再见	（动）zàijiàn	good-bye, see you again.
14	对	（形）duì	yes, right, correct
15	的	（助）de	(See 5 under Study Points.)
16	叫	（动）jiào	to call, to be called, one's name is ...
17	谢谢	（动）xièxie	to thank
18	小姐	（名）xiǎojie	miss

专名	Zhuānmíng	Proper Names
王芳	Wáng Fāng	a woman's name

王	Wáng	a common Chinese family name
陈明山	Chén Míngshān	a name
陈	Chén	a common Chinese family name
旅游局	Lǚyóujú	The Tourist Bureau

study points · 注释 · zhùshì

1 王芳 (Wáng Fāng)

With Chinese names, the family name comes before the given one. The given name can be one character or two characters:

family name	given name
陈 (Chén)	明山 (Míngshān)
王 (Wáng)	芳 (Fāng)

2 您好! (Nín hǎo!)

This is a common greeting that may be used any time of the day.

3 您是陈明山先生吗? (Nín shì Chén Míngshān xiānsheng ma?)

1) In modern Chinese a sentence is made up of two parts, the subject and the predicate, with the subject placed before the predicate:

subject	predicate
您	是陈明山。(Nín shì Chén Míngshān.)
我	叫王芳。(Wǒ jiào Wáng Fāng.)

2) The pattern for the verb "是" (shì) used as the predicate is:

a) subject＋"是"(shì)＋object 我是陈明山。(Wǒ shì Chén Míngshān.)

In negative sentences the adverb "不"(bù) must precede the verb.

b) subject＋"不"(bú)＋"是"(shì)＋object 我不是陈明山 (Wǒ bú shì Chén Míngshān.)

3) Chinese verbs are not conjugated. Thus:

a) 我是华侨。(Wǒ shì huáqiáo.)

(I am an overseas Chinese.)

b) 您是华侨。(Nín shì huáqiáo.)

(You are an overseas Chinese.)

c) 他是华侨。(Tā shì huáqiáo.)

(He is an overseas Chinese.)

d) 我们是华侨。(Wǒmen shì huáqiáo.)
(We are overseas Chinese.)

4) Questions are commonly formed by adding "吗"(ma) at the end of a statement:
您是王芳小姐吗?(Nín shì Wáng Fāng xiǎojie ma?)
(Are you Miss Wáng Fāng?)

5) In Chinese, forms of address and titles always follow the family name or the whole name:
陈明山先生 (Chén Míngshān xiānsheng)
王小姐 (Wáng xiǎojie)

4 我不是陈明山。(Wǒ bú shì Chén Míngshān.)
When preceding a word of the fourth tone, "不"(bù) changes to the second tone marked by "ˊ", e.g. "不是"(bú shì); while in some phrases, such as "对不起"(duì bu qǐ), it is in the neutral tone, and consequently unmarked.

5 我是旅游局的。(Wǒ shì Lǚyóujú de.)
The sentence means "I am from the Tourist Bureau".
的(de) approximates 'of' in meaning, but is used differently from its English equivalent.

supplementary words · 补充生词 · bǔchōng shēngcí

1	同志	(名) tóngzhì	comrade
2	那么	(连) nàme	then
3	一定	(形、副) yídìng	definite, definitely, must

张大中	Zhāng Dàzhōng	name of a man
张	Zhāng	a common Chinese family name
李	Lǐ	a common Chinese family name
赵	Zhào	a common Chinese family name
张文汉	Zhāng Wénhàn	name of a man

• exercises • 练习 • liànxí

1. Phonetic Exercises:

1) Tones

  (1) Changes of the 3rd tone   (2) Changes of the tone of "不"(bù)

    (3) ＋ (4)   不 (bù)＋ (4)

qǐng	wèn		bú	shì
nǐ	shì		bú	jiào
wǒ	jiào		bú	duì
Wǒ	jiào	Wáng Fāng.	bú	xiè
Wǒ	shì	Míngshān.		

    (3) Neutral tone

      xiānsheng

      xièxie

      duì bu qǐ

      méi guānxi

      lǚyóujú de

2) Sound discrimination

sh	x		shēng	xīng
shì	xì		shǎo	xiǎo
shān	xiān			

*2. What to say when you are not sure if you are speaking to the right person.

Model: 请 问,您 是 陈 明山 先生 吗?

Qǐng wèn, nín shì Chén Míngshān xiānsheng ma?

（陈 明 山 先生 ）

(Chén Míngshān xiānsheng)

1) _____,您 是 _____ 吗?（张 大中 先生 ）
_____, nín shì _____ ma? (Zhāng Dàzhōng xiānsheng)

2) _____,您 是 _____ 吗?（王 同志 ）
_____, nín shì _____ ma? (Wáng tóngzhì)

3) 请 问, _____? （李 小姐 ）
Qǐng wèn, _____? (Lǐ xiǎojie)

4) 请 问, _____? （赵 先生 ）
Qǐng wèn, _____? (Zhào xiānsheng)

3. I'm not..., I'm ...

Make a dialogue after the model.

Model: A: 您 是 陈 明山 先生 吗？
Nín shì Chén Míngshān xiānsheng ma?

B: 我 不 是 陈 明山 。
Wǒ bú shì Chén Míngshān.

A: 对 不 起,您 是 _____?
Duì bu qǐ, nín shì _____?

B: 我 是 张 文汉 。
Wǒ shì Zhāng Wénhàn.

1) 您 是 张 大中 同志 吗？
Nín shì Zhāng Dàzhōng tóngzhì ma?

2) 您 是 陈 同志 吗？
Nín shì Chén tóngzhì ma?

3) 您 是 赵 小姐 吗？
Nín shì Zhào xiǎojie ma?

4) 您 是 王 先生 吗？
Nín shì Wáng xiānsheng ma?

4．What to say when welcoming someone.

Fill in the blanks with "您好"(nín hǎo) and "欢迎您"(huānyíng nín)

Model: A. 您 好，陈 明山 先生 ！ 欢迎 您！
Nín hǎo, Chén Míngshān xiānsheng! Huānyíng nín!

B. 陈 明山 先生 ，您 好！ 欢迎 您！
Chén Míngshān xiānsheng, nín hǎo! Huānyíng nín!

C. 您 好！ 欢迎 您，陈 明山 先生 ！
Nín hǎo! Huānyíng nín, Chén Míngshān xiānsheng!

1) A. _____, 陈 小姐 !_____!
_____, Chén xiǎojie! _____!

B. 陈 小姐 , _____! _____!
Chén xiǎojie, _____! _____!

C. _____! _____, 陈 小姐 !
_____! _____, Chén xiǎojie !

2) A. 赵 先生 , _____! _____!
Zhào xiānsheng, _____! _____!

B. _____! _____, 赵 先生 !
_____! _____, Zhào xiānsheng!

C. _____, 赵 先生 ! _____!
_____, Zhào xiānsheng! _____!

3) A. _____! _____, 李 同志!
   _____! _____, Lǐ tóngzhì!

   B. _____, 李 同志! _____!
   _____, Lǐ tóngzhì! _____!

   C. 李 同志, _____! _____!
   Lǐ tóngzhì, _____! _____!

5 . Listen to the dialogues:

1) 王 芳:　　陈 明山 先生！
    Wáng Fāng:　Chén Míngshān xiānsheng!

    陈 明山:　王 芳 同志。
    Chén Míngshān:　Wáng Fāng tóngzhì.

    王 :　　您 好！
    Wáng:　　Nín hǎo!

    陈 :　　您 好！
    Chén:　　Nín hǎo!

2) 陈 明山:　张 先生！
    Chén Míngshān:　Zhāng xiānsheng!

    张 大中:
    Zhāng Dàzhōng:　您 好！
    张 文汉:　　Nín hǎo!
    Zhāng Wénhàn:

    陈 :　　您 是 张 先生 吗？
    Chén:　　Nín shì Zhāng xiānsheng ma?

    张 大中:　对。
    Zhāng Dàzhōng:　Duì.

    陈 :　　您 是 张 文汉 先生？
    Chén:　　Nín shì Zhāng Wénhàn xiānsheng?

    张 大中:　我 不 是 张 文汉，我 叫 张
    Zhāng Dàzhōng:　Wǒ bú shì Zhāng Wénhàn, wǒ jiào Zhāng
    　　　　　　大中 。
    　　　　　　Dàzhōng.

    陈 :　　对 不 起。
    Chén:　　Duì bu qǐ.

    张 大中:　没 关系。
    Zhāng Dàzhōng:　Méi guānxi.

    陈 :　　那么, 您 一定 是……
    Chén:　　Nàme, nín yídìng shì...

张　　文汉：　对，我是张　　文汉。
Zhāng Wénhàn:　Duì, wǒ shì Zhāng Wénhàn.

陈　：　　　　欢迎　，欢迎！张　　先生！
Chén:　　　　Huānyíng, huānyíng! Zhāng xiānsheng!

＊6.　Translate the following sentences into Chinese:

1）How do you do!

2）Excuse me, but are you Miss Zhao?

3）Welcome, Comrade Zhang!

4）I am not Wang Fang.

5）My name is Zhang Dazhong.

2 Introduction 介绍 jièshào

(Li Wenhan, a friend of Chen Mingshan's, visits the Chens at the Beijing Hotel.)

陈 :　　　　　请 进! 啊, 老 李,①你 好!
Chén:　　　　Qǐng jìn! À, Lǎo Lǐ, nǐ hǎo!

李 文汉:　　　你 好, 老 陈。
Lǐ Wénhàn:　　Nǐ hǎo, Lǎo Chén.

陈 :　　　　　请 坐。
Chén:　　　　Qǐng zuò.

(A knock at the door)
Come in, please. Ah, Lao Li. How are you?
Fine, and you, Lao Chen?

Have a seat.

李 Lǐ:	谢 谢。 Xièxie.	Thank you.
陈 : Chén:	请 抽 烟。 Qǐng chōu yān.	Have a cigarette.
李 Lǐ:	谢谢，我 不 会。② Xièxie, wǒ bú huì.	No, thanks. I don't smoke.
陈 : Chén:	我 来介绍 一下儿，③ Wǒ lái jièshào yíxiàr , 这 是李 文汉 先生 ， zhè shì Lǐ Wénhàn xiānsheng, 这 是我 太太艾琳。④ zhè shì wǒ tàitai Àilín.	Let me introduce everyone. This is Mr. Li Wenhan. This is my wife, Irene.
李 Lǐ:	您 好 ， 陈 太太。⑤ Nín hǎo , Chén tàitai.	How do you do, Mrs. Chen.
艾琳: Àilín :	您 好，李 先生 。 Nín hǎo , Lǐ xiānsheng.	How do you do, Mr. Li.
陈 : Chén:	这 是李 伯伯。 Zhè shì Lǐ bóbo. 这 是我 女儿莉莉，⑥ Zhè shì wǒ nǚ'ér Lìli, 那是我 儿子 大伟。 nà shì wǒ érzi Dàwěi.	This is Uncle Li. This is my daughter Lily, and that's my son David.
莉莉: Lìli : 大伟: Dàwěi:	李 伯伯 好! ⑦ Lǐ bóbo hǎo!	How do you do, Uncle Li?
李 Lǐ:	你们 好! Nǐmen hǎo!	How do you do?
艾琳: Àilín :	李 先生 ，请 喝茶。 Lǐ xiānsheng, qǐng hē chá.	Please have some tea, Mr. Li.
李 Lǐ:	谢谢。 Xièxie.	Thank you.

• new words • 生词 • shēngcí

1	介绍	（动、名）jièshào	to introduce
2	请	（动）qǐng	please, to invite
3	进	（动）jìn	to come in, to enter
	请进	qǐng jìn	Please come in.
4	啊	（叹）à	an interjection like "ah"
5	老	（头、形）lǎo	old, elderly (see study Point 1)
6	你	（代）nǐ	you (sing.)
7	坐	（动）zuò	to sit
8	抽烟	chōu yān	to smoke a cigarette (or a pipe or cigar)
9	会	（助动、动）huì	can, will, to know how to (see study Point 2)
10	来	（动）lái	to come (here used to indicate intention)
11	一下儿	（量）yíxiàr	a measure word for verbs, also used to indicate the action as being short or informal
12	这	（代）zhè	this
13	太太	（名）tàitai	wife, Mrs, madam
14	伯伯	（名）bóbo	uncle (father's elder brother), also a respectful form of addressing men of about the age of one's father
15	女儿	（名）nǚ'ér	daughter
16	那	（代）nà	that
17	儿子	（名）érzi	son
18	们	（尾）men	a suffix added to nouns or pronouns

(such as comrades, students etc.) to make them plural.

19	你们	（代）nǐmen	you (pl.)
20	喝	（动）hē	to drink
21	茶	（名）chá	tea

专名	**Zhuānmíng**	**Proper names**
李	Lǐ	a common family name
李文汉	Lǐ Wénhàn	name of Chen Mingshan's friend
艾琳	Àilín	name of Chen Mingshan's wife-Irene
莉莉	Lìli	name of Mr. Chen's daughter-Lily
大伟	Dàwěi	name of Mr. Chen's son-David

---

study points · 注释 · zhùshì

---

1 老李 (Lǎo Lǐ)
老 (lǎo) + the family name is a form of address often used for friends or colleagues of similar age as the speaker. This usage is most common among middle-aged and elderly people. (See text of Lesson 25)

2 我不会。(Wǒ bú huì)
"不会" is a common way of refusing tobacco or liquor. It is equivalent to 'I don't smoke' in English.
N. B. When used with an auxiliary verb, "不" (bù) must be put before the auxiliary verb to give the main verb a negative meaning.

3 我来介绍一下儿。(Wǒ lái jièshào yíxiàr.)
When followed by a verb, "来" (lái) indicates intention. However, it can be left out without changing the meaning of the sentence.

4 这是我太太艾琳。(Zhè shì wǒ tàitai Àilín.)
In Chinese, attributives always go before the words they describe. Personal pronouns can be placed directly before nouns that indicate family relations:

　　我女儿 (wǒ nǚ'ér)
　　my daughter

14

我儿子 (wǒ érzi)
my son

你太太 (nǐ tàitai)
your wife

你伯伯 (nǐ bóbo)
your uncle

5 陈太太 (Chén tàitai)

In modern China, women do not take their husbands' names after marriage. However, they are sometimes addressed by their husbands's family names＋太太 (tài tai).

6 这是我女儿莉莉。(Zhè shì wǒ nǚ'ér Lìli.)

In phonetic transcription the symbol " ' " is employed to separate a syllable beginning with a vowel (like a, o or e) from the preceding syllable: nǚ'ér(女儿)。

7 李伯伯好! (Lǐ bóbo hǎo!)

When greeting someone with a form of address, we usually use the form of address (name)＋好 (hǎo).

supplementary words · 补充生词 · bǔchōng shēngcí

1	爷爷	（名）	yéye	grandpa
2	奶奶	（名）	nǎinai	grandma
3	叔叔	（名）	shūshu	uncle
4	啤酒	（名）	píjiǔ	beer
5	咖啡	（名）	kāfēi	coffee
6	啊	（助）	a	ah, oh
7	啊	（叹）	á	exclamation of doubt
8	哈	（象声）	hā	ha (laughing sound)

· exercises · 练习 · liànxí

1 . Phonetic exercises :

1) Tones

    (1) Changes of the 3rd tone

(3) + (1)	(3) + (2)	(3) + (3)	(3) + (4)
qǐng hē	Lǎo Chén	Lǎo Lǐ	Qǐng jìn!
qǐng chōu	nǚ'ér	Nǐ hǎo!	Qǐng zuò!
		Xiǎojie, nǐ hǎo!	
		Nǐ hǎo, lǎo Lǐ!	

    (2) The neutral tone

        érzi

        bóbo

        nǐmen

        tàitai

        Lìli

2) Sound discrimination

in	ing
nín	níng
lín	líng
jìn	qǐng
mín	míng

2．**Practice with the greeting** " ……好 " (…hǎo)：

你 好！(您， 你们)
Nǐ hǎo ! (nín, nǐmen)

爷爷 好！(奶奶， 莉莉， 大伟， 叔叔)
Yéye hǎo! (nǎinai, Lìli, Dàwěi, shūshu)

李伯伯 好！(张 先生 , 陈 太太, 王 叔叔, 老 赵)
Lǐ bóbo hǎo! (Zhāng xiānsheng, Chén tàitai, Wáng shūshu, Lǎo Zhào)

*3. **Polite requests.**

Say what you should in each of the following situations.

1) _____ 2) _____ 3) _____

16

4) _____ 5) _____ 6) _____

∗4. How to introduce people :

Fill in the blanks with "是" (shì) and "介绍" (jièshào) :

1) 我 来_____一下儿,我 太太艾琳, 女儿莉莉,儿子大伟。
   Wǒ lái_____ yíxiàr ,wǒ tàitai Àilín, nǚ'ér Lìli, érzi Dàwěi.

2) 我 来_____一下儿，这____ 老 赵，这____ 张
   Wǒ lái_____ yíxiàr , zhè____ Lǎo Zhào, zhè____ Zhāng

   先生 。
   xiānsheng.

3) 太太们， 先生 们， 我____ 陈 明山 ， 我来____
   Tàitai men, xiānsheng men, wǒ____ Chén Míngshān, wǒ lái____

   一下儿,这____ 王 先生 ， 这 ____ 王 太太， 这___艾琳。
   yíxiàr, zhè____ Wáng xiānsheng, zhè____ Wáng tàitai, zhè____ Àilín.

5. Listen to the dialogues :

1) A: 请 您 介绍 一下儿。
      Qǐng nín jièshào yíxiàr.

   B: 啊,我 来 介绍。这 是 王 先生 ， 王 太太,那
      À, wǒ lái jièshào. Zhè shì Wáng xiānsheng, Wáng tàitai, nà

      是 张 先生 ， 张 太太。
      shì Zhāng xiānsheng, Zhāng tàitai.

   A, C: 欢迎 ， 欢迎 你们。
         Huānyíng, huānyíng nǐmen.

2) (A knock at the door)

   A: 请 进！
      Qǐng jìn!

   B: 老 陈 ，你 好！
      Lǎo Chén, nǐ hǎo!

   A: 老 张 啊,请 坐！抽 烟 吗?
      Lǎo Zhāng a , qǐng zuò! Chōu yān ma?

B: 抽　烟。
Chōu yān.

A: 请 。
Qǐng.

B: 谢谢 。
Xièxie.

(A knock at the door)

A: 请　进!
Qǐng jìn!

C: 您　好!
Nín hǎo!

A: 您　好!您　是……
Nín hǎo! Nín shì…

B: 老　陈， 我 来 介绍 一下儿,这 是 我太太。
Lǎo Chén, wǒ lái jièshào yíxiàr, zhè shì wǒ tàitai.

A: 啊, 张 太太, 欢迎 , 欢迎 。您 请 坐! 您 请 喝茶!
A, Zhāng tàitai, huānyíng, huānyíng. Nín qǐng zuò! Nín qǐng hē chá!

C: 谢谢 。
Xièxie.

A: 老　张 ， 抽 烟啊。
Lǎo Zhāng, chōu yān a.

C: 你 抽 烟?
Nǐ chōu yān?

B: 不, 我, 我 不 抽 烟, 我 不 抽 烟, 我 不 抽 烟。
Bù, wǒ, wǒ bù chōu yān, wǒ bù chōu yān, wǒ bù chōu yān.

A: 老　张 ， 你 不 抽 烟?
Lǎo Zhāng, nǐ bù chōu yān?

C: 他 不 抽 烟。
Tā bù chōu yān.

B: 对, 我 不 抽 烟, 不会 抽 烟。
Duì, wǒ bù chōu yān, bú huì chōu yān.

A: 啊?啊, 对 , 对 ,你 不 会 抽 烟,哈哈哈……
Á? À, duì, duì, nǐ bú huì chōu yān. Hāhāhā…

3 Looking For Someone
找人 zhǎo rén

(Mr. Chen Mingshan goes to the Hotel of Nationalities to look up his friend, Mr. John Smith, interpreter for a U. S. trade delegation.)

陈 :	同志，① 我 找 一个人。②	Hello comrade, I'm look-
Chén:	Tóngzhì, wǒ zhǎo yíge rén.	ing for someone.
服务员 :	您 找 谁？③	Who is it you want to
fúwùyuán:	Nín zhǎo shuí?	see?
陈 :	我 找 约翰·史密斯 先	John Smith. Can you tell
Chén:	Wǒ zhǎo Yuēhàn Shǐmìsī xiān-	me his room number?

生 。请 问，他 住 哪个
sheng. Qǐng wèn, tā zhù nǎge

房间？
fángjiān?

服：	他 是 哪国 人？	What country is he from?
fú :	Tā shì nǎguó rén?	
陈 ：	美国人 。	He's an American.
Chén:	Měiguórén.	
服：	他 住 三一二八 ④ 房间。	He's staying in Room 3128.
fú :	Tā zhù sānyāo'èrbā fángjiān.	
陈 ：	三一二八 在哪儿？⑤	Where is Room 3128?
Chén:	Sānyāo'èrbā zài nǎr?	
服：	在 三 层。⑥	On the third floor.
fú :	Zài sāncéng.	
陈 ：	谢 谢。	Thank you.
Chén:	Xièxie.	
服：	不 谢。	You're welcome.
fú :	Bú xiè.	

• new words • 生词 • shēngcí

1	找	（动）zhǎo	to look for, to look up
2	人	（名）rén	person, people
3	同志	（名）tóngzhì	comrade
4	一	（数）yī	one
5	个	（量）gè	a measure word
6	服务员	（名）fúwùyuán	receptionist, waiter, etc. (any service personnel)
7	谁	（代）shuí, shéi	who, whom
8	他	（代）tā	he, him
9	住	（动）zhù	to live, to stay
10	哪	（代）nǎ	which

20

11	房间	（名）fángjiān	room
12	国	（名）guó	country, nation
13	三	（数）sān	three
14	二	（数）èr	two
15	八	（数）bā	eight
16	在	（动）zài	to be (is, are…), to be situated
17	哪儿	（代）nǎr	where
18	层	（量）céng	floor, storey, layer
19	不谢	bú xiè	You are welcome. Don't mention it.

专名	**Zhuānmíng**	**Proper names**
约翰·史密斯	Yuēhàn Shǐmìsī	John Smith
美国	Měiguó	the United States

study points · 注释 · zhùshì

1   同志 (tóngzhì)

This is a common form of address in the PRC, particularly among people who meet for the first time or do not know each other well.

2   我找一个人。 (Wǒ zhǎo yíge rén.)

1) In modern Chinese, a numeral cannot be placed immediately before a noun. There must be a measure word in between. "个" (ge) is one of the most frequently used measure words:

     一个同志 (yíge tóngzhì)

     一个儿子 (yíge érzi)

     一个美国人 (yíge Měiguórén)

     一个房间 (yíge fángjiān)

Note that "个" is in the neutral tone.

2)   "一" (yī), which is usually in the first tone, changes to the second tone when coming before a syllable in the fourth tone (even if that word is in the neu-

tral form), and is marked by " ⁄ ": "一下儿" (yíxiàr) "一个" (yíge)

3　您找谁? (Nín zhǎo shuí?)

When using interrogative pronouns like "谁" (shuí), "哪" (nǎ), "哪儿" (nǎr),
etc. to form questions, the word order is the same as that of statements:

statement	question
你找他。　(Nǐ zhǎo tā.)	你找谁? (Nǐ zhǎo shuí?)
他是美国人。(Tā shì Měiguó rén.)	他是哪国人? (Tā shì nǎguó rén?)
他住三一二八。　(Tā zhù 3128.)	他住哪儿? (Tā zhù nǎr?)

4　他住三一二八房间。(Tā zhù sānyāo'èrbā fángjiān.)

In spoken Chinese, "一" (yī) in a number containing more than three numerals
can be pronounced "yāo".

5　三一二八在哪儿?(Sānyāo'èrbā zài nǎr?)

In Beijing dialect, in addition to "er", there is a number of syllables ending with
"r". These syllables are written in two characters "×儿", for example: nǎr-哪儿
(where).

6　三层 (Sāncéng)

The Chinese count the ground floor (of a building) as the first floor.

---

supplementary words · 补充生词 · bǔchōng shēngcí

饭店	（名）fàndiàn	restaurant, hotel
中国	（名）Zhōngguó	China
英国	（名）Yīngguó	England, Britain
日本	（名）Rìběn	Japan
加拿大	（名）Jiānádà	Canada
北京	（名）Běijīng	Beijing
北京饭店	（名）Běijīng Fàndiàn	Beijing Hotel

• exercises • 练习 • liànxí

1. Phonetic exercises:

1) Tones

(1) Changes of the tone of "yī（一）"

yíxiàr

yíge

sānyī (yāo) 'èrbā

èryī (yāo) bāsān

(2) The neutral tone

yíge	one
nǎge	which
nàge	that
zhège	this

2) Sound discrimination

(1) The retroflex final

nǎr

zài nǎr

zhù nǎr

qù nǎr

(2)

a	e
chá	zhè
dà	de
nǎ	ne
hā	hē

(3)

zh	j
zhè	jiè
zhù	jú
zhì	jì
zhǎo	jiào

2. Practice questions and answers according to the table:

A: 他 是 哪国 人?

　　Tā shì nǎguó rén?

B: 他 是 美国人 。 请 问，他 住 哪个 房间 ?

　　Tā shì Měiguórén. Qǐng wèn, tā zhù nǎge fángjiān?

A: 三 二 一 八 。

　　Sān'èryāobā.

*3. Complete the dialogues with the right word showing family relations:

1) 大伟 找 谁 ?

　　Dàwěi zhǎo shéi?

他 找 他＿＿＿＿。(爷爷)

Tā zhǎo tā＿＿＿＿. (yéye)

大伟 找 谁 ?

Dàwěi zhǎo shéi?

他 找 他 ＿＿＿ 。（奶奶）
Tā zhǎo tā ＿＿＿ . (nǎinai)

大伟 找 谁?
Dàwěi zhǎo shéi?

他 找 他 ＿＿＿ （叔叔）
Tā zhǎo tā ＿＿＿ . (shūshu)

2) 陈 先生 找 谁?
Chén xiānsheng zhǎo shéi?

他 找 ＿＿＿ 。（艾琳）
Tā zhǎo ＿＿＿ . (Àilín)

陈 先生 找 谁?
Chén xiānsheng zhǎo shéi?

他 找 ＿＿＿ 。（莉莉）
Tā zhǎo ＿＿＿ . (Lìli)

陈 先生 找 谁?
Chén xiānsheng zhǎo shéi?

他 找 ＿＿＿ 。（大伟）
Tā zhǎo ＿＿＿ . (Dàwěi)

*4. **Ask questions on the underlined parts using the correct interrogative pronouns :**

1) 这 是 张 大中 同志 。
Zhè shì Zhāng Dàzhōng tóngzhì.

2) 他 叫 张 大中 。
Tā jiào Zhāng Dàzhōng.

3) 他们 是 中国人 。
Tāmen shì Zhōngguórén.

4) 他们 住 北京 饭店 。
Tāmen zhù Běijīng Fàndiàn.

5) 张 文汉 找 陈 明山 先生 。
Zhāng Wénhàn zhǎo Chén Míngshān xiānsheng.

6) 他 爷爷 住 3128 房间 。
Tā yéye zhù 3128 fángjiān.

7) 老 赵 找 他儿子 。
Lǎo Zhào zhǎo tā érzi.

8) 8132 房间 在 八层。
8132 fángjiān zài bācéng.

9) 他 爷爷 住 北京 饭店 。
Tā yéye zhù Běijīng Fàndiàn.

*5. **Ask three questions on each sentence with** "谁" (shuí) .

1) 他 是 我儿子。
   Tā shì wǒ érzi.

2) 李 叔叔 找 我爷爷。
   Lǐ shūshu zhǎo wǒ yéye.

6 . **Listen to the dialogues :**

1) A: 他们   找   谁?
      Tāmen zhǎo shéi?

   B: 找 莉莉。
      Zhǎo Lìli.

   A: 莉莉住哪儿?
      Lìli zhù nǎr?

   B: 8321。
      bāsān'èryāo.

2) A: 王   先生   住哪儿?
      Wáng xiānsheng zhù nǎr?

   B: 他住 北京 饭店。
      Tā zhù Běijīng Fàndiàn.

   A: 哪个   饭店?
      Nǎge   fàndiàn?

   B: 北京饭店 。 王   先生   住 北京饭店
      Běijīng Fàndiàn. Wáng xiānsheng zhù Běijīng Fàndiàn
      3812。
      sānbā yāoèr.

   A: 哪个   房间?
      Nǎge   fángjiān?

   B: 3812。
      Sānbāyāoèr.

   A: 谢谢 您。
      Xièxie nín.

   B: 不 谢。
      Bú xiè.

*7. **Translate the following sentences into Chinese :**

1) Who is he?
2) Where's he from?
3) Where does he live?
4) In which room is he staying?
5) Whom do you want to see?

4　Where Are You Going?
你去哪儿? nǐ qù nǎr?

(Mr. Chen Mingshan comes across Henry, a friend of his.)

陈 ：	哦， 亨利, 你去哪儿?①	Hello, Henry. Where are you going?
Chén:	Ó， Hēnglì， nǐ qù nǎr?	
亨利：	我 去 大使馆 看 一个	I'm going to the Embassy to see a friend of mine. And you?
Hēnglì:	Wǒ qù dàshǐguǎn kàn yíge	
	朋友 。②你呢?③	
	péngyou. Nǐ ne?	

陈: Chén:	我 去 买 一点儿 东西。④ Wǒ qù mǎi yìdiǎnr dōngxi.	I'm going to do some shopping.
亨: Hēng:	晚上 你 有 活动 吗?⑤ Wǎnshang nǐ yǒu huódòng ma?	Are you doing anything tonight?
陈: Chén:	没 有。 Méi yǒu.	No.
亨: Hēng:	有杂技,你看 吗? Yǒu zájì , nǐ kàn ma?	There's an acrobatics performance. Are you going to see it?
陈: Chén:	对 不 起, 我 不 看。你 Duì bu qǐ, wǒ bú kàn. Nǐ 明天 干 什么? ⑥ míngtiān gàn shénme?	No, thanks. What are you doing tomorrow?
亨: Hēng:	我 明天 去 长城 。 Wǒ míngtiān qù Chángchéng. 你 呢? Nǐ ne?	I'm going to the Great Wall tomorrow. What about you?
陈: Chén:	我 去 参观 故宫。 Wǒ qù cānguān Gùgōng.	I'm going to visit the Palace Museum.
亨: Hēng:	你 太太 也 去 吗? Nǐ tàitai yě qù ma?	Is your wife going too?
陈: Chén:	不, 她 有 别的 事儿。⑦ Bù, tā yǒu biéde shìr.	No, she has something else to do.

• new words • 生词 • shēngcí

1	去	(动) qù	to go
2	哦	(叹) ó	an interjection indicating surprise or doubt
3	大使馆	(名) dàshǐguǎn	embassy
4	看	(动) kàn	to see, to look at
5	朋友	(名) péngyou	friend
6	呢	(助) ne	a particle (see study point 3)
7	买	(动) mǎi	to buy, to purchase

8	一点儿	（量）yìdiǎnr	a bit, a little
9	东西	（名）dōngxi	thing, things
10	晚上	（名）wǎnshang	evening, night
11	有	（动）yǒu	to have, there is (are)
12	活动	（名、动）huódòng	activity, to move
13	没（有）	（副）méi(yǒu)	(to have) not, (there is (are)) not, no
14	杂技	（名）zájì	acrobatics
15	明天	（名）míngtiān	tomorrow
16	干	（动）gàn	to do, to be engaged in
17	什么	（代）shénme	what
18	参观	（动）cānguān	to visit (usually a place)
19	也	（副）yě	too, also
20	她	（代）tā	she, her
21	别的	（代）biéde	other, else
22	事儿	（名）shìr	business, work, engagement

专名	**Zhuānmíng**	**Proper names**
亨利	Hēnglì	Henry
长城	Chángchéng	the Great Wall
故宫	Gùgōng	the Imperial Palace (the Forbidden City or the Palace Museum)

---

study points · 注释 · zhùshì

1 你去哪儿? (Nǐ qù nǎr?)

This is more a casual greeting than a real question. It is said by people who know each other fairly well. Depending on the circumstances, the answer could be general as well as concrete.

2 我去大使馆看一个朋友。(Wǒ qù dàshǐguǎn kàn yíge péngyou.)

In Chinese, the predicate in a sentence may include two or more than two verbs or verbal structures:

他去买东西。　　(Tā qù mǎi dōngxi.)　go + to buy

你去参观故宫吗?　(Nǐ qù cānguān Gùgōng ma?)　go + to visit

3　你呢? (Nǐ ne?)

In certain situations, questions can be formed by placing "呢" (ne) after nouns, pronouns or phrases. What is being asked refers to what was being discussed immediately beforehand:

明天你去长城。陈先生呢? (Míngtiān nǐ qù Chángchéng. Chén xiānsheng ne?)

Tomorrow you're going to the Great Wall. How about Mr. Chen?

他晚上看杂技。你呢? (Tā wǎnshang kàn zájì. Nǐ ne?)

He's going to see the acrobatic show this evening. Are you going too?

4　我去买一点儿东西。(Wǒ qù mǎi yìdiǎnr dōngxi.)

1)　"一点儿" (yìdiǎnr) is used before nouns to indicate small quantity.

2)　If an "r" appears after an "n", the "n" becomes mute. If it appears after "ai" or "ei", "i" in them is dropped.

diǎnr → d ＋ iǎ ＋ r

wánr → w ＋ á ＋ r

páir → p ＋ á ＋ r

wèir → w ＋ è ＋ r

The 'r' ending most often appears in the Beijing dialect, on which standard Chinese is based.

5　晚上你有活动吗? (Wǎnshang nǐ yǒu huódòng ma?)

1)　In Chinese, phrases indicating time can be placed at the beginning of a sentence or between the subject and predicate:

明天我去长城。(Míngtiān wǒ qù Chángchéng.)

他晚上有活动。(Tā wǎnshang yǒu huódòng.)

2)　The verb "有" (yǒu) forms its negative by adding "没" (méi) in front:

晚上我没有活动。(Wǎnshang wǒ méi yǒu huódòng.)

6　你明天干什么? (Nǐ míngtiān gàn shénme?)

Here "干什么" (gàn shénme) is a colloquial way of saying "做什么" (zuò shénme) which means "what are (you) doing?"

7　不, 她有别的事儿。(Bù, tā yǒu biéde shìr.)

In Chinese, there are two ways of giving negative answers to questions, for example:

你明天去长城吗? (Nǐ míngtiān qù Chángchéng ma?)

我明天不去长城。(Wǒ míngtiān bú qù Chángchéng.)

　　　　　　or

不, 我明天去故宫。(Bù, wǒ míngtiān qù Gùgōng.)

supplementary words • 补充生词 • bǔchōng shēngcí

1	那儿	（代）	nàr	there
2	文化宫	（名）	wénhuàgōng	cultural palace
3	画展	（名）	huàzhǎn	exhibition of paintings
4	下午	（名）	xiàwǔ	afternoon
5	安排	（动）	ānpái	to arrange

西单	Xīdān	name of a commercial centre in the west of Beijing

• exercises • 练习 • liànxí

1 . Phonetic exercises :

1) Tones

(1) The neutral tone

(1) ＋neutral	(2) ＋neutral	(3) ＋neutral	(4) ＋neutral
dōngxi	péngyou	wǎnshang	sìge
sānge	biéde	Nǐ ne?	qù ma

(2) Changes of "一 (yī)"

"yī (一)" + (3)

yìdiǎnr

yìběn

yìbǎi

(3) Changes of the 3rd tone

dàshǐguǎn → dàshíguǎn

zhǎnlǎnguǎn → zhánlánguǎn

Wángfǔjǐng → Wángfújǐng

2) Sound discrimination

30

(1) The retroflex final   (2) d   t

nǎr	dà tā
diǎnr	dōng tóng
páir	diǎn tiān
huìr	duì tuì
shìr	

2. Complete the dialogues:

Model: A: 你去哪儿？
Nǐ qù nǎr?

B: 我 去 北京 饭店。
Wǒ qù Běijīng Fàndiàn.

A: 去那儿干什么？
Qù nàr gàn shénme?

B: 找 一个人。
Zhǎo yíge rén.

1) A: _____?
_____?

B: 我 去 英国 大使馆。
Wǒ qù Yīngguó Dàshǐguǎn.

A: _____?
_____?

B: 看 朋友。
Kàn péngyou.

2) A: _____?
_____?

B: 我去西单。
Wǒ qù Xīdān.

A: _____?
_____?

B: _____。（东西）
_____。（dōngxi）

3) A: _____?
_____?

B: _____。（文化宫）
_____。（wénhuàgōng）

A: _____?
_____?

B: 参观 画展。
Cānguān huàzhǎn.

*3.   Practice with negative answers:

1) Answer according to the pictures.

Model: A: 明天 你去 故宫 吗?
            Míngtiān nǐ qù Gùgōng ma?

        B: 我 不去。我 去 文化宫 。
            Wǒ bú qù. Wǒ qù wénhuàgōng.

(1)   明天 你去 长城 吗?
      Míngtiān nǐ qù Chángchéng ma?

(2)   晚上 你去看杂技吗?
      Wǎnshang nǐ qù kàn zájì ma?

(3)   下午 你去 大使馆 吗?
      Xiàwǔ nǐ qù dàshǐguǎn ma?

(4) 你们 明天 去 故宫 参观 吗?
Nǐmen míngtiān qù Gùgōng cānguān ma?

2) Model: A: 你们 晚上 有 活动 吗?
Nǐmen wǎnshang yǒu huódòng ma?

B: 没 有,你 呢?
Méi yǒu, nǐ ne?

(1) 下午, 活动
xiàwǔ, huódòng

(2) 晚上 ,事儿
wǎnshang, shìr

(3) 明天 , 安排
míngtiān, ānpái

*4. Select the correct form of each question from the three choices given:

1) a. 哪儿他住?
Nǎr tā zhù?

b. 他住哪儿?
Tā zhù nǎr?

c. 哪儿住他?
Nǎr zhù tā?

2) a. 什么 看你?
Shénme kàn nǐ?

b. 什么 你看?
Shénme nǐ kàn?

c. 你 看 什么?
Nǐ kàn shénme?

3) a. 什么 活动 他有?
Shénme huódòng tā yǒu?

b. 他 什么 活动 有?
Tā shénme huódòng yǒu?

c. 他有 什么 活动?
Tā yǒu shénme huódòng?

4) a. 哪国 人 是 他?
Nǎguó rén shì tā?

b. 他 是 哪国 人?
Tā shì nǎguó rén?

c. 他 哪国 人 是?
Tā nǎguó rén shì?

5) a. 谁 他 找?
Shéi tā zhǎo?

b. 找 他谁?
Zhǎo tā shéi?

c. 他 找 谁?
Tā zhǎo shéi?

6) a. 什么 事儿你们 有?
Shénme shìr nǐmen yǒu?

b. 你们 有 什么事儿?
Nǐmen yǒu shénme shìr?

c. 你们 什么 事儿有?
Nǐmen shénme shìr yǒu?

5 . Listen to the dialogues:

1) A: 赵　先生，　明天　你去　长城　吗？
　　　Zhào xiānsheng,　míngtiān nǐ qù Chángchéng ma?

B: 我　有点儿事儿，　我 不去．
　　Wǒ yǒu diǎnr　shìr,　wǒ bú qù.

A: 你 太太他们呢？
　　Nǐ tàitai tāmen ne?

B: 他们　也不去．
　　Tāmen yě bú qù.

A: 那么，　你们　干 什么　呢？
　　Nàme,　nǐmen gàn shénme ne?

B: 我 去 北京　饭店　看李 先　生，我太太、我女儿 去
　　Wǒ qù Běijīng Fàndiàn kàn Lǐ xiānsheng, wǒ tàitai、wǒ nǚ'ér qù

买　东西．
mǎi dōngxi.

A: 你儿子呢？
　　Nǐ érzi ne?

B: 啊，他去看　画展．
　　À,　tā qù kàn huàzhǎn.

2) A: 　晚上　您 不看杂技？
　　　Wǎnshang nín bú kàn zájì?

B: 我 不去，　我 有 点儿事儿．
　　Wǒ bú qù,　wǒ yǒu diǎnr　shìr.

A: 明天　晚上 呢？
　　Míngtiān wǎnshang ne?

B: 明天　晚上 也 有 杂技？
　　Míngtiān wǎnshang yě yǒu zájì?

A: 有　啊．
　　Yǒu　a.

B: 明天　我 一定 去 看．
　　Míngtiān wǒ yídìng qù kàn.

5 Going To The Post Office
去邮局 qù yóujú

(Before going to the post office, David asks his parents and his sister if they want him to get anything for them.)

伟： Wěi:	爸爸,我 去 邮局 寄 一 封 信。① Bàba, wǒ qù yóujú jì yìfēng xìn. 您 买 什么 吗? Nín mǎi shénme ma?	Dad, I'm going to the post office to mail a letter. Do you need anything?
陈： Chén:	给 我 买 几张 八分 邮票。② Gěi wǒ mǎi jǐzhāng bāfēn yóupiào.	Please get me some eight-cent stamps.

伟 :	买 几张？③	How many do you want?
Wěi:	Mǎi jǐzhāng?	
陈 :	五 张 。	Five.
Chén:	Wǔzhāng.	
莉 :	大伟，你给我 买几个信封 。	David, will you get me
Lì:	Dàwěi, nǐ gěi wǒ mǎi jǐge xìnfēng.	some envelopes?
伟 :	买 多少？	How many?
Wěi:	Mǎi duōshao?	
莉 :	十个。	Ten.
Lì:	Shíge .	
伟 :	妈妈,您 买 点儿 什么 吗?④	Mom, is there anything
Wěi:	Māma,nín mǎi diǎnr shénme ma?	you want?
艾 :	不 买。	No, thank you.
Ài:	Bù mǎi.	
莉 :	大伟， 再 给我 买一本	David, get me a copy of
Lì:	Dàwěi, zài gěi wǒ mǎi yìběn	*China Pictorial* as well,
	《中国 画报》吧 。⑤	will you?
	《Zhōngguó Huàbào》 ba.	
伟 :	好 。	Sure.
Wěi:	Hǎo.	

• new words • 生词 • shēngcí

1	邮局	（名）	yóujú	post office
2	爸爸	（名）	bàba	father, dad
3	寄	（动）	jì	to post, to mail
4	封	（量）	fēng	a measure word for letters
5	信	（名）	xìn	letter
6	给	（介）	gěi	for, to
7	几	（代）	jǐ	some, several
8	张	（量）	zhāng	a measure word (piece, sheet)
9	分	（量）	fēn	the lowest denomination of Chinese

currency

10	邮票	（名）yóupiào	stamp
11	五	（数）wǔ	five
12	信封	（名）xìnfēng	envelope
13	多少	（代）duōshao	how many, how much
14	十	（数）shí	ten
15	妈妈	（名）māma	mother, mom
16	再	（副）zài	too, also, in addition to
17	本	（量）běn	a measure word (copy)
18	吧	（助）ba	a modal particle

| 专名 | **Zhuānmíng** | **Proper name** |

《中国画报》　《Zhōngguó Huàbào》　*China Pictorial*

---

study points · 注释 · zhùshì

1　我去邮局寄一封信。(Wǒ qù yóujú jì yìfēng xìn.)

In Chinese, many nouns have special measure words:

一封信 (yìfēng xìn)

五张邮票 (wǔzhāng yóupiào)

N. B. 张 is often used for things that are flat, such as tables, paper and postage stamps.

八个信封 (bāge xìnfēng)

四个朋友 (sìge péngyou)

十本《中国画报》 (shíběn 《Zhōngguó Huàbào》)

N. B. 本 is usually used as the measure word for things in the form of book such as magazines, books, catalogues, etc.

2　给我买几张八分邮票。(Gěi wǒ mǎi jǐzhāng bāfēn yóupiào.)

"给我" (gěi wǒ) means "for me". In Chinese, it and other adverbials go before the verb they modify. It would be wrong to say "买几张邮票给我。" (Mǎi jǐzhāng yóupiào gěi wǒ.)

3 买几张? (Mǎi jǐzhāng?)

Although both "几" (jǐ) and "多少" (duōshao) mean "how many", "几" (jǐ) is only used to ask for figures under ten. "多少" (duōshao) can be used for any amount. Another difference is that a measure word is necessary between "几" and the noun, while for "多少" the measure word can be omitted:

几封信 (jǐfēng xìn)   多少（封）信 (duōshao (fēng) xìn)
几张邮票 (jǐzhāng yóupiào)   多少（张）邮票 (duōshao (zhāng) yóupiào)
几个朋友 (jǐge péngyou)   多少（个）朋友 (duōshao (ge) péngyou)

4 您买点儿什么吗？(Nín mǎi diǎnr shénme ma?)

"什么" (shénme) here does not mean "what" as in a question. It is used as an indefinite pronoun, corresponding to "something" in English.

5 再给我买一本《中国画报》吧。(Zài gěi wǒ mǎi yìběn《Zhōngguó Huàbào》ba.)

1) In China, the post office is the main agent for newspapers and magazines. People can buy and subscribe to newspapers and magazines there.

2) "吧" (ba) can be used at the end of sentences to indicate that the statement is a suggestion, a request, an order, etc. Here it is used as a request.

supplementary words • 补充生词 • bǔchōng shēngcí

1	报	（名） bào	newspaper
2	杯	（量） bēi	cup, glass
3	瓶	（量） píng	bottle
4	学校	（名） xuéxiào	school
5	椅子	（名） yǐzi	chair
6	把	（量） bǎ	a measure word
7	桌子	（名） zhuōzi	table
8	床	（名） chuáng	bed

• exercises • 练习 • liànxí

1. Phonetic exercises:

1) Tones

    (1) Changes of the tone of "一 (yī)"
          "一 (yī)" + (1)
          yìfēn
          yìfēng
          yìzhāng

    (2) Neutral tone
          duōshao
          māma
          bàba

    (3) 2nd tone

(2) + (1)	(2) + (2)	(2) + (3)	(2) + (4)
fángjiān	huáqiáo	méi yǒu	huódòng
míngtiān	yóujú	Nín hǎo!	yóupiào

2) Sound discrimination

(1) an	en	(2) en	eng	(3) j	q
wǎn	wèn	chén	chéng	jǐ	qǐ
cān	chén	fēn	fēng	jú	qù
shān	shén	shén	shēng	jiào	qiáo
		běn	péng	jiàn	qián

2. Questions and answers:

Use "干什么" (gàn shénme) and "买几张" (mǎi jǐzhāng) to make questions and answers as in the model.

1) Model: A: 你去邮局 干 什么？
            Nǐ qù yóujú gàn shénme?

          B: 买 几张八分 邮票。
            Mǎi jǐzhāng bāfēn yóupiào.

          A: 买 几张？
            Mǎi jǐzhāng?

          B: 买 三张 。
            Mǎi sānzhāng.

    (1) 《中 国 画 报》，八本
        《Zhōngguó Huàbào》, bāběn

    (2) 信，三封
        xìn, sānfēng

    (3) 报， 五张
        bào, wǔzhāng

    (4) 信封 ，十个
        xìnfēng, shíge

(5) 寄,《 中国　画报》, 五本
jì,《Zhōngguó Huàbào》, wǔběn

2) Ask questions using "买什么" (mǎi shénme) and "买多少" (mǎi duōshao) and answer them following the models.

A: 你买 什么？
Nǐ mǎi shénme?

B: 买 信封。
Mǎi xìnfēng.

A: 买 多少？
Mǎi duōshao?

B: 买 五个。
Mǎi wǔge.

(1) 买，报 三张
mǎi, bào, sānzhāng

(2) 喝，茶，一杯
hē, chá, yìbēi

(3) 买，啤酒，五瓶
mǎi, píjiǔ, wǔpíng

(4) 喝，咖啡，一杯
hē, kāfēi, yìbēi

(5) 买，椅子，三把
mǎi, yǐzi, sānbǎ

(6) 买，桌子，一张
mǎi, zhuōzi, yìzhāng

(7) 买，床 ，一张
mǎi, chuáng, yìzhāng

*3. **Fill in the blanks with "几"(jǐ) or "多少"(duōshao):**

1) 你们 住_____个 房间？
Nǐmen zhù_____ge fángjiān?

2) 你 买_____ 信封？
Nǐ mǎi_____xìnfēng?

3) 你们 学校 有_____个人？
Nǐmen xuéxiào yǒu_____ge rén?

4) 这个 房间 住_____个人？
Zhège fángjiān zhù_____ge rén?

5) 陈 先 生 有_____个女儿？
Chén xiānsheng yǒu_____ge nǚ'ér?

4 . **Listen to the dialogues:**

1) A: 同 志， 我 买 八分的 邮票 。
Tóngzhì, wǒ mǎi bāfēn de yóupiào.

B: 您 买 几张？
Nín mǎi jǐzhāng?

A: 三 张。同 志, 那 是《 中国　画报》吧？
Sānzhāng. Tóngzhì, nà shì《Zhōngguó Huàbào》ba?

B: 是。
   Shì.

A: 请 给我看一下儿。
   Qǐng gěi wǒ kàn yíxiàr.

B: 请 看吧。
   Qǐng kàn ba.

A: 好。我 买一本。
   Hǎo. Wǒ mǎi yìběn.

2) A: 爷爷，您 喝点儿 什么？
   Yéye, nín hē diǎnr shénme?

B: 我 喝啤酒。
   Wǒ hē píjiǔ.

A: 好， 给您 一杯啤酒。奶奶，您 呢？
   Hǎo, gěi nín yìbēi píjiǔ. Nǎinai, nín ne?

B: 我 不喝啤酒。给 我 一杯茶 吧 。
   Wǒ bù hē píjiǔ. Gěi wǒ yìbēi chá ba.

A: 好 。大伟， 你喝什么 ？
   Hǎo. Dàwěi, nǐ hē shénme?

D: 我 喝咖啡。
   Wǒ hē kāfēi.

A: 好 。
   Hǎo.

D: 再 给 我 一杯啤酒。
   Zài gěi wǒ yìbēi píjiǔ.

A: 啊 ?
   Á ?

*5. Translate the following into Chinese:

1) a friend
2) a letter
3) several stamps
4) a "China Pictorial"
5) five envelopes
6) eight chairs
7) ten tables
8) three beds

复习 (1)   Revision (1)
fùxí (1)

1 . **Read aloud:**

我 们 , 你 们 , 他 们 。
wǒmen, nǐmen, tāmen.

同 志 们 ,   朋 友 们 ,   服 务 员 们
tóngzhìmen, péngyoumen, fúwùyuánmen

  先 生 们 ,   小 姐 们 ,   太 太 们, 伯 伯 们 , 叔 叔 们
xiānshengmen, xiǎojiemen, tàitaimen, bóbomen, shūshumen

  饭 店 服 务 员 们 , 美 国 朋 友 们
fàndiàn fúwùyuánmen, Měiguó péngyoumen

*2. **Fill in the blanks using "不" (bù) or "没" (méi):**

1) 他 是 中 国 人 , _____ 是 日 本 人 。
Tā shì Zhōngguórén, _____ shì Rìběnrén.

2) 我 住 八 一 二 五 房 间 , _____ 住 八 一 二 三 房 间 。
Wǒ zhù bāyāo'èrwǔ fángjiān, _____ zhù bāyāo'èrsān fángjiān.

3) 明 天 她_____ 有 什 么 事 儿 。
Míngtiān tā_____ yǒu shénme shìr.

4) 妈 妈 买 信 封 ,姐 姐_____ 买 信 封 。
Māma mǎi xìnfēng, jiějie_____ mǎi xìnfēng.

5) 他 们_____ 去 长 城 ,我 去 长 城 。
Tāmen_____ qù Chángchéng, wǒ qù Chángchéng.

6) 他_____ 叫 王 小 明 ,他 叫 王 小 山 。
Tā_____ jiào Wáng Xiǎomíng, tā jiào Wáng Xiǎoshān.

7) 他 们 有 一 个 女 儿 , _____ 有 儿 子 。
Tāmen yǒu yíge nǚ'ér, _____ yǒu érzi .

8) 我 喝 啤 酒 , _____ 喝 咖 啡 。
Wǒ hē píjiǔ, _____ hē kāfēi.

9) 我 们 几 个 人 _____ 会 抽 烟 。
Wǒmen jǐge rén_____ huì chōu yān.

10) 我 有 信封， _____ 有 邮票 。
Wǒ yǒu xìnfēng, _____ yǒu yóupiào.

3 . **Ask 3 questions for each sentence using "吗" (ma) and interrogative pro-nouns "谁" (shuí), "哪" (nǎ), "哪儿" (nǎr), "什么" (shénme):**

Model: 他 是 赵 明 。 他 是 赵 明 吗？
Tā shì Zhào Míng.——Tā shì Zhào Míng ma?

谁 是 赵 明？
Shuí shì Zhào Míng?

他 叫 什么？
Tā jiào shénme?

1) 他 买《 中国 画报 》。
Tā mǎi《Zhōngguó Huàbào》.

2) 赵 明 住一五二三 房间 。
Zhào Míng zhù yīwǔ'èrsān fángjiān.

3) 张 先生 去 故宫 。
Zhāng xiānsheng qù Gùgōng.

4) 他们 住 北京 饭店 。
Tāmen zhù Běijīng Fàndiàn.

5) 她 是 英国人 。
Tā shì Yīngguórén.

6) 他们 找 赵 先生 。
Tāmen zhǎo Zhào xiānsheng.

6 Mailing A Letter
寄信 jì xìn

(David is in a post office posting a letter and buying stamps.)

伟:	同志 ，我寄信。	I'd like to send a letter,
Wěi:	Tóngzhì, wǒ jì xìn.	comrade.
营业员:	寄哪儿？	Where to?
yíngyèyuán:	Jì nǎr?	
伟:	美国 。	The United States.
Wěi:	Měiguó.	

营: yíng:	挂 号 吗？ Guà hào ma?	Registered?
伟: Wěi:	挂 号。多少 钱？ Guà hào. Duōshao qián?	Registered. How much is it?
营: yíng:	一块 二（毛）。① Yíkuài èr (máo).	One yuan and twenty fen.
伟: Wěi:	同志，你看， 这封 信 Tóngzhì, nǐ kàn, zhèfēng xìn 超 重 吗？ chāo zhòng ma?	Comrade, would you see if it is overweight?
营: yíng:	我 称 一下儿。不超 重。 Wǒ chēng yíxiàr. Bù chāo zhòng.	Let me weigh it. No, it isn't.
伟: Wěi:	我 还要 五张 八分 邮票 Wǒ hái yào wǔzhāng bāfēn yóupiào 和 五张 明信片。 hé wǔzhāng míngxìnpiàn.	Thanks. I also want five eight-fen stamps and five post-cards.
营: yíng:	一共 一块 八毛 五（分）。 Yígòng yíkuài bāmáo wǔ (fēn).	The total is one yuan and eighty-five fen.
伟: Wěi:	给 你 钱。② Gěi nǐ qián.	Here's your money.
营: yíng:	你 这是 两块。③ 这是 Nǐ zhè shì liǎngkuài. Zhè shì 邮 票，这是 明信片。 yóupiào, zhè shì míngxìnpiàn. 找 你 一毛 五（分）。④ Zhǎo nǐ yìmáo wǔ (fēn).	This is two yuan you are giving me. Here are your stamps and post-cards. Your change is fifteen fen.

• new words • 生词 • shēngcí

1	营业员	（名）yíngyèyuán	clerk
2	挂号	guà hào	register, registered
3	钱	（名）qián	money
4	块〔元〕	（量）kuài (yuán)	colloquial form for "yuan"
5	毛〔角〕	（量）máo (jiǎo)	colloquial form for "jiao"

6	超重		chāo zhòng	overweight
7	称	（动）	chēng	to weigh
8	还	（副）	hái	also, as well, in addition, still
9	要	（动）	yào	to want, to need, to ask
10	和	（连、介）	hé	and, with
11	明信片	（名）	míngxìnpiàn	post-card
12	一共	（副）	yígòng	altogether, in all
13	给	（动）	gěi	to give
14	两	（数）	liǎng	two
15	找	（动）	zhǎo	to give change

---

study points · 注释 · zhùshì

---

1   一块二（毛）(yíkuài èr(máo))
The three denominations of Chinese currency (Renminbi) are "元" (yuán), "角" (jiǎo) and "分" (fēn). In colloquial Chinese, they are called "块" (kuài), "毛" (máo) and "分" (fēn).

$$1 \text{ fen} \times 10 = 1 \text{ jiǎo (or máo)} \qquad 1 分 \times 10 = 1 角（毛）$$
$$1 \text{ jiǎo} \times 10 = 1 \text{ yuán (or kuài)} \qquad 1 角 \times 10 = 1 元（块）$$

In ordinary conversation, the last denomination "分" (fēn) can be left out:

	In conversation	In writing
0.58元	五毛八（分）	五角八分
18.34元	十八块三毛四（分）	十八元三角四分

2   给你钱。(Gěi nǐ qián.)
The Chinese verb "给" (gěi), functioning like the English verb "give", can take two objects. In the above sentence, the two objects are "你" (nǐ) and "钱" (qián). In English we can either say "Give you money" or "Give money to you", but in Chinese the object indicating a person always comes first, therefore we put "你" (nǐ) in front of "钱" (qián).

3   你这是两块。(Nǐ zhè shì liǎngkuài.)
1)   This is the kind of expression a Chinese shopkeeper usually uses when s/he takes the customer's money. It is an acknowledgement of the amount of money received.

2) Both " 二 " (èr) and " 两 " (liǎng) mean "two", but usually they are not interchangeable. " 两 " (liǎng) is used with a measure word:

两本书 　　(liǎngběn shū)

两个朋友 (liǎngge péngyou)

两封信 　　(liǎngfēng xìn)

When the figure exceeds ten, such as 12, 20, 32, etc., the word " 二 "(èr)must be used instead of " 两 " (liǎng):

十二本书 　　(shí'èrběn shū)

二十个朋友 (èrshíge péngyou)

三十二封信 (sānshí'èrfēng xìn)

4 找你一毛五（分）。(zhǎo nǐ yìmáo wǔ (fēn).)

Notice the change of tone of the word " 一 " (yī). It changes from the first tone to the fourth tone (yì) and is marked by " ＼ ". This always happens when the word appears before a syllable of the first, second or third tone: " 一分 " (yìfēn) , " 一元 " (yìyuán) and " 一点儿 " (yìdiǎnr).

However the tone of the word " 一 " remains unchanged before the following numerals: " 一 " (yī), " 三 " (sān), " 五 " (wǔ), " 七 " (qī), " 八 " (bā) and " 九 " (jiǔ).

supplementary words · 补充生词 · bǔchōng shēngcí

1	怎么	（代）	zěnme	how
2	卖	（动）	mài	to sell
3	顾客	（名）	gùkè	customer
4	大概	（副）	dàgài	about
5	包裹单	（名）	bāoguǒdān	parcel invoice

· exercises · 练习 · liànxí

1 . Phonetic exercises :

1) Tones

   (1) Changes of the tone of " 一 (yī) "

      " 一 (yī) " + (1)   " 一 (yī) " + (2)

      yìfēn   yìmáo

      yìzhāng   yìyuán

      " 一 (yī) " + (3)   " 一 (yī) " + (4)

      yìdiǎnr   yíkuài

      yìběn   yígòng

   (2) Changes of the tone of " 不 (bù) "

      bú huì   bù mǎi

      bú kàn   bù chāo zhòng

   (3) The 4th tone

(4)+(1)	(4)+(2)	(4)+(3)	(4)+(4)
xìnfēng	sìmáo	yìdiǎnr	jièshào
Gùgōng	Àilín	Jì nǎr?	guà hào

2) Sound discrimination

(1) ch sh	(2) ua uo	(3) ang eng
chēng shēng	huá huó	cháng chéng
chāo shào	guà guó	fāng fēng
cháng shàng	shuā shuō	shāng shēng

2. **Practice after the model:**

Model: 1.32 元   一 块 三 毛 二(分)

          1.32 yuán   yíkuài sānmáo èr(fēn)

2.30 (yuán) 10.00 (yuán) 3.58 (yuán) 2.22 (yuán) 0.13 (yuán)

0.80 (yuán) 0.53 (yuán) 0.22 (yuán) 0.08 (yuán) 0.02 (yuán)

*3. **Answer the questions:**

  1) 明信片 几分 一张 ? (0.05 元 / 张)

      Míngxìnpiàn jǐfēn yìzhāng? (0.05 yuán/zhāng)

  2) 信封 几分 一个? (0.01 元 /个)

      Xìnfēng jǐfēn yíge? (0.01 yuán/ge)

  3) 《中 国 画报》 多少 钱 一本? (1.30 元/ 本)

      《Zhōngguó Huàbào》 duōshao qián yìběn? (1.30 yuán/běn)

  4) 桌子 多少 钱 一张 ? (15.00 元 / 张)

      Zhuōzi duōshao qián yìzhāng? (15.00 yuán/zhāng)

  5) 信封 怎么 卖? (0.10 元 /10 个)

      Xìnfēng zěnme mài? (0.10 yuán/10 ge)

  6) 椅子怎么 卖? (8.50 元 /把)

      Yǐzi zěnme mài? (8.50 yuán/bǎ)

*4.   Complete the dialogues using the words given in the brackets:

1) 营 业 员： 同 志， 您 买 什 么？
    Yíngyèyuán: Tóngzhì, nín mǎi shénme?

    顾客： _____。（八分 邮票， 一张）
    Gùkè: _____. (bāfēn yóupiào, yìzhāng)

    营 ： 还要 什么？
    Yíng: Hái yào shénme?

    顾： _____。（五分 明信片， 三张）
    Gù: _____. (wǔfēn míngxìnpiàn, sānzhāng)

    营 ： 一共 _____。
    Yíng: Yígòng _____.

    顾： 给 您 钱。
    Gù: Gěi nín qián.

2) 顾客： 同志， 有 信封 吗？
    Gùkè: Tóngzhì, yǒu xìnfēng ma?

    营 业 员： 有。 您要 _____？
    Yíngyèyuán: Yǒu. Nín yào _____?

    顾： 我 要 二十个。 _____？
    Gù: Wǒ yào èrshíge. _____?

    营 ： 一分一个，二十个， _____。
    Yíng: Yìfēn yíge, èrshíge, _____.

    顾：《中 国 画 报》_____？
    Gù: 《Zhōngguó Huàbào》_____?

    营 ： 一块 三。
    Yíng: Yíkuài sān.

    顾： 我 要 两本。
    Gù: Wǒ yào liǎngběn.

    营 ： 一共 _____。
    Yíng: Yígòng _____.

    顾： 给 您 钱。
    Gù: Gěi nín qián.

    营 ： 您 这 是 三块， 找 您 _____。
    Yíng: Nín zhè shì sānkuài, zhǎo nín _____.

5 .   Listen to the dialogues:

1) 顾客： 同志， 我 寄 挂号信。
    Gùkè: Tóngzhì, wǒ jì guàhàoxìn.

    营业员：您 这 两封 信大概 超 重。
    Yíngyèyuán: Nín zhè liǎngfēng xìn dàgài chāo zhòng.

顾：是 吗？
Gù: Shì ma?

营：我 称 一下儿。您 看，超 重 。
Yíng: Wǒ chēng yíxiàr. Nín kàn, chāo zhòng.

顾：是 啊。
Gù: Shì a.

2) 顾客：同 志，请 给 我 一张 包裹单。
Gùkè: Tóngzhì, qǐng gěi wǒ yìzhāng bāoguǒdān.

营 业 员：好。寄 哪儿？
Yíngyèyuán: Hǎo. Jì nǎr?

顾：英 国。多少 钱？
Gù: Yīngguó. Duōshao qián?

营 ：我 称 一下儿。啊，五块 二毛三 。
Yíng: Wǒ chēng yíxiàr. À, wǔkuài èrmáo sān.

7 Exchanging Foreign Money For Renminbi
兑换外币　duìhuàn wàibì

(Mr. Chen Mingshan is exchanging foreign money for Renminbi in a bank.)

陈： Chén:	同志，我兑换外币。 Tóngzhì, wǒ duìhuàn wàibì.	Comrade, I'd like to have some foreign currencies exchanged.
工作 人员： gōngzuò rényuán:	什么 外币？ Shénme wàibì?	What currencies?
陈： Chén:	美元 和 英镑。今天 Měiyuán hé Yīngbàng. Jīntiān	American dollars and English pounds. What are

	牌价 是 多少？ páijià shì duōshao?	today's exchange rates?
工： gōng:	一百 美元 兑换 人民币 Yìbǎi Měiyuán duìhuàn Rénmínbì 一百五十三块 三毛 八 yìbǎiwǔshísānkuài sānmáo bā （分），① 一百 英镑 兑换 (fēn)， yìbǎi Yīngbàng duìhuàn 人民币 三百二十八块 四毛 Rénmínbì sānbǎi'èrshíbākuài sìmáo 三（分）。 sān (fēn).	One hundred American dollars to one hundred and fifty three yuan, thirty-eight fen of Renminbi, one hundred pounds to three hundred and twenty-eight yuan, forty-three fen.
陈： Chén:	我 兑换 一千 美元， Wǒ duìhuàn yìqiān Měiyuán, 一百三十 英镑。 yìbǎisānshí Yīngbàng.	I want to have one thousand dollars and one hundred and thirty pounds exchanged.
工： gōng:	请 你 填 一张 单子。 Qǐng nǐ tián yìzhāng dānzi.	Fill in this form, please.
陈： Chén:	好。 Hǎo.	O. K.
工： gōng;	一千 美元 兑换 一千 Yìqiān Měiyuán duìhuàn yìqiān- 五百三十三块 八（毛）， wǔbǎisānshísānkuài bā (máo), 一百三十 英镑 兑换 yìbǎisānshí Yīngbàng duìhuàn 四百二十六块 九毛 六（分）， sìbǎi'èrshíliùkuài jiǔmáo liù (fēn), 一共 一千九百六十块 yígòng yìqiānjiǔbǎiliùshíkuài 七毛 六（分）。请 点 qīmáo liù (fēn). Qǐng diǎn 一下儿。 yíxiàr.	One thousand five hundred and thirty-three yuan and eighty fen for one thousand dollars, four hundred and twenty-six yuan and ninety-six fen for one hundred and thirty pounds. The total is one thousand nine hundred and sixty yuan and seventy fen. Please count it.
陈： Chén:	好。谢谢。 Hǎo. Xièxie.	Good. Thank you.
工： gōng:	不用 谢。② Bú yòng xiè.	You're welcome.

52

• new words • 生词 • shēngcí

1	兑换	（动）	duìhuàn	to exchange (currencies)
2	外币	（名）	wàibì	foreign currency
3	工作	（动、名）	gōngzuò	to work, work, job
4	人员	（名）	rényuán	personnel, staff
5	美元	（名）	Měiyuán	American dollar
6	英镑	（名）	Yīngbàng	English pound
7	今天	（名）	jīntiān	today
8	牌价	（名）	páijià	exchange rate
9	百	（数）	bǎi	hundred
10	人民币	（名）	Rénmínbì	Renminbi (Chinese currency)
11	四	（数）	sì	four
12	千	（数）	qiān	thousand
13	填	（动）	tián	to fill (in)
14	单子	（名）	dānzi	form, list
15	六	（数）	liù	six
16	九	（数）	jiǔ	nine
17	零	（数）	líng	zero, nil
18	七	（数）	qī	seven
19	点	（动）	diǎn	to count
20	不用		bú yòng	not necessary
	不用谢		bú yòng xiè	don't mention it, you're welcome, not at all

study points · 注释 · zhùshì

1 一百美元兑换人民币一百五十三块三毛八（分）。(Yìbǎi Měiyuán duìhuàn Rén mínbì yìbǎiwǔshísānkuài sānmáo bā (fēn).).
The decimal system is being used in China:

1	2	3	4	5	6	7	8	9	10
一	二	三	四	五	六	七	八	九	十
11	12							19	20
十一	十二							十九	二十
21	22							29	30
二十一	二十二							二十九	三十
91	92							99	100
九十一	九十二							九十九	一百
101	102								110
一百零一	一百零二								一百一十
111	112								200
一百一十一	一百一十二								二百
1001	1002								1100
一千零一	一千零二								一千一百
1101	1102								2000
一千一百零一	一千一百零二								二千
2010							9999		
二千零一十							九千九百九十九		

2 不用谢 (bú yòng xiè)
As a reply to "谢谢" (xièxie), "不谢" (bú xiè) and "不用谢" (bú yòng xiè) are interchangeable.

supplementary words · 补充生词 · bǔchōng shēngcí

1	没错儿		méi cuòr	exactly
2	法郎	（名）	Fǎláng	franc
3	日元	（名）	Rìyuán	(Japanese) Yen

4	万	（数）wàn	ten thousand
5	马克	（名）Mǎkè	Mark
6	存	（动）cún	to deposit
7	款	（名）kuǎn	deposit
8	定期	（名）dìngqī	time (deposit), fixed (deposit)
9	活期	（名）huóqī	demand (deposit), current (deposit)
10	正好	（形、副）zhènghǎo	precise, precisely; no more, no less
11	取（款）	（动）qǔ(kuǎn)	to draw (money)
12	凭	（动）píng	to use (as evidence)
13	存折	（名）cúnzhé	bank-book
14	没什么	méi shénme	you're welcome; don't mention it
	中国银行	Zhōngguó Yínháng	China Bank
	西德	Xī Dé	West Germany

• exercises • 练习 • liànxí

---

1. **Phonetic exercises:**

   1) Tones

   (1) Changes of the tone of "一(yī)"
   - yìqiān
   - yìshí
   - yìbǎi
   - yíbàng

   (2) Changes of the 3rd tone
   - liǎngqiān
   - Měiyuán
   - jiǔbǎi
   - wǔkuài

   (3) The 1st tone

(1)+(1)	(1)+(2)	(1)+(3)	(1)+(4)
jīntiān	huānyíng	tā yǒu	Yīngbàng
cānguān	Zhōngguó	qībǎi	gōngzuò

2) Sound discrimination

(1) ia ie	(2) iao iu	(3) c q
jià jiè	jiào jiǔ	cān qiān
xià xiè	qiáo qiú	céng qǐng
qià qiè	xiǎo xiū	cù qù
	liǎo liù	

2. Fill in the blanks with Chinese numerals:

1) A: 同志，请问张先生住哪儿？
   Tóngzhì, qǐng wèn Zhāng xiānsheng zhù nǎr?

   B: 他住＿＿＿＿。（3087 房间）
   Tā zhù＿＿＿＿. (3087 fángjiān)

2) A: 老赵在吗？
   Lǎo Zhào zài ma?

   B: 他不住这个房间，他住＿＿＿。（4069）
   Tā bú zhù zhège fángjiān, tā zhù＿＿＿. (4069)

3) A: 他们学校有＿＿＿＿？（6000 人）
   Tāmen xuéxiào yǒu＿＿＿＿? (6000 rén)

   B: 没错儿。
   Méi cuòr.

4) A: 找你＿＿＿＿？（4.67 元）
   Zhǎo nǐ＿＿＿＿? (4.67 yuán)

   B: 是啊，没错儿。
   Shì a, méi cuòr.

5) A: ＿＿＿英镑兑换＿＿＿＿？（100 英镑，328.43 元）
   ＿＿＿Yīngbàng duìhuàn＿＿＿＿? (100 Yīngbàng, 328.43 yuán)

   B: 没错儿。
   Méi cuòr.

6) A: 他们给你多少钱？
   Tāmen gěi nǐ duōshao qián?

   B: ＿＿＿＿。（764 元）
   ＿＿＿＿. (764 yuán)

*3. Practice conversation about exchanging foreign currencies:

1) A: 你去哪儿？
   Nǐ qù nǎr?

   B: 去中国银行兑换外币。
   Qù Zhōngguó Yínháng duìhuàn wàibì.

A: _____?

_____?

B: 法 郎 。

Fǎláng.

2) 顾 客: 同 志, 这儿_____?

Gùkè: Tóngzhì, zhèr_____?

营业员: 兑换 。

Yíngyèyuán: Duìhuàn.

顾: 请 问, 今天 日元 牌价_____?

Gù: Qǐng wèn, jīntiān Rìyuán páijià_____?

营: 十万 日元 _____。

Yíng: Shíwàn Rìyuán _____.

3) 顾: 同 志, 我 兑换 英 镑 。

Gù: Tóngzhì, wǒ duìhuàn Yīngbàng.

营: 兑换 _____。

Yíng: Duìhuàn_____?

顾: _____。 (500 英 镑)

Gù: _____. (500 Yīngbàng)

营: _____ 兑换 人民币 _____。

Yíng: _____ duìhuàn Rénmínbì _____.

4) 顾: 请 问, _____ 马克兑换 多少 人民币?

Gù: Qǐng wèn, _____ Mǎkè duìhuàn duōshao Rénmínbì?

(1200 马克)

(1200 Mǎkè)

营: 西德 马克 吗?

Yíng: Xī Dé Mǎkè ma?

顾: 对 。

Gù: Duì.

营: _____ 兑换 _____。

Yíng: _____ duìhuàn _____.

Exchange Rates between Renminbi and Foreign Currencies:
人民币对外币汇价表

外币名称 Foreign currency	外币单位 Counting unit	买价 buy	卖价 sell
		yuan	yuan
美 元	100	153.38元	154.14元
英 镑	100	328.43元	330.47元
马 克	100	84.68元	85.10元
法 郎	100	36.06元	36.24元
日 元	100,000	685.23元	688.67元

4 . Listen to the dialogue:

顾： 同 志，我 存 款 。
Gù: Tóngzhì, wǒ cún kuǎn.

营 ： 存 多 少 ？
Yíng: Cún duōshao?

顾： 三 百 。
Gù: Sānbǎi.

营 ： 存 定期 吗?
Yíng: Cún dìngqī ma?

顾： 不，存 活期 。
Gù: Bù, cún huóqī.

营 ： 请 填 一下儿 存款单 。
Yíng: Qǐng tián yíxiàr cúnkuǎndān.

(The customer hands his money and the form to the clerk.)

营 ： 正好 三 百 。
Yíng: (Having counted the money) Zhènghǎo sānbǎi.

顾： 请 问 怎么 取款 ？
Gù: Qǐng wèn zěnme qǔ kuǎn?

营 ： 凭 存折 取款 。
Yíng: Píng cúnzhé qǔ kuǎn.

顾： 谢谢 。
Gù: Xièxie.

营 ： 没 什么 。
Yíng: Méi shénme.

8 What's The Date Today?
今天几号? jīntiān jǐhào?

(David and Lily ask their parents when they are leaving for Xian and when they are going to the Great Wall.)

（一）

莉:	妈妈，今天几号? ①	Mother, what date is
Lì:	Māma, jīntiān jǐhào?	today?
艾:	二十八号。②	The twenty-eighth.
Ài:	Èrshíbāhào.	

莉: Lì:	我 们 什么 时候 去西安? Wǒmen shénme shíhour qù Xī'ān?	When are we going to Xian?
艾: Ài:	十月 六号。③ 莉莉,明 天 Shíyuè liùhào. Lìli, míngtiān 是 你弟弟的 生日 ,④ 今天 shì nǐ dìdi de shēngrì, jīntiān 下午 我们 去买 礼物和 xiàwǔ wǒmen qù mǎi lǐwù hé 生日 蛋糕。 shēngrì dàngāo.	On the sixth of October. Lily, tomorrow's your brother's birthday, we'll buy him a present and a birthday cake this afternoon.
莉: Lì:	爸爸 去吗? Bàba qù ma?	Is dad going?
艾: Ài:	不 去,他要 给西安 的 张 Bú qù, tā yào gěi Xī'ān de Zhāng 伯伯 写 信。⑤ bóbo xiě xìn.	No, he has to write a letter to Uncle Zhang of Xian.

(二)　　　　II

伟: Wěi:	爸爸, 今天 星期几? Bàba, jīntiān xīngqijǐ?	Dad, what day is today?
陈 : Chén:	星期三 。⑥ Xīngqīsān.	Wednesday.
伟: Wěi:	星期天 咱们 去 长城 Xīngqītiān zánmen qù Chángchéng 吗?⑦ ma?	Are we going to the Great Wall this Sunday?
陈 : Chén:	不去。 Bú qù.	No, we're not.
伟: Wěi:	哪天 去? Nǎtiān qù?	Which day are we going then?
陈 : Chén:	下 星期二。 Xià xīngqī'èr.	Next Tuesday.

• new words • 生词 • shēngcí

1	号〔日〕	（名）	hào (rì)	colloquial form for date
2	时候	（名）	shíhour	time
3	月	（名）	yuè	month
4	弟弟	（名）	dìdi	younger brother
5	生日	（名）	shēngrì	birthday
6	下午	（名）	xiàwǔ	afternoon
7	我们	（代）	wǒmen	we, us
8	礼物	（名）	lǐwù	present, gift.
9	蛋糕	（名）	dàngāo	cake
10	要	（助动）	yào	will, would
11	写	（动）	xiě	to write
12	星期	（名）	xīngqī	week
	星期一		xīngqīyī	Monday
	星期二		xīngqī'èr	Tuesday
	星期三		xīngqīsān	Wednesday
	星期四		xīngqīsì	Thursday
	星期五		xīngqīwǔ	Friday
	星期六		xīngqīliù	Saturday
	星期几		xīngqījǐ	what day (of the week)
13	星期天 〔星期日〕	（名）	xīngqītiān (xīngqīrì)	Sunday
14	咱们	（代）	zánmen	we, us (inclusive first person)
15	天	（名）	tiān	day, sky
16	下	（名）	xià	next, lower, below, under

专名	Zhuānmíng	Proper name
西安	Xī'ān	Xian, capital of Shaanxi Province in

the north-west of China.

study points • 注释 • zhùshì

1 今天几号? (Jīntiān jǐhào?)

This is the usual way of asking today's date.

A positive reply is:

今天十七号。(Jīntiān shíqīhào.)

If you want to ask the day of the week, you can say:

明天星期几? (Míngtiān xīngqījǐ?)

The answer is:

明天星期三。(Míngtiān xīngqīsān.)

2 The days of the month are expressed in the following way:

一号(日)　　二号(日)　　三号(日)　　……十号(日)

十一号　　　二十一号　　　　　　　　　三十一号

" 日 " (rì) is usually used in writing while " 号 " (hào) is common in spoken Chinese.

3 The months of the year 月 (yuè)

一月 (yīyuè)	七月 (qīyuè)
二月 (èryuè)	八月 (bāyuè)
三月 (sānyuè)	九月 (jiǔyuè)
四月 (sìyuè)	十月 (shíyuè)
五月 (wǔyuè)	十一月 (shíyīyuè)
六月 (liùyuè)	十二月 (shí'èryuè)

e. g. 十月六号 (shíyuè liùhào) October 6th.

4 明天是你弟弟的生日。(Míngtiān shì nǐ dìdi de shēngrì)

When the particle " 的 " (de) comes after a noun, it indicates what follows belongs to the noun. In the above example, " 生日 " (shēngrì), belongs to " 弟弟 " (dìdì).

弟弟的生日 (dìdi de shēngrì) brother's birthday.

爸爸的信 (bàba de xìn) father's letter

老李的礼物 (Lǎo Lǐ de lǐwù) Old Li's gift.

5 他要给西安的张伯伯写信。

(Tā yào gěi Xī'ān de Zhāng bóbo xiě xìn)

In the above sentence, the word " 给 " (gěi) functions as an auxiliary verb. The direct object is " 信 " (xìn) and it comes after the main verb " 写 " (xiě). The

62

indirect object, "西安的张伯伯" (Xī'ān de Zhāng bóbo), is placed between the auxiliary verb "给" (gěi) and the main verb "写" (xiě).

6　Wednesday 星期三 (Xīngqīsān)

The seven days of the week are:

Sunday	星期日（天）	xīngqīrì (tiān)
Monday	星期一	xīngqīyī
Tuesday	星期二	xīngqī'èr
Wednesday	星期三	xīngqīsān
Thursday	星期四	xīngqīsì
Friday	星期五	xīngqīwǔ
Saturday	星期六	xīngqīliù

7　星期天咱们去长城吗？ (Xìngqītiān zánmen qù Chángchéng ma?)

"咱们" (zánmen), is different from "我们" (wǒmen), although both are translated into English as "we". The phrase 咱们 (zánmen) refers to both the addresser and the addressee. But 我们 (wǒmen) may or may not include the addressee.

supplementary words • 补充生词 • bǔchōng shēngcí

1	昨天	（名）	zuótiān	yesterday
2	后天	（名）	hòutiān	day after tomorrow
3	前天	（名）	qiántiān	day before yesterday
4	回	（动）	huí	to come back, to return
	颐和园		Yíhéyuán	the Summer Palace

• exercises • 练习 • liànxí

1．**Phonetic exercises:**
1)　Tones

(1) The neutral tone
tāmen
zánmen
nǐmen
wǒmen

2) Sound discrimination

(1) z   j
zán   jiàn
zá   jià
zào   jiào

(2) (3)+(4)
lǐwù
xiě xìn
Jīntiān jǐhào?
Xīngqījǐ qù?

(2) q   x
qiáo xiǎo
qián xiān
qǐng xīng

2. Answer the following questions:

1) 今天 几号?
Jīntiān jǐhào?

2) 昨天 几号?
Zuótiān jǐhào?

3) 明天 多少号?
Míngtiān duōshaohào?

4) 星期天 几号?
Xīngqītiān jǐhào?

5) 下 星期三 多少号?
Xià xīngqīsān duōshaohào?

6) 今天 星期几?
Jīntiān xīngqījǐ?

7) 后天 几号?
Hòutiān jǐhào?

8) 前天 星期几?
Qiántiān xīngqījǐ?

9) 二十八号星期几?
Èrshíbāhào xīngqījǐ?

*3. Fill in the blanks with the right time expressions:

什么 时候, 几号, 星期几,
shénme shíhour, jǐhào, xīngqījǐ,

1) 我们 _____去 故宫?
Wǒmen _____ qù Gùgōng?
六 号。
Liùhào.

2) 他们_____去 颐和园?
Tāmen_____ qù Yíhéyuán?
星期四。
Xīngqīsì.

3) 咱 们_____去 西安?
Zánmen_____ qù Xī'ān?
十 月 五号。
Shíyuè wǔhào.

4) 你们 _____去 长城 ?
Nǐmen _____ qù Chángchéng?

下 星期二 。
Xià xīngqǐ'èr.

5) 他 大概 _____ 回 国 ?
Tā dàgài _____ huí guó?

十 一 月 十二 号 。
Shíyīyuè shí'èrhào.

4 . How to say your birthday and their birthdays:

1) 你的 生日
   Nǐ de shēngrì

2) 你爸爸的 生日
   Nǐ bàba de shēngrì

3) 你妈妈的 生日
   Nǐ māma de shēngrì

4) 你爷爷的 生日
   Nǐ yéye de shēngrì

5) 你弟弟的 生日
   Nǐ dìdi de shēngrì

5 . Listen to the dialogues:

1) 艾琳：大伟，今天几号？
   Àilín: Dàwěi, jīntiān jǐhào?

   大伟：二十七号。有 什么 事儿 吗？
   Dàwěi: Èrshíqīhào. Yǒu shénme shìr ma?

   艾：明天 要 去 看 李伯伯，咱们 去 买 点儿 礼物 吧。
   Ài: Míngtiān yào qù kàn Lǐ bóbo, zánmen qù mǎi diǎnr lǐwù ba.

   伟 ：好 。
   wěi: Hǎo.

2）女儿：妈，咱们 什么 时候 去 颐和园？
   Nǚ'ér: Mā, zánmen shénme shíhour qù Yíhéyuán?

   妈妈：星期天 。
   Māma: Xīngqītiān.

   女儿：星期六 吧。星期天 我 和弟弟要 去 看 杂技。
   Nǚ'ér: Xīngqīliù ba. Xīngqītiān wǒ hé dìdi yào qù kàn zájì.

   妈妈：星期六 张 先生 和 张 太太要 来。
   Māma: Xīngqīliù Zhāng xiānsheng hé Zhāng tàitai yào lái.

   女儿：下 星期一 呢？
   Nǚ'ér: Xià xīngqīyī ne?

   妈妈：下 星期一、二、四 你爸爸有 事儿，下 星期三 吧 。
   Māma: Xià xīngqīyī、èr、sì nǐ bàba yǒu shìr, xià xīngqīsān ba.

   女儿：好 吧 。
   Nǚ'ér: Hǎo ba.

9

What Time Is It?
现在几点? xiānzai jǐdiǎn?

(David suggests to Lily that they go and see a film together.)

伟: Wěi:	姐姐, 你 今天 干 什么? Jiějie, nǐ jīntiān gàn shénme?	Lily, what are your plans for today?
莉: Lì:	上午 九点 我 要 去 看 Shàngwǔ jiǔdiǎn wǒ yào qù kàn (一)个 朋友。① (yí) ge péngyou.	I'm going to see a friend at nine in the morning.

伟： Wěi:	几点 回来？ Jǐdiǎn huí lai?	When will you be back?
莉： Lì:	下午 两点。② Xiàwǔ liǎngdiǎn.	Two o'clock in the afternoon.
伟： Wěi:	下午 咱们 去 看 电影， Xiàwǔ zánmen qù kàn diànyǐng, 好 吗？ ③ hǎo ma?	How about going to a movie with me in the afternoon?
莉： Lì:	什么 电影？ Shénme diànyǐng?	What movie?
伟： Wěi:	中国 电影 《李时珍》。 Zhōngguó diànyǐng "Lǐ Shízhēn".	A Chinese movie called Li Shizhen.
莉： Lì:	几点 的? ④ Jǐdiǎn de?	When is it?
伟： Wěi:	下午 有 三 场：两点 Xiàwǔ yǒu sānchǎng: liǎngdiǎn 零 五〔分〕的，四点 三刻 líng wǔ (fēn) de, sìdiǎn sānkè 的，六点 半 的。 de, liùdiǎnbàn de.	There are three show-ings in the afternoon: 2:05, 4:45 and 6:30.
莉： Lì:	看 四点 三刻 的 吧。⑤ Kàn sìdian sānkè de ba.	Let's go to the 4:45 show then.
伟： Wěi:	我 去 买 票。 Wǒ qù mǎi piào.	I'm going to get the tic-kets.
莉： Lì:	现在 差 十分 九点 了，我 Xiànzài chà shífēn jiǔdiǎn le, wǒ 该 走 了。⑥ gāi zǒu le.	It's ten to nine now. I must be going.
伟： Wěi:	你 的 表 停 了 吧? ⑦ Nǐ de biǎo tíng le ba?	Your watch must have gone wrong.
莉： Lì:	哎呀! 停了!⑧ 现在 Āiyā! Tíng le! Xiànzài 几点? jǐdiǎn?	Oh dear! It sure has. What's the time now?
伟： Wěi:	九点 五分 了。 Jiǔdiǎn wǔfēn le.	Five after nine.
莉： Lì:	糟糕! ⑨ 晚 了。 Zāogāo! Wǎn le.	My goodness! I'm late.

• new words • 生词 • shēngcí

1	现在	（名） xiànzài	present, now
2	点	（量） diǎn	o'clock
3	姐姐	（名） jiějie	elder sister
4	上午	（名） shàngwǔ	morning
5	回来	huí lai	to come back, to return
6	电影	（名） diànyǐng	motion pictures, movie, film
7	场	（量） chǎng	show
8	分	（量） fēn	minute
9	刻	（量） kè	quarter (of an hour)
10	半	（数） bàn	half
11	票	（名） piào	ticket, coupon
12	差	（动） chà	to be short of, to differ from; not up to the standard
13	了	（助） le	a particle
14	该	（助动） gāi	should, ought to
15	走	（动） zǒu	to go, to leave, to walk
	我该走了	Wǒ gāi zǒu le	I must be leaving
16	表	（名） biǎo	watch
17	停	（动） tíng	to stop
18	哎呀	（叹） āiyā	Oh dear! (surprise or annoyance)
19	糟糕	（形） zāogāo	awful, too bad
20	晚	（形） wǎn	late

专名　Zhuānmíng　Proper names

| 中国 | Zhōngguó | China |
| 《李时珍》 | 《Lǐ Shízhēn》 | title of a film after the name of an ancient Chinese pharmacist |

study points · 注释 · zhùshì

1 上午九点我要去看（一）个朋友。(Shàngwǔ jiǔdiǎn wǒ yào qù kàn (yí)ge péngyou.)

The word "一" (yī), when used with a measure word and a noun to form the object of a sentence, can often be omitted.

2 下午两点 (xiàwǔ liǎngdiǎn)

The Chinese way of telling time is as follows:

1:00——一点 (yìdiǎn)

1:05——一点（零）五分 (yìdiǎn (líng) wǔfēn)

1:15——一点十五分 or 一点一刻
      (yìdiǎn shíwǔfēn or yìdiǎn yíkè)

1:30——一点三十分 or 一点半
      (yìdiǎn sānshífēn or yìdiǎnbàn)

1:45——一点四十五分 or 一点三刻
      (yìdiǎn sìshíwǔfēn or yìdiǎn sānkè)

1:55——一点五十五分 or 差五分两点
      (yìdiǎn wǔshíwǔfēn or chà wǔfēn liǎngdiǎn)

The usual sentence patterns of asking and telling time are:

现在几点? (Xiànzài jǐdiǎn?)

现在____点____分。(Xiànzài____diǎn____fēn.)

The verb "是" (shì) which is functionally similar to the English verb 'to be' is not necessary in these sentences.

3 下午咱们去看电影，好吗? (Xiàwǔ zánmen qù kàn diànyǐng, hǎo ma?)

This is a common form of question to ask for opinion in conversation. The first part of the question reveals the content on which opinion is being sought. The second part "好吗?" (hǎo ma?) is similar to 'O. K. ?' in English.

4 几点的? (Jǐdiǎn de?)

This is a short, colloquial form of asking what time is the show. The full sentence should be "几点的电影?" (Jǐ diǎn de diànyǐng) 'The show of what time?' (See Point 1 under Study Points of Lesson 11)

5 看四点三刻的吧。(Kàn sìdiǎn sānkè de ba.)

Without the particle "吧" (ba) at the end, the sentence sounds like a command. "吧" here indicates a suggestion.

6 我该走了。(Wǒ gāi zǒu le.)

In this sentence, the particle "了" (le) indicates a certain sense of degree, meaning the time has come for me to go. (See Point 3 under Study Points of Lesson 17)

7 你的表停了吧? (Nǐ de biǎo tíng le ba?)

"吧" (ba) here expresses uncertainty as well as conjecture.

8 停了 (tíng le)

"了" (le) in this sentence is used in the same way as that in "晚了" (wǎn le). (See 1 under Study Points of Lesson 16.)

9 糟糕 (zāogāo)

This is a colloquial exclamation showing dismay over something undesirable or unfortunate.

supplementary words · 补充生词 · bǔchōng shēngcí

1	起床		qǐ chuáng	to get up, to get out of bed
2	吃	(动)	chī	to eat
3	早饭	(名)	zǎofàn	breakfast
4	午饭	(名)	wǔfàn	lunch
5	晚饭	(名)	wǎnfàn	supper, dinner
6	睡觉		shuì jiào	to sleep
7	打球		dǎ qiú	to play ball games
8	散步		sàn bù	to go for a walk

• exercises · 练习 · liànxí

1 . **Phonetic exercises:**

1) Tones

(1) The neutral tone   (2) (3)+(3)

māma   jǐdiǎn

bóbo   Xiànzài jǐdiǎn?

jiějie   Shàngwǔ jiǔdiǎn.

dìdi   Xiàwǔ liǎngdiǎn.

2) Sound discrimination

    (1) zh   ch   (2) ai   ei

       zhāng chǎng   gāi gěi

       zhēn   chén   bǎi běi

       zhǎo   chāo   wài wěi

                            mǎi měi

*2. Look at the pictures and then answer the questions accordingly:

  1) 现在 几点? 2) 现在 几点了?

     Xiànzài jǐdiǎn?   Xiànzài jǐdiǎn le?

  3) 几点了?   4) 你的 表 几点了?

     Jǐdiǎn le?   Nǐ de biǎo jǐdiǎn le?

3. Answer the questions according to the text:

  1) 莉莉和大伟 要 看 几点的 电影?

     Lìli hé Dàwěi yào kàn jǐdiǎn de diànyǐng?

  2) 莉莉几点去看 朋友?

     Lìli jǐdiǎn qù kàn péngyou?

  3) 莉莉几点回来?

     Lìli jǐdiǎn huí lai?

  4) 大伟 的 表 几点了?

     Dàwěi de biǎo jǐdiǎn le?

  5) 莉莉的 表 几点了?

     Lìli de biǎo jǐdiǎn le?

4. Practice asking questions and giving answers after the model:

  Model: A: 他 几点 去 邮局?

            Tā jǐdiǎn qù yóujú?

          B: 上午 十点。(上午 10:00)

            Shàngwǔ shídiǎn. (shàngwǔ 10:00)

  1) 起 床 , 6:00   2) 吃, 早饭 , 7:15

     qǐ chuáng, 6:00   chī, zǎofàn, 7:15

  3) 吃, 午饭, 12:00   4) 吃 , 晚饭, 5:30

     chī, wǔfàn, 12:00   chī, wǎnfàn, 5:30

  5) 睡 觉 , 9:55

     shuì jiào, 9:55

5. Practice after the model:

  Model: 现在 我们 去邮局。

        Xiànzài wǒmen qù yóujú.

        A: 现在 我们 去邮局, 好吗?

          Xiànzài wǒmen qù yóujú, hǎo ma?

B: 好 吧。
　　Hǎo ba.

1)　　晚上　咱们　去看　电影　。
　　Wǎnshang zánmen qù kàn diànyǐng.

2)　四点　咱们　去打球。
　　Sìdiǎn zánmen qù dǎ qiú.

3)　　明天　　上午　我们　去看　王　　先生　。
　　Míngtiān shàngwǔ wǒmen qù kàn Wáng xiānsheng.

4)　星期天　下午　咱们　去看杂技。
　　Xīngqītiān xiàwǔ zánmen qù kàn zájì.

5)　　现在　去散步。
　　Xiànzài qù sān bù.

6 . Listen to the dialogue:

A: 同志，我买　电影票　。
　　Tóngzhì, wǒ mǎi diànyǐngpiào.

B: 要　哪场　的？
　　Yào nǎchǎng de?

A: 下午有　几场？
　　Xiàwǔ yǒu jǐchǎng?

B: 有　四场。一点的，两　点五十的，　四点半的,
　　Yǒu sìchǎng. Yìdiǎn de, liǎngdiǎn wǔshí de, sìdiǎnbàn de,
　　六点一刻的。
　　liùdiǎn yíkè de.

A: 四点半的还有吗？
　　Sìdiǎnbàn de hái yǒu ma?

B: 有。要几张？
　　Yǒu. Yào jǐzhāng?

A: 　两张　。多少　钱　一张？
　　Liǎngzhāng. Duōshao qián yìzhāng?

B: 　两毛　。
　　Liǎngmáo.

A: 给您　钱。
　　Gěi nín qián.

B: 这是票和找您的钱，您看，对吗？
　　Zhè shì piào hé zhǎo nín de qián, nín kàn, duì ma?

A: 没错儿。
　　Méi cuòr.

10 Making A Telephone Call
打电话 dǎ diànhuà

(Wang Fang telephones Mr. Chen Mingshan.)

王 : Wáng:	喂，北京 饭店 吗？① Wèi, Běijīng Fàndiàn ma?	Hello, is this Beijing Hotel?
话务员： Huàwùyuán:	对。 Duì.	Yes.
王 : Wáng:	我 要 五一二四……喂， Wǒ yào wǔyāo'èrsì……Wèi, 五一二四 房间 吗？ wǔyāo'èrsì fángjiān ma?	I want Room 5124. Hello, is this Room 5124?
艾： Ài:	请 您 说 慢点儿 。② Qǐng nín shuō màn diǎnr.	Speak a little slower, please?

王 : Wáng:	五一二四 房间 吗？ Wǔyāo'èrsì fángjiān ma?	Is this Room 5124?
艾 : Ài:	是。 您 找 谁？ Shì. Nín zhǎo shuí?	Yes, whom do you want?
王 : Wáng:	我 找 陈 先 生。 Wǒ zhǎo Chén xiānsheng.	I want Mr. Chen.
艾 : Ài:	请 等一下儿。(To Chen) 你 的 Qǐng děng yíxiàr. Nǐ de 电 话。 diànhuà.	Hold on a minute, please. (To Chen) Your call.
陈 : Chén:	喂，谁啊？③ Wèi, shuí a?	Hello, who's speaking?
王 : Wáng:	我 是 王 芳。 陈 先 Wǒ shì Wáng Fāng. Chén xiān- 生 吗？ sheng ma?	I'm Wang Fang. Is this Mr. Chen?
陈 : Chén:	哦，王 小姐。我 是 陈 Ò, Wáng xiǎojie. Wǒ shì Chén 明山 。 有 什么 事儿 吗？ Míngshān. Yǒu shénme shìr ma?	Oh, Xiao Wang. I'm Chen Mingshan. What can I do for you?
王 : Wáng:	后 天 晚上 有《大 闹 Hòutiān wǎnshang yǒu《Dà Nào 天宫 》，你们 看 不看？④ Tiāngōng》, nǐmen kàn bu kàn?	There'll be The Monkey King Creates Havoc in Heaven tomorrow even- ing. Would you like to go and see it?
陈 : Chén:	是 不 是 京剧？ Shì bu shì jīngjù?	Is it a Beijing opera?
王 : Wáng:	是。 Shì.	Yes.
陈 : Chén:	在哪儿演？ Zài nǎr yǎn?	Where will it be perform- ing?
王 : Wáng:	人民 剧场 。 Rénmín Jùchǎng.	At the People's Theater.
陈 : Chén:	我们 全 家都 去。 Wǒmen quán jiā dōu qù.	We would all go.
王 : Wáng:	明天 晚上 我 给 你们 Míngtiān wǎnshang wǒ gěi nǐmen	I'll give you the tickets tomorrow evening.

送　票去。⑤
sòng piào qu.

陈　：　好，麻烦你了。⑥　　　　　Good. That's very kind
Chén:　Hǎo, máfan nǐ le.　　　　　of you.

• new words • 生词 • shēngcí

1　打　　　　（动）dǎ　　　　　　to make (a telephone call), to beat, to strike

2　电话　　　（名）diànhuà　　　telephone

　打电话　　　　　dǎ diànhuà　　to telephone

3　喂　　　　（叹）wèi　　　　　hello

4　话务员　　（名）huàwùyuán　　telephone operator

5　说　　　　（动）shuō　　　　　to speak, to talk

6　慢　　　　（形）màn　　　　　slow

　说慢点儿　　　　shuō màn diǎnr　to speak slower

7　等　　　　（动）děng　　　　　to wait

8　啊　　　　（助）a　　　　　　ah, oh

9　哦　　　　（叹）ò　　　　　　an interjection like "oh"

10　后天　　　（名）hòutiān　　　the day after tomorrow

11　京剧　　　（名）jīngjù　　　　Beijing Opera

12　在　　　　（介）zài　　　　　at, in

13　演　　　　（动）yǎn　　　　　to perform, to put on a show

14　全　　　　（形）quán　　　　　all, whole

15　家　　　　（名）jiā　　　　　family, home

16　都　　　　（副）dōu　　　　　all, already

17　送　　　　（动）sòng　　　　　to send, to take, to present, to see (somebody)……off

| 18 麻烦 | （动、名、形）máfan | to trouble, trouble, troublesome |

专名	**Zhuānmíng**	**Proper names**
北京饭店	Běijīng Fàndiàn	Beijing Hotel
《大闹天宫》	"Dà Nào Tiāngōng"	The Monkey King Creates Havoc in Heaven
人民剧场	Rénmín Jùchǎng	People's Theater

study points · 注释 · zhùshì

1 喂，北京饭店吗？ (Wèi, Běijīng Fàndiàn ma?)
This is a common sentence pattern for making a phone call. Here are more examples:

五一二四房间吗？ (Wǔyāo'èrsì fángjiān ma?)
陈先生吗？ (Chén xiānsheng ma?)

In these sentences the subject and the verb 是 (shì) are left out.

2 请您说慢点儿。 (Qǐng nín shuō màn diǎnr.)
Placed after an adjective, "一点儿" (yìdiǎnr) shows a slight change of degree. "一" (yī) can be omitted.

3 喂，谁啊？ (Wèi, shuí a?)
"啊"(a)indicates doubt. When it appears in the middle or at the end of a sentence, its pronunciation often changes with the sound preceding it.

preceding sound	pronunciation of "啊"
a e i o ü	a——ia
u ao ou	a——ua
—n	a——na
—ng	a——nga

4 你们看不看？ (Nǐmen kàn bu kàn?)
Putting together the positive and negative forms of a verb is one way of forming questions:

你们去不去？ (Nǐmen qù bu qù?)
Are you going or not?
他是不是你弟弟？ (Tā shì bu shì nǐ dìdi?)

Is he your brother or not?

那个电影好不好? (Nàge diànyǐng hǎo bu hǎo?)

Is that movie good or not?

5 明天晚上我给你们送票去。(Míngtiān wǎnshang wǒ gěi nǐmen sòng piào qù.)

(See 1 under Study Points of Lesson 22.)

6 麻烦你了。(Máfan nǐ le.)

This is an idiomatic expression to show appreciation for the help one gets.

---

supplementary words · 补充生词 · bǔchōng shēngcí

1	位	（量）	wèi	a measure word for people
2	话剧	（名）	huàjù	play
3	歌剧	（名）	gējù	opera
4	占线		zhàn xiàn	the line is busy
5	电报	（名）	diànbào	telegram, cable
6	电报纸	（名）	diànbàozhǐ	telegram form
7	字	（名）	zì	character

华侨大厦	Huáqiáo Dàshà	Overseas Chinese Hotel
《茶馆》	《Cháguǎnr》	"Tea House", a modern play
首都剧场	Shǒudū Jùchǎng	Capital Theater
上海	Shànghǎi	Shanghai

---

exercises · 练习 · liànxí

1 . **Phonetic exercises:**

1) Tones

(1) (3) + Neutral tone

wǒde	Wǎnshang sòng piào.
nǐde	Wǒmen qù kàn.
Nǐde diànhuà.	Nǎge fàndiàn?

(2) The neutral tone: …不 (bu)…

shì bu shì

kàn bu kàn

qù bu qù

duì bu duì

2) Sound discrimination

(1) an	ang	(2) ao	ou	(3) s	x
fàn	fāng	zāo	zǒu	sī	xī
shān	shàng	yào	yǒu	sān	xiān
bàn	bàng	hào	hòu	sòng	xióng
		chāo	chōu		

2 . Practice making telephone calls:

1) Model: 打 电 话 人：喂， 北京 饭店 吗？

dǎ diànhuà rén: Wèi, Běijīng Fàndiàn ma?

服 务 员：　对，您 要 哪个 房间？

fúwùyuán:　Duì, nín yào nǎge fángjiān?

打 电 话 人：我 要 5013。

dǎ diànhuà rén: Wǒ yào 5013.

(1) 民族 饭店，4017

Mínzú Fàndiàn, 4017

(2) 前门 饭店，3125

Qiánmén Fàndiàn, 3125

(3) 华侨 大厦，1036

Huáqiáo Dàshà, 1036

2) Model: 陈 明山：喂，哪位？

Chén Míngshān: Wèi, nǎwèi?

王 芳：　我 是 王 芳。陈 明 山 先

Wáng Fāng:　Wǒ shì Wáng Fāng. Chén Míngshān xiān

生 吗？

sheng ma?

陈 明 山：哦，王 芳 同志,您 好! 我 是

Chén Míngshān: Ò, Wáng Fāng tóngzhì, nín hǎo! Wǒ shì

陈 明山 ，有 什么事儿 吗？

Chén Míngshān, yǒu shénme shìr ma?

(1) 我 是 亨利，赵 先 生 吗？
   Wǒ shì Hēnglì, Zhào xiānsheng ma?

(2) 我 是艾琳，李太太 吗？
   Wǒ shì Àilín, Lǐ tàitai ma?

(3) 我 是 陈 明 山，张 文汉 同志 吗？
   Wǒ shì Chén Míngshān, Zhāng Wénhàn tóngzhì ma?

*3. **Practice asking questions:**

1) Using " 是不是 " (shì bu shì)
   Model: 《大闹 天 宫 》是不是 京剧？
         《Dà Nào Tiāngōng》shì bu shì jīngjù?

(1) 《茶馆 》_____？(话剧）
   《Cháguǎnr》_____？(huàjù)

(2) 他_____？(张 大中 同志)
   Tā _____？(Zhāng Dàzhōng tóngzhì)

(3) 这 位 太太_____？(艾琳)
   Zhèwèi tàitai _____？ (Àilín)

2) Using " 看不看 " (kàn bu kàn)
   Model: 今天 晚上 人民 剧场 演《大闹 天 宫》，
         Jīntiān wǎnshang Rénmín Jùchǎng yǎn《Dà Nào Tiāngōng》,
         您 看不看？
         nín kàn bu kàn?

(1) 明天 晚上 首都 剧场 _____？(《茶馆 》)
   Míngtiān wǎnshang Shǒudū Jùchǎng_____？(《Cháguǎnr》)

(2) 下午 文化宫 _____？(《李 时珍》)
   Xiàwǔ Wénhuàgōng_____？(《Lǐ Shízhēn》)

(3) 后天 人民 剧场 _____？(歌剧)
   Hòutiān Rénmín Jùchǎng_____？(gējù)

3) Using " 有没有 " (yǒu méi yǒu)
   Model: 你有 没有 八分的 邮票？
         Nǐ yǒu méiyǒu bāfēn de yóupiào?

(1) 你_____？(昨天 的报)
   Nǐ_____？(zuótiān de bào)

(2) 他_____？(后天 的 电影票)
   Tā_____？(hòutiān de diànyǐngpiào)

(3) 大伟_____？(《中 国 画报 》)
   Dàwěi_____？(《Zhōngguó Huàbào》)

4) Using " 去不去 " (qù bu qù)

Model: 你们 去不去 上海 ?
Nǐmen qù bu qù Shànghǎi?

(1) 他_____? (西安)
Tā_____? (Xī'ān)

(2) 您 下午_____? (故宫)
Nín xiàwǔ_____? (Gùgōng)

(3) 明天 下午 赵 先生 _____? (华 侨 大 厦)
Míngtiān xiàwǔ Zhào xiānsheng_____? (Huáqiáo Dàshà)

*4. **Fill in the blanks using the positive-negative form of the following verbs:**

抽 (chōu), 喝 (hē), 买 (mǎi), 送 (sòng), 演 (yǎn)

(1) 您 _____ 烟 ?
Nín_____yān?

(2) 他_____ 茶?
Tā_____chá?

(3) 他们 _____ 电影票 ?
Tāmen_____diànyǐngpiào?

(4) 咱们 _____礼物 ?
Zánmen_____lǐwù?

(5) 人 民 剧 场_____《茶 馆 》?
Rénmín Jùchǎng_____《Cháguǎnr》?

5. **Listen to the dialogues:**

1) 打 电 话 人: 喂 ，北京 饭 店 吗?
Dǎ diànhuà rén: Wèi, Běijīng Fàndiàn ma?

服 务 员: 是啊，您 要哪儿?
fúwùyuán: Shì a, nín yào nǎr?

打 电 话 人: 3064。
Dǎ diànhuà rén: 3064.

服 务 员:对不起,占 线。
fúwùyuán: Duì bu qǐ, zhàn xiàn.

2) 顾客: 同 志, 我 打 电报 。
Gùkè: Tóngzhì, wǒ dǎ diànbào.

营 业 员 :好 。 这 是 电 报 纸 。
Yíngyèyuán: Hǎo. Zhè shì diànbàozhǐ.

顾客: 多少 钱 一个字?
Gùkè: Duōshao qián yíge zì?

营 业 员 : 三 分 钱 一个字。您 这 是 十 九 个字,一共 五
Yíngyèyuán: Sānfēn qián yíge zì. Nín zhè shì shíjiǔge zì, yígòng wǔ-

毛 七。
máo qī.

顾客：给 您 钱 。
Gùkè: Gěi nín qián.

营业员：您 给 我 一块， 找 您 四毛 三。
Yíngyèyuán: Nín gěi wǒ yíkuài, zhǎo nín sìmáo sān.

复习 (2)

Revision (2)
fùxí (2)

1 . **Read aloud:**

1) 我 爸爸， 他 妈妈， 他 弟弟， 你 姐姐，他 朋友 ， 中国人 ，
wǒ bàba， tā māma， tā dìdi， nǐ jiějie， tā péngyou， Zhōngguórén，

英国 电影， 美国 朋友 ，加拿大 话剧，西德 表 ，
Yīngguó diànyǐng， Měiguó péngyou， Jiā'nádà huàjù， Xīdé biǎo，

我 家， 我 国， 他们 学校
wǒ jiā， wǒ guó， tāmen xuéxiào

2) 他的表， 你的信，他的 电报，他们 的桌子，弟弟的 生日 ，
tā de biǎo， nǐ de xìn， tā de diànbào， tāmen de zhuōzi， dìdi de shēngrì，

学校 的《 中 国 画报 》，他姐姐的 明信片 ，
xuéxiào de "Zhōngguó Huàbào"， tā jiějie de míngxìnpiàn，

我 国 的 大使馆
wǒ guó de dàshǐguǎn

3) 一(壹)， 二(贰)， 三(叁)， 四(肆)， 五(伍)， 六(陆)，
yī (yī) ， èr (èr) ， sān (sān) ， sì (sì) ， wǔ (wǔ) ， liù (liù) ，

七(柒) ， 八(捌)， 九(玖)， 十 (拾)。
qī (qī) ， bā (bā) ， jiǔ (jiǔ) ， shí (shí) ，

2 . **Turn the following statements into questions:**

Model: 他 去西安。——他 去西安吗？
Tā qù Xī'ān. Tā qù Xī'ān ma?

他 去哪儿？
Tā qù nǎr?

他 去 不 去 西安？
Tā qù bu qù Xī'ān?

1) 他们 看 电影 。
Tāmen kàn diànyǐng.

2) 她 不 买 杂技票。
Tā bù mǎi zájìpiào.

82

3) 他们 兑换 美元 。
Tāmen duìhuàn Měiyuán.

4) 我 不吃 蛋糕 。
Wǒ bù chī dàngāo.

5) 他 等 小 王 。
Tā děng Xiǎo Wáng.

6) 小 张 填 存款 单子 。
Xiǎo Zhāng tián cúnkuǎn dānzi.

7) 大伟 写信 。
Dàwěi xiě xìn.

8) 《大闹 天宫 》是京剧 。
"Dà Nào Tiāngōng" shì jīngjù.

*3. **Fill in the blanks:**

1) 一个 星期 有 七天, 这七天 是＿＿＿, ＿＿＿,
Yíge xīngqī yǒu qītiān, zhè qītiān shì＿＿＿, ＿＿＿,

＿＿, ＿＿, ＿＿, ＿＿, ＿＿。
＿＿, ＿＿, ＿＿, ＿＿, ＿＿.

2) 说说 一个月 有 多少天 :
Shuōshuo yíge yuè yǒu duōshaotiān:
＿＿, ＿＿, ＿＿, ＿＿, ＿＿, ＿＿, ＿＿

有 三十一天。＿＿, ＿＿, ＿＿, ＿＿ 有 三十天。
yǒu sānshíyītiān. ＿＿, ＿＿, ＿＿, ＿＿yǒu sānshítiān.

＿＿有 二十八天,或者(or) 二十九天 。
＿＿yǒu èrshíbātiān, huòzhě èrshíjiǔtiān.

11 Whose Pen Is It?
钢笔是谁的 gāngbǐ shì shuí de?

(Xiao Liu, a hotel clerk asks the Chens if any of them has lost a pen. She also tells them that coffee is on sale again at the hotel shop.)

(一)

小 刘：① xiǎo Liú:	早晨 我们 在 这张 Zǎochén wǒmen zài zhèzhāng 桌子上 捡 到 一支 钢 zhuōzishang jiǎn dào yìzhī gāng	We found a pen left on the table this morning. Does it belong to any one of you?

笔，②是 你们 哪 一位 的?
bǐ, shì nǐmen nǎ yíwèi de?

伟:　我 看看，③"英 雄"的。④　Let me have a look. It's
Wěi:　Wǒ kànkan, "Yīngxióng" de.　a "Hero", and a new one,
还 是 新 的。姐姐，是 你　too. Lily, is it yours?
Hái shì xīn de. Jiějie, shì nǐ
的 吗?
de ma?

莉:　不 是 我 的。我 的 在 这儿。　No. I've got mine here.
Lì:　Bú shì wǒ de. Wǒ de zài zhèr.

刘:　陈 先生，是 您 太太　Mr. Chen, is it Mrs.
Liú:　Chén xiānsheng, shì nín tàitai　Chen's?
的 吗?
de ma?

陈:　不 是，她 的 是 旧 的。　No. Her's is an old one.
Chén:　Bú shì, tā de shì jiù de.

刘:　那(么) 是 谁 的 呢? ⑤　I wonder whose is it
Liú:　Nà (me) shì shuí de ne?　then?

陈:　早晨 比利·威 尔 逊 先　Mr. Bailey Wilson also
Chén　Zǎochén Bǐlì Wēi'ěrxùn xiān　had his breakfast here
生 也 在 这儿 吃 饭，会 不　this morning. Can it be
sheng yě zài zhèr chī fàn, huì bu　his?
会 是 他 的? ⑥
huì shì tā de?

刘:　一会儿 我 问问 他。对 了，⑦　I'll ask him later. Oh,
Liú:　Yíhuìr wǒ wènwen tā. Duì le,　yes, Mr. Chen, you wanted
陈 先 生，昨天 您 不　to buy some coffee yes-
Chén xiānsheng, zuótiān nín bú　terday, didn't you? They
是 要 买 咖啡吗? ⑧今天　have it at the hotel shop
shì yào mǎi kāfēi ma? Jīntiān　today.
小 卖 部 有 了。
xiǎomàibù yǒu le.

陈:　是 吗? ⑨我 马上 去 买。　Really? I'll go and get
Chén:　Shì ma? Wǒ mǎshàng qù mǎi.　some right now.

（二）　II

陈:　同志，我 买 咖啡。　Comrade, I'd like to buy
Chén:　Tóngzhì, wǒ mǎi kāfēi.　some coffee.

售货员： shòuhuòyuán:	中国 的，外国 的都 Zhōngguó de, wàiguó de dōu 有，您要 哪一种？ yǒu, nín yào nǎ yìzhǒng?	We have both Chinese and foreign coffee. Which kind do you want?
陈： Chén:	都 给我 看看，好吗？ Dōu gěi wǒ kànkan, hǎo ma?	Will you show me both?
售： shòu:	好。 Hǎo.	Sure.
陈： Chén:	要 两筒 中国 的。 Yào liǎngtǒng Zhōngguó de.	I'll have two cans of Chinese coffee.
售： shòu:	还 要 别的 吗？ Hái yào biéde ma?	Anything else?
陈： Chén:	再 给我一个本子。 Zài gěi wǒ yíge běnzi.	Also give me a note-book.
售： shòu:	这样 的 行吗？ Zhèyàng de xíng ma?	Will this do?
陈： Chén:	有 大 的吗？ Yǒu dà de ma?	Do you have bigger ones?
售： shòu:	有。 Yǒu.	Yes. We do.
陈： Chén:	要 一个大的。 Yào yíge dà de.	I'll have a big one.

• new words • 生词 • shēngcí

1	钢笔	（名）gāngbǐ	pen, fountain-pen
2	小	（头、形）xiǎo	little, small, young (used before family names of young people one knows well)
3	早晨	（名）zǎochén	morning
4	桌子	（名）zhuōzi	table
5	……上	（名）…shang	(used after nouns corresponding to "on" or "above")
6	捡到	jiǎn dào	to find, to pick up by chance

7	支	（量）zhī	a measure word for cylindrical objects or songs or army units
8	位	（量）wèi	a measure word used respectfully for people
9	新	（形）xīn	new, recent
10	这儿	（代）zhèr	here
11	旧	（形）jiù	old, out-dated
12	那（么）	（连）nà (me)	then
13	吃	（动）chī	to eat
14	饭	（名）fàn	meal
15	一会儿	（名）yíhuìr	a moment, a little bit later
16	问	（动）wèn	to ask, to inquire
17	对了	duì le	by the way
18	昨天	（名）zuótiān	yesterday
19	咖啡	（名）kāfēi	coffee
20	小卖部	（名）xiǎomàibù	small shops at railway stations or hotels, as different from regular shops
21	马上	（副）mǎshàng	immediately, right away
22	售货员	（名）shòuhuòyuán	shop assistant
23	外国	（名）wàiguó	foreign country (ies)
24	种	（量）zhǒng	kind, sort
25	筒	（量）tǒng	can, tin
26	本子	（名）běnzi	notebook
27	这样	（代）zhèyàng	this, such
28	行	（形）xíng	all right, O. K., capable
29	大	（形）dà	big, large, loud, old

专名	Zhuānmíng	Proper names
刘	Liú	a common Chinese family name

英雄	Yīngxióng	Hero (here, a brand name of Chinese pens)
比利·威尔逊	Bǐlì Wēi'ěrxùn	Bailey Wilson-name of Chen Mingshan's American friend

---

study points · 注释 · zhùshì

---

1   小刘 (Xiǎo Liú)

"小 (xiǎo) + a family name" may be used to address young people whom the speaker knows well and who are younger then the speaker.

2   早晨我们在这张桌子上捡到一支钢笔。(Zǎochén wǒmen zài zhèzhāng zhuōzishang jiǎn dào yìzhī gāngbǐ.)

The phrase "在这张桌子上" (zài zhèzhāng zhuōzishang) is an adverbial phrase of place modifying the verb "捡到 (jiǎn dào). As a rule, the adverbial phrase of place always precedes the verb it modifies.

3   我看看。(Wǒ kànkan.)

Some Chinese verbs can be repeated twice for two reasons:

1)   to mean that the duration of the action is short or the action is carried out in a casual manner:

> 我给你们介绍介绍。(Wǒ gěi nǐmen jièshaojièshao.)
>
> Let me introduce you to each other.
>
> 一会儿我问问他。(Yíhuìr wǒ wènwen tā.)
>
> I'll ask him later.

2)   "to sample" or "to try something out":

> 那个电影很好，你去看看。(Nàge diànyǐng hěn hǎo, nǐ qù kànkan.)
>
> That film is good, you can try it out.

With one-syllable verbs, the second character is in the neutral tone; with two-syllable verbs, which is repeated in the form of "ABAB", the second and the fourth syllables are usually in the neutral tone. When one-syllable verbs are repeated, "一" (yī) may be added, for example: "看一看" (kàn yi kàn), "问一问" (wèn yi wèn); however, this is not true of the two-syllable verbs.

4   英雄的 (Yīngxióng de)

The particle " 的 " (de) is often added to nouns, adjectives, pronouns and measure words to form "qualifiers" which can stand on their own. The nouns they qualify are understood:

这种咖啡是中国的。 (Zhèzhǒng kāfēi shì Zhōngguó de.)

This coffee is China's. (noun＋的　中国的＝中国的咖啡)

他的钢笔是新的。 (Tā de gāngbǐ shì xīn de.)

His pen is new. (adjective＋的　新的＝新的钢笔)

那封信是你的。 (Nàfēng xìn shì nǐ de.)

That letter is yours. (pronoun＋的　你的＝你的信)

这张邮票是八分的。 (Zhèzhāng yóupiào shì bāfēn de.)

This stamp is an eight-fen (stamp).

(numeral and measure word＋的　八分的＝八分的邮票)

5　那（么）是谁的呢？ (Nà [me] shì shuí de ne?)

The word " 那么 " (nàme), as a conjunction meaning "then" or "so", serves to introduce a logical deduction:

钢笔不是你的，不是他的，那（么）是谁的呢？

(Gāngbǐ bú shì nǐ de, bú shì tā de, nà(me) shì shuí de ne?)

The pen is not yours, not his, then whose is it?

6　会不会是他的？ (Huì bu huì shì tā de?)

The auxiliary verb " 会 " (huì) indicates possibility in this sentence. Putting together the positive and negative forms of the auxiliary verbs is one way of forming questions:

他会不会去看电影？

(Tā huì bu huì qù kàn diànyǐng?)

Is he going to watch the movie or not?

你要不要买什么东西？

(Nǐ yào bu yào mǎi shénme dōngxi?)

Do you need to buy anything or not?

7　对了 (Duì le)

This phrase is often used in conversation to indicate that the speaker remembers something else and wants to change the subject.

8　昨天您不是要买咖啡吗？ (Zuótiān nín bú shì yào mǎi kāfēi ma?)

" 不是……吗？ " (bú shì…ma?) is a rhetorical question having an affirmative meaning:

他不是要看电影吗？

(Tā bú shì yào kàn diànyǐng ma?)

Doesn't he want to see a movie?

这不是你的信吗?

(Zhè bú shì nǐ de xìn ma?)

Isn't this your letter?

9   是吗? (Shì ma?)

This expression, which means "Is that so?" or "Really?", is often used as a reply to something unexpected.

---

supplementary words • 补充生词 • bǔchōng shēngcí

1	块	（量）kuài	a measure word (lump, piece, etc.)
2	手绢	（名）shǒujuànr	handkerchief
3	钥匙	（名）yàoshi	key
4	手套	（名）shǒutàor	gloves
5	副	（量）fù	a measure word (pair)
6	只	（量）zhī	a measure word
7	样	（名、量）yàng	appearance, kind; a measure word
8	牌儿	（名）páir	brand
9	红	（形）hóng	red
10	处理	（动）chǔlǐ	to handle, to deal with
11	金笔	（名）jīnbǐ	gold-tipped pen
12	铱金	（名）yījīn	iridium

• exercises • 练习 • liànxí

---

1. **Phonetic exercises:**

  1)   Tones

    (1)   The neutral tone……的 (de):

(1) + 的 (de)　　(2) + 的 (de)　　(3) + 的 (de)　　(4) + 的 (de)

tā de　　　　　shuí de　　　　　nǐ de　　　　　jiù de

xīn de　　　　　Yīngxióng de　　wǒ de　　　　　nǎwèi de

(2) Neutral tone: The reduplication of verbs

　　kànkan　　　　wènwen　　　　xièxie　　　　shìshi

2) Sound discrimination

(1)　z　　zh　　　　(2)　ch　　q　　　　(3)　ou　　uo

zǎo　　zhǎo　　　　chī　　qī　　　　　dōu　　duō

zuò　　zhuō　　　　chāo　　qiáo　　　zǒu　　zuò

zì　　　zhì　　　　chéng　　qǐng　　　shòu　　shuō

＊2.　Practice asking questions on ownership:

1)　Model:　这支 钢笔是谁 的？（ 这支钢笔 ）

　　　　　　Zhèzhī gāngbǐ shì shéi de? (zhèzhī gāngbǐ)

(1)　＿＿＿＿是 谁 的？(这块 手绢)

　　　＿＿＿＿shì shéi de? (zhèkuài shǒujuànr)

(2)　＿＿＿＿是 哪位 的？(这把 钥匙)

　　　＿＿＿＿shì nǎwèi de? (zhèbǎ yàoshi)

(3)　＿＿＿＿是 哪个 同志 的？（ 这副手套儿 ）

　　　＿＿＿＿shì nǎge tóngzhì de? (zhèfù shǒutàor)

2)　Model:　莉莉 小姐， 这支钢笔 是你的 吗？（ 钢笔 ）

　　　　　　Lìli xiǎojie, zhèzhī gāngbǐ shì nǐ de ma? (gāngbǐ)

(1)　陈　　先生，＿＿＿＿？（ 手套 ）

　　　Chén xiānsheng, ＿＿＿＿？(shǒutàor)

(2)　史密斯太太，＿＿＿＿？（ 钥匙 ）

　　　Shǐmìsī tàitai, ＿＿＿＿？(yàoshi)

(3)　大伟，＿＿＿＿？（ 手绢 ）

　　　Dàwěi, ＿＿＿＿？(shǒujuànr)

3)　Model:　这支 钢笔是不是莉莉的？（ 莉莉 ）

　　　　　　Zhèzhī gāngbǐ shì bu shì Lìli de? (Lìli)

(1)　这块 手绢 ＿＿＿＿？（ 陈　 先生 ）

　　　Zhèkuài shǒujuànr＿＿＿＿？(Chén xiānsheng)

(2)　这只 手套 ＿＿＿＿？（大伟）

　　　Zhèzhī shǒutàor＿＿＿＿？(Dàwěi)

(3)　这把 钥匙＿＿＿＿？（史密斯 太太）

　　　Zhèbǎ yàoshi＿＿＿＿？(Shǐmìsī tàitai)

＊3.　Answer the following questions:

　　　这支 钢笔 是 你 的 吗？

　　　Zhèzhī gāngbǐ shì nǐ de ma?

不 是 我 的，是 我儿子的。(我儿子)
Bú shì wǒ de, shì wǒ érzi de. (wǒ érzi)

(1) 这块 手绢 是 你 的吗?（我弟弟）
Zhèkuài shǒujuànr shì nǐ de ma? (wǒ dìdi)

(2) 这本 画报 是 你姐姐 的吗?（她 朋友 ）
Zhèběn huàbào shì nǐ jiějie de ma? (tā péngyou)

(3) 这张 桌子是 不 是 你们 家的?（ 我们 学校）
Zhèzhāng zhuōzi shì bu shì nǐmen jiā de? (wǒmen xuéxiào)

(4) 这个 本子是 小 刘 的吗?（ 老 张 ）
Zhège běnzi shì Xiǎo Liú de ma? (Lǎo Zhāng)

4 . Listen to the dialogues:

1) A: 你要 给 小 赵 什么 礼物?
Nǐ yào gěi Xiǎo Zhào shénme lǐwù?

B: 我 要 给他一支 钢笔。
Wǒ yào gěi tā yìzhī gāngbǐ.

A: 什么 样 的?
Shénme yàng de?

B: 一定 是 新 的 了。
Yídìng shì xīn de le.

A: 是啊，一定 不 是 旧 的了。我 是 问 你，
Shì a, yídìng bú shì jiù de le. Wǒ shì wèn nǐ,

什么 牌儿的?
shénme páir de?

B: 英雄 的，红 的。
Yīngxióng de, hóng de.

A: 好 。多少 钱 一支?
Hǎo. Duōshao qián yìzhī?

B: 三块 六。
Sānkuài liù.

A: 什么? 三块 六? 不 是 十几块吗?
Shénme? Sānkuài liù? Bú shì shíjǐkuài ma?

会 不会 是 处理的?
Huì bu huì shì chǔlǐ de?

B: 哪儿啊，十几块 的 是 金笔，这是 铱金 的。
Nǎr a, shíjǐkuài de shì jīnbǐ, zhè shì yījīn de.

2) 刘: 陈 太太，你们 的信。
Liú: Chén tàitai, nǐmen de xìn.

92

艾：　　 谢谢 你， 小 刘。哦， 三封 呢!
Ài :　　 Xièxie nǐ, Xiǎo Liú. Ó, sānfēng ne!

大伟： 都 是 谁 的?——啊， 这 封 是 爸爸的.
Dàwěi: Dōu shì shéi de? ——Ā, zhè fēng shì bàba de.

　　　 这 封 是 妈妈的……
　　　 zhèfēng shì māma de……

莉莉： 有 没有 我的?
Lìli :　Yǒu méi yǒu wǒ de?

大伟：　没有 你的。
Dàwěi: Méi yǒu nǐ de.

莉莉： 那， 那一封 是 谁 的?
Lìli :　 Nà, nà yìfēng shì shéi de?

大伟： 是 我……
Dàwěi: Shì wǒ……

莉莉： 是你的? 我 看看， 这 不是 我的 吗!
Lìli : Shì nǐ de? Wǒ kànkan, zhè bú shì wǒ de ma!

　　　 怎么 是 你 的?
　　　 Zěnme shì nǐ de?

大伟： 我是 说，是 我姐姐的。
Dàwěi: Wǒ shì shuō, shì wǒ jiějie de.

莉莉: 这个 大伟!
Lìli : Zhège Dàwěi!

12 Shopping
买东西 mǎi dōngxi

(Mr. and Mrs. Chen are in a department store buying an overcoat.)

售货员: shòuhuòyuán:	您 买 什么？ Nín mǎi shénme?	You want to buy something?
陈: Chén:	我 买 一件大衣。 Wǒ mǎi yíjiàn dàyī.	We're looking for an overcoat.
售: shòu:	您 穿 的 吗? ① Nín chuān de ma?	For yourself?

陈 : Chén:	对。 Duì.	Yes.
售 : shòu:	请 这边儿 来。 Qǐng zhèbianr lái.	This way, please.
陈 : Chén:	艾琳，你 看， 这件 怎么 Àilín, nǐ kàn, zhèjiàn zěnme 样 ？② yàng?	What do you think of this one, Irene?
艾 : Ài :	颜色 不 好。 Yánsè bù hǎo.	I don't like the color.
陈 : Chén:	那 一件 呢？ Nà yíjiàn ne?	How about that one?
艾 : Ài :	那件 颜色 不错，你 试试。 Nàjiàn yánsè búcuò, nǐ shìshi.	The color is all right. Try it on.
陈 : Chén:	怎么样 ？③ 合适 吗？ Zěnmeyàng? Héshì ma?	How does it look? Does it fit?
艾 : Ài :	太 长。 Tài cháng.	A bit too long.
陈 : Chén:	劳 驾,④ 请 换 件 短 Láo jià, qǐng huàn jiàn duǎn 点儿的 。 diǎnr de.	Would you mind getting me a shorter one, please?
艾 : Ài :	嗯， 这件 很 合适，样子 Ǹg, zhèjiàn hěn héshì, yàngzi 也 比较 好。 yě bǐjiào hǎo.	Hm, this fits you and the style's better too.
陈 : Chén:	多少 钱？ Duōshao qián?	How much is it?
售 : shòu:	一百八十二块 六(毛）。 Yìbǎibāshí'èrkuài liù(máo).	A hundred and eighty-two yuan and sixty fen.
陈 : Chén:	艾琳，你 说 贵 吗？ Àilín, nǐ shuō guì ma?	Irene, do you think it's expensive?
艾 : Ài :	不 贵，要 这件 吧。 Bú guì, yào zhèjiàn ba.	No. I think you should take it.
陈 : Chén:	同 志，给 您 钱。 Tóngzhì, gěi nín qián.	Here's the money, Comrade.
售 : shòu:	您 这是 一百九十块， 找 Nín zhè shì yìbǎijiǔshíkuài, zhǎo	A hundred and ninety yuan. Here's your change,

您 七块 四（毛）。　　　　　　　　seven yuan forty.
nín qīkuài sì（máo）.

• new words • 生词 • shēngcí

1	件	（量）jiàn	a measure word for overcoats, coats, as well as for things or matters, etc.
2	大衣	（名）dàyī	overcoat
3	穿	（动）chuān	to put on, to wear
4	……边儿	（名）…bianr	(used after words of location to show direction, location, etc.)
	这边儿	zhèbianr	here, this way, this side
5	怎么样	（代）zěnmeyàng	how
6	颜色	（名）yánsè	color
7	不错	（形）búcuò	good, fair, not bad
8	试	（动）shì	to try on, to try
9	合适	（形）héshì	fit, proper, suitable
10	太	（副）tài	too, too much
11	长	（形）cháng	long
12	劳驾	láo jià	a polite way to ask someone to do something or to make way
13	换	（动）huàn	to change
14	短	（形）duǎn	short
15	嗯	（叹）ǹg	an interjection to express appreciation or consent
16	很	（副）hěn	very, very much (usually not stressed; stressed only when emphasis is needed)
17	样子	（名）yàngzi	style, look, model

| 18 | 比较 | （副、动） bǐjiào | comparatively, relatively, to compare, to contrast |
| 19 | 贵 | （形） guì | dear, expensive |

---

study points · 注释 · zhùshì

1 您穿的吗？ (Nín chuān de ma?)

In this case, the verb "穿" (chuān) is used with the particle "的" (de) to mean "for one to wear." The meaning of the whole sentence in the conversation is "an overcoat for yourself to wear?" The "verb+的 (de)" pattern has been explained in Study Point 4 of Lesson 11.

2 这件怎么样？ (Zhèjiàn zěnmeyàng?)

The subject in this sentence is the noun phrase "这件" (zhèjiàn) and the predicate is "怎么样" (zěnmeyàng)。Notice the absence of the verb "是" (shì). The following are the common interrogative, negative and affirmative forms:

这件大衣怎么样? (Zhèjiàn dàyī zěnmeyàng?)

How (is) this overcoat?

这件大衣不好。(Zhèjiàn dàyī bù hǎo.)

This overcoat (is) not good.

这件大衣很好。(Zhèjiàn dàyī hěn hǎo.)

This overcoat (is) good.

In the last example, the adverb "很" (hěn) is often used in the affirmative and is often unstressed. In some context, "hěn" may be compared with the English adverb "very", but in this case, it does not indicate degree as "very" does, it helps to indicate the statement in the affirmative.

3 怎么样? (zěnmeyàng?)

This is a colloquial expression often used to ask for somebody's opinion.

4 劳驾 (láo jià)

This is a polite form of asking somebody to do something or to make way for you. People also say "劳你驾" (láo nǐ jià) to mean the same thing.

---

supplementary words · 补充生词 · bǔchōng shēngcí

1	长短	（名）	chángduǎnr	Length
2	肥瘦儿	（名）	féishòur	width
3	大小	（名）	dàxiǎor	size
4	中式	（名）	Zhōngshì	Chinese style
5	罩衫	（名）	zhàoshān	a kind of jacket
6	条	（量）	tiáo	a measure word
7	裤子	（名）	kùzi	trousers
8	双	（量）	shuāng	a measure word (pair)
9	皮鞋	（名）	píxié	leather shoes
10	瘦	（形）	shòu	tight, thin
11	肥	（形）	féi	loose
12	做	（动）	zuò	to make
13	尺	（量）	chǐ	a measure word
14	布	（名）	bù	cloth
15	够	（形）	gòu	enough
16	得	（动）	dé	to be ready
17	早	（形）	zǎo	early

• exercises • 练习 • liànxí

1. Phonetic exercises:

1) Tones

(1) Changes of the tone of " 不 (bù)"

" 不 (bù)" ＋(1)	" 不 (bù)" ＋(2)
bù xīn	bù cháng
bù hē	bù xíng
" 不 (bù)" ＋(3)	" 不 (bù)" ＋(4)
bù hǎo	búcuò
bù duǎn	bú guì

(2) The neutral tone……子 (zi):

zhuōzi　　érzi　　běnzi　　yàngzi

(3) Changes of the 3rd tone

hěn xīn   hěn cháng   hěn duǎn   hěn guì

2) Sound discrimination

(1) The retroflex final   (2) b   p

zhèr   diǎnr   bianr   bǎi   pái

nàr   duǎn diǎnr   zhèbianr   běn   péng

shìr   cháng diǎnr nàbianr   biān   piàn

yíhuìr   dà diǎnr   shàngbianr   biǎo   piào

            xiǎo diǎnr   xiàbianr

*2. Turn the following into antonyms and negative sentences:

大 (dà)	
新 (xīn)	
长 (cháng)	
颜色　很　好 (yánsè　hěn　hǎo)	
样子　很　好 (yàngzi　hěn　hǎo)	
长短　　合适 (chángduǎnr　héshì)	
肥瘦儿　合适 (féishòur　héshì)	
大小　　合适 (dàxiǎor　héshì)	

*3. **Make dialogues after the model:**

Model: 顾客：同志，我买大衣。
        Gùkè: Tóngzhì, wǒ mǎi dàyī.

        售货员：这件 怎么样？
        Shòuhuòyuán: Zhèjiàn zěnmeyàng?

        顾：太大。有小 点儿 的吗？（大，小）
        Gù: Tài dà. Yǒu xiǎo diǎnr de ma?（dà, xiǎo）

        售 ：您再试试 这件。
        Shòu: Nín zài shìshi zhèjiàn.

顾：这件　大小　合适。（大小）
Gù: Zhèjiàn dàxiǎor héshì.　（dàxiǎor）

1) 顾：同志，我买件　中式　罩衫。
Gù: Tóngzhì, wǒ mǎi jiàn Zhōngshì zhàoshān.

售：这件　行不行？
Shòu: Zhèjiàn xíng bu xíng?

顾：＿＿＿，＿＿＿？（大，小）
Gù: ＿＿＿, ＿＿＿? （dà, xiǎo）

售：您再试试这件。
Shòu: Nín zài shìshi zhèjiàn.

顾：＿＿＿＿＿。（大小）
Gù: ＿＿＿＿. （dàxiǎor）

2) 顾：同志，我买条裤子。
Gù: Tóngzhì, wǒ mǎi tiáo kùzi.

售：这条　怎么样？
Shòu: Zhètiáo zěnmeyàng?

顾：＿＿＿＿＿？（长，短）
Gù: ＿＿＿＿? （cháng, duǎn）

售：您再看看这条。
Shòu: Nín zài kànkan zhètiáo.

顾：＿＿＿＿＿。（长短）
Gù: ＿＿＿＿. （chángduǎnr）

3) 顾：同志，我买　双　皮鞋。
Gù: Tóngzhì, wǒ mǎi shuāng píxié.

售：多少号　的？
Shòu: Duōshaohàor de?

顾：四十号的？
Gù: Sìshíhàor de?

售：这双　合适不合适？
Shòu: Zhèshuāng héshì bu héshì?

顾：＿＿＿＿＿？（瘦，肥）
Gù: ＿＿＿＿? （shòu, féi）

售：您再试试　这双　。
Shòu: Nín zài shìshi zhèshuāng.

顾：＿＿＿＿＿。（肥瘦儿，大小）
Gù: ＿＿＿＿. （féishòur, dàxiǎor）

100

4 . **Listen to the dialogue:**

顾客: 同志，我 要 做 一件 中式 罩衫，请 问，七尺
Gùkè: Tóngzhì, wǒ yào zuò yíjiàn Zhōngshì zhàoshān, qǐng wèn, qīchǐ
布 够 不够 ?
bù gòu bu gòu?

营 业 员: 够。
Yíngyèyuán: Gòu.

顾: 我 要 肥一点儿的, 够 吗？
Gù: Wǒ yào féi yìdiǎnr de, gòu ma?

营 : 肥一点儿的, 七尺也 够。
Yíng: Féi yìdiǎnr de, qīchǐ yě gòu.

顾: 那， 什么 时候 得呢？
Gù: Nà, shénme shíhour dé ne?

营 : 一个星期得。
Yíng: Yíge xīngqī dé.

顾: 再早一点儿 行 不行？
Gù: Zài zǎo yìdiǎnr xíng bu xíng?

营 : 您 有事儿, 要 早 穿 ?
Yíng: Nín yǒu shìr, yào zǎo chuān?

顾: 是啊。
Gù: Shì a.

营 : 这样 吧， 您 下 星期三 来取。
Yíng: Zhèyàng ba, nín xià xīngqīsān lái qǔ.

顾: 好， 这样 好。麻烦您了。
Gù: Hǎo, zhèyàng hǎo. Máfan nín le.

营 : 没 什么。喂， 同志， 您 的布呢？
Yíng: Méi shénme. Wèi, tóngzhì, nín de bù ne?

顾: 啊，我 马上 去买。一会儿见！
Gù: À, wǒ mǎshàng qù mǎi. Yíhuìr jiàn!

营 : 一会儿见！
Yíng: Yíhuìr jiàn!

*5. **Translate the following into Chinese:**
1) This is a big theater.
2) This fish is not expensive.
3) The coat is well cut.
4) The color is not quite good.
5) This overcoat is a tight sit.

13 Going To The Beijing International Airport
去国际机场　qù guójì jīchǎng

(Irene asks Xiao Liu to get her a taxi to take her to the Beijing International Airport.)

（一）　　　　　　　　　　　　I

刘 :	可以进来吗？①	May I come in?
Liú :	Kěyǐ jìn lai ma?	
艾 :	请 进!	Please do.
Ài :	Qǐng jìn!	

刘: Liú:	陈　太太，陈　先生 Chén tàitai, Chén xiānsheng 的信。 de xìn.	Mrs. Chen, here's a letter for Mr. Chen.
艾: Ài:	谢谢。小 刘 同志，② Xièxie. Xiǎo Liú tóngzhì, 你 能 不 能 帮 我 叫 nǐ néng bu néng bāng wǒ jiào 一辆 出租汽车？③ yíliàng chūzū qìchē?	Thank you, Comrade Xiao Liu. Can you help me to get a taxi?
刘: Liú:	什么 时候要？ Shénme shíhour yào?	When do you want it?
艾: Ài:	半个 小时以后，我要 Bànge xiǎoshí yǐhòu, wǒ yào 去国际 机场 。④ qù Guójì Jīchǎng.	In half an hour. I want to go to the Beijing International Airport.
刘: Liú:	好。 Hǎo.	O. K.

（二）　　　　　II

艾: Ài:	同 志，到 国际 机场 。 Tóngzhì, dào Guójì Jīchǎng.	To Beijing International Airport, Comrade.
司机: sījī :	好。……您 会 说 中国 Hǎo. ……Nín huì shuō Zhōngguó 话？⑤ huà?	O.K. You speak Chinese?
艾: Ài:	是啊，还 能 听 懂 吧?⑥ Shì a , hái néng tīng dǒng ba?	Yes. Can you understand me?
司: sī :	能 听 懂 。您 的 Néng tīng dǒng. Nín de 中国话 不错啊！⑦ Zhōngguóhuà búcuò a !	Yes, I can. Your Chinese is not bad!
艾: Ài:	谢谢。我 先生 是 Xièxie. Wǒ xiānsheng shì 华侨；⑧我 是 美国人 。 huáqiáo;　wǒ shì Měiguórén.	Thank you. My husband is an overseas Chinese. I am an American. Comrade, can we get to

同志 ， 一个 小时 能 到　　the airport in an hour?
Tóngzhì, yíge xiǎoshí néng dào

机场 吗 ?
jīchǎng ma?

司: 能 ， 没 问题。　　No problem at all.
sī: Néng, méi wèntí.

• new words • 生词 • shēngcí

1	可以	(助动、形) kěyǐ	can, may, will do, good enough
2	进来	jìn lai	to come in
3	能	(助动) néng	can, to be able to
4	帮	(动) bāng	to help, to aid
5	叫	(动) jiào	to call, to order
6	辆	(量) liàng	a measure word for vehicles
7	出租	(动) chūzū	to rent out
8	汽车	(名) qìchē	car, automobile
9	小时	(名) xiǎoshí	hour
10	以后	(名) yǐhòu	after
11	到	(动) dào	to spoken, to reach, to get to
12	司机	(名) sījī	driver
13	中国话	(名) Zhōngguóhuà	oral Chinese
14	听	(动) tīng	to listen, to hear
15	懂	(动) dǒng	to understand
	听懂	tīng dǒng	to understand (by listening)
16	机场	(名) jīchǎng	airport
17	没	(动、副) méi	to have not, there is (are) not, no, not
18	问题	(名) wèntí	problem, question
	没问题	méi wèntí	no problem

专名	Zhuānmíng	Proper name
国际机场	Guójì Jīchǎng	International Airport

---

study points · 注释 · zhùshì

---

1 可以进来吗? (Kěyǐ jìn lai ma?)

The auxiliary verb " 可以 " (kěyǐ) indicates "request" or "permission":

你可以帮我买点儿东西吗?

(Nǐ kěyǐ bāng wǒ mǎi diǎnr dōngxi ma?) (request)

Can you help me to buy something?

晚上我们可以看电影吗?

(Wǎnshang wǒmen kěyǐ kàn diànyǐng ma?) (permission)

May we go to the cinema in the evening?

2 小刘同志 (Xiǎo Liú tóngzhì)

The pattern " 小 (xiǎo) or 老 (lǎo) + the family name + 同志 (tóngzhì)" is a common form of addressing acquaintances in China. In certain context, it implies affection or respect.

3 你能不能帮我叫一辆出租汽车? (Nǐ néng bu néng bāng wǒ jiào yíliàng chūzū qìchē?)

The auxiliary verb "能 (néng) indicates "ability", "request" and "possibility":

他能说中国话。 (Tā néng shuō Zhōngguóhuà.) (ability)

He can speak Chinese.

明天你能给我打个电话吗? (Míngtiān nǐ néng gěi wǒ dǎ ge diànhuà ma?)

Tomorrow, can you give me a telephone call? (request)

汽车一个小时能到机场吗? (Qìchē yíge xiǎoshí néng dào jīchǎng ma?)

Can the car get to the airport in an hour? (possibility)

When used in the sense of "request" or "permission", " 能 " (néng) and " 可以 " (kěyǐ) are interchangeable:

你能（可以）等等我吗? (Nǐ néng (kěyǐ) děngdeng wǒ ma?)

明天我们可以（能）去。 (Míngtiān wǒmen kěyǐ (néng) qù.)

4 我要去国际机场。 (Wǒ yào qù Guójì Jīchǎng.)

The auxiliary verb "要" (yào) indicates "will" or "desire":

下午我要给姐姐写信。 (Xiàwǔ wǒ yào gěi jiějie xiě xìn.)

In the afternoon I want to write my sister a letter.

星期六我要去兑换外币。(Xīngqīliù wǒ yào qù duìhuàn wàibì.)

On Saturday, I'll go to get some foreign change.

The negative form of "要" (yào) is "不想" (bùxiǎng):

我不想看杂技。(Wǒ bù xiǎng kàn zájì.)

I don't want to see the acrobatic show.

5 您会说中国话? (Nín huì shuō Zhōngguóhuà?)

The auxiliary verb "会" (huì) has two meanings: 1. "possibility" (See Study Point 6 of Lesson 11), 2. "acquired skill (or habit)":

他会说中国话。(Tā huì shuō Zhōngguóhuà.)

He can speak Chinese.

你会抽烟吗? (Nǐ huì chōu yān mā?)

Do you smoke?

6 还能听懂吧? (Hái néng tīng dǒng ba?)

In this case, the adverb "还" (hái) indicates degree meaning "barely", "by a narrow margin".

7 您的中国话不错啊! (Nín de Zhōngguóhuà búcuò a!)

"啊"(a), serving as an interjection expressing surprise or joy, suggests praise in this sentence.

8 我先生是华侨。(Wǒ xiānsheng shì huáqiáo.)

"我先生" (Wǒ xiānsheng) means "my husband" in this sentence. When used in this sense, the term is often replaced by "爱人" (àirén) literally meaning "beloved person".

supplementary words · 补充生词 · bǔchōng shēngcí

1	当然	(形、副)	dāngrán	certain, certainly
2	这么	(代)	zhème	so
3	跟	(介)	gēn	with
4	酒	(名)	jiǔ	alcoholic drink
5	一起	(名、副)	yìqǐ	together

民族饭店　　Mínzú Fàndiàn　Nationalities Hotel

• exercises • 练习 • liànxí

1. Phonetic exercises:

   1) Tones

     (1) Changes of the 3rd tone

       nǎtiān   xiǎoshí   kěyǐ   yǐhòu

     (2) The 4th tone

       shēngrì dàngāo   tā yào qìchē

       xīn jiù dàyī   tā qù Gùgōng

   2) Sound discrimination

     (1) g   k   (2) u   ü

       gè   kè   chū   qù

       gàn   kàn   zhù   jù

       gāi   kāi   shù   xù

       guài   kuài   lù   lǚ

                                      nǔ   nǚ

*2. Fill in the blanks with "能" (néng) or "会" (huì) in accordance with the contents of the pictures:

   1) A: 这个 小弟弟＿＿＿＿ 走吗？

       Zhège xiǎo dìdi＿＿＿ zǒu ma?

     B: 不＿＿＿＿。

       Bú＿＿＿.

   2) A: 这位 同志＿＿＿＿ 走吗？

       Zhèwèi tóngzhì＿＿＿ zǒu ma?

     B: 不＿＿＿＿。

       Bù＿＿＿.

3) A: 这位 英国人_____ 说 中国
    Zhèwèi Yīngguórén_____ shuō Zhōngguó

    话 吗?
    huà ma?

   B: 不_____。
    Bú_____.

4) A: 他 今天_____ 吃 点儿 东西 吗?
    Tā jīntiān_____ chī diǎnr dōngxi ma?

   B: 不_____。
    Bù_____.

3. **Practice asking questions with:**

1) Using " 可以……吗? " (kěyǐ……ma?)

   Model: A: 可以 进来 吗?
            Kěyǐ jìn lai ma?

          B: 请 进。
            Qǐng jìn.

   (1) A: _____? (走)   (2) A: _____? (坐)
       _____? (zǒu)   _____? (zuò)

      B: ___走 了。   B: 请 坐 吧。
        ___Zǒu le .   Qǐng zuò ba.

   (3) A: _____? (参观) (4) A: _____? (看看)
       _____? (cānguān)   _____? (kànkan)

      B: ___ 参观 。   B: 当然 了。
        ___cānguān.   Dāngrán le.

2) Asking for help

   Model: A: 您 能 帮 我 叫 辆 出租汽车 吗?
            Nín néng bāng wǒ jiào liàng chūzū qìchē ma?

          B: 好 。
            Hǎo.

   (1) 寄信   (2) 找 一个人
      jì xìn   zhǎo yíge rén

108

(3) 买 电影 票
　　mǎi diànyǐng piào

(4) 写 几个字
　　xiě jǐge zì

3) Practice after the model:

Model:　A: 汽车 一个 小时 能 到 国际 机场 吗?
　　　　　　Qìchē yíge xiǎoshí néng dào Guójì Jīchǎng ma?

　　　　B: 没 问题。
　　　　　　Méi wèntí.

(1)　A: 半个 小时 _____? (民族 饭店)
　　　　　Bànge xiǎoshí _____? (Mínzú Fàndiàn)

　　　B: 能 。
　　　　　Néng.

(2)　A: 一个 小时 _____? (长城)
　　　　　Yíge xiǎoshí _____? (Chángchéng)

　　　B: 不 能 。
　　　　　Bù néng.

(3)　A: 一个半 小时 以后 _____? (走)
　　　　　Yígebàn xiǎoshí yǐhòu _____? (zǒu)

　　　B: 没 问题 。
　　　　　Méi wèntí.

(4)　A: 半个 小时 以后 汽车 _____? (来)
　　　　　Bànge xiǎoshí yǐhòu qìchē _____? (lái)

　　　B: 当然 。
　　　　　Dāngrán.

4 . **Listen to the dialogues.**

1)　王 大华: 同志，您 能 帮 我 找 一个 人 吗?
　　Wáng Dàhuá: Tóngzhì, nín néng bāng wǒ zhǎo yíge rén ma?

　　小 刘: 您 找 谁呀，这么 晚 了?
　　Xiǎo Liú: Nín zhǎo shéi ya, zhème wǎn le?

　　王 : 美国 来的 陈 明山 。
　　Wáng: Měiguó lái de Chén Míngshān.

　　刘: 他住 5128 房间。
　　Liú: Tā zhù 5128 fángjiān.

　　王 : 5128 在哪儿?
　　Wáng: 5128 zài nǎr?

　　刘: 请 跟 我来。
　　Liú: Qǐng gēn wǒ lái.

2)　王 大华: 可以 进 来 吗?
　　Wáng Dàhuá: Kěyǐ jìn lái ma?

陈　　明山：哪位 呀？
Chén Míngshān: Nǎwèi ya?

王　：我 是 王　大华。
Wáng: Wǒ shì Wáng Dàhuá.

陈　：哦，大华，是 你，你 好 啊！
Chén: Ò, Dàhuá, shì nǐ, nǐ hǎo a !

王　：你 好 啊！
Wáng: Nǐ hǎo a !

陈　：请 坐，请 坐。我 跟艾琳 说，这么 晚 了，
Chén: Qǐng zuò, qǐng zuò. Wǒ gēn Àilín shuō, zhème wǎn le,

　　　你 今天 大概 不会 来 了。
　　　nǐ jīntiān dàgài bú huì lái le.

王　：怎么 能 不来！
Wáng: Zěnme néng bù lái!

陈　：老 朋友，会 喝 酒 吗？
Chén: Lǎo péngyou, huì hē jiǔ ma?

王　：不 会喝 呀！
Wáng: Bú huì hē ya!

陈　：我 也 不会 喝。今天 咱们 一定 要 喝 两杯，
Chén: Wǒ yě bú huì hē. Jīntiān zánmen yídìng yào hē liǎngbēi,

　　　是 不是？
　　　shì bu shì?

王　：对，今天 两个 老 朋友 在 一起 了，
Wáng: Duì, jīntiān liǎngge lǎo péngyou zài yìqǐ le,

　　　不 能 不喝 酒 啊！
　　　bù néng bù hē jiǔ a!

陈　：是 啊，不会 喝 也要 喝。
Chén: Shì a , bú huì hē yě yào hē.

14 In A Restaurant
在饭馆 zài fànguǎnr

(The Chens are having dinner in a restaurant.)

| 服务员:
fúwùyuán: | 你们 几位 里边儿 请。①
Nǐmen jǐwèi lǐbianr qǐng.
这 是 菜单, 你们 吃
Zhè shì càidān, nǐmen chī
什么？
shénme? | This way, please. Here's the menu. What would you have? |

伟: Wěi:	爸爸，我 要 吃鱼。 Bàba, wǒ yào chī yú.	I want some fish, Dad.
陈： Chén:	好 ，要 个鱼。 Hǎo, yào ge yú.	O. K. A fish, please.
服： fú :	糖醋鱼 还是 红烧鱼 ？② Tángcùyú háishi hóngshāoyú?	Sweet and sour fish or fish stewed in red sauce?
陈 ： Chén:	听 说 这儿的 糖醋鱼 不错， Tīng shuō zhèr de tángcùyú búcuò, 来 个 糖醋鱼 吧。③艾琳，莉莉， lái ge tángcùyú ba. Àilín, Lìli, 你们 想 吃 什么？ nǐmen xiǎng chī shénme?	I've heard that your sweet and sour fish is very good. Let's have an order of sweet and sour fish. Irene and Lily, what would you like?
艾： Ài:	要 个 红烧肉 ，要 个 Yào ge hóngshāoròu, yào ge 炸大虾。 zhádàxiā.	Let's have a stewed pork and a fried prawns.
陈 ： Chén:	好。莉莉 呢? Hǎo. Lìli ne?	O. K. What about you, Lily?
莉： Lì :	要 个 辣子鸡。 Yào ge làzijī.	I want chicken cuts fried with hot pepper.
陈 ： Chén:	再 来 个豆腐 吧。 Zài lái ge dòufu ba.	A bean-curd too.
服： fú :	要 汤 吗? Yào tāng ma?	How about soup?
陈 ： Chén:	有 鸡蛋汤 没 有？④ Yǒu jīdàntāng méi yǒu?	Do you have egg-soup?
服： fú :	有 。 Yǒu.	Yes.
陈 ： Chén:	来 一个。 Lái yíge.	We'll have an order of that.
服： fú :	你们 吃 馒头 还是 吃 Nǐmen chī mántou háishi chī 米饭? mǐfàn?	Would you have steamed bread or rice?
艾： Ài:	四碗 米饭，两个 馒头。 Sìwǎn mǐfàn, liǎngge mántou.	Four bowls of rice and two pieces of steamed bread.

服: fú :	要 不要 酒? Yào bu yào jiǔ?	How about drinks?
莉: Lì:	要 两瓶 啤酒。 Yào liǎngpíng píjiǔ.	Yes, two bottles of beer.
服: fú :	还 要 别的 吗? Hái yào biéde ma?	Anything else?
陈 : Chén:	就 这些 吧。 Jiù zhèxiē ba.	I think that'll do.
服: fú :	好 , 你们 等 一等, Hǎo, nǐmen děng yi děng, 马上 就来。 mǎshàng jiù lái.	Yes, sir. Your orders will be ready in a minute.

• new words • 生词 • shēngcí

1	饭馆	（名）fànguǎnr	restaurant
2	里	（名）lǐ	a particle used to indicate "within certain time, space or scope"
3	里边儿	（名）lǐbianr	inside
4	菜	（名）cài	dish, vegetable
	菜单	càidān	menu
5	鱼	（名）yú	fish
6	糖	（名）táng	sugar, sweets, candies
7	醋	（名）cù	vinegar
	糖醋鱼	tángcùyú	fish in sweet and sour sauce
8	还是	（连、副）háishi	or (not used in declarative sentences), still
9	红烧	hóngshāo	to stew with red sauce (soya bean sauce)
	红烧鱼	hóngshāoyú	fish stewed in red sauce

10	听说		tīng shuō	to hear, to be told
11	想	（助动、动）	xiǎng	to want, to intend, to think
12	肉	（名）	ròu	meat
	红烧肉		hóngshāoròu	meat stewed in red sauce
13	炸	（动）	zhá	to fry
14	虾	（名）	xiā	prawn, shrimp
	炸大虾		zhádàxiā	fried prawns
15	辣子	（名）	làzi	hot pepper
16	鸡	（名）	jī	chicken
	辣子鸡		làzijī	chicken cuts fried with hot pepper
17	豆腐	（名）	dòufu	bean-curd
18	汤	（名）	tāng	soup
19	鸡蛋	（名）	jīdàn	egg
20	馒头	（名）	mántou	steamed bread in the shape of a half ball
21	米饭	（名）	mǐfàn	cooked rice
22	碗	（名、量）	wǎn	bowl
23	酒	（名）	jiǔ	alcoholic drinks
24	瓶	（量）	píng	bottle
25	啤酒	（名）	píjiǔ	beer
26	就	（副）	jiù	just, only, (as soon as), etc., also used in clauses of result
27	些	（量）	xiē	some, a little (indicating a certain quantity or degree)
28	这些	（代）	zhèxiē	these

study points · 注释 · zhùshì

1 你们几位里边请。(Nǐmen jǐwèi lǐbianr qǐng.)
This is a common statement used by waiters in restaurants to greet customers. It corresponds to "This way, please" in English.

2 糖醋鱼还是红烧鱼? (Tángcùyú háishi hóngshāoyú?)
"还是" in this question indicates that there are two alternatives. Study the following examples:

你们吃米饭还是吃馒头? (Nǐmen chī mǐfàn háishi chī mántou?)
Do you want rice or steamed bread?

我们今天去长城还是明天去长城?
(Wǒmen jīntiān qù Chángchéng háishi míngtiān qù Chángchéng?)
Are we going to the Great Wall today or tomorrow?

那支钢笔是新的还是旧的? (Nàzhī gāngbǐ shì xīn de háishi jiù de?)
Is that pen new or is it old?

3 来个糖醋鱼吧。(Lái ge tángcùyú ba)
"来" here means "要" (yào).

4 有鸡蛋汤没有? (Yǒu jīdàntāng méiyǒu?)
The two forms of asking "有没有" questions are:
1) "有没有……? " (yǒu méi yǒu…?)
2) "有……没有? " (yǒu…méi yǒu?)

supplementary words · 补充生词 · bǔchōng shēngcí

1 饺子   (名) jiǎozi   dumplings
2 面包   (名) miànbāo   bread
3 牛奶   (名) niúnǎi   milk
4 白酒   (名) báijiǔ   spirits (alcohol)
5 拼盘   (名) pīnpánr   mixed cold dish, hors d'oeuvre
6 黄瓜   (名) huángguā   cucumber

7	面条儿	（名）	miàntiáor	noodles
8	喜欢	（动）	xǐhuan	to like
9	猪肉	（名）	zhūròu	pork
10	牛肉	（名）	niúròu	beef
11	羊肉	（名）	yángròu	mutton
12	盘儿	（量）	pánr	a measure word (dish, plate)
13	花生米	（名）	huāshēngmǐ	peanuts
14	酱肉	（名）	jiàngròu	cooked meat seasoned in soy sauce.

	青岛		Qīngdǎo	a major coastal city, in Shandong Province

• exercises • 练习 • liànxí

1 . **Phonetic exercises:**

   1) Tones

      (1) The neutral tone

         mántou   lǐbianr   làzi   dòufu

      (2) (3)＋(1)

         Xiǎng chī shénme?   Mǎi xiē biéde.

         Wǒ chī mántou.   Nǎtiān huí lai?

      (3) (3)＋(4)

         Jǐwèi péngyou?   mǐfàn liángwǎn

         yǒu cài yóu jiǔ   mǎshàng géi nǐ

   2) Sound discrimination

(1) z	c	(2) c	ch	(3) ian	iang
zài	cài	céng	chéng	xiān	xiǎng
zán	cān	cù	chū	jiǎn	jiǎng
zuò	cuò	cì	chī	qián	qiáng
zū	cù			liǎn	liǎng

*2. **Ask questions using** " 有没有 " (yǒu méi yǒu):

Model:　同志　，有　没　有　饺子?
　　　　Tóngzhì,　yǒu méi yǒu jiǎozi?

(1)　服　务　员　同志，_____?
　　　Fúwùyuán tóngzhì,　_____?

(2)　请　　问，_____?
　　　Qǐng wèn,　_____?

(3)　今　天　　晚上 _____?
　　　Jīntiān wǎnshang_____?

2)　Ask questions using　"……还是……"　(…háishi…)：

Model:　《大闹　天宫　》是京剧 还是　电影?（京剧,　　电影）
　　　　《Dà Nào Tiāngōng》shì jīngjù háishi diànyǐng?（jīngjù,　diànyǐng）

(1)　您　要　什么酒?　_____?（啤酒, 白酒）
　　　Nín yào shénme jiǔ?　_____?（píjiǔ,　báijiǔ）

(2) 您 去_____? （北京 饭店，民族 饭店）
Nín qù_____? （Běijīng Fàndiàn, Mínzú Fàndiàn）

(3) 你们_____去 颐和园？（星期六，星期天）
Nǐmen_____qù Yíhéyuán? （xīngqīliù, xīngqītiān）

(4) _____? （他，你）
_____? （tā, nǐ）

＊3. Complete the following dialogues:

Model: 服务员：同志，您 吃 什么 ？
Fúwùyuán: Tóngzhì, nín chī shénme?

顾客：来 个鱼。
Gùkè: Lái ge yú.

服：糖醋鱼 还是 红烧鱼 ？
Fú: Tángcùyú háishi hóngshāoyú?

顾：红烧鱼 。
Gù: Hóngshāoyú.

1) 服：同志，您 要 什么 ?
Fú: Tóngzhì, nín yào shénme?

顾：_____。（拼盘）
Gù: _____. （pīnpánr）

服：您 要 哪种 ?
Fú: Nín yào nǎzhǒng?

顾：_____。（大拼盘）
Gù: _____. （dà pīnpánr）

2) 服：您 还要 什么 ?
Fú: Nín hái yào shénme?

顾：_____。（汤）
Gù: _____. （tāng）

服：您 要 什么 汤，鸡蛋汤 还是 黄瓜汤 ?
Fú: Nín yào shénme tāng, jīdàntāng háishi huángguātāng?

顾：_____。（黄瓜汤）
Gù: _____. （huángguā tāng）

3) 服：您 吃 什么 ?
Fú: Nín chī shénme?

顾：_____。（面条儿，碗）
Gù: _____. （miàntiáor, wǎn）

服：大碗 的还是 小碗 的?
Fú: Dàwǎn de háishi xiǎowǎn de?

顾： _____。（ 小 碗 ）
Gù: _____. （ xiǎowǎn ）

4．Listen to the dialogues:

1) A: 咱们 吃 点儿 什么 呢？
   Zánmen chī diǎnr shénme ne?

   B: 你 喜欢 吃 肉 吧？
   Nǐ xǐhuan chī ròu ba?

   A: 是 啊，你 呢？
   Shì a , nǐ ne?

   B: 什么 都 行 。
   Shénme dōu xíng.

   A: 猪肉 你 能 吃，牛 羊 肉 你 也 能 吃？
   Zhūròu nǐ néng chī, niú yáng ròu nǐ yě néng chī?

   B: 能 吃。
   Néng chī.

   A: 那，咱们 多 来点儿 肉菜，好 吗？
   Nà, zánmen duō lái diǎnr ròucài, hǎo ma?

   B: 好 啊。
   Hǎo a .

2) 顾客： 同志，有 啤酒 没 有？
   Gùkè: Tóngzhì, yǒu píjiǔ méi yǒu?

   服务员： 有，要 青岛 的 还是 北京 的？
   Fúwùyuán: Yǒu, yào Qīngdǎo de háishi Běijīng de?

   顾： 青岛 的。
   Gù: Qīngdǎo de.

   服： 要 几瓶？
   Fú: Yào jǐpíng?

   顾： 两瓶 。
   Gù: Liǎngpíng.

   服： 要 什么 菜？
   Fú: Yào shénme cài?

   顾： 来 盘儿 炸花生米，再 来 盘儿 酱肉。
   Gù: Lái pánr zháhuāshēngmǐ, zài lái pánr jiàngròu.

   服： 酱 猪肉 还是 酱 牛肉？
   Fú: Jiàngzhūròu háishi jiàngniúròu?

   顾： 酱 牛肉。
   Gù: Jiàngniúròu.

15   Consulting A Doctor
看病　kàn bìng

(David is consulting a doctor in a hospital).

医生: yīshēng:	请 坐。你 哪儿 不 舒服? ① Qǐng zuò. Nǐ nǎr bù shūfu?	Please sit down. What has gone wrong?
伟: Wěi:	我 头 疼, 发烧, 不 想 Wǒ tóu téng, fā shāo, bù xiǎng 吃饭。 chī fàn.	I've a headache and a fever. I've hardly any appetite.

医: yī:	量 一下儿体温吧。 Liáng yíxiàr tǐwēn ba.	Let's take your temperature.
伟: Wěi:	多少度？ Duōshaodù?	What is it, doctor?
医: yī:	三十八度九。② 请 张 开 sānshíbādù jiǔ. Qǐng zhāng kāi 嘴，我 看看。咳嗽 吗？ zuǐ, wǒ kànkan. Késou ma?	Thirty-eight point nine degrees. Please open your mouth. Do you cough?
伟: Wěi:	有点儿。③ Yǒudiǎnr.	A little.
医: yī:	我 听听。深 呼吸,再深 Wǒ tīngting. Shēn hūxī, zài shēn 呼吸,④ 好 了。 hūxī, hǎo le.	Take a deep breath in and out. Again in and out. All right.
伟: Wěi:	大夫，什么 病？ Dàifu, shénme bìng?	Doctor, what's wrong?
医: yī:	感冒。⑤ 打 一针，吃 Gǎnmào. Dǎ yìzhēn, chī 点儿 药。 diǎnr yào.	You get a cold. I'll prescribe an injection and some medicine to take.
伟: Wěi:	好。 Hǎo.	Good.
医: yī:	(Prescribing) 你 叫 什么 Nǐ jiào shénme 名字？ míngzi?	(Prescribing) What's your name?
伟: Wěi:	陈 大伟。 Chén Dàwěi.	David Chen.
医: yī:	这 是 药方。你 先 到 Zhè shì yàofāngr. Nǐ xiān dào 药房 取药，再到 yàofáng qǔ yào, zài dào 注射室 打针。 zhùshèshì dǎ zhēn.	Here's the prescription. First of all, go to the dispensary to get your medicine and then get your injection in the Injection Room.
伟: Wěi:	好。 Hǎo.	All right.
医: yī:	回 去以后，请 按时 吃 Huí qu yǐhòu, qǐng ànshí chī	Take the medicine as prescribed. Drink plenty

药 ， 多 喝 开水,⑥ 注意   of boiled water and take
yào, duō hē kāishuǐ, zhùyì   a good rest.
休息。
xiūxi.

伟 ： 谢谢，再见。   Thank you. Good-bye.
Wěi: Xièxie, zàijiàn.
医： 再见。   Good-bye.
yī : Zàijiàn.

• new words • 生词 • shēngcí

1	看病		kàn bìng	to a doctor, doctor examining patient
2	医生	（名）	yīshēng	doctor
3	舒服	（形）	shūfu	well, comfortable
	不舒服		bù shūfu	unwell, uncomfortable
4	头	（名）	tóu	head
5	疼	（动）	téng	to ache, to have pain
6	发烧		fā shāo	to have a fever
7	量	（动）	liáng	to measure, to take measurement
8	体温	（名）	tǐwēn	body temperature
9	度	（量）	dù	degree
10	张开		zhāng kāi	to open
11	嘴	（名）	zuǐ	mouth
12	咳嗽	（动）	késou	to cough
13	有点儿		yǒudiǎnr	somewhat, a little bit
14	深	（形）	shēn	deep, profound
15	呼吸	（动）	hūxī	to breathe
16	大夫	（名）	dàifu	doctor
17	病	（动、名）	bìng	to be sick, illness, disease

18	感冒	（动、名）	gǎnmào	to have a cold, cold, influenza
19	打	（动）	dǎ	to have (injection)
20	针	（名）	zhēn	syringe, needle
	打针		dǎ zhēn	to have an injection
21	药	（名）	yào	medicine
22	名字	（名）	míngzi	name
23	药方	（名）	yàofāngr	prescription
24	先	（副）	xiān	firstly, beforehand
25	药房	（名）	yàofáng	dispensary, pharmacy, drug store
26	取	（动）	qǔ	to fetch, to get
27	注射	（动）	zhùshè	to inject
28	……室	（名）	…shì	room, section
	注射室		zhùshèshì	injection room
29	回去		huí qu	to go back, to return
30	按时	（副）	ànshí	on time
31	多	（副、形）	duō	many, much
32	开水	（名）	kāishuǐ	boiled water
33	注意	（动）	zhùyì	to note, to be sure of, to heed
34	休息	（动）	xiūxi	to rest

study points · 注释 · zhùshì

1 你哪儿不舒服？ (Nǐ nǎr bù shūfu?)

The subject of the sentence is "你" and the predicate is "哪儿不舒服"。Within the predicate itself, "哪儿" tends to function as another subject for the rest of the predicate so that the second subject "哪儿" is related to the first subject "你"。 Such a sentence pattern is by no means uncommon in Chinese:

我头疼。(Wǒ tóu téng.)

I have a headache.

他工作很好。(Tā gōngzuò hěn hǎo.)

He works very well.

2　三十八度九　(sānshíbādù jiǔ)

The Centigrade scale is adopted in China for measuring both the air and body temperature.

3　有点儿　(yǒudiǎnr)

When "有点儿" functions as an adverb modifying adjectives or verbs, it means "to a slight degree". In most cases, it tends to suggest dissatisfaction:

这件大衣有点儿短。(Zhè jiàn dàyī yǒudiǎnr duǎn.)

This overcoat is a little bit too short.

他今天有点儿咳嗽。(Tā jīntiān yǒudiǎnr késou.)

Today he has a little cough.

4　深呼吸，再深呼吸。(Shēn hūxī, zài shēn hūxī.)

The main uses of "再" (zài) as an adverb are as follows:

1)　to introduce an action which is to be repeated:

深呼吸，再深呼吸。　(Shēn hūxī, zài shēn hūxī.)

今天我给他打电话了，明天我再给他打电话。

(Jīntiān wǒ gěi tā dǎ diànhuà le, míngtiān wǒ zài gěi tā dǎ diànhuà.)

2)　to introduce an action which is in addition to another:

要个辣子鸡，再要个豆腐。　(Yào ge làzijī, zài yào ge dòufu.)

3)　to indicate that a future action will take place after the one that precedes it. The first action is sometimes introduced by the adverb "先" (xiān):

你先到药房取药，再到注射室打针。

(Nǐ xiān dào yàofáng qǔ yào, zài dào zhùshèshì dǎ zhēn.)

5　感冒(gǎnmào)

"感冒" (gǎnmào) is a kind of cold with the standard symptoms of coughing, sneezing, headache and high temperature, etc.

6　多喝开水。(Duō hē kāishuǐ.)

Most Chinese are not used to drinking tap water, A Chinese doctor would ask his patient who has a cold to drink a lot of "开水".

---

supplementary words · 补充生词 · bǔchōng shēngcí

1　嗓子　　　　(名) sǎngzi　　　　throat

2	牙	（名）	yá	tooth
3	肚子	（名）	dùzi	stomach
4	身体	（名）	shēntǐ	body
5	脾气	（名）	píqì	temper
6	血压	（名）	xuèyā	blood pressure
7	高	（形）	gāo	high
8	重	（形）	zhòng	heavy
9	白血球	（名）	báixuèqiú	white blood cell
10	开始	（动）	kāishǐ	to begin
11	医院	（名）	yīyuàn	hospital
12	中药	（名）	zhōngyào	Chinese medicine
13	西药	（名）	xīyào	Western medicine

• exercises • 练习 • liànxí

1 . **Phonetic exercises:**
   1) Tone
      (1) Neutral tone
         shūfu   míngzi   hǎo le   dàifu
      (2) Four tones
         huānyíng qǐng jìn.   tā méi gǎnmào
         sānshíjiǔdù   xiān lái qǔ yào
   2) Sound discrimination

(1)	s	sh		(2)	i (1)	i (2)	i (3)
	sè	shè			jì	zì	zhì
	sòu	shòu			qī	cí	chī
	sān	shān			xī	sī	shí
	sì	shì			yì		rì

*2. **Tell the doctor what is wrong with you:**
   Model: 医 生 : 你哪儿不舒服？
          Yīshēng: Nǐ nǎr bù shūfu?

病　人：我 嗓子 疼 。(嗓子)
Bìngrén: Wǒ sǎngzi téng. (sǎngzi)

1) 医 生 : 您 哪儿 不 舒服？
Yīshēng: Nín nǎr bù shūfu?

病　人：_____。 (头)
Bìngrén: _____. (tóu)

2) 医 生: 您 怎么 不 舒服？
Yīshēng: Nín zěnme bù shūfu?

病　人：_____。 (牙)
Bìngrén: _____. (yá)

3) 医 生 : 你 怎么 了?
Yīshēng: Nǐ zěnme le?

病　人：_____。(肚子)
Bìngrén: _____. (dùzi)

*3. **Complete the following sentences after the models:**

1) Model: 这个 人 工作 很 好 。
Zhège rén gōngzuò hěn hǎo.

(1) _____ 身体 _____ 。
_____ shēntǐ _____

(2) _____ 脾气 _____ 。
_____ píqì _____ .

(3) _____ 中国 话 _____ 。
_____ Zhōngguóhuà _____ .

2) Model: 你 血压 很 高 。
Nǐ xuèyā hěn gāo.

(1) 你 _____ 。(体温，高)
Nǐ _____ . (tǐwēn，gāo)

(2) 他 _____ 。(嗓子，红)
Tā _____ . (sǎngzi，hóng)

(3) 我 _____ 。(头，疼)
Wǒ _____ . (tóu，téng)

(4) 他 妈妈 _____ 。(病，重)
Tā māma _____ . (bìng，zhòng)

(5) 他 弟弟 _____ 。(白血球，高)
Tā dìdi _____ . (báixuèqiú，gāo)

*4. **Fill in the blanks with the right phrase or word:**

1) 有点儿，（一）点儿
yǒudiǎnr，(yì) diǎnr

126

(1) 我 今天 ＿＿＿＿不 舒服 。
Wǒ jīntiān ＿＿＿＿bù shūfu .

(2) 大伟，咱们 走 慢 ＿＿＿＿!
Dàwěi, zánmen zǒu màn ＿＿＿＿!

(3) 他＿＿＿＿ 咳嗽 。
Tā＿＿＿＿ késòu .

(4) 咱们 喝＿＿＿＿ 啤酒 吧 。
Zánmen hē＿＿＿＿ píjiǔ ba .

(5) 弟弟的 那件大衣＿＿＿＿旧 了。买 件 新 的 吧。
Dìdi de nàjiàn dàyī＿＿＿＿jiù le, mǎi jiàn xīn de ba.

(6) 他 的 体温＿＿＿＿高，休息 两天 吧。
Tā de tǐwēn＿＿＿＿gāo, xiūxi liǎngtiān ba.

2) 还，再
hái, zài

(1) 您 ＿＿＿＿要 什么 ?
Nín＿＿＿＿yào shénme?

(2) 三个 菜 不 够，＿＿＿＿要 一个 吧。
Sānge cài bú gòu, ＿＿＿＿yào yíge ba.

(3) 我＿＿＿＿想 买 几个 信封。
Wǒ＿＿＿＿xiǎng mǎi jǐge xìnfēng.

(4) 我 想 ＿＿＿＿试试 这双 皮鞋。
Wǒ xiǎng ＿＿＿＿shìshi zhèshuāng píxié.

(5) 你＿＿＿＿给 我 一本 画报 吧。
Nǐ＿＿＿＿gěi wǒ yìběn huàbào ba.

(6) 您 先 吃 点儿菜，＿＿＿＿喝酒 。
Nín xiān chī diǎnr cài, ＿＿＿＿hē jiǔ.

(7) 我 ＿＿＿＿有 一个 问题 。
Wǒ＿＿＿＿yǒu yíge wèntí.

5 . Listen to the dialogues:

1) 医 生：你 怎么 了？
Yīshēng: Nǐ zěnme le?

病 人：我 头 疼，很 疼。
Bìngrén: Wǒ tóu téng, hěn téng.

医：什么 时候 开始 的？
Yī: Shénme shíhour kāishǐ de?

病 ：前天。
Bìng: Qiántiān.

医： 还 有哪儿 不 舒服？嗓子？
Yī: Hái yǒu nǎr bù shūfu? Sǎngzi?

病 ： 嗓子 不 疼。
Bìng: Sǎngzi bù téng.

医： 发 烧 不？
Yī: Fā shāo bù?

病 ： 体温 不 高。
Bìng: Tǐwēn bù gāo.

医： 量量 血压吧。啊，你血压 高 了。吃 点儿药，
Yī: Liángliang xuèyā ba. Ā, nǐ xuèyā gāo le. Chī diǎnr yào,

　　休息 两天 吧。
　　xiūxi liǎngtiān ba.

2) A: 你 去 哪儿 了？
Nǐ qù nǎr le?

B: 去 医院 了。
Qù yīyuàn le.

A: 怎么，你 病 了？
Zěnme, nǐ bìng le?

B: 是 啊，感冒。
Shì a, gǎnmào.

A: 发 烧 吧？
Fā shāo ba?

B: 有点儿 发 烧。
Yǒudiǎnr fā shāo.

A: 多少 度 ？
Duōshǎodù?

B: 三十九度四。
Sānshíjiǔdù sì.

A: 啊？ 还 有点儿 发 烧 呢! 不 是 "有点儿" ，是
Á? Hái yǒudiǎnr fā shāo ne! Bú shì "yǒudiǎnr" , shì

比较 高。你要 在 家 休息 几天,要 按时吃 药,
bǐjiào gāo. Nǐ yào zài jiā xiūxi jǐtiān, yào ànshí chī yào,

多 喝 开水。
duō hē kāishuǐ.

B: 医生 这么 说，你也 这么 说，都 这么 说。
Yīshēng zhème shuō, nǐ yě zhème shuō, dōu zhème shuō.

A: 不 对 吗？
Bú duì ma?

B: 对，对。
Duì, duì.

A: 医生 给 你 什么 药？ 中药 还是 西药？
Yīshēng gěi nǐ shénme yào? Zhōngyào háishi Xīyào?

B: 中药 、西药 都 有。
Zhōngyào、Xīyào dōu yǒu.

A: 你 能 吃 中药？
Nǐ néng chī Zhōngyào?

B: 病 了，什么 药 都 能 吃 了。
Bìng le, shénme yào dōu néng chī le.

A: 是 啊，没 有 病，什么 药 也 不 用 吃。
Shì a, Méi yǒu bìng, shénme yào yě bú yòng chī.

复习 (3) Revision (3)
fùxí (3)

1. Turn the following statements into questions:

Model: 那件 衣服 很 新。—— 那件 衣服 新 吗？
Nàjiàn yīfu hěn xīn.　　Nàjiàn yīfu xīn ma?

那件 衣服 新 不 新？
Nàjiàn yīfu xīn bu xīn?

那件 衣服 怎么样？
Nàjiàn yīfu zěnmeyàng?

1) 这个 本子 很 好。
Zhège běnzi hěn hǎo.

2) 这种 咖啡 比较 贵。
Zhèzhǒng kāfēi bǐjiào guì.

3) 王 先生 的 大衣 太 长。
Wáng xiānsheng de dàyī tài cháng.

4) 他们 的 房间 很 大。
Tāmen de fángjiān hěn dà.

5) 她 的 病 不 重。
Tā de bìng bú zhòng.

*2. Make sentences:

Model: 这支 钢笔 很 新。
Zhèzhī gāngbǐ hěn xīn.

这支 钢笔 是 新 的。(这，钢笔，新)
Zhèzhī gāngbǐ shì xīn de. (zhè, gāngbǐ, xīn)

1) 那，面包，大
nà, miànbāo, dà

2) 小 王，裤子，长
Xiǎo Wáng, kùzi, cháng

3) 这种，蛋糕，贵
zhèzhǒng, dàngāo, guì

4) 那，桌子，高

nà, zhuōzi, gāo

5) 她，衣服，红

tā, yīfu, hóng

＊3. Correct the following sentences:

1) 你能 给不给我一个 信封？

Nǐ néng gěi bu gěi wǒ yíge xìnfēng?

2) 他 想 吃不 吃糖醋鱼？

Tā xiǎng chī bu chī tángcùyú?

3) 你会抽 不抽 烟？

Nǐ huì chōu bu chōu yān?

4) 他们 有事儿不可以来了。

Tāmen yǒu shìr bù kěyǐ lái le.

5) 一个小时 以后，他会 不 会去 文化宫 吗？

Yíge xiǎoshí yǐhòu, tā huì bu huì qù wénhuàgōng ma?

6) 请 问，半个 小时 能 不 能 到学校 吗？

Qǐng wèn, bànge xiǎoshí néng bu néng dào xuéxiào ma?

16 The Weather In Beijing
北京的天气 Běijīng de tiānqì

(The Chens and Ding Shuqin, Li Wenhan's wife, are on their way to the Park of the Fragrant Hills.)

伟: Wěi:	姐姐,你看,太阳 出来 Jiějie, nǐ kàn, tàiyang chū lai 了。① le.	Look, Sister, the sun has come out.
莉: Lì:	昨天 晚上 天气 预报 Zuótiān wǎnshang tiānqì yùbào	The weather forecast last night said it would

说 ， 阴 转 晴 嘛。②
shuō, yīn zhuǎn qíng ma.

clear up today.

艾:
Ài:

老 丁， 北京 秋天 的
Lǎo Dīng, Běijīng qiūtiān de

天气 真 好， 不 冷 也
tiānqì zhēn hǎo, bù lěng yě

不 热。
bú rè.

Lao Ding, Beijing's autumn is really nice. It's neither too cold nor too hot.

丁 淑琴:
Dīng Shūqín:

秋天 是 北京 一年里 最
Qiūtiān shì Běijīng yìniánli zuì

好 的 季节，你们 秋天 来
hǎo de jìjié, nǐmen qiūtiān lái

北京 很 合适。
Běijīng hěn héshì.

Autumn is the best season of the year. You've chosen the best time to come to Beijing.

莉:
Lì:

听 爸爸 说，③ 北京
Tīng bàba shuō, Běijīng

夏天 比较 热。
xiàtiān bǐjiào rè.

Dad said that Beijing's summer is rather hot.

丁:
Dīng:

对。七、八月 还 常常
Duì. Qī, bāyuè hái chángchang

下 雨。
xià yǔ.

Yes, and it rains quite often in July and August.

伟:
Wěi:

伯母，听 说 北京 冬天
Bómǔ, tīng shuō Běijīng dōngtiān

很 冷， 是 吗? ④
hěn lěng, shì ma?

I've heard that Beijing's winter is very cold. Is that true?

丁:
Dīng:

是，气温 有时候 在 零
Shì, qìwēn yǒushíhour zài líng

下 十几度。
xià shíjǐdù.

Yes, sometimes it's over ten degrees below zero.

莉:
Lì:

北京 冬天 常常 下
Běijīng dōngtiān chángcháng xià

雪 吗?
xuě ma?

Does it often snow in winter in Beijing?

丁:
Dīng:

常常 下， 有时候
Chángcháng xià, yǒushíhour

雪 很 大。
xuě hěn dà.

Yes, sometimes it's very heavy too.

艾:	北京 的 春天 怎么样?	How's spring in Beijing?
Ai:	Běijīng de chūntiān zěnmeyàng?	
丁:	春天 比较 暖和,但	Spring is warmer, but
Dīng:	Chūntiān bǐjiào nuǎnhuo, dàn	often windy.
	常常 刮 风。	
	chángcháng guā fēng.	
莉:	现在 秋天了,香山 一定	Now that it's autumn, the
Lì:	Xiànzài qiūtiān le, Xiāngshān yídìng	Fragrant Hills must be
	很 美。	very beautiful.
	hěn měi.	
丁:	香山 的树叶儿都 红	The leaves of the Fra-
Dīng:	Xiāngshān de shù yèr dōu hóng	grant Hills have turned
	了,⑤ 每天 游览的 人 也	red, the number of visi-
	le, měitiān yóulǎnde rén yě	tors going there is also
	多 了。⑥	getting bigger every day.
	duō le.	

• new words • 生词 • shēngcí

1	天气	(名)	tiānqì	weather
2	太阳	(名)	tàiyang	sun
3	出来		chū lai	to come out
4	晴	(形)	qíng	fine (weather)
5	预报	(名、动)	yùbào	forecast
6	阴	(形)	yīn	cloudy, overcast
7	转	(动)	zhuǎn	to turn, to change
8	嘛	(助)	ma	an interjection to give emphasis
9	秋天	(名)	qiūtiān	autumn, fall
10	真	(形)	zhēn	true, real
11	冷	(形)	lěng	cold, chilly
12	热	(形)	rè	hot

13	年	（名）	nián	year
14	……里	（名）	…li	(used after nouns meaning "within a certain limit of time or space")
15	最	（副）	zuì	most
16	季节	（名）	jìjié	season
17	夏天	（名）	xiàtiān	summer
18	常常	（副）	chángcháng	often, frequently
19	下（雨、雪）	（动）	xià (yǔ、xuě)	to fall (rain, snow)
20	雨	（名）	yǔ	rain
21	伯母	（名）	bómǔ	aunt
22	冬天	（名）	dōngtiān	winter
23	气温	（名）	qìwēn	temperature (weather)
24	有时候		yǒushíhour	sometimes, occasionally
25	零下		líng xià	below zero
	零下十几度		líng xià shíjǐdù	over ten degrees below zero
26	雪	（名）	xuě	snow
27	春天	（名）	chūntiān	spring
28	暖和	（形）	nuǎnhuo	warm
29	但	（连）	dàn	but, however
30	刮（风）	（动）	guā (fēng)	to blow (wind)
31	风	（名）	fēng	wind
32	一定	（副、形）	yídìng	surely, definitely, sure, definite
33	美	（形）	měi	pretty, beautiful
34	树	（名）	shù	tree
35	叶儿	（名）	yèr	leaf
	树叶儿		shù yèr	tree leaves
36	红	（形）	hóng	red
37	每	（代）	měi	every, each
	每天		měitiān	every day
38	游览	（动）	yóulǎn	to tour, to go sightseeing

专名	Zhuānmíng	Proper names
北京	Běijīng	Beijing (Peking)
丁淑琴	Dīng Shūqín	name of Lǐ Wénhàn's wife, a friend of the Chen family
香山	Xiāngshān	Fragrant Hills (a scenic spot in Beijing, known for its crimson maple leaves in autumn)

study points • 注释 • zhùshì

1   太阳出来了。(Tàiyang chū lai le.)
The particle "了" (le) can be used in many ways. Here it is used to show that a change or a new situation has taken place:

　　天晴了。(Tiān qíng le.)
　　It has cleared up.
　　现在是秋天了。(Xiànzài shì qiūtiān le.)
　　Autumn is here now.
　　我的表停了。(Wǒ de biǎo tíng le.)
　　My watch has stopped.

2   阴转晴嘛。(Yīn zhuǎn qíng ma.)
"嘛" (ma) in this context means that what has been said is evident.

3   听爸爸说 (Tīng bàba shuō.)
The person or persons responsible for giving the information to his or their listeners can be placed in between the two characters of the phrase "听说" (tīng shuō):

　　听老陈说。(Tīng Lǎo Chén shuō)
　　Hear Lao Chen say.
　　听一个同志说。(Tīng yíge tóngzhì shuō)
　　Hear someone say.

4   北京冬天很冷，是吗？ (Běijīng dōngtiān hěn lěng, shì ma?)
This sentence pattern corresponds to the disjunctive question in English.

5   香山的树叶儿都红了。(Xiāngshān de shù yèr dōu hóng le.)

136

"都" (dōu) meaning "already" is unstressed.

6 每天游览的人也多了。　(Měitiān yóulǎn de rén yě duō le.)

1) In Chinese, verbs can be used as attributives, but the particle "的" must be added in between the verb and the noun it modifies:

参观的人 (cānguān de rén)

the people who are visiting

他写的信 (tā xiě de xìn)

the letter he wrote

昨天买的礼物 (zuótiān mǎi de lǐwù)

the gift bought yesterday

2) "也" (yě) may be used in two parallel clauses or only the second clause to show a similarity between the two clauses.

supplementary words · 补充生词 · bǔchōng shēngcí

1	雾	（名）	wù	fog
2	国家	（名）	guójiā	country, nation
3	首都	（名）	shǒudū	capital
4	家乡	（名）	jiāxiāng	native place
5	变	（动）	biàn	to change
6	可不是		kěbushì	exactly, indeed
7	掉	（动）	diào	to fall
8	气象台	（名）	qìxiàngtái	weather station
9	白天	（名）	báitiān	day (time)
10	云	（名）	yún	cloud
11	阵雨	（名）	zhènyǔ	shower

广州	Guǎngzhōu	Guangzhou (Canton), capital of Guangdong Province, in south China

• exercises • 练习 • liànxí

1 . **Ask questions after the model:**

1) Model: 北京 秋天 的 天气 怎么样？（北京，秋天）
   Běijīng qiūtiān de tiānqì zěnmeyàng? (Běijīng, qiūtiān)

   (1) 北京，夏天
       Běijīng, xiàtiān

   (2) 西安，冬天
       Xī'ān, dōngtiān

   (3) 广州 ，春天
       Guǎngzhōu, chūntiān

2) Model: 北京 冬天 常常 下雪吗？（冬天，
   Běijīng dōngtiān chángcháng xià xuě ma? (dōngtiān,

   下 雪）
   xià xuě)

   (1) 秋天，刮 风
       qiūtiān, guā fēng

   (2) 七、八月，下雨
       qī 、bāyuè, xià yǔ

   (3) 春天，下雾
       chūntiān, xià wù

3) Model: 听 说，北京 冬天 很 冷，是 吗？
   Tīng shuō, Běijīng dōngtiān hěn lěng, shì ma?

   （冬天，很 冷）
   (dōngtiān, hěn lěng)

   (1) 夏天，比较热
       xiàtiān, bǐjiào rè

   (2) 秋天，一年里，最好，季节
       qiūtiān, yìniánli, zuì hǎo, jìjié

   (3) 春天，风，很 大
       chūntiān, fēng, hěn dà

2 . **Answer the following questions in your own words:**

1) 春、夏、秋、冬四个季节的天气 怎么样？
   Chūn、xià、 qiū、dōng sìge jìjié de tiānqì zěnmeyàng?

2) 哪个季节最好？
   Nǎge jìjié zuì hǎo?

3) 你 喜欢哪个季节？
   Nǐ xǐhuan nǎge jìjié?

3 . Listen to the dialogues:

弟弟: 姐姐，姐姐，不好了！
Dìdi : Jiějie, jiějie, bù hǎo le!

姐姐: 怎么 了？
Jiějie: Zěnme le ?

弟 : 咱们 不 能 去 颐和园 了。
Dì : Zánmen bù néng qù Yíhéyuán le.

姐: 怎么 不 能 去?
Jiě: Zěnme bù néng qù?

弟: 变 天 了。
Dì: Biàn tiān le.

姐: 是 吗? 下 雨了吗?
Jiě: Shì ma? Xià yǔ le ma?

弟: 还 没 下。
Dì: Hái méi xià.

姐: 我 看看。可不是 阴天 了。——哎呀!
Jiě: Wǒ kànkan. Kěbushì yīntiān le. —— Àiya !

   开始 掉雨点儿了。
   Kāishǐ diào yǔdiǎnr le.

弟: 真 糟糕! 下大了。
Dì : Zhēn zāogāo! Xià dà le.

姐: 大概一会儿 能 停。你看，那边儿还是 晴天 呢。
Jiě: Dàgài yíhuìr néng tíng. Nǐ kàn, nàbianr hái shì qíngtiān ne.

弟: 打 电话 听听 天气 预报 吧。
Dì: Dǎ diànhuà tīngting tiānqì yùbào ba.

姐: 气象台 也不会 说 咱们 这儿下 不下 雨。
Jiě: Qìxiàngtái yě bú huì shuō zánmen zhèr xià bu xià yǔ.

   听 我 的,一会儿 雨 一定 会 停。
   Tīng wǒ de, yíhuìr yǔ yídìng huì tíng.

弟: 听 你 的?不,我 打 电话 听听 天气 预报。
Dì: Tīng nǐ de? Bù, wǒ dǎ diànhuà tīngting tiānqì yùbào.

天气 预报: 今天 白天, 晴 转 多云, 有 小 阵雨。
Tiānqì yùbào: Jīntiān báitiān, qíng zhuǎn duō yún, yǒu xiǎo zhènyǔ.

弟： 小 阵雨，一会儿雨 能 停。

Dì: Xiǎo zhènyǔ, yíhuìr yǔ néng tíng.

姐： 怎么样？我 的 预报 没错儿。

Jiě: Zěnmeyàng? Wǒ de yùbào méi cuòr.

*4. Translate the following sentences into Chinese using "了":

1) The sun has come out.

2) Spring's here.

3) Where has he gone?

4) My watch has stopped.

5) I've put on my coat.

17 Asking People's Age
问年龄 wèn niánlíng

(Mr. Chen Mingshan and his wife are chatting with an elderly man in the Park of the Fragrant Hills.)

陈 :	老 先生，① 您 好啊！	Hello, sir.
Chén:	Lǎoxiānsheng, nín hǎo a !	
老人 :	你们 好！	Hello.
lǎorén:	Nǐmen hǎo!	
艾 :	老 先生，您 身体	Sir, you do look very fit
Ài:	Lǎoxiānsheng, nín shēntǐ	if I may say so.

不错 啊 !
búcuò a !

老: 不行 啊，② 老了。③　　Not really. I'm old.
lǎo: Bùxíng a , lǎo le.

陈 : 您 多 大 年纪了?④　　May I ask how old are
Chén: Nín duō dà niánjì le ?　　you?

老: 七十了。　　Seventy.
lǎo: Qīshí le .

陈 : 不 象，象 六十 来　　You certainly don't look
Chén: Bú xiàng, xiàng liùshí lái　　it. You look a bit over
岁 的。⑤　　sixty.
suì de.

老: 哪里。⑥　　Not at all.
lǎo: Nǎli.

陈 : 您 北京人 吧?　　You're from Beijing?
Chén: Nín Běijīngrén ba?

老: 是 啊。您 是 华侨 吧?　　Yes. You are an overseas
lǎo: Shì a . Nín shì huáqiáo ba?　　Chinese, aren't you?

陈 : 对，四一年 到 美国 去　　Yes, I went to the Unit-
Chén: Duì, sìyīnián dào Měiguó qu　　ed States in 1941. My
的。⑦ 我太太是 美国人 。　　wife is an American.
de. Wǒ tàitai shì Měiguórén.

老: 您 的 普通话 很 好。⑧　　You speak very good Pu-
lǎo: Nín de pǔtōnghuà hěn hǎo.　　tonghua. Where are you
老家 在哪儿?　　from?
Lǎojiā zài nǎr?

陈 : 也 是 北京。　　I'm from Beijing too.
Chén: Yě shì Běijīng.

老: 怪 不 得。　　No wonder!
lǎo: Guài bu de.

艾: 这 是您 的 小 孙子吧?　　This must be your grand-
Ài: Zhè shì nín de xiǎo sūnzi ba?　　son.

老: 对。小江 ，叫 爷爷，　　That's right. Xiaojiang,
lǎo: Duì. Xiǎojiāng, jiào yéye,　　say hello to grandpa and
奶奶 。　　grandma.
nǎinai.

江 : 爷爷，奶奶。　　Grandpa, Grandma.
Jiāng: Yéye, nǎinai.

艾: Ài:	小朋友 ，你几岁了? Xiǎopéngyou, nǐ jǐsuì le?	How old are you, little friend?
江 : Jiāng:	九岁了。 Jiǔsuì le.	Nine.
艾: Ài:	上 几 年级 了? Shàng jǐ niánjí le?	Which grade are you in?
江 : Jiāng:	小学 三 年级了。 Xiǎoxué sān niánjí le.	Grade 3 in elementary school.
陈 : Chén:	老先生 ， 常常 来 Lǎoxiānsheng, chángcháng lái 公园 吧? gōngyuánr ba?	Sir, do you come to the park of Fragrant Hills often?
老: lǎo:	是啊，星期天 孩子不 上 Shì a , Xīngqītiān háizi bú shàng 学 ，带 他 来 玩儿玩儿。 xué, dài tā lai wánrwanr.	Yes, this child does not go to school on Sundays, so I bring him here to play.

• new words • 生词 • shēngcí

1	年龄	（名）niánlíng	age
2	老先生	（名）lǎoxiānsheng	elderly gentleman
3	老人	（名）lǎorén	old man (woman), old people
4	身体	（名）shēntǐ	physical health, body
5	不行	（形）bùxíng	not so good, not so well
6	年纪	（名）niánjì	age
7	象	（动）xiàng	to look like, to resemble
8	来	（助）lái	approximately
9	岁	（名）suì	year (of age)
10	哪里	（代）nǎlǐ	not at all, where
11	普通话	（名）pǔtōnghuà	common speech (standard modern spoken Chinese)

12	老家	（名）	lǎojiā	home town, birthplace
13	怪不得		guài bu de	no wonder
14	孙子	（名）	sūnzi	grandson
15	爷爷	（名）	yéye	grandpa
16	奶奶	（名）	nǎinai	grandma
17	小朋友	（名）	xiǎopéngyou	little friend (children), (a polite way to address a child or children one does not know)
18	上	（动）	shàng	to be in (with grade or year in school and university)
19	年级	（名）	niánjí	grade, year
20	小学	（名）	xiǎoxué	elementary school
21	公园	（名）	gōngyuán	park
22	孩子	（名）	háizi	child, children, son(s) and daughter(s)
23	上学		shàng xué	to go to school
24	带	（动）	dài	to take, to bring
25	玩儿	（动）	wánr	to play, to enjoy oneself

专名	**Zhuānmíng**	**Proper name**
小江	Xiǎojiāng	Xiaojiang, name of the grandson of the old man

study points · 注释 · zhùshì

1 老先生 (lǎoxiānsheng)
This is a polite form used by urban people to address elderly men on meeting them for the first time.

2 不行啊 (bùxíng a)

"不行" is a polite response to a compliment while "啊" gives emphasis to the sentence.

3 老了 (lǎo le)

Another use of "了" (le) is to indicate a certain degree that something or somebody has reached:

七十了。 (Qīshí le.)

Seventy already.

九岁了。 (Jiǔsuì le.)

Nine already.

他上小学三年级了。 (Tā shàng xiǎoxué sān niánjí le.)

He is already in Grade 3.

4 您多大年纪了? (Nín duō dà niánjì le?)

It is very common for the Chinese to ask each other's age in conversation. There are, however, different ways to ask the age of people of different ages:

您多大年纪了? (Nín duō dà niánjì le?)

How old are you?

(used to ask the age of an elderly person)

他多大? (Tā duō dà?)

How old is he?

(used to ask the age of a child or a person about the same age as the speaker)

她几岁了? (Tā jǐsuì le?)

How old is she?

(used to ask a child's age)

In spoken Chinese, the verb "是" (shì) is often omitted in sentences indicating a person's age or birthplace:

陈先生五十八岁。 (Chén xiānsheng wǔshíbāsuì.)

Mr. Chen is 58 years old.

他太太北京人。 (Tā tàitai Běijīngrén.)

His wife is from Beijing.

Questions can be formed by adding "吗" (ma) to these statements:

陈先生五十八岁吗? (Chén xiānsheng wǔshíbāsuì ma?)

Is Mr. Chen 58 years old?

他太太北京人吗? (Tā tàitai Běijīngrén ma?)

Is his wife from Beijing?

5 象六十来岁的。 (Xiàng liùshí lái suì de.)

"来" (lái) is often placed between numerals like "十" (shí), "百" (bǎi), "千" (qiān), etc. and measure words to turn them into approximate numbers.

6 哪里 (nǎli)

Literally meaning "where", this is another polite response to a compliment.

7 四一年到美国去的。 (sìyīnián dào Měiguó qu de.)

  1) In spoken Chinese, the first two figures of a certain year are often left out when the year mentioned belongs to the present century. So, "四一年" means 1941.

  2) The particle "的" (de) is used here to give emphasis to "四一年".

8 您的普通话很好。 (Nín de pǔtōnghuà hěn hǎo.)

普通话 (pǔtōnghuà) refers to standard modern spoken Chinese.

supplementary words · 补充生词 · bǔchōng shēngcí

1	今年	（名）	jīnnián	this year
2	口音	（名）	kǒuyīn	accent
3	英语	（名）	Yīngyǔ	English
4	句	（名、量）	jù	sentence, a measure word
5	记性	（名）	jìxing	memory
6	阿姨	（名）	āyí	auntie
7	老大爷	（名）	lǎodàye	grandpa (a polite way to address elderly men)
8	空气	（名）	kōngqì	air
9	乖	（形）	guāi	well-behaved
10	孙女	（名）	sūnnür	grand daughter
11	聪明	（形）	cōngming	intelligent, clever
	李小兰		Lǐ Xiǎolán	name of a girl

• exercises • 练习 • liànxí

*1. **Fill in the blanks with these phrases:**

多 大 年纪，多大，几岁
duō dà niánjì, duō dà, jǐsuì

1) 小江 今年_____？
   Xiǎojiāng jīnnián_____？

2) 小江 的爷爷_____？
   Xiǎojiāng de yéye_____？

3) 大伟 今年_____？
   Dàwěi jīnnián_____？

*2. **Ask questions using "几……了" (jǐ…le) and then answer them:**

小 王，今天几号了？
Xiǎo Wáng, jīntiān jǐhào le？

三号 了。（三号）
Sānhào le.（sānhào）

1) 艾琳，今天_____？
   Àilín, jīntiān_____？
   _____。（十七号）
   _____.（shíqīhào）

2) 姐姐，现在_____？
   Jiějie, xiànzài_____？
   _____。（十一点半）
   _____.（shíyīdiǎnbàn）

3) 莉莉，你今年_____？
   Lìli, nǐ jīnnián_____？
   _____。（四年级）
   _____.（sì niánjí）

*3. **Practice after the model:**

Model:　A：老先生，您的 身体 真 不错 啊!（身体）
　　　　　Lǎoxiānsheng, nín de shēntǐ zhēn búcuò a!（shēntǐ）

　　　　B：不行 啊，老了!
　　　　　Bùxíng a, lǎo le !

1) A：赵 先生，_____!（普通话）
   Zhào xiānsheng, _____!（pǔtōnghuà）

B: _____, 口音 很 重 啊。

    _____, kǒuyīn hěn zhòng a.

2) A: 老 王, _____! （英语）

      Lǎo Wáng, _____! （Yīngyǔ）

B: _____, 就 会 说 几句。

    _____, jiù huì shuō jǐjù.

3) A: 刘 太太, _____! （记性）

      Liú tàitai, _____! （jìxing）

B: _____, 年纪 大 了。

    _____, niánjì dà le.

4 . Answer the following questions using the names of the places shown on the map:

1) 李 先生 哪儿 人？

    Lǐ xiānsheng nǎr rén?

2) 张 大中 同志 哪儿 人？

    Zhāng Dàzhōng tóngzhì nǎr rén?

3) 陈 小姐 哪儿 人？

    Chén xiǎojie nǎr rén?

4) 那位 太太 哪儿 人？

    Nàwèi tàitai nǎr rén?

5) 她 先生 哪儿 人？

    Tā xiānsheng nǎr rén?

6) 赵 阿姨 哪儿 人？

    Zhào āyí nǎr rén?

7) 老 王 老家 在哪儿？

    Lǎo Wáng lǎojiā zài nǎr?

8) 那位 老爷爷 老家 在 哪儿？

    Nàwèi lǎo yéye lǎojiā zài nǎr?

5 . Listen to the dialogue:

外国　朋友　男、女：老大爷，早啊！
wàiguó péngyou nán、nǔ: Lǎodàye, zǎo a !

老　：你们　早！　哪国　朋友　啊？
Lǎo: Nǐmen zǎo! Nǎguó péngyou a ?

男　、女：英　国。
Nán、nǔ: Yīngguó.

老　：　欢迎，　欢迎！　早晨　出来　散散　步啊？
Lǎo: Huānyíng, huānyíng! Zǎochén chūlai sànsan bù a ?

女：是啊，早晨　空气　好。喂，　小朋友，来啊！
Nǔ: Shì a , zǎochén kōngqì hǎo. Wèi, xiǎopéngyou , lái a !

小　：叔叔、阿姨好！
Xiǎo: Shūshu、· āyí hǎo!

男　：真　乖。
Nán: Zhēn guāi.

女：老大爷，她是您的——？
Nǔ: Lǎodàye, tā shì nín de——?

老　：孙女。
Lǎo: Sūnnǔr.

女：　小朋友，叫　什么　名字啊？
Nǔ: Xiǎopéngyou , jiào shénme míngzi a ?

小　：李　小兰。
Xiǎo: Lǐ Xiǎolán.

女：多　大年纪了？
Nǔ: Duō dà niánjì le ?

老　：谁？　问　我吗？
Lǎo: Shéi? Wèn wǒ ma ?

女：不，问　小兰。哦，对了，问　小朋友　要　说
Nǔ: Bù, wèn Xiǎolán. Ò , duì le , wèn xiǎopéngyou yào shuō

　"几岁"。小兰，几岁了？
　" jǐsuì ". Xiǎolán, jǐsuì le ?

小　：六岁半。
Xiǎo: Liùsuìbàn.

男　：上　学了吗？
Nán: Shàng xué le ma ?

小　：上　小学　了。
Xiǎo: Shàng xiǎoxué le .

男 ： 会 写 多少个 字了？
Nán: Huì xiě duōshaoge zì le?

小 ： 一百 多了。
Xiǎo: Yìbǎi duō le.

男 ： 真 聪 明。
Nán: Zhēn cōngming.

*6. **Translate the following questions into Chinese without using "是" (shì):**

1) What's the time now?
2) What's the date today?
3) What day is it?
4) How old is David?
5) Which grade are you in?
6) How old is Xiao Jiang?
7) How old are your grandparents?
8) Where are you from?

18 We Visited The Palace Museum Last Week
上 星期 我们 参观 故宫了
shàng xīngqī wǒmen cānguān Gùgōng le

(The Chens and Ding Shuqin are on their way back after a trip to the Fragrant Hills.)

| 艾:
Ài: | 香山 的 风景太美
Xiāngshān de fēngjǐng tài měi
了!
le! | The scenery of the Fragrant Hills is so beautiful. |
| 丁:
Dīng: | 你们 来得 正 是 时
Nǐmen lái de zhèng shì shí | You came at the right time. Mrs. Chen, are you |

	候 。① 陈 太太，累 了 吧？ hour. Chén tàitai, lèi le ba?	tired?
艾: Ài:	还 好 。② Hái hǎo.	I'm all right.
丁: Dīng:	你们 参观 故宫 了 吗？③ Nǐmen cānguān Gùgōng le ma?	Have you visited the Forbidden City yet?
艾: Ài:	上 星期 参观 了 . Shàng xīngqī cānguān le.	Yes, we went there last week.
丁: Dīng:	几个大 公园 都 去 了 吗？ Jǐge dà gōngyuánr dōu qù le ma?	Have you been to all the major parks in Beijing?
陈: Chén:	北海，天坛，颐和园 都 Běihǎi, Tiāntán, Yíhéyuán dōu 去 了 . qù le.	We've been to the Beihai Park, the Temple of Heaven and the Summer Palace.
丁: Dīng:	中山 公园 呢？ Zhōngshān Gōngyuán ne?	And the Zhongshan Park?
陈: Chén:	没 去，这次 时间 不够， Méi qù, zhècì shíjiān bú gòu, 不 去 了 . bú qù le.	No, there wouldn't be time for it this time.
丁: Dīng:	长城 去 了 没有？ Chángchéng qù le méiyǒu?	Have you been to the Great Wall?
陈: Chén:	还 没有 呢 . Hái méiyǒu ne.	Not yet.
丁: Dīng:	什么 时候 去？ Shénme shíhour qù?	When are you going?
陈: Chén:	后天 或者 大后天 吧 。 Hòutiān huòzhě dàhòutiān ba. 明天 想 带 他们 到 Míngtiān xiǎng dài tāmen dào 燕山 中学 看看 。 Yānshān Zhōngxué kànkan. 从 三二年 到 三八年 Cóng sān'èrnián dào sānbānián 我 一直 在 那儿 念 书 。不 wǒ yìzhí zài nàr niàn shū. Bú 过，那时 不 叫 燕山 guò, nà shí bú jiào Yānshān	Probably the day after tomorrow or the day after. I want to take Lily and David to Yanshan High School for a visit tomorrow. I was there from thirty-six to thirty-eight, though it wasn't called Yanshan High School at the time.

中学 。
Zhōngxué.

丁 :
Dīng:
几十年了，旧地重游，
Jǐshínián le, jiù dì chóng yóu,
一定 会 很 有意思。好
yídìng huì hěn yǒu yìsi. Hǎo
了，④ 我 在这儿 下 车 了。
le, wǒ zài zhèr xià chē le.
你们 可能 累了，回去
Nǐmen kěnéng lèi le, huí qu
好好儿 休息休息。明天
hǎohāor xiūxixiūxi. Míngtiān
见 。⑤
jiàn.

It should be very meaningful to revisit a place one used to know well after so many years. I'll get off here. You must all be tired. Take a good rest after getting home. See you tomorrow.

陈 :
Chén:
艾:
Ài:
明天 见 。
Míngtiān jiàn.

See you tomorrow.

new words • 生词 • shēngcí

1 风景 （名）fēngjǐng scenery

2 得 （助）de (used before compliment to indicate degree or possibility)

3 正 （副）zhèng just, exactly, (indicating an action in progress)

4 累 （形）lèi tired, weary

5 上 （名）shàng last, previous, above, on top of, on the surface of

6 次 （量）cì time, (a measure word)

7 时间 （名）shíjiān time

8	够	（形）	gòu	enough, adequate
9	或者	（连）	huòzhě	or
10	大后天	（名）	dàhòutiān	two days from today
11	他们	（代）	tāmen	they, them
12	从	（介）	cóng	since, from
13	从……到……		cóng…dào…	from…to…
14	一直	（副）	yìzhí	ever, all along
15	念书		niàn shū	to study, to read a book, to go to school
16	不过	（连）	búguò	yet, however
17	……时	（名）	…shí	time
18	旧地重游		jiù dì chóng yóu	to revisit a place that one used to know well
19	有意思		yǒu yìsi	interesting, meaningful
20	好了		hǎo le	enough (used to wind up a remark and introduce the next one)
21	下	（动）	xià	to get off, to disembark
22	车	（名）	chē	vehicle
23	可能	（助动、形）	kěnéng	possible, may
24	好好儿	（副）	hǎohāor	well, sufficiently
25	见	（动）	jiàn	to see, to meet
	明天见		míngtiān jiàn	See you tomorrow

专名　　Zhuānmíng　　Proper names

北海　　Běihǎi　　Beihai Park, an imperial garden built and expanded during the Liao, Jin, Yuan, Ming and Qing dynasties, is one of the best-known parks in Beijing. Its White Pagoda has drawn worldwide acclaim.

天坛	Tiāntán	Temple of Heaven, used to be the place where the Ming and Qing emperors worshipped gods and prayed for good harvests, is now known for its architectual beauty.
颐和园	Yíhéyuán	Summer Palace, an imperial garden during the Jin, Yuan, Ming and Qing dynasties, is the biggest and perhaps the most beautiful park in Beijing.
中山公园	Zhōngshān Gōngyuán	Zhongshan Park, to the west of the Palace Museum, is named after Dr. Sun Yet-sam, a great revolutionary in the Chinese democratic revolution.
燕山中学	Yānshān Zhōngxué	name of the middle school where Mr. Chen studied

---

study points · 注释 · zhùshì

---

1 你们来得正是时候。(Nǐmen lái de zhèng shì shíhour.)
"正是时候" (zhèng shì shíhour) means "just in time" and it tends to function as an adverbial phrase modifying the action "来" (lái), "come". This kind of adverbial phrase will be further explained in Study Point 1 of Lesson 28.

2 还好 (hái hǎo)
The literal meaning of this expression is "still well". In this context, it means "I am tired, but not too tired."

3 你们参观故宫了吗? (Nǐmen cānguān Gùgōng le ma?)
One of the uses of the particle "了" (le), as in this case, is to indicate that something has already taken place:

上星期我们去香山公园了。(Shàng xīngqī wǒmen qù Xiāngshān Gōngyuán le.)

Last week we [already] went to Fragrant Hills Park.

昨天他病了。(Zuótiān tā bìng le.)

Yesterday, he felt ill.

To form the negative of this kind of "le" sentences, we can replace "了" (le) with either "没有" (méiyǒu) or simply "没" (méi), e.g.

昨天我们没(有)去颐和园。(Zuótiān wǒmen méi(yǒu) qù Yíhéyuán).

Yesterday, we did not go to the Summer Palace.

We can form a question with this kind of sentence in two ways:

昨天晚上你吃没(有)吃药？(Zuótiān wǎnshang nǐ chī méi(yǒu) chī yào?)

Did you or did you not take the medicine last night?

昨天晚上你吃药了没有？(Zuótiān wǎnshang nǐ chī yào le méiyǒu?)

Did you take the medicine last night or not?

4 好了 (hǎo le)

In the context, this expression shows that the speaker is winding up a topic and is starting a new one.

5 明天见 (míngtiān jiàn)

"再见" (zàijiàn), "good-bye", is the general expression we use when we are taking leave. But if the time of our next meeting is definite, we may use this pattern: "time of the next meeting + 见 (jiàn), 'see'":

明天见。(Míngtiān jiàn) See you tomorrow.

晚上见。(Wǎnshang jiàn) See you to-night.

下星期见。(xià xīngqī jiàn) See you next week.

supplementary words · 补充生词 · bǔchōng shēngcí

1	马戏	（名）	mǎxì	circus
2	节目	（名）	jiémù	program
3	好玩儿	（形）	hǎowánr	enjoyable
4	狗	（名）	gǒu	dog
5	作	（动）	zuò	to do
6	算术	（名）	suànshù	arithmetic
7	看够		kàn gòu	to see enough of

• exercises • 练习 • liànxí

1. Questions and answers:

1) Model: A: 星期天 你们去哪儿了？
   Xīngqītiān nǐmen qù nǎr le?

   B: 我们 去 香山 了。（ 香山 ）
   Wǒmen qù Xiāngshān le. (Xiāngshān)

   (1) 昨天 _____？（ 天坛 公园 ）
   Zuótiān _____? (Tiāntán Gōngyuán)

   (2) 上午_____？（ 前门 饭店 ）
   Shàngwǔ_____? (Qiánmén Fàndiàn)

   (3) 前天 晚上 _____？（ 人民 剧场，看 京剧）
   Qiántiān wǎnshang_____? (Rénmín Jùchǎng, kàn jīngjù)

2) Model: A: 星期天 你们 去 香山 了没有？
   Xīngqītiān nǐmen qù Xiāngshān le méiyǒu?

   B: 没有，我们 去 北海 了。（ 香山，北海 ）
   Méiyǒu, wǒmen qù Běihǎi le. (Xiāngshān, Běihǎi)

   (1) 上 星期三_____？（ 中山 公园，天坛 ）
   Shàng xīngqīsān_____? (Zhōngshān Gōngyuán, Tiāntán)

   (2) 昨天 晚上 _____？（ 民族 饭店，国际 机场 ）
   Zuótiān wǎnshang_____? (Mínzú Fàndiàn, Guójì Jīchǎng)

   (3) 前天_____？（ 故宫，长城 ）
   Qiántiān_____? (Gùgōng, Chángchéng)

*2. Practice making sentences with "都" "dōu" and "没都" "méi dōu":

Model: A: 几个 大 公园 都去了吗？（ 公园 ）
   Jǐge dà gōngyuánr dōu qù le ma? (gōngyuánr)

   B: 时间 不够，没 都 去。
   Shíjiān bú gòu, méi dōu qù.

1) A: 几个 _____去 了吗？（ 学校 ）
   Jǐge _____ qù le ma? (xuéxiào)

   B: 太 累 了，_____。
   Tài lèi le, _____.

2) A: 几个 _____去 了吗？（ 老 朋友 家 ）
   Jǐge _____ qù le ma? (lǎo péngyou jiā)

B: 时 间 不 够, _____。
Shíjiān bú gòu, _____.

3) A: 几个 _____ 看了？（电影）
Jǐge _____ kàn le？（diànyǐng）

B: 有 点儿别的事儿, _____。
Yǒu diǎnr biéde shìr, _____.

3. Listen to the dialogue:

A: 昨天 你们 没去 天坛 公园 吧？
Zuótiān nǐmen méi qù Tiāntán Gōngyuán ba?

B: 没 去。我们 去 看马戏了。
Méi qù. Wǒmen qù kàn mǎxì le.

A: 马戏？ 那 一定 很 有意思。都 演 什么 节目 了？
Mǎxì? Nà yídìng hěn yǒu yìsi. Dōu yǎn shénme jiémù le?

B: 节目 真 多，有 十七、八个。最好玩儿 的 是
Jiémù zhēn duō, yǒu shíqī、bā ge. Zuì hǎowánr de shì

小狗 作 算术，孩子们 没 看 够。
xiǎogǒur zuò suànshù, háizimen méi kàn gòu.

A: 是 吗？ 下 星期我 也带孩子去 看看。
Shì ma? Xià xīngqī wǒ yě dài háizi qu kànkan.

B: 天坛 怎么样？
Tiāntán zěnmeyàng?

A: 啊， 很 好。那儿 还 有一个 画展，孩子们 很 喜欢。
À， hěn hǎo. Nàr hái yǒu yíge huàzhǎn, háizimen hěn xǐhuan.

我 和 老 赵 都累了，没 好好儿 看。
Wǒ hé Lǎo Zhào dōu lèi le, méi hǎohāor kàn.

*4. Translate the following sentences into Chinese:

1) Where did you go tonight?
2) They went to the Summer Palace yesterday.
3) What did you do the night before last?
4) Did you go to the Palace Museum last Tuesday?
5) He didn't come the day before yesterday.

19 We Were Just Talking About You
我们正在说你呢
wǒmen zhèngzài shuō nǐ ne

(The Chens are getting ready to go to the Friendship Store.)

（一） |

艾:	王 小姐一会儿来吗？	Is Miss Wang coming
Ài:	Wáng xiǎojie yíhuìr lái ma?	in a while?
陈:	来，这不，① 我 正 等	Yes, I'm waiting for her
Chén:	Lái, zhè bù, wǒ zhèng děng	now.

她 呢。②
tā ne.

艾： 那 今天 我们 还去不去　　　Are we still going to the
Ài: Nà jīntiān wǒmen hái qù bu qù　Friendship Store?

友谊 商店？
Yǒuyì Shāngdiàn?

陈： 去 吧。过 几天 我们 就　　　I think so. We're leaving
Chén: Qù ba. Guò jǐtiān wǒmen jiù　Beijing in just a few days

要 离开北京 了。③ 今天　　and if we don't go today,
yào líkāi Běijīng le.　Jīntiān　we won't have time

不 去，以后 没 时间 了。　　later.
bú qù, yǐhòu méi shíjiān le.

艾： 几点 去？　　　　　　　　　When are we going
Ài: Jǐdiǎn qù?　　　　　　　　　then?

陈： 跟 王 小姐 谈 完 就　　As soon as I've had
Chén: Gēn Wáng xiǎojie tán wán jiù　a talk with Miss Wang.

去。她 说 八点半 到。　　She said she'd be here
qù. Tā shuō bādiǎnbàn dào.　at eight-thirty.

艾： 现在 已经 八点半 了。　　It's eight-thirty now.
Ài: Xiànzài yǐjīng bādiǎnbàn le.

(Wang Fang arrives.)

王 ： 你们 好！　　　　　　　Hello!
Wáng: Nǐmen hǎo!

陈 ： 你 好！　　　　　　　　　Hello!
Chén: Nǐ hǎo!

艾： 王 小姐，我们 正　　We were just talking
Ài: Wáng xiǎojie, wǒmen zhèng　about you, Miss Wang.

说 你 呢。
shuō nǐ ne.

王 ： 是 吗？说 曹 操，曹 操　Were you? Talk of the
Wáng: Shì ma? Shuō Cáo Cāo, Cáo Cāo　devil, huh?

就 到 。
jiù dào.

艾： 哈 哈……　　　　　　　　Ha, ha…
Ài: Hā hā……

王 ： 　　　　　　　　　　　Ha, ha…
Wáng:

（二） 11

艾: Ài:	大伟，你在干什么？ Dàwěi, nǐ zài gàn shénme?	David, what are you do-ing?
伟: Wěi:	我在听收音机呢。爸爸 Wǒ zài tīng shōuyīnjī ne. Bàba 还在跟王小姐谈话 hái zài gēn Wáng xiǎojie tán huà 呢吗？④ ne ma?	Listening to the radio. Is Dad still talking with Miss Wang?
艾: Ài:	没有，王小姐已经 Méiyǒu, Wáng xiǎojie yǐjīng 走了。 zǒu le.	No, she has left.
伟: Wěi:	咱们走吧，快十点了。 Zánmen zǒu ba, kuài shídiǎn le.	Let's go then. It's almost ten.
艾: Ài:	你姐姐呢？ Nǐ jiějie ne?	Where's your sister?
伟: Wěi:	她没在看书吗？ Tā méi zài kàn shū ma?	Isn't she reading?
艾: Ài:	没有。 Méiyǒu.	No.
伟: Wěi:	刚才我找她的时候， Gāngcái wǒ zhǎo tā de shíhour, 她正在看医学杂志呢。 tā zhèngzài kàn yīxué zázhì ne.	When I saw her just now, she was reading a medical journal.
艾: Ài:	那上哪儿了呢？⑤ Nà shàng nǎr le ne?	I wonder where she has gone.
伟: Wěi:	等她一会儿吧。 Děng tā yíhuìr ba.	Let's wait for her for a while.
艾: Ài:	大伟，今天外边儿有 Dàwěi, jīntiān wàibianr yǒu 一点儿风，你去多穿 yìdiǎnr fēng, nǐ qù duō chuān 一件衣服。 yíjiàn yīfu.	It's a bit windy today, David. Go and put on something more.

• new words • 生词 • shēngcí

1	正在	（副）zhèngzài	in the process of, in the middle of
	正在……呢	zhèngzài…ne	(an emphatic way of saying that an action is in progress)
2	这不	zhè bù	(used to call attention to something that is obvious)
3	过	（动）guò	to pass, to spend
4	要……了	yào…le	to be going to(an adverb used to indicate something about to happen)
5	离开	（动）líkāi	to leave
6	谈	（动）tán	to talk
7	完	（动）wán	to finish, to end
	谈完	tán wán	to finish talking
8	说曹操，曹操就到	shuō Cáo Cāo, Cáo Cāo jiù dào	Talking of the devil and the devil comes.
9	哈	（象声）hā	ha
10	在	（副）zài	an adverb to indicate something is in progress
	在……呢	zài…ne	(See Study Points.)
11	收音机	（名）shōuyīnjī	radio
12	跟	（介、连）gēn	with, and
13	谈话	tán huà	to talk, to speak
	跟……谈话	gēn…tán huà	to talk with (to), to speak with (to)
14	已经	（副）yǐjīng	already
15	快	（副、形）kuài	soon, quick, fast
16	书	（名）shū	book
	看书	kàn shū	to read a book

17	刚才	（名）	gāngcái	just now, a moment ago
18	医学	（名）	yīxué	medical science
19	杂志	（名）	zázhì	magazine, journal
20	上	（动）	shàng	to go, to get on, to board
	上哪儿		shàng nǎr	where to go
21	外	（名）	wài	outside
22	外边儿		wàibianr	open air, outside, outdoors
23	衣服	（名）	yīfu	clothes, clothing

| 专名 | **Zhuānmíng** | **Proper name** |
| 友谊商店 | Yǒuyì Shāngdiàn | Friendship Store, a store for foreigners and overseas Chinese |

study points · 注释 · zhùshì

1   这不 (zhè bù)

This is a phrase used in conversation to show that what is going to be said is evident.

2   我正等她呢。 （Wǒ zhèng děng tā ne.）

To indicate that an action is in progress, we can add "正在" (zhèng zài) or "正" (zhèng) or "在" (zài) before the verb or add "呢" (ne) at the end of the sentence. "正在" or "正" or "在" can be used with "呢" at the same time:

      他正在写信。 （Tā zhèngzài xiě xìn.）

      他正写信。 （Tā zhèng xiě xìn.）

      他在写信。 （Tā zài xiě xìn.）

      他写信呢。 （Tā xiě xìn ne.）

      他正在写信呢。 （Tā zhèngzài xiě xìn ne.）

      他正写信呢。 （Tā zhèng xiě xìn ne.）

      他在写信呢。 （Tā zài xiě xìn ne.）

The negative form is:

      他没（有）在写信。 （Tā méi(yǒu) zài xiě xìn.）

The action in progress can be either in the present or in the past:

刚才我去找他的时候，他正在看杂志呢。

(Gāngcái wǒ qù zhǎo tā de shíhour, tā zhèng zài kàn zázhì ne.)

3 过几天我们就要离开北京了。 (Guò jǐtiān wǒmen jiù yào líkāi Běijīng le.)

1) "要……了"(yào…le) or "快……了" (kuài…le) can be used to indicate that something is going to happen soon:

他们要去西安了。 (Tāmen yào qù Xī'ān le.)

They will be going to Xian.

老李快来了。(Lǎo Lǐ kuài lái le.)

Lao Li is going to come soon.

2) The adverb "就" (jiù) means "in a short while":

你等一会儿，我就来。 (Nǐ děng yíhuìr, wǒ jiù lái.)

Wait a moment. I'll come soon.

3) The pattern "就要……了" (jiù yào…le) means that there is little time left before something is going to happen:

冬天就要到了。 (Dōngtiān jiù yào dào le.)

Winter is going to come soon.

4 爸爸还在跟王小姐谈话呢吗？ (Bàba hái zài gēn Wáng xiǎojie tán huà ne ma?)

"还" (hái) here indicates that the action is still in progress.

5 那上哪儿了呢？ (Nà shàng nǎr le ne?)

那 (nà) here is a simplified form of the conjunction "那么" (nàme). (See Study Point 5 of Lesson 11.)

---

supplementary words • 补充生词 • bǔchōng shēngcí

1	报告	（动、名）bàogào	to report, report
2	比赛	（动、名）bǐsài	to compete, match
3	刚	（副）gāng	just
4	开球	kāi qiú	to serve the ball
5	客人	（名）kèrén	guest
6	告别	（动）gàobié	to say good-bye
7	上楼	shàng lóu	to go upstairs

8	开（车）	（动）	kāi (chē)	(a vehicle) to start
9	水果	（名）	shuǐguǒ	fruit
10	广播	（动、名）	guǎngbō	to broadcast, broadcast
11	旅客	（名）	lǚkè	passenger
12	列车	（名）	lièchē	train
13	分钟	（名）	fēnzhōng	minute

小同	Xiǎotóng	name of a boy

• exercises • 练习 • liànxí

---

*1. **Fill in the blanks using:** 就要 (jiù yào) or 正（在） (zhèng (zài)):

1) A: 他们 谈 完 了吗?
    Tāmen tán wán le ma?

    B: 没有 , _____ 谈 呢。
    Méiyǒu, _____ tán ne.

2) A: 报告 开始 了吗?
    Bàogào kāishǐ le ma?

    B: 没有 , _____ 开始了。
    Méiyǒu, _____ kāishǐ le.

3) A: 比赛开始 了吗?
    Bǐsài kāishǐ le ma?

    B: 刚 开始, 你看, _____ 开球呢。
    Gāng kāishǐ, nǐ kàn, _____ kāi qiú ne.

4) A: 客人 走 了吗?
    Kèrén zǒu le ma?

    B: _____ 走了, _____ 告别 呢。
    _____ zǒu le, _____ gàobié ne.

5) A: 你爸爸回 来 了吗?
    Nǐ bàba huí lai le ma?

    B: 回来 了,那不, _____ 上 楼呢。
    Huí lai le, nà bù, _____ shàng lóu ne.

*2. Answer the questions in accordance with the contents of the pictures:

Model: A: 他 干 什么 呢?
　　　　　Tā gàn shénme ne?

　　　　B: 听 收音机 呢。
　　　　　Tīng shōuyīnjī ne.

1) A: 他 干 什么 呢?
　　　Tā gàn shénme ne?

　　B: _____。
　　　_____.

2) A: 她 在 干 什么?
　　　Tā zài gàn shénme?

　　B: _____。
　　　_____.

3) A: 她 在 干 什么 呢?
　　　Tā zài gàn shénme ne?

　　B: _____。
　　　_____.

3 . Listen to the dialogue:

A: 怎么 弟弟 还不 回来呀!
　　Zěnme dìdi hái bù huí lai ya!

B: 早 不买， 晚 不买， 车 快 开了， 还去 买 什么
Zǎo bù mǎi, wǎn bù mǎi, chē kuài kāi le, hái qù mǎi shénme

水 果。
shuǐguǒ.

A: 还 有 多少 时间？
Hái yǒu duōshao shíjiān?

B: 时 间 就 要 到 了。这 不， 正 在 广 播 呢。
Shíjiān jiù yào dào le. Zhè bù, zhèngzài guǎngbō ne.

(Voice from the loudspeaker) "旅客 同 志们 请 注意，九次
"Lǚkè tóngzhìmen qǐng zhùyì, jiǔcì

列车 还 有 十分钟 就 要 开车 了，去 广州 的
lièchē hái yǒu shífēnzhōng jiù yào kāi chē le, qù Guǎngzhōu de

旅客， 请 快 上 车。"
lǚkè, qǐng kuài shàng chē. "

A: 这个 小同 啊，就 他 事儿 多。
Zhège Xiǎotóng a , jiù tā shìr duō.

B: 他 干 什么 都 这么 慢。姐姐， 小同 回 来了。
Tā gàn shénme dōu zhème màn. Jiějie, Xiǎotóng huí lai le.

A: 哪儿 呢？
Nǎr ne?

B: 那 不， 正 上 楼 呢。 小同 ！ 小同 ！ 快 点儿 吧！ 要
Nà bù, zhèng shàng lóu ne. Xiǎotóng! Xiǎotóng! Kuài diǎnr ba! Yào

开 车 了！
kāi chē le!

C: 哪儿 啊 ！还 有 七分钟 呢！
Nǎr a ! Hái yǒu qīfēnzhōng ne!

＊4. **Translate the following sentences into Chinese:**

1) I'm nearly fifty.
2) They're leaving Beijing soon.
3) Mr. Wang arrived as we were talking about him.
4) What are you doing?
5) They are not talking.
6) He was writing a letter when I came in.

20 Saying Good-Bye
辞行 cí xíng

(Mr. Smith, interpreter for a U.S. trade delegation, comes to Mr. Chen's room to say good-bye and they talk about what they see in Beijing.)

史: Shǐ:	陈 先生 ，我 向 你 辞 Chén xiānsheng, wǒ xiàng nǐ cí 行 来了。 xíng lái le.	Mr. Chen, I'm here to say good-bye.
陈: Chén:	怎么，你要回国了？ Zěnme, nǐ yào huí guó le?	Why, you're going home?

168

史：
Shǐ:
是 的，① 国 内 来 电 报，
Shì de,   guó nèi lái diànbào,
有 重要 事情，要 我们
yǒu zhòngyào shìqing, yào wǒmen
赶快 回去。
gǎnkuài huí qu.

Yes. We got a cable from home telling us to get back quickly because of some urgent matters.

陈：
Chén:
你们 的 贸易 谈判 结束 了？
Nǐmen de màoyì tánpàn jiéshù le?

Have you finished your business talks?

史：
Shǐ:
结束 了。昨天 下午 签
Jiéshù le. Zuótiān xiàwǔ qiāu
订了 一个 合同，② 双
dìngle yíge hétóng,   shuāng
方 都 比较 满意。
fāng dōu bǐjiào mǎnyì.

Yes, we have. We signed a contract yesterday afternoon to the satisfaction of both sides.

陈：
Chén:
什么 时候 走？
Shénme shíhour zǒu?

When will you be leaving?

史：
Shǐ:
今天 下午 准备准备，
Jīntiān xiàwǔ zhǔnbeizhǔnbei,
晚上 就 上 飞机了。
wǎnshang jiù shàng fēijī le.

We'll be getting everything ready this afternoon and will be boarding the plane in the evening.

陈：
Chén:
这么 急？哎哟，今天 晚
Zhème jí ? Āiyō, jīntiān wǎn
上 有一个朋友 请
shang yǒu yíge péngyou qǐng
吃 饭，没有 时间 去 送
chī fàn, méi yǒu shíjiān qù sòng
你 了，实在 对不起。
nǐ le , shízài duì bu qǐ.

So soon? I've been asked to dinner tonight by a friend of mine. I'm really sorry I won't be able to see you off.

史：
Shǐ:
没 关系，不用 送 了。
Méi guānxi, bú yòng sòng le.
昨天 给 你们 打了 几次
Zuótiān gěi nǐmen dǎle jǐcì
电话，你们 都 不在，
diànhuà, nǐmen dōu bú zài,
上 哪儿 去 了？
shàng nǎr qù le ?

Forget it . There's really no need. I tried to phone you several times yesterday. None of you was in. Where were you?

陈：
Chén:
昨天 我们 吃了 早饭 就
Zuótiān wǒmen chīle zǎofàn jiù

We went out right after breakfast yesterday. We

出　去　了。　上午　看了
chū qu le . Shàngwǔ kànle
《唐代　绘画 展览 》，
" Tángdài Huìhuà Zhǎnlǎn ",
下午 到 琉璃厂 买了点儿
xiàwǔ dào Liúlíchǎng mǎile diǎnr
古玩 。
gǔwán .

visited an exhibition of Tang paintings in the morning and in the afternoon we went to Liulichang where we bought a few pieces of antiques.

史： 你 这次 来 北京，收获 不
Shǐ: Nǐ zhècì lái Běijīng, shōuhuò bù
少 吧?
shǎo ba?

You must have gained quite a bit from your present visit to Beijing.

陈 ： 是 啊，看望 了 老 朋友，
Chén: Shì a , kànwàngle lǎo péngyou,
买了 不 少 书，也 游览 了
mǎile bù shǎo shū, yě yóulǎnle
许多 地方。北京 的 变化
xǔduō dìfang. Běijīng de biànhuà
真 不 小 啊!
zhēn bù xiǎo a !

Yes. I've seen my old friends, bought a few books and toured many places. Beijing has changed a lot.

史： 北京 没有 亲戚 了?
Shǐ: Běijīng méi yǒu qīnqi le ?

Don't you have any relatives in Beijing now? No.

陈 ： 没有 了 。
Chén: Méi yǒu le .

史： 你们 什么 时候 去 西安?
Shǐ: Nǐmen shénme shíhour qù Xī'ān?

When will you be leaving for Xian? This Friday.

陈 ： 星期五。
Chén: Xīngqīwǔ.

史： 票 买了 没有? ③
Shǐ: Piào mǎile méiyǒu?

Have you got the tickets yet?

陈 ： 还 没有 呢。王 小姐
Chén: Hái méiyǒu ne. Wáng xiǎojie
说 她 给 买。④
shuō tā gěi mǎi.

Not yet. Miss Wang said she'd take care of that.

史： 时间 不 早 了，我 该
Shǐ: Shíjiān bù zǎo le , wǒ gāi
走 了。一个 月 以后
zǒu le . Yíge yuè yǐhòu

Well, it's getting late and I should be going. See you in the U. S. a month later.

美国　见!
Měiguó jiàn!

陈：　回　美国　以后，一定　去　　　I'll go and see you when
Chén:　Huí Měiguó yǐhòu , yídìng qù　　we get back. Bon voyage.

看　你。祝　你们　一路
kàn nǐ . Zhù nǐmen yílù

平安！⑤
píng'ān!

• new words • 生词 • shēngcí

1	辞行	cí xíng	to say good-bye, to take leave
2	向	（介）xiàng	to, towards
3	回	（动）huí	to come back, to return
4	的	（助）de	a particle indicating affirmation
5	内	（名）nèi	inside, (usually used in written language)
	国内	guó nèi	inside the country
6	电报	（名）diànbào	telegram, cable
	来电报	lái diànbào	telegram sent by (from)
7	重要	（形）zhòngyào	important
8	事情	（名）shìqing	matter, business
9	要	（动）yào	to ask somebody to do something
10	赶快	（副）gǎnkuài	as quickly as possible, quickly
11	贸易	（动、名）màoyì	to trade, trade
12	谈判	（动）tánpàn	to negotiate
13	结束	（动）jiéshù	to finish, to be over
14	签订	（动）qiāndìng	to sign
15	合同	（名）hétóng	contract

16	双方	（名）shuāngfāng	both sides
17	满意	（动、形）mǎnyì	to be satisfied, satisfactory
18	准备	（动、名）zhǔnbèi	to prepare, to get ready, preparation
19	飞机	（名）fēijī	airplane, aircraft
	上飞机	shàng fēijī	to board a plane
20	这么	（代）zhème	so, such
21	急	（形）jí	urgent, hurried, impatient
22	哎哟	（叹）āiyō	an interjection expressing surprise, pain, etc.
23	实在	（副、形）shízài	really, so real, honest, substantial
24	早饭	（名）zǎofàn	breakfast
25	出去	chū qu	to go out
26	古玩	（名）gǔwán	antique
27	收获	（名、动）shōuhuò	results, yield, to harvest
28	看望	（动）kànwàng	to visit, to see
29	许多	（形）xǔduō	many, a lot of
30	地方	（名）dìfang	place
31	变化	（名）biànhuà	change
32	亲戚	（名）qīnqi	relative, kin
33	祝	（动）zhù	to wish, to congratulate
34	一路	（名）yílù	the whole journey, all the way
35	平安	（形）píng'ān	safe, free from dangers
	一路平安	yílù píng'ān	bon voyage, a pleasant trip

专名　Zhuānmíng　Proper names

唐代绘画展览	Tángdài Huìhuà Zhǎnlǎn	Exhibition of the Paintings of the Tang Dynasty
琉璃厂	Liúlíchǎng	a famous street in Beijing for selling Chinese paintings, calligraphy, stationaries and antiques

study points · 注释 · zhùshì

1 是的 (shì de)

The particle " 的 " (de) is for emphasis here.

2 昨天下午签订了一个合同。(Zuótiān xiàwǔ qiāndìngle yíge hétóng.)

" 了 " (le) can serve as an aspect particle or as a modal particle. When functioned as an aspect particle, " 了 " (le) is placed after the verb to indicate the completion of an action:

昨天我们看了一个展览。(Zuótiān wǒmen kànle yíge zhǎnlǎn.)

Yesterday we saw (visited) an exhibition.

昨天他们签订了一个合同。(Zuótiān tāmen qiāndìngle yíge hétóng.)

Yesterday they signed a contract.

When a past action is a habitual one or there is no need to emphasize its completion, " 了 " (le) is not used.

去年她常常来。(Qùnián tā chángcháng lái.)

Last year, she came frequently.

When functioned as a modal particle, " 了 " is used to assert that something has already taken place. Compare the following two sentences:

1) 我买水果。 (Wǒ mǎi shuǐ guǒ.)

2) 我买水果了。 (Wǒ mǎi shuǐ guǒ le.)

In sentence 1)" 了 "shows that the action " 买水果 " has not yet been completed. In sentence 2)" 了 "is used to show that the action has already taken place. Study the following sentence and notice the difference in function between the first and second " 了 ".

昨天他看了展览了。 (Zuótiān tā kànle zhǎnlǎn le.)

Yesterday he saw the exhibition.

The first " 了 "is an aspect particle which is placed after the verb " 看 " (kàn) to indicate the completion of the action. Placed at the end of the sentence the second " 了 " is a modal particle used to show the state of affairs.

The negative is formed by adding " 没 (有) " (méi (yǒu)) before the verb and leaving out " 了 ":

(Positive) 昨天他去看了一个朋友。(Zuótiān tā qù kànle yíge péngyou.)

(Negative) 昨天他没 (有) 去看朋友。(Zuótiān tā méi(yǒu) qù kàn péngyou.)

3 票买了没有? (Piào mǎile méiyǒu?)

Here, " 了 " functions as an aspect particle to show the perfect aspect of the action " 买 ".

4 她给买。(Tā gěi mǎi.)

In this sentence, the object " 我们 " has been left out because it is understood. The whole sentence should be " 她给我们买 "。(Tā gěi wǒmen mǎi) "She buys for us".

5 祝你们一路平安!   (Zhù nǐmen yílù píng'ān!)

This is a common Chinese expression people use when seeing their friends or relatives off for a long trip.

supplementary words · 补充生词 · bǔchōng shēngcí

1	借	（动）	jiè	to borrow, to lend
2	点（菜）	（动）	diǎn (cài)	order (dishes)
3	胶卷	（名）	jiāojuǎnr	film
4	忙	（形）	máng	busy
5	外地	（名）	wàidì	other places
6	陪	（动）	péi	to accompany
7	火车	（名）	huǒchē	train

地下宫殿	Dìxià Gōngdiàn	Underground Palace

· exercises · 练习 · liànxí

*1.   **Fill in the blanks using the following verbs:**

说 ，吃，买，看，喝，写，叫，寄，借，参观，看望

shuō, chī, mǎi, kàn, hē, xiě, jiào, jì, , jiè, cānguān, kànwàng

1)

她
Tā
了 一本书。
le yìběn shū.

2)

他
Tā

了 一个 学校。
le yíge xuéxiào.

了 一场 新 电影 。
le yìchǎng xīn diànyǐng.

了 两句 中国话 。
le liǎngjù Zhōngguóhuà.

了 几位 朋友 。
le jǐwèi péngyou.

了 几件 衣服 。
le jǐjiàn yīfu.

了 一杯 茶。
le yìbēi chá.

了 半个 馒头。
le bànge mántou.

了 一辆 出租 汽车。
le yíliàng chūzū qìchē.

*2. Fill in the blanks with relevant phrases:

1)

他
Tā

买了 一筒 _____ 。
mǎile yìtǒng _____ .

点了 四个 _____ 。
diǎnle sìge _____ .

试了 两件 _____ 。
shìle liǎngjiàn _____ .

喝了 一瓶 _____ 。
hēle yìpíng _____ .

吃了 一碗 _____ 。
chīle yìwǎn _____ .

175

要了 一杯 _____ 。
yàole yìbēi _____ .

寄了 两封 _____ 。
jìle liǎngfēng _____ .

借了 三本 _____ 。
jièle sānběn _____ .

填了 一张 _____ 。
tiánle yìzhāng _____ .

兑换了 一些 _____ 。
duìhuànle yìxiē _____ .

2)

_____ 。
_____ 。
她 看了 { _____ 。
Tā kànle _____ 。
_____ 。
_____ 。
_____ 。

∗3. Rearrange the following words and phrases into proper sentences:

1) 我，出去，了，看，一个，亲戚，昨天
   wǒ, chū qu, le, kàn, yíge, qīnqi, zuótiān

2) 他，去，了，机场，下午
   tā, qù, le, jīchǎng, xiàwǔ

3) 她，晚饭，吃，没，睡，了，就
   tā, wǎnfàn, chī, méi, shuì, le, jiù

4) 他们，吃，了，饭
   tāmen, chī, le, fàn

∗4) Answer the questions using "了" (le):

1) A: 你 买 什么 了?
   Nǐ mǎi shénme le?

   B: _____ 。（一个 胶卷）
   _____ . (yíge jiāojuǎnr)

2) A: 你 买 的 什么?
   Nǐ mǎi de shénme?

   B: _____ 。（两斤 大虾）
   _____ . (liǎngjīn dà xiā)

3) A: 你 买了 什么 了?
   Nǐ mǎile shénme le?

B: _____。（两本 杂志）
_____. （liǎngběn zázhì）

*5. **Fill in the blanks using " 了 " and also in accordance with the contents of the pictures:**

1) 她_____就出去了。
   Tā_____jiù chū qu le.

2) 我们_____就回家。
   Wǒmen_____jiù huí jiā.

3) 他们一家_____就去地下 宫殿。
   Tāmen yìjiā_____jiù qù Dìxià Gōngdiàn.

4) 小 王_____就去友谊 商店。
   Xiǎo Wáng_____jiù qù Yǒuyì Shāngdiàn.

6 . **Listen to the dialogue:**

A: 前天 ， 昨天， 我 找了 你几次，你 都 不在。
Qiántiān, zuótiān, wǒ zhǎole nǐ jǐcì , nǐ dōu bú zài.

B: 真 对不起， 前天 早晨，我吃了饭就 出 去了， 这
Zhēn duì bu qǐ , qiántiān zǎochén, wǒ chīle fàn jiù chū qu le , zhè
两 天一直 在 外边儿 忙 。昨天 晚上 回到家， 都
liǎngtiān yìzhí zài wàibianr máng. Zuótiān wǎnshang huí dào jiā, dōu
快 十一点 了，你哪能 找 到我。
kuài shíyīdiǎn le , nǐ nǎ néng zhǎo dào wǒ.

A: 有 什么事儿， 这么 忙 ？
Yǒu shénme shìr , zhème máng?

B: 我们 家亲戚多， 事儿就 多。 这 几天， 有 两个 外地
Wǒmen jiā qīnqi duō, shìr jiù duō. Zhè jǐtiān, yǒu liǎngge wàidì
亲戚 来这儿，我 陪他们 游览， 看 画展 ， 买 东西，给
qīnqi lái zhèr, wǒ péi tāmen yóulǎn, kàn huàzhǎn, mǎi dōngxi, gěi
他们 买 车票， 送 他们 上 火车。 实在 是 忙 。
tāmen mǎi chēpiào, sòng tāmen shàng huǒchē. Shízài shì máng.

A: 怪 不得 见 不 到你。
Guài bu de jiàn bu dào nǐ.

B: 他们 走了，我 可以好好儿休息休息了。啊， 你找 我， 一定
Tāmen zǒu le, wǒ kěyǐ hǎohāor xiūxixiūxi le. À , nǐ zhǎo wǒ, yídìng
有 重要 事儿。
yǒu zhòngyào shìr.

A: 也 不是 什么 重要事儿。后天，我 要去 上海 ，你
Yě bú shì shénme zhòngyào shìr. Hòutiān, wǒ yào qù Shànghǎi, nǐ
那儿也有 不 少 亲戚，是不是？
nàr yě yǒu bù shǎo qīnqi, shì bu shì?

B: 是 啊。
Shì a.

A: 你 有 什么 事儿没有？带不带 东西给 他们？
Nǐ yǒu shénme shìr méi yǒu? Dài bu dài dōngxi gěi tāmen?

B: 当然 要带 了。你看， 今天和 明天 我 还要 忙 啊。
Dāngrán yào dài le. Nǐ kàn, jīntiān hé míngtiān wǒ hái yào máng a .

*7. **Translate the following sentences into Chinese:**

1) Lily bought a magazine.
2) We visited a school yesterday.
3) He went out after supper.
4) We'll go to the Summer Palace after he's come.
5) He went to see films every day last week.

复习 (4)

Revision (4)
fùxí (4)

*1. **Turn the following statements into five forms of questions:**

Model: 他们 的 贸易 谈判 明天 结束。
Tāmen de màoyì tánpàn míngtiān jiéshù.

他们 的 贸易 谈判 明天 结束?
Tāmen de màoyì tánpàn míngtiān jiéshù?

他们 的 贸易 谈判 明天 结束 吗?
Tāmen de màoyì tánpàn míngtiān jiéshù ma?

他们 的 贸易 谈判 什么 时候 结束?
Tāmen de màoyì tánpàn shénme shíhour jiéshù?

他们 的 贸易 谈判 明天 结束 不 结束?
Tāmen de màoyì tánpàn míngtiān jiéshù bu jiéshù?

他们 的 贸易 谈判 明天 结束 还是 后天 结束?
Tāmen de màoyì tánpàn míngtiān jiéshù háishi hòutiān jiéshù?

1) 这些 古玩 是 赵 先生 的。
   Zhèxiē gǔwán shì Zhào xiānsheng de.

2) 他们 有 一辆 新汽车。
   Tāmen yǒu yíliàng xīn qìchē.

3) 她 的 休息 时间 很 多。
   Tā de xiūxi shíjiān hěn duō.

4) 他 买 两瓶 啤酒。
   Tā mǎi liǎngpíng píjiǔ.

5) 他们 昨天 去看 画展 了。
   Tāmen zuótiān qù kàn huàzhǎn le .

*2. **Fill in the blanks with "不"(bù) or "没（有）" (méi (yǒu)):**

1) 昨天 他去 长城 了，_____去 故宫。
   Zuótiān tā qù Chángchéng le , _____ qù Gùgōng.

2) 到 现在 他还_____来，我_____等 他 了。
   Dào xiànzài tā hái_____ lái, wǒ_____ děng tā le .

3) 今天 她 病 了，＿＿＿＿能 去 学 校 了。
Jīntiān tā bìng le, ＿＿＿＿néng qù xuéxiào le.

4) 听 说 那 个 电 影 不 怎 么 样，我＿＿＿＿想 看 了。
Tīng shuō nàge diànyǐng bù zěnmeyàng, wǒ＿＿＿＿xiǎng kàn le.

5) 上 午 有 点 儿 别 的 事 儿，我＿＿＿＿去 看 病。
Shàngwǔ yǒu diǎnr biéde shìr, wǒ＿＿＿＿qù kàn bìng.

6) 他 的 记 性 不 太 好，票＿＿＿＿带 来。
Tā de jìxing bú tài hǎo, piào＿＿＿＿dài lai.

7) 我 的 亲 戚 昨 天 还＿＿＿＿走，今 天 我 还 得 陪 他，＿＿＿＿
Wǒ de qīnqi zuótiān hái＿＿＿＿zǒu, jīntiān wǒ hái děi péi tā, ＿＿＿＿
去 看 杂 技 了。
qù kàn zájì le.

8) 那 位 售 货 员 同 志 很 忙，昨 天 是 星 期 天，他 也
Nàwèi shòuhuòyuán tóngzhì hěn máng, zuótiān shì xīngqītiān, tā yě
＿＿＿＿休 息。
＿＿＿＿xiūxi.

*3. Correct the mistakes in the following sentences:

1) 昨 天 下 午 没 签 订 合 同 了。
Zuótiān xiàwǔ méi qiāndìng hétóng le.

2) 他 上 午 写 信 了 就 出 去 了。
Tā shàngwǔ xiě xìn le jiù chū qu le.

3) 明 天 我 看 望 老 朋 友 了，就 去 了 琉 璃 厂。
Míngtiān wǒ kànwàng lǎo péngyou le, jiù qùle Liúlíchǎng.

4) 昨 天 的 电 视 我 看，真 好！
Zuótiān de diànshì wǒ kàn, zhēn hǎo!

5) 上 星 期 你 们 参 观 了 没 有 故 宫？
Shàngxīngqī nǐmen cānguānle méiyǒu Gùgōng?

6) 王 先 生 说 明 天 他 给 买 了 飞 机 票。
Wáng xiānsheng shuō míngtiān tā gěi mǎile fēijīpiào.

21 A Chance Meeting
相遇 xiāngyù

(Mr. Chen runs into Wang Fang in a book store.)

陈 ： 　　小　王，小　王！① 　　　Xiao Wang, Xiao Wang!
Chén:　　Xiǎo　Wáng, Xiǎo Wáng!

王 ： 　　哦，是你啊。② 　陈 太太 　Oh, it's you, Mr. Chen.
Wáng:　　Ò,　shì nǐ a.　　Chén tàitai 　Where are　Mrs. Chen
　　　　　他们 呢? ③ 　　　　　　　and the children?
　　　　　tāmen ne?

陈 ：
Chén:
他们　没来。艾琳　在家给
Tāmen méi lái. Àilín zài jiā gěi
她　妹妹　写信；④　莉莉、
tā mèimei xiě xìn; 　　　Lìli、
大伟　跟　朋友　一起看　电
Dàwěi gēn péngyou yìqǐ kàn diàn
影　去了。你今天　怎么有
yǐng qu le . Nǐ jīntiān zěnme yǒu
空儿来　逛　书店？
kòngr lái guàng shūdiàn?

They have not come. Irene's at the hotel writing to her sister. Lily and David went to the cinema with some friends. Well, how come you've time today to browse in a book store?

王 ：
Wáng:
我　去看我哥哥,他病了。
Wǒ qù kàn wǒ gēge, tā bìng le.
我　刚　从　他那儿来, 路过
Wǒ gāng cóng tā nàr lái, lùguò
这儿,给侄子买几本书。⑤
zhèr, gěi zhízi mǎi jǐběn shū.
我　正　打算　晚上　到
Wǒ zhèng dǎsuàn wǎnshang dào
你那儿去, 跟你　说一下儿
nǐ nàr qu, gēn nǐ shuō yíxiàr
买　火车票　的事儿。⑥没
mǎi huǒchēpiào de shìr. Méi
想　到在这儿遇见你。
xiǎng dào zài zhèr yù jiàn nǐ.
现在　跟你说一下儿吧。
Xiànzài gēn nǐ shuō yíxiàr ba.

I went to see my brother, he's ill. I just left his place and dropped by here to pick up a few books for my nephew. I was thinking of going to your hotel and talking to you about the train tickets tonight. Now that you're here , I might as well talk to you now.

陈 ：
Chén:
好 。
Hǎo.

Sure.

王 ：
Wáng:
七号　的快车票　没有了,
Qīhào de kuàichēpiào méi yǒu le,
六号的、八号的还有。
liùhào de、bāhào de hái yǒu.
你看　怎么办?
Nǐ kàn zěnme bàn?

The express train tickets for the seventh are all sold out. There are tickets for the sixth and the eighth though. What do you think we should do?

陈 ：
Chén:
七号有　特快的吗?
Qīhào yǒu tèkuài de ma?

Any special express tickets for the seventh?

王 ：
Wáng:
也　没有了。⑦
Yě méi yǒu le.

They are sold out too.

陈 ：
Chén:
那　就买八号的吧。⑧
Nà jiù mǎi bāhào de ba.

In that case we'll get the tickets for the eighth.

王 ：
Wáng:
明天　买了票，我给你
Míngtiān mǎile piào, wǒ gěi nǐ
打　电话。
dǎ diànhuà.

I'll give you a call tomorrow after I get the tickets.

陈 ：
Chén:
我　明天　上午　不在
Wǒ míngtiān shàngwǔ bú zài
家，你下午　给我打吧。
jiā, nǐ xiàwǔ gěi wǒ dǎ ba.

I won't be home tomorrow morning. Will you give me a call in the afternoon?

王 ：
Wáng:
好。你买什么　书了？
Hǎo. Nǐ mǎi shénme shū le?

Sure. What books have you got?

陈 ：
Chén:
我　刚　到，还没买呢。⑨
Wǒ gāng dào, hái méi mǎi ne.
莉莉想　买一本《汉英
Lìli xiǎng mǎi yìběn "Hàn Yīng
词典》，我想　买一些
Cídiǎn", wǒ xiǎng mǎi yìxiē
古代历史　方面　的书，
gǔdài lìshǐ fāngmiàn de shū,
为　今后的研究　工作
wèi jīnhòu de yánjiū gōngzuò
作　点儿准备。
zuò diǎnr zhǔnbèi.

Nothing yet. I just got here. Lily wants a copy of *The Chinese-English Dictionary* and I am looking for books on ancient history that would help me to prepare well for my future research work.

王 ：
Wáng:
词典和历史书　都在那
Cídiǎn hé lìshǐ shū dōu zài nà
边儿。你到那边儿去看
bianr. Nǐ dào nàbianr qù kàn
看。我先走了。
kan. Wǒ xiān zǒu le.

Dictionaries and history books are over there. Why don't you walk over and have a look. I have to go now.

陈 ：
Chén:
明天　下午我等你的
Míngtiān xiàwǔ wǒ děng nǐ de
电话。
diànhuà.

I'll be waiting for your call tomorrow afternoon.

• new words • 生词 • shēngcí

1	相遇	（动） xiāngyù	to meet
2	他们	（代） tāmen	they, them
3	妹妹	（名） mèimei	younger sister
4	一起	（副、名） yìqǐ	together, being together
	跟……一起	gēn…yìqǐ	together with
5	怎么	（代） zěnme	why, how, what
6	空儿	（名） kòngr	free time, spare time
	有空儿	yǒu kòngr	to be free, to have spare time
7	逛	（动） guàng	to saunter, to go (shopping)
8	书店	（名） shūdiàn	book store
9	哥哥	（名） gēge	elder brother
10	刚	（副） gāng	just, barely
11	那儿	（代） nàr	there
12	路过	（动） lùguò	to pass
13	侄子	（名） zhízi	nephew
14	打算	（动） dǎsuàn	to intend, to plan
15	火车	（名） huǒchē	train
16	没想到	méi xiǎng dào	unexpected, out of expectation
17	遇见	yù jiàn	to meet, to come upon
18	快车	（名） kuàichē	express train
19	办	（动） bàn	to do, to handle, to carry out
20	怎么办	zěnme bàn	how to do, what to do
21	特快	（名） tèkuài	special express train
22	一些	（量） yìxiē	some, several
23	古代	（名） gǔdài	ancient times
24	历史	（名） lìshǐ	history

25	方面	（名）	fāngmiàn	aspect, side
26	为	（介）	wèi	for
27	今后	（名）	jīnhòu	future
28	研究	（动、名）	yánjiū	to study, research
29	作	（动）	zuò	to do, to work
30	词典	（名）	cídiǎn	dictionary

专名	Zhuānmíng	Proper name
《汉英词典》	Hàn Yīng Cídiǎn	*The Chinese-English Dictionary*

---

study points · 注释 · zhùshì

---

1 小王，小王！ (Xiǎo Wáng, Xiǎo Wáng!)

The name is often repeated in public places (to make sure it is heard)

2 是你啊。 (Shì nǐ a.)

1) "是" (shí) here emphasizes a sudden realization. "你" (nǐ) must be stressed.

2) "啊" (a) indicates affirmation.

3 陈太太她们呢？ (Chén tàitai tāmen ne?)

"她们" (tāmen), when placed after a name, or a title indicates the person or persons associated with that name or title. Here it refers to Mrs. Chen and her son and daughter.

4 艾琳在家给她妹妹写信。 (Àilín zài jiā gěi tā mèimei xiě xìn.)

When followed by their objects prepositions like "从" (cóng), "跟" (gēn), "在" (zài), "给" (gěi), "为" (wèi), etc., form prepositional structures. They must precede the verbs they modify when used as adverbials:

他们从美国来。 (Tāmen cóng Měiguó lái.)

They came from the U.S.A.

老王跟他朋友一起去看杂技了。

(Lǎo Wáng gēn tā péngyou yìqǐ qù kàn zájì le.)

Lao Wang has gone to see the acrobatics with his friends.

他在邮局寄信。(Tā zài yóujú jì xìn.)

He is in the post-office mailing a letter.

我给我侄子买书。(Wǒ gěi wǒ zhízi mǎi shū.)

I am buying books for my nephew.

他要为今后的研究工作作点儿准备。

(Tā yào wèi jīnhòu de yánjiū gōngzuò zuò diǎnr zhǔnbèi.)

He has to make preparations for his future research.

The objects of the prepositions " 在 " and " 从 " must be nouns or phrases of place or nominals like 这儿 (zhèr) or 那儿 (nàr):

他刚从我这儿去。(Tā gāng cóng wǒ zhèr qù.)

He left my place a moment ago.

昨天晚上老李在他哥哥那儿看电影了。

(Zuótiān wǎnshang Lǎo Lǐ zài tā gēge nàr kàn diànyǐng le.)

　Lao Li was at his brother's place last night watching a movie.

5　给侄子买几本书。(Gěi zhízi mǎi jǐběn shū.)

In Chinese sons and daughters of your brother are your 侄子 (zhízi) and 侄女 (zhínǚ) respectively, while sons and daughters of your sister are your 外甥 (wàisheng) and 外甥女 (wàishengnǚ).

6　跟你说一下儿买火车票的事儿。(Gēn nǐ shuō yíxiàr mǎi huǒchēpiào de shìr.)

In Chinese, the structure "verb+object" can be used attributively and the word it modifies is a noun of procedure. Here " 买火车票 " is attributive to " 事儿 ". The structural particle " 的 " has to be placed between the structure and the noun. (See Study Point 6 of Lesson 16 and 4 of Lesson 23)

7　也没有了。(Yě méi yǒu le.)

The Chinese adverb " 也 " (yě) can be used together with the negative adverb " 没 " (méi), " 不 " (bù).

8　那就买八号的吧。(Nà jiù mǎi bāhào de ba.)

" 就 " (jiù) here indicates that "under the circumstances or in that case, we have no other choice". In this sentence it is used to express the idea that since there are no tickets for the 6th or the 7th, then we must get tickets for the 8th.

9　还没 (有)……呢。(Hái méi(yǒu)…ne.)

" 还没 (有)……呢 "(hái méi(yǒu) …ne) indicates something that has not happened yet.

---

supplementary words · 补充生词 · bǔchōng shēngcí

1	同学	（名）tóngxué	school-mate
2	翻译	（动、名）fānyì	to translate; translation
3	洋娃娃	（名）yángwáwa	doll
4	开玩笑	kāi wánxiào	to make jokes
5	接	（动）jiē	to take, to receive
6	出发	（动）chūfā	to start off
7	照	（动）zhào	to take (photos)
8	照片	（名）zhàopiàn	photo
9	照相馆	（名）zhàoxiàngguǎn	photo studio
10	洗（照片）	（动）xǐ (zhàopiàn)	to develop (photos)

• exercises • 练习 • liànxí

*1.   **Answer the following questions:**

1)   Model: 你 从 哪儿来？
Nǐ cóng nǎr lái?

我 从 我 哥哥 那儿来。（我哥哥）
Wǒ cóng wǒ gēge nàr lái. （wǒ gēge）

(1)   李 先生 从哪儿来？
Lǐ xiānsheng cóng nǎr lái?

_____。（他妹妹 ）
_____. （tā mèimei）

(2)   你们 两位 从哪儿来？（张 大中 同志）
Nǐmen liǎngwèi cóng nǎr lái? （Zhāng Dàzhōng tóngzhì）

_____。
_____.

2)   Model: 你 到哪儿去？
Nǐ dào nǎr qu?

我 到我弟弟那儿去。（我 弟弟）
Wǒ dào wǒ dìdi nàr qu. （wǒ dìdi）

(1)   你们 到哪儿去？
Nǐmen dào nǎr qu?

_____。（陈　伯伯）

_____．（Chén bóbo）

(2) 陈　　小姐　到哪儿去了？

Chén xiǎojie dào nǎr qu le ?

_____。（她　朋友）

_____．（ tā péngyou ）

2. **Complete the dialogues between A and B by using the prepositions:**

在 (zài)，给 (gěi)，跟 (gēn) and their objects:

1)　A: 你弟弟呢？

Nǐ dìdi ne?

　　B: _____。

_____．

　　A: 在　家　作　什么　呢？

Zài jiā zuò shénme ne?

　　B: _____ 写　信呢。

_____ xiě xìn ne.

　　A: _____ 写　信　呢？

_____ xiě xìn ne?

　　B: 给　一个　同学。

Gěi yíge tóngxué.

2)　妹妹：姐姐，_____ 去　看　话剧《　茶馆　》吧。

mèimei: Jiějie, _____ qù kàn huàjù "Cháguǎnr" ba.

　　姐姐：我　不 _____ 去，我　还　有事儿　呢。

jiějie : Wǒ bù _____ qù, wǒ hái yǒu shìr ne.

　　妹妹：好　姐姐,去　吧, 我　不　懂　的　地方，你 _____ 翻译

mèimei: Hǎo jiějie,qù ba, wǒ bù dǒng de dìfang, nǐ _____ fānyì

　　　　一下儿。

yíxiàr.

　　姐姐：那　你　怎么　谢　我　呢？

jiějie : Nà nǐ zěnme xiè wǒ ne?

　　妹妹：我 _____ 买　个　大　洋娃娃。

mèimei: Wǒ _____ mǎi ge dà yángwáwa.

　　姐姐：谁 _____ 开　玩笑。

jiějie : Shuí _____ kāi wánxiào.

　　妹妹：好，好，我　请　两块　好糖。

mèimei: Hǎo, hǎo, wǒ qǐng liǎngkuài hǎo táng.

*3. **Rearrange the following words and phrases into proper sentences:**

Model: 张　　先生，来，从，英国
Zhāng xiānsheng, lái, cóng, Yīngguó

张　　先生　从　英国来。
Zhāng xiānsheng cóng Yīngguó lái.

1) 他们，来，从，日本
tāmen, lái, cóng, Rìběn

2) 哪儿，你，到，去
nǎr, nǐ, dào, qu

3) 他，打球，去，一起，跟，同学
tā, dǎ qiú, qu, yìqǐ, gēn, tóngxué

4) 老 刘，要，说，一件，事儿，跟，小　陈
Lǎo Liú, yào, shuō, yíjiàn, shìr, gēn, Xiǎo Chén

5) 我，介绍，一下儿，你们，给
wǒ, jièshào, yíxiàr, nǐmen, gěi

*4. **Complete the following sentences:**

1) Model: 我　正　打算去找你，没　想　到在这儿
Wǒ zhèng dǎsuàn qù zhǎo nǐ, méi xiǎng dào zài zhèr

遇见了你。（遇见）
yù jiànle nǐ. (yù jiàn)

(1) 我　正　打算 下午去看你，＿＿＿＿＿＿＿＿。（看我）
Wǒ zhèng dǎsuàn xiàwǔ qù kàn nǐ, ＿＿＿＿＿. (kàn wǒ)

(2) ＿＿＿＿＿＿，没想　到你给我 送来了。（取票）
＿＿＿＿＿, méi xiǎng dào nǐ gěi wǒ sòng lai le. (qǔ piào)

(3) 我　正　打算 给你借 那本杂志 看看，＿＿＿＿＿
Wǒ zhèng dǎsuàn gěi nǐ jiè nàběn zázhì kànkan,

＿＿＿＿＿。（买来）
＿＿＿＿＿. (mǎi lai)

2) Model: A: 七号、八号 的飞机票　都　没有 了，
Qīhào、bāhào de fēijī piào dōu méiyǒu le,

你　看 怎么 办？
nǐ kàn zěnme bàn?

B: 那 就 买 九号 的吧。（九号）
Nà jiù mǎi jiǔhào de ba. (jiǔhào)

(1) A: 两点半　、四点 一刻的 电影票　都　没 有 了，
Liǎngdiǎnbàn、sìdiǎn yíkè de diànyǐng piào dōu méiyǒu le,

你 看 怎么 办？
nǐ kàn zěnme bàn?

B: 那就＿＿＿＿＿＿＿＿。（六点 五十）
Nà jiù ＿＿＿＿＿＿＿＿. (liùdiǎn wǔshí)

(2) A: 旅游局 的 电话 占 线，没 人 接，
Lǚyóujú de diànhuà zhànxiàn, méi rén jiē,

你 说 怎么办？
nǐ shuō zěnme bàn?

B: 那就＿＿＿＿＿＿＿＿。（等）
Nà jiù ＿＿＿＿＿＿＿＿. (děng)

(3) A: 天气 预报 说 有雨，明天 不 能 去 长城 了，
Tiānqi yùbào shuō yǒu yǔ, míngtiān bù néng qù Chángchéng le,

你 看 怎么办？
nǐ kàn zěnme bàn?

B: 那就＿＿＿＿＿＿＿＿。（以后）
Nà jiù ＿＿＿＿＿＿＿＿. (yǐhòu)

5 . **Listen to the dialogue:**

王 芳： 喂，陈 先生 吗？我 是 王 芳。火车
Wáng Fāng: Wèi, Chén xiānsheng ma? Wǒ shì Wáng Fāng. Huǒchē

票 我给您买了，八号的快车，302次。
piào wǒ gěi nín mǎi le, bāhào de kuàichē, sānlíng'èrcì.

到 西安去的快车 每天有三次，这 一次
Dào Xī'ān qù de kuàichē měitiān yǒu sāncì, zhè yícì

时间 最好，早晨 九点 从 北京 出发，第二
shíjiān zuì hǎo, zǎochén jiǔdiǎn cóng Běijīng chūfā, dì'èr

天 五点 多 到 西安。您看 怎么样？
tiān wǔdiǎn duō dào Xī'ān. Nín kàn zěnmeyàng?

陈： 很 好啊，就 这样 吧。
Chén: Hěn hǎo a, jiù zhèyàng ba.

王： 那我 晚上 就给您 送去。
Wáng: Nà wǒ wǎnshang jiù gěi nín sòng qu.

陈： 太 麻烦 你 了。
Chén: Tài máfan nǐ le.

王： 您 不要 跟我 这么 客气。还 有 别的 事儿 吗？
Wáng: Nín bú yào gēn wǒ zhème kèqi. Hái yǒu biéde shìr ma?

陈： 还 有点儿 小 事儿。
Chén: Hái yǒu diǎnr xiǎo shìr.

王： 您 说 吧，什么 事儿？
Wáng: Nín shuō ba, shénme shìr?

陈 :　你 跟 我们 一起 在 长城 照 的 照片 不
Chén:　Nǐ gēn wǒmen yìqǐ zài Chángchéng zhào de zhàopiàn bú
是 送 照相馆 去洗 了吗？等 照片 得
shì sòng zhàoxiàngguǎn qù xǐ le ma? Děng zhàopiàn dé
了 ，麻烦 你 给我 寄去。到 西安 以后,我
le , máfan nǐ gěi wǒ jì qu. Dào Xī'ān yǐhòu, wǒ
马上 就 给你 写信。
mǎshàng jiù gěi nǐ xiě xìn.

王 :　好 ，您 的 信 到 了，我 就 给您 寄去。
Wáng:　Hǎo, nín de xìn dàole, wǒ jiù gěi nín jì qu.

*6.　Translate the following sentences into Chinese:

1) Where are you from?

2) I am going to Britain.

3) Mr. Wang has bought some books for the children.

4) Will you give me a ring this afternoon?

5) What did he tell you about?

6) Mr. Zhao asked Lao Liu to go to the Fragrant Hills with them.

22 We Went To The Great Wall
我 们 游览 长城 去了
wǒmen yóulǎn Chángchéng qu le

(Lily has a conversation with Liu, an attendant at the hotel while waiting for the elevator.)

莉:	下 去 吗?①	Going down?
Lì:	Xià qu ma?	
服:	对 不 起, 现在 电梯 往	Sorry, it's going up.
fú:	Duì bu qǐ , xiànzài diàntī wǎng	Please wait a moment.
	上 , 请 等 一会儿,	It'll be down in a mi-
	shàng, qǐng děng yíhuìr ,	nute.

马上 就 下 来。
mǎshàng jiù xià lai.

刘：   莉莉 小姐，我 正 要 找   Miss Chen, I was look-
Liú: Lìli xiǎojie, wǒ zhèng yào zhǎo   ing for you. Are you go-
   你 去，你 上 哪儿？   ing somewhere?
   nǐ qu, nǐ shàng nǎr ?

莉：   我 上 邮局 寄包裹 去。   I'm going to the post
Lì: Wǒ shàng yóujú jì bāoguǒ qu.   office to send this par-
   有 什么 事儿？   cel. What is it?
   Yǒu shénme shìr ?

刘：   上午 十点半，有一个   A lady came and asked
Liú: Shàngwǔ shídiǎnbàn, yǒu yíge   for you at 10:30 this
   人 来 找 你。她 给 你   morning. You were out.
   rén lái zhǎo nǐ . Tā gěi nǐ   She left these two ma-
   送 来了 这 两本 杂志，   gazines for you.
   sòng lai le zhè liǎngběn zázhì,
   你 不在。
   nǐ bú zài.

莉：   谢谢 你，小 刘。她 说   Thank you, Xiao Liu. Did
Lì: Xièxie nǐ , Xiǎo Liú. Tā shuō   she say anything?
   什么 了 没有？
   shénme le méiyǒu?

刘：   没有。她 给 你 留了 个   No, but she left you her
Liú: Méiyǒu. Tā gěi nǐ liúle ge   phone number.
   电话 号码儿。
   diànhuà hàomǎr.

莉：   好，一会儿 我 给 她 打 个   All right. I'll give her a
Lì: Hǎo, yíhuìr wǒ gěi tā dǎ ge   call later. We went to
   电话。上午 我们 游览   the Great Wall this
   diànhuà. Shàngwǔ wǒmen yóulǎn   morning.
   长城 去 了。
   Chángchéng qu le .

刘：   怎么 样？   How did you find it?
Liú: Zěnmeyàng?

莉：   好 极 了！② 太 雄伟 了！ Simply wonderful! Just
Lì: Hǎo jí le ! Tài xióngwěi le!   magnificent. Seeing is
   真 是 百 闻 不如 一 见   believing. Imagine it was
   Zhēn shì bǎi wén bùrú yí jiàn   built by the Chinese

啊！③ 两千 多 年 以
a ! Liǎngqiān duō nián yǐ
前, 中国 人民 就有
qián, Zhōngguó rénmín jiù yǒu
这样 伟大 的 创造,④
zhèyàng wěidà de chuàngzào,
实在 了不起!
shízài liǎobuqǐ!

people more than two thousand years ago Amazing!

刘: 你们 都 爬上 去 了 吗?⑤
Liú: Nǐmen dōu pá shang qu le ma?

Did you all make it to the top?

莉: 都 爬上 去 了。爸爸 说
Lì: Dōu pá shang qu le . Bàba shuō
不 到 长城 非 好汉。⑥
bú dào Chángchéng fēi hǎohàn.
刘 小姐, 明天 下午
Liú xiǎojie, míngtiān xiàwǔ
我 们 就要 走 了。感谢
wǒmen jiù yào zǒu le . Gǎnxiè
你 半个 月 来 对 我们
nǐ bànge yuè lái duì wǒmen
的 帮助。⑦
de bāngzhù.

Yes, we did. Dad said you could not call yourself a true man if you had not visited the Great Wall. Miss Liu, we are leaving tomorrow afternoon. Thank you for all your help during the past two weeks.

刘: 别 客气。⑧ 这是 我 应
Liú: Bié kèqi . Zhè shì wǒ yìng
该 做的。 欢迎 你们 以
gāi zuò de . Huānyíng nǐmen yǐ
后 再来。
hòu zài lái.

Don't mention it. I only did my job. Hope you'll come back again sometime.

莉: 十天 以后 我们 还 回 这儿
Lì: Shítiān yǐhòu wǒmen hái huí zhèr
来。
lai .

We'll be back in ten days.

刘: 你们 不是 回 美国 去 吗?
Liú: Nǐmen bú -shì huí Měiguó qu ma?

Aren't you going back to the States?

莉: 不, 我们 到 西安 去, 还
Lì: Bù, wǒmen dào Xī'ān qu, hái
要 回 来 的。
yào huí lai de.

Not yet. We'll come back after visiting Xian.

刘: Liú:	欢迎 你们，祝 你们 旅途 Huānyíng nǐmen, zhù nǐmen lǚtú 愉快！⑨ yúkuài!	You're always welcome here. Wish you a pleasant trip.
莉: Lì:	谢谢。 Xièxie.	Thank you.
刘: Liú:	电梯 下 来 了。 Diàntī xià lai le.	The elevator's here.
服: fú:	下 去 吗？ 请 进来。 Xià qu ma? Qǐng jìn lai.	Going down? Please come in.
刘: Liú:	进 去 吧。 Jìn qu ba.	Please.
莉: Lì:	再见！ Zàijiàn!	Good-bye.

• new words • 生词 • shēngcí

1	下去	xià qu	to go down
2	电梯	（名）diàntī	lift, elevator
3	往	（动）wǎng	to go
4	下来	xià lai	to come down
5	包裹	（名）bāoguǒ	parcel
6	留	（动）liú	to leave behind
7	号码儿	（名）hàomǎr	number
8	极	（形、副、名）jí	utmost, extremely, pole
	好极了	hǎo jí le	extremely good, wonderful
9	雄伟	（形）xióngwěi	magnificent
10	百闻不如 一见	bǎi wén bùrú yí jiàn	Seeing is believing. (Hearing a hundred times is not as good as seeing once.)

11	人民	（名）	rénmín	people
12	伟大	（形）	wěidà	great
13	创造	（名、动）	chuàngzào	creation, to create
14	上去		shàng qu	to go up
15	了不起	（形）	liǎobuqǐ	great (in praise of···)
16	爬	（动）	pá	to climb, to crawl
17	不到长城 非好汉		bú dào Cháng chéng fēi hǎohàn	We are no true heroes if we do not reach the Great Wall.
18	感谢	（动）	gǎnxiè	to thank
19	……来	（名）	···lái	since
20	对	（介）	duì	for
21	帮助	（动、名）	bāngzhù	to help, help
22	别	（副）	bié	do not
23	客气	（形）	kèqi	polite, courteous
	别客气		bié kèqi	Please feel at home. Do not stand on ceremony.
24	应该	（助动）	yīnggāi	should, ought to
25	做	（动）	zuò	to do, to make
26	旅途	（名）	lǚtú	journey, trip
27	愉快	（形）	yúkuài	happy, enjoyable
28	进去		jìn qu	to go in, to enter

---

study points · 注释 · zhùshì

1　下去吗？(Xià qu ma?)

"来" (lái) and "去" (qù), besides being full verbs, also function as direction indicators in which case they are placed after the verb. The general pattern is:

For intransitive verbs:

他们上来了。(Tāmen shàng lai le.)

They have come up.

你下去吗？(Nǐ xià qu ma?)

Are you going down?

For transitive verbs:

十天以后我们还回这儿来。(Shítiān yǐhòu wǒmen hái huí zhèr lai.)

We will be back in ten days.

他带了一本词典去。(Tā dàile yìběn cídiǎn qu.)

He took one dictionary with him.

A variation of the general pattern is also possible by placing the object at the end of the sentence. It is, therefore, common to use the following pattern to express past time: Subject＋verb＋来 (or 去) ＋了＋object.

你朋友给你送来了两本杂志。(Nǐ péngyou gěi nǐ sòng lai le liǎngběn zázhì.)

Your friend left two magazines for you.

我已经寄去了三封信。(Wǒ yǐjīng jì qu le sānfēng xìn.)

I have sent three letters.

他们已送来了你的行李。(Tāmen yǐ sòng lai le nǐ de xíngli.)

They have sent your luggage here.

2 好极了。(Hǎo jí le.)

An adjective＋极了 (jí le) indicates a very high degree, such as "冷极了" (lěng jí le), "累极了" (lèi jí le).

3 真是百闻不如一见。(Zhēn shì bǎi wén bùrú yí jiàn.)

This is a Chinese idiom equivalent to "Seeing is believing".

4 两千多年以前，中国人民就有这样伟大的创造。

(Liǎngqiān duō nián yǐqián, Zhōngguó rénmín jiù yǒu zhèyàng wěidà de chuàngzào.)

"就" here emphasizes that something happened such a long time ago.

5 你们都爬上去了吗？(Nǐmen dōu pá shang qu le ma?)

"上来" (shàng lai), "上去" (shàng qu), "下来" (xià lai), "下去" (xià qu), "进来" (jìn lai), "进去" (jìn qu), "出来" (chū lai), "出去" (chū qu), "回来" (huí lai), "回去" (huí qu), "过来" (guò lai), "过去" (guò qu), "起来" (qǐ lai) —— all these 13 expressions can be placed after other verbs to show the direction of an action:

他们都爬上来了。(Tāmen dōu pá shang lai le.)

They have all climbed up.

我们走回去吧。(Wǒmen zǒu hui qu ba.)

Let us go back on foot.

Here the function of "来" and "去" is the same as Study Point 1 of this lesson.

6 不到长城非好汉。(Bú dào Chángchéng fēi hǎohàn.)

See Mao Zedong's (毛泽东) poem *Mount Liupan.*

7. 感谢你半个月来对我们的帮助。

(Gǎnxiè nǐ bànge yuè lái duì wǒmen de bāngzhù.)

"来" (lái) or "以来" (yǐlái) indicates a period of time from the past till the present.

> 一个星期来 (yíge xīngqī lái)
> for the last week
> 四十年来 (sìshí nián lái)
> for the last forty years

8 别客气 (bié kèqi)

You can either say "别客气" (bié kèqi) or "不客气" (bú kèqi) in response to the gratitude expressed by somebody.

9 祝你们旅途愉快。(Zhù nǐmen lǚtú yúkuài.)

This expression is equivalent to "Wish you a pleasant journey" in English.

supplementary words · 补充生词 · bǔchōng shēngcí

1	长途	（名）	chángtú	long distance
2	拿	（动）	ná	to bring
3	台	（名）	tái	station
4	口	（量）	kǒu	a measure word
5	儿媳妇	（名）	érxífu	daughter-in-Law (son's wife)
6	托儿所	（名）	tuō'érsuǒ	nursery
7	工资	（名）	gōngzī	wage, pay
8	退休金	（名）	tuìxiūjīn	retire pension
9	够用		gòu yòng	enough (for a purpose)
10	房租	（名）	fángzū	rent
11	水电费	（名）	shuǐdiànfèi	payment for water and electricity
12	托儿费	（名）	tuō'érfèi	payment for child care

198

13	统筹医疗费		tǒngchóu yīliáofèi	payment for co-operative medical care
14	大人	(名)	dàren	grown-up
15	公费医疗		gōngfèi yīliáo	free medical care

| | 王大娘 | | Wáng dàniáng | Auntie Wang |

• exercises • 练习 • liànxí

*1. **Practise the following questions after the model:**

Model: 你 上 哪儿？
Nǐ shàng nǎr ?

我 上 邮局取 包裹去。(取 包裹)
Wǒ shàng yóujú qǔ bāoguǒ qu. (qǔ bāoguǒ)

1) 你 上 哪儿？
Nǐ shàng nǎr ?

_____。(打 长途 电话)
_____. (dǎ chángtú diànhuà)

2) 你 上 哪儿去？
Nǐ shàng nǎr qu?

_____。(兑换 外币)
_____. (duìhuàn wàibì)

3) 你 干 什么 去？
Nǐ gàn shénme qu?

_____。(找 小 陈)
_____. (zhǎo Xiǎo Chén)

4) 你们 干 什么 去 了？
Nǐmen gàn shénme qu le ?

_____。(到 故宫)
_____. (dào Gùgōng)

5) 他 到 这儿 干 什么 来 了？
Tā dào zhèr gàn shénme lai le ?

_____。(给 赵 先生 送 书)
_____. (gěi Zhào xiānsheng sòng shū)

6) 小　王　打算　晚上　到老刘那儿干　什么 去？
Xiǎo Wáng dǎsuàn wǎnshang dào Lǎo Liú nàr gàn shénme qu?

_____。（送　火车票）
_____. （sòng huǒchēpiào）

*2.　**Complete the sentences in accordance with the contents of the pictures**

1) 她_____了。
Tā_____ le .

2) 他们 爬_____了。
Tāmen pá_____ le .

3) 大伟_____了。
Dàwěi_____ le .

4) 请_____吧。
Qǐng_____ba.

*3. **Rearrange the following words and phrases into proper sentences:**

1) 他们，回，去，不，英国，现在
   tāmen, huí, qù, bù, Yīngguó, xiànzài

2) 老刘，要，上，去，楼
   Lǎo Liú, yào, shàng, qù, lóu

3) 请，进，来，屋，吧
   qǐng, jìn, lái, wū, ba

4) 莉莉，拿，来，茶，呀
   Lìli, ná, lái, chá, ya

5) 张　　先生，送，一本，《汉英词典》，
   Zhāng xiānsheng, sòng, yìběn, "Hàn Yīng Cídiǎn",
   来，了，上午
   lái, le, shàngwǔ

*4. **Complete the dialogues:**

1) Model: A: 电梯下去吗？
   Diàntī xià qu ma?

   B: 对不起，请等一会儿。
   Duì bu qǐ, qǐng děng yíhuìr.

   (1) A: 可以进来吗？
   Kěyǐ jìn lai ma?

   B: _____，请等一会儿。
   _____, qǐng děng yíhuìr.

   (2) A: 喂，长途台吗？我要美国。
   Wèi, chángtútái ma? Wǒ yào Měiguó.

   B: 对不起，_____。
   Duì bu qǐ, _____.

   (3) A: 现在能给我看病吗？
   Xiànzài néng gěi wǒ kàn bìng ma?

   B: 人多，_____，_____。
   Rén duō, _____, _____.

2) Model: A: 怎么样？长城好玩儿吗？
   Zěnmeyàng? Chángchéng hǎowánr ma?

   B: 好玩儿极了。
   Hǎowánr jí le.

   (1) A: _____？那儿的风景美吗？
   _____? Nàr de fēngjǐng měi ma?

B: ＿＿＿＿＿＿ 极 了。
　　 ＿＿＿＿＿＿ jí le .

(2) A: ＿＿＿＿＿＿ ? 那 地方 的 天气 热 吗?
　　　 ＿＿＿＿＿＿ ? Nà dìfang de tiānqì rè ma?

B: ＿＿＿＿＿＿ 极 了。
　　 ＿＿＿＿＿＿ jí le .

(3) A: ＿＿＿＿＿＿ ? 颐和园 人 多 吗?
　　　 ＿＿＿＿＿＿ ? Yíhéyuán rén duō ma?

B: ＿＿＿＿＿＿ 极 了。
　　 ＿＿＿＿＿＿ jí le .

*5. Practice the following sentences after the model:

Model: A: 感谢 你 对 我们 的 帮助。
　　　　 Gǎnxiè nǐ duì wǒmen de bāngzhù.

B: 别 客气。 这 是 我 应该 做 的。
　　 Bié kèqi . Zhè shì wǒ yīnggāi zuò de.

1) A: 太 感谢 你们 了。
　　 Tài gǎnxiè nǐmen le .

B: ＿＿＿＿＿＿。 这 是 我 应该 做 的。
　　 ＿＿＿＿＿＿. Zhè shì wǒ yīnggāi zuò de.

2) A: 您 对 我们 太 好 了。
　　 Nín duì wǒmen tài hǎo le .

B: 客气 什么。 ＿＿＿＿＿＿＿＿＿。
　　 Kèqi shénme. ＿＿＿＿＿＿＿＿＿.

3) A: 您 对 我的 帮助 这么 大, 怎么 感谢 您 好 呢?
　　 Nín duì wǒ de bāngzhù zhème dà, zěnme gǎnxiè nín hǎo ne?

B: 说 这个 干 什么。 ＿＿＿＿＿＿＿＿＿。
　　 Shuō zhège gàn shénme. ＿＿＿＿＿＿＿＿＿.

6 . Listen to the dialogue:

王 大娘: 请 进来 吧。
Wáng dàniáng: Qǐng jìn lai ba.

艾琳: 谢谢 您。您 家 几口 人 ?
Àilín : Xièxie nín. Nín jiā jǐkǒu rén ?

王 : 五口。 这 不, 都 在 这 上边 呢!
Wáng: Wǔkǒu. Zhè bù, dōu zài zhè shàngbianr ne!

艾: 啊, 这 是 您 全 家 的 照片, 我 看看。
Ài: À , zhè shì nín quán jiā de zhàopiàn, wǒ kànkan.

王 : 这 是 儿子、儿媳妇,这是 我 女儿。
Wáng: Zhè shì érzi 、 érxífu , zhè shì wǒ nǚ'ér .

艾： 女儿 也 跟 你们 一起 住？
Ài: Nǚ'ér yě gēn nǐmen yìqǐ zhù?

王 ： 是 啊。
Wáng: Shì a .

艾： 您 这 小 孙子 哪儿 去 了？
Ài: Nín zhè xiǎo sūnzi nǎr qù le ?

王 ： 送 托儿所 了。早晨 送 去，晚上 接 回 来。
Wáng: Sòng tuō'érsuǒ le. Zǎochén sòng qu, wǎnshàng jiē hui lai.

艾： 您 一家 每个 月 收入 多少？有 二百 多 吧？
Ài: Nín yìjiā měige yuè shōurù duōshao? Yǒu èrbǎi duō ba?

王 ： 是 啊， 他们 三个 人 的 工资 和 我 的 退
Wáng: Shì a , tāmen sānge rén de gōngzī hé wǒ de tuì

休金 一共 二百 三十 块。
xiūjīn yígòng èrbǎi sānshíkuài.

艾： 五口 人，二百 多 块 够 用 吗？
Ài: Wǔkǒu rén, èrbǎi duō kuài gòu yòng ma?

王 ： 够 啊。你 看，房租、水电费 八块，吃 饭
Wáng: Gòu a . Nǐ kàn, fángzū、shuǐdiànfèi bākuài, chī fàn

每 人 二十 块，托儿费 三块 五， 小 孙子 统
měi rén èrshíkuài, tuō'érfèi sānkuài wǔ, xiǎo sūnzi tǒng

筹 医疗费 六毛，四个 大人 看 病 有 公费
chóu yīliáofèi liùmáo, sìge dàrén kàn bìng yǒu gōngfèi

医疗。
yīliáo.

艾： 是 啊，够 用 啊。
Ài: Shì a , gòu yòng a .

*7. **Translate the following phrases into English:**

1) 上 来
   shàng lai

2) 上 去
   shàng qu

3) 下 来
   xià lai

4) 下 去
   xià qu

5) 进 来
   jìn lai

6) 进 去
   jìn qu

7) 出 来
   chū lai

8) 出 去
   chū qu

9) 回 来
   huí lai

10) 回 去
   huí qu

23 Invitation To A Dinner
宴请 yànqǐng

(Mr. and Mrs. Li Wenhan invite the Chens to a Beijing Duck dinner at Quan Ju De.)

李:	来，① 大家 都 请 吧，别	Come, help yourselves
Lǐ:	Lái, dàjiā dōu qǐng ba, bié	and don't stand on ce-
	客气。	remony.
	kèqi.	
丁:	陈 先生，在 美国	Mr. Chen, do you use
Dīng:	Chén xiānsheng, zài Měiguó	chopsticks in the United

用　筷子 吃 饭 吗？②
yòng kuàizi chī fàn ma?　　　　　　　　States?

陈 ：　　不　经常　用，不太 熟　　　　Not very often, so I'm
Chén:　　Bù jīngcháng yòng, bú tài shú　　out of practice.

　　　　练 了。
　　　　liàn le .

丁 ：　　陈　太太，怎么样？你　　　　How about you, Mrs.
Dīng:　　Chén tàitai , zěnmeyàng? Nǐ　　　Chen? Can you use
　　　　能　用 筷子 吃 饭 吗？　　　　chopsticks?
　　　　néng yòng kuàizi chī fàn ma?

艾 ：　　不 行，我 还 得 用 刀　　　　No, I can't. I'll have to
Ài:　　Bù xíng, wǒ hái děi yòng dāo　　　use knife and fork.

　　　　子、叉子 吃。
　　　　zi 、chāzi chī .

李 ：　　用　西方 的 刀子、叉子吃　　To use knife and fork
Lǐ:　　Yòng Xīfāng de dāozi、chāzi chī　for a Chinese meal can
　　　　中国　饭，这 也 可以 说 是　be considered as a
　　　　Zhōngguó fàn, zhè yě kěyǐ shuō shì　happy combination of the
　　　　一种　中　西 结合 吧。　　　East and West, right?
　　　　yìzhǒng Zhōng Xī jiéhé ba .

莉 ：　　这儿的 烤鸭 味道 确实　　　The duck here is really
Lì:　　Zhèr de kǎoyā wèidao quèshí　　delicious. It deserves the
　　　　好，真 是 名 不 虚　　　　　reputation it enjoys.
　　　　hǎo, zhēn shì míng bù xū
　　　　传 。③
　　　　chuán.

艾 ：　　听　说 全聚德 烤鸭店　　　I've been told Quan Ju
Ài:　　Tīng shuō Quánjùdé Kǎoyādiàn　De has a history of over
　　　　已经　有一百 多年 的　　　　a hundred years, is that
　　　　yǐjīng yǒu yìbǎi duō nián de　　true?
　　　　历史了，不 知道 确实
　　　　lìshǐ le , bù zhīdao quèshí
　　　　不 确实。
　　　　bu quèshí.

李 ：　　是，有 一百 多 年 了。来　Yes, its' over a hundred
Lǐ:　　Shì, yǒu yìbǎi duō nián le . Lái　years old now. Foreign
　　　　北京 游览 的 外国　朋友　　friends visiting Beijing
　　　　Běijīng yóulǎn de wàiguó péngyou　invariably come here to

都 喜欢 到这儿来 尝
dōu xǐhuan dào zhèr lai cháng

尝 北京 烤鸭。④
chang Běijīng kǎoyā.

taste the Beijing duck.

伟:　爸爸，为 什么 叫 全
Wěi:　Bàba, wèi shénme jiào Quán-

聚德？
jùdé?

Dad, why is the re-
staurant called Quan Ju
De?

莉:　是 啊，全聚德是 什么
Lì:　Shì a, Quánjùdé shì shénme

意思?
yìsi?

Yes, what does the
name mean?

陈 :　意思是 美德之家。
Chén:　Yìsi shì měidé zhī jiā.

Well, it means the home
of the virtuous.

丁 :　来，来，来，别 净 说
Dīng:　Lái, lái, lái, bié jìng shuō

话，大家 一边吃 一边 说。
huà, dàjiā yìbiān chī yìbiān shuō.

Come, don't just talk,
we'll chat over the food.

李:　今 天老 朋友 相会，是
Lǐ:　Jīntiān lǎo péngyou xiānghuì, shì

很 值得 高兴 的事儿。来，
hěn zhíde gāoxìng de shìr. Lái,

为 陈 先生 一家的
wèi Chén xiānsheng yìjiā de

健康 干杯！⑤
jiànkāng gān bēi!

Reunion of old friends is
something to be cele-
brated. Come, let's drink
to the health of the
Chens!

陈 :　酒 逢 知己 千杯 少。⑥
Chén:　Jiǔ féng zhījǐ qiānbēi shǎo.

今天 能 有机会回来
Jīntiān néng yǒu jīhui huí lai

参观 访问，确实 是
cānguān fǎngwèn, quèshí shì

一件 值得 高兴 的事儿。
yíjiàn zhíde gāoxìng de shìr.

来，我 敬 老李，老 丁
Lái, wǒ jìng Lǎo Lǐ, Lǎo Dīng

一杯！
yìbēi!

Even a thousand cups
aren't enough when good
friends meet. To be able
to come back for a visit
after so many years is
really something to be
happy about. Come, Lao
Li and Lao Ding, drink
a toast.

丁：	为 陈 先生 一家 旅游	Let's drink to the
Dīng:	Wèi Chén xiānsheng yìjiā lǚyóu	pleasant trip of the
	愉快 干一杯！	Chen family!
	yúkuài gān yìbēi!	
艾：	为 我们 两家 的 友谊	Drink to the friendship
Ài:	Wèi wǒmen liǎngjiā de yǒuyì	of our two families.
	干 杯！	
	gān bēi!	

• new words • 生词 • shēngcí

1	宴请	（动）yànqǐng	to host a dinner party, to give a banquet
2	用	（动）yòng	to use
3	筷子	（名）kuàizi	chopsticks
4	经常	（形）jīngcháng	often
5	熟练	（形）shúliàn	skilled, skillful
6	得	（助动、动）děi	must, should, to have to, to need
7	刀子	（名）dāozi	knife
8	叉子	（名）chāzi	fork
9	结合	（动、名）jiéhé	to combine, combination
	中西结合	Zhōng Xī jiéhé	combination of things Chinese and Western
10	烤	（动）kǎo	to roast
11	鸭（子）	（名）yā(zi)	duck
	烤鸭	（名）kǎoyā	roast duck
12	味道	（名）wèidào	taste, flavor
13	确实	（形）quèshí	really, truly
14	名不虚传	míng bù xū chuán	to live up to its name

15	知道	（动）	zhīdao	to know
16	喜欢	（动）	xǐhuan	to like
17	尝	（动）	cháng	to taste, to sample
18	意思	（名）	yìsi	meaning
	……是什么意思		…shì shénme yìsi	what is the meaning
19	美德之家		měidé zhī jiā	home of the virtuous
20	净	（副）	jìng	only
21	说话		shuō huà	to talk
22	大家	（代）	dàjiā	everybody, all
23	一边……一边……		yìbiān…yìbiān…	at the same time,…while…
24	相会	（动）	xiānghuì	to meet, to come together
25	值得	（动）	zhíde	to be worth
26	高兴	（形）	gāoxìng	happy
27	一家	（名）	yìjiā	family
	陈明山一家		Chén Míngshān yìjia	the Chens
28	健康	（名、形）	jiànkāng	health, healthy
29	干杯		gān bēi	bottoms up, cheers
	为……干杯		wèi…gān bēi	to drink to
30	酒逢知己		jiǔ féng zhījǐ	Even a thousand cups are not enough
	千杯少		qiānbēi shǎo	when good friends meet
31	机会	（名）	jīhuì	opportunity
32	访问	（动、名）	fǎngwèn	to visit, visit
33	敬	（动）	jìng	to toast; to respect
34	杯	（量）	bēi	cup, glass
	敬……一杯		jìng…yìbēi	to propose a toast to, to drink to
35	旅游	（动）	lǚyóu	to visit as a tourist
36	友谊	（名）	yǒuyì	friendship

专名	Zhuānmíng	Proper names
全聚德烤鸭店	Quánjùdé Kǎoyā Diàn	Quan Ju De Roast Duck Restaurant (the best-known Beijing Duck restaurant in Beijing)
西方	Xīfāng	the West

---

study points · 注释 · zhùshì

1   来，大家都请吧。(Lái, dàjiā dōu qǐng ba.)
"来" (lái) here introduces a suggestion to do something.

2   陈先生，在美国用筷子吃饭吗？(Chén xiānsheng, zài Měiguó yòng kuàizi chī fàn ma?)
The Chinese structure "verb+object" can be used as an adverb to describe how the action is carried out:

　　他用刀子、叉子吃饭。(Tā yòng dāozi、chāzi chī fàn.)
　　He eats with knife and fork.
　　我用钢笔写信。(Wǒ yòng gāngbǐ xiě xìn.)
　　I write my letters with a pen.
　　他们坐汽车去故宫参观。(Tāmen zuò qìchē qù Gùgōng cānguān.)
　　They are going to the Palace Museum by bus.

3   真是名不虚传。(Zhēn shì míng bù xū chuán.)
This is a Chinese idiom to describe a very famous person or thing that has lived up to his or its fame.

4   来北京游览的外国朋友都喜欢到这儿来尝尝北京烤鸭。(Lái Běijīng yóulǎn de wài guó péngyou dōu xǐhuan dào zhèr lai chángchang Běijīng kǎoyā.)
This is another example of using the verbal structure attributively. "的" which is placed between the attributive and the noun it modifies shows the function of the structure as an attributive.

　　每天去长城游览的人很多。(Měi tiān qù Chángchéng yóulǎn de rén hěn duō.)
　　Each day, lots of people go and tour the Great Wall.

5   为陈先生一家的健康干杯。(Wèi Chén xiānsheng yìjiā de jiànkāng gān bēi.)
It is the Chinese custom to give toasts throughout a feast.

6   酒逢知己千杯少。(Jiǔ féng zhījǐ qiānbēi shǎo.)

This is a Chinese idiom, meaning that when good friends meet, no amount of wine is enough for the happy occasion.

supplementary words • 补充生词 • bǔchōng shēngcí

1	汉语	（名）	Hànyǔ	Chinese
2	地铁	（名）	dìtiě	underground railway, subway
3	女士	（名）	nǚshì	lady
4	自己	（代）	zìjǐ	self
5	生活	（动、名）	shēnghuó	to live, life
6	幸福	（形、名）	xìngfú	happy
7	夹	（动）	jiā	to pick up
8	不如	（动）	bùrú	not as good as, not as well as
9	方便	（形）	fāngbiàn	convenient
10	容易	（形）	róngyì	easy
11	西餐	（名）	xīcān	western food
12	端	（动）	duān	to take, to hold
13	刬	（动）	chǎn	to lift
14	扒	（动）	pá	to gather up, to rake up
	唐人街		Tángrénjiē	Chinatown

• exercises • 练习 • liànxí

*1. **Questions and answers:**

1) Model: A: 中国人 用 什么 吃饭?
Zhōngguórén yòng shénme chī fàn?

B: 中国人 用 筷子 吃饭。（筷子）
Zhōngguórén yòng kuàizi chī fàn. (kuàizi)

(1) A: 西方人 用 什么 吃饭?
Xīfāngrén yòng shénme chī fàn?

210

B: _____。（刀子，叉子）
_____.（dāozi, chāzi）

(2) A: 电报纸 用 什么 笔 写？
Diànbàozhǐ yòng shénme bǐ xiě?
B: _____。（钢笔）
_____.（gāngbǐ）

(3) A: 你们 两个 用 英语 谈话 还是 用 汉语 谈话？
Nǐmen liǎngge yòng Yīngyǔ tán huà háiski yòng Hànyǔ tàn huà?
B: _____。（汉语）
_____.（Hànyǔ）

2) Questions and answers on different means of transportation:

Model: A: 他 每天 怎么 去 学校？
Tā měitiān zěnme qù xuéxiào?
B: 他 每天 坐 地铁 去 学校。
Tā měitiān zuò dìtiě qù xuéxiào.

(1) A: 他 坐 什么 车 去 国际 机场？
Tā zuò shénme chē qù Guójì Jīchǎng?
B: _____。
_____.

(2) A: 约翰 先生 坐飞机去上海 还是坐 火车 去？
Yuēhàn xiānsheng zuò fēijī qù Shànghǎi háishi zuò huǒchē qù?
B: _____。
_____.

(3) A: 他们 一家 怎么 回 英国？
　　　 Tāmen　yìjiā　zěnme　huí　Yīngguó?

B: _____ 。
　 _____ .

2. **Complete the following sentences, using either "来" (lái) or "得" (děi):**

1) Model: A: 来，大家 都 请 吧。
　　　　　 Lái,　dàjiā　dōu　qǐng　ba.

B: 请 。
　 Qǐng.

(1) A: _____，女士们， 先生们 ，请 吧。
　　　 _____,　nǚshìmen,　xiānshengmen,　qǐng　ba.

B: 请 。
　 Qǐng.

(2) A: 这位 是 _____？
　　　 Zhèwèi　shì　_____?

B: _____，我 给 你们 介绍 一下儿 。
　　　 _____,　wǒ　gěi　nǐmen　jièshao　yíxiàr.

(3) A: _____， 尝尝 这个 。
　　　 _____,　chángchang　zhège.

B: 好，我 自己 来。
　 Hǎo,　wǒ　zìjǐ　lái.

2) Model: 我 不会 用 筷子，我 得 用 刀子、叉子。
　　　　　 Wǒ　bú　huì　yòng　kuàizi,　wǒ　děi　yòng　dāozi、chāzi.

(1) 要 晚 了，我 _____ 走 了。
　　 Yào　wǎn　le,　wǒ _____ zǒu　le.

(2) 别 感冒 了，您 _____ 再 穿 件 衣服。
　　 Bié　gǎnmào　le,　nín _____ zài　chuān　jiàn　yīfu.

(3) 太 高兴 了，我们 _____ 多 喝 几杯 。
　　 Tài　gāoxìng　le,　wǒmen _____ duō　hē　jǐbēi.

*3. **Make sentences with "一边……一边……" (yìbiān… yìbiān…):**

Model: 大家 一边 吃 一边 说。
　　　　 Dàjiā　yìbiān　chī　yìbiān　shuō.

(1) 她 , 走 , 看 。
tā , zǒu , kàn .

(2) 他们 , 参观 , 谈 话 。
tāmen, cānguān, tán huà.

(3) 很 多人 , 工作 , 上学 。
hěn duō rén, gōngzuò, shàngxué.

4 . Practice proposing a toast:

Model: 为 陈 先生 一家 旅游 愉快 干杯!
Wèi Chén xiānsheng yìjiā lǚyóu yúkuài gān bēi!

(1) 您 的 健康
nín de jiànkāng

(2) 我们 两家 的 友谊
wǒmen liǎngjiā de yǒuyì

(3) 我们 两 国 人民 的 友谊
wǒmen liǎng guó rénmín de yǒuyì

(4) 你们 生活 幸福
nǐmen shēnghuó xìngfú

5 . Listen to the dialogue:

中国人 : 你会 用 筷子 吗?
Zhōngguórén: Nǐ huì yòng kuàizi ma?

外国人 : 不 会。 我去 唐人街 中国 饭馆儿 学了
wàiguórén: Bú huì. Wǒ qù Tángrénjiē Zhōngguó fànguǎnr xuéle

两次, 也 没 学 会。
liǎngcì, yě méi xué huì.

中 : 你看, 这样 拿, 就 能 夹 住 东西。来, 试试。
Zhōng: Nǐ kàn, zhèyàng ná, jiù néng jiā zhù dōngxi. Lái, shìshi.

外 : 好, 我 试试。
wài: Hǎo, wǒ shìshi.

中 : 对, 就 这样, 夹菜。
Zhōng: Duì, jiù zhèyàng, jiā cài.

外 : 还 不行。我 看 用 筷子 吃饭 没有 用
wài: Hái bùxíng. Wǒ kàn yòng kuàizi chī fàn méiyǒu yòng

刀 叉 方便。
dāo chā fāngbiàn.

中 : 那 要 看吃 什么。吃 面条儿, 用 筷子 夹,
Zhōng: Nà yào kàn chī shénme. Chī miàntiáor, yòng kuàizi jiā,

很 容易 就夹起来, 用 刀 叉就 不行。 吃
hěn róngyì jiù jiā qi lai, yòng dāo chā jiù bùxíng. Chī

西餐 一定 要 用 刀叉；吃 中国 饭一定
xīcān yídìng yào yòng dāo chā; chī Zhōngguó fàn yídìng
要 用 筷子。
yào yòng kuàizi.

外：　　也 不 一定。吃 花生米 用 筷子 一次 夹
wài:　　Yě bù yídìng. Chī huāshēngmǐ yòng kuàizi yícì jiā
一个，太 慢 了。
yíge, tài màn le.

中 ：　　那 还是 你 不 会 用。你看，得 这样 拿，用
Zhōng:　　Nà háishì nǐ bú huì yòng. Nǐ kàn, děi zhèyàng ná, yòng
筷子 向 上 铲。
kuàizi xiàng shàng chǎn.

外：　　那，我 也 可以 用 刀叉 吃 面条。
wài:　　Nà, wǒ yě kěyǐ yòng dāo chā chī miàntiáor.

中 ：　　怎么 吃？
Zhōng:　　Zěnme chī?

外：　　端 起 碗 来，往 嘴里 扒。
wài:　　Duān qi wǎn lai, wàng zuǐli pá.

中 ：　　啊？ 当然 ，这 也 行。
Zhōng:　　Á ? Dāngrán, zhè yě xíng.

*6. **Translate the sentences into Chinese:**

1) The Chinese eat their meals with chopsticks.

2) Nearly all foreign visitors touring Beijing wish to go to see the Great Wall.

3) Come on, everybody! Let's drink to our friendship.

4) We've got to go back now.

24 Seeing People Off At The Railway Station
车站送行 chēzhàn sòng xíng

(The Chens are leaving Beijing for Xian. Mr. and Mrs. Li Wenhan have come to the station to see them off.)

| 陈: Chén: | 这次 在 北京 给 你们 添
Zhècì zài Běijīng gěi nǐmen tiān
了 不 少 麻烦。①
le bù shǎo máfan. | We've given you much trouble while in Beijing. |
| 李: Lǐ: | 别 这样 说，有 什么
Bié zhèyàng shuō, yǒu shénme | Don't say that, no trouble at all. |

麻烦 啊。
máfan a .

艾：　对　你们 的 热情 帮助 和　　My family and I must
Ài:　Duì nǐmen de rèqíng bāngzhù hé　thank you for your fer-
　　　款待，我们 全 家 都　　　vent help and warm
　　　kuǎndài, wǒmen quán jiā dōu　reception.
　　　表示 感谢。
　　　biǎoshì gǎnxiè .

丁：　您 太 客气 了。　　　　　You are too kind.
Dīng:　Nín tài kèqi le .

陈：　相见　时 难 别 亦 难。②　It is just as difficult to
Chén:　Xiāngjiàn shí nán bié yì nán.　say goodbye as it is
　　　几十年 没 见 面 了，真　to get together.　We
　　　Jǐshínián méi jiàn miàn le , zhēn　haven't seen each other
　　　想　多 呆 几天。　　　for decades. How I wish
　　　xiǎng duō dāi jǐtiān .　　to stay longer.

李：　是 啊，你们 这次 来，时间　Ah, yes. Your stay here
Lǐ:　Shì a , nǐmen zhècì lái, shíjiān　has been far too short.
　　　太 短 了。
　　　tài duǎn le .

陈：　从　西安 回 来 以后，在　And we have only two
Chén:　Cóng Xī'ān huí lai yǐhòu , zài　days in Beijing after our
　　　北京 只 能 呆 两天。　　return from Xian. If at all
　　　Běijīng zhǐ néng dāi liǎngtiān.　possible, I'll try to come
　　　今后 只要 有 可能，争　back once every year.
　　　Jīnhòu zhǐyào yǒu kěnéng, zhēng
　　　取 每年 回 来 一次。
　　　qǔ měinián huí lai yícì .

李：　希望　每年 都 能 在　Hope I'll be able to wel-
Lǐ:　Xīwàng měinián dōu néng zài　come you here each
　　　北京 欢迎　你们。　　year.
　　　Běijīng huānyíng nǐmen.

艾：　我们　也 希望 能 在 美　We hope to be able to
Ài:　Wǒmen yě xīwàng néng zài Měi　welcome you in America
　　　国　欢迎　你们。　　too.
　　　guó huānyíng nǐmen.

丁：　谢谢。我 想 会 有 机会　Thank you. I think the
Dīng:　Xièxie. Wǒ xiǎng huì yǒu jīhui　day will come.

的。
de.

李：　你们　还 有　什么　事儿
Lǐ:　 Nǐmen hái yǒu shénme shìr

需要　帮　忙　的吗？
xūyào bāng máng de ma?

Is there anything else I can do for you?

陈 ：　那 几本　书　买　到以后，③
Chén:　Nà jǐběn shū mǎi dào yǐhòu,

麻烦　你 直接　给 我 寄 到
máfan nǐ zhíjiē gěi wǒ jì dào

美国 。
Měiguó.

I'll trouble you to send those books to the United States after you get them.

李：　前天　 我 打 电话　问 了，
Lǐ:　 Qiántiān wǒ dǎ diànhuà wèn le,

今天　上午　我 又 打 电
jīntiān shàngwǔ wǒ yòu dǎ diàn

话 问 了，④ 都 说 还
huà wèn le,　 dōu shuō hái

没 到。你 放心 吧，买
méi dào. Nǐ fàngxīn ba, mǎi

到 了 马上　就 给 你 寄
dào le mǎshàng jiù gěi nǐ jì

去。到 西安 一定 找 老
qu. Dào Xī'ān yídìng zhǎo Lǎo

张　 去。老 张　就 住
Zhāng qu. Lǎo Zhāng jiù zhù

在 钟楼 附近，⑤ 离 你们
zài Zhōnglóu fùjìn,　 lí nǐmen

住 的 地方 不 远 。
zhù de dìfang bù yuǎn.

I called the book store the day before yesterday and again this morning. They said the books had not arrived yet. Don't worry, I'll have them sent to you as soon as I get them. Be sure to call Lao Zhang when you arrive at Xian. He lives near the Bell Tower which isn't far from where you'll be staying.

丁 ：　老 张　 的 地址，你们 知
Dīng:　Lǎo Zhāng de dìzhǐ, nǐmen zhī

道 吧？
dao ba?

You've his address, right?

陈 ：　知道 。
Chén:　Zhīdao.

Yes.

丁 ：　还 有　五分钟　火车
Dīng:　Hái yǒu wǔfēnzhōng huǒchē

The train will start in five minutes. You'd better

	就 开 了, 你们 上 车吧。	get on.
	jiù kāi le , nǐmen shàng chē ba.	
艾:	莉莉,行李 放 好 了吗? ⑥	Lily, have you had our
Ài:	Lìli , xíngli fàng hǎo le ma?	luggage put on a rack?
莉:	放 好 了。	Yes.
Lì:	Fàng hǎo le .	
艾:	票 呢?	Where are the tickets?
Ài:	Piào ne?	
莉:	票 和 护照 一起 放 在	They are in the handbag
Lì:	Piào hé hùzhào yìqǐ fàng zài	with the passports.
	手提包里 了。	
	shǒutíbāoli le .	
陈 :	你们 请 回 吧, 谢谢 你们!	You'd better go now.
Chén:	Nǐmen qǐng huí ba, xièxie nǐmen!	Thanks for coming.
李:	见 到老张 , 请 代	Give Lao Zhang our re-
Lǐ:	Jiàn dào Lǎo Zhāng, qǐng dài	gards when you see
	我 问 好。	him.
	wǒ wèn hǎo.	
陈 :	好 , 一定。 时间 不早	Sure. It's getting late,
Chén:	Hǎo, yídìng. Shíjiān bù zǎo	you better go.
	了, 请 回 吧!	
	le , qǐng huí ba!	
李:		
Lǐ:	祝 你们 一路 顺 风!	Have a pleasant journey!
丁 :	Zhù nǐmen yílù shùn fēng!	
Dīng:		
陈 :		
Chén:	谢谢 你们。 再见!	Thank you. Good-bye.
艾:	Xièxiè nǐmen. Zàijiàn!	
Ài:		

• new words • 生词 • shēngcí

| 1 | 车站 | (名) chēzhàn | station |

2	送行		sòng xíng	to see somebody off
3	添	（动）	tiān	to add
4	少	（形）	shǎo	less, little, few
5	热情	（形、名）	rèqíng	warm, warm-heartedness
6	款待	（动、名）	kuǎndài	to entertain, hospitality
7	表示	（动）	biǎoshì	to show, to express
8	相见时难		xiāngjiàn shí nán	difficult to meet, difficult
	别亦难		bié yì nán	to part.
9	见面		jiàn miàn	to meet
10	只	（副）	zhǐ	only
11	呆	（动）	dāi	to stay
12	只要	（连）	zhǐyào	if only, so long as
13	争取	（动）	zhēngqǔ	to try; to manage
14	希望	（动）	xīwàng	to wish, to hope
15	需要	（动、名）	xūyào	to need, need
16	帮忙		bāng máng	to help, help
17	直接	（形）	zhíjiē	direct, straight
18	前天	（名）	qiántiān	day before yesterday
19	放心	（动）	fàngxīn	to rest assured, to be at ease
20	又	（副）	yòu	again
21	附近	（名）	fùjìn	vicinity
22	离	（介、动）	lí	from, to leave
23	远	（形）	yuǎn	far, distant
	离……不远		lí…bù yuǎn	not far from
24	地址	（名）	dìzhǐ	address
25	分钟	（量）	fēnzhōng	minute
26	开	（动）	kāi	to start, to drive
27	行李	（名）	xíngli	luggage, baggage
28	放	（动）	fàng	to put
29	护照	（名）	hùzhào	passport

30 手提包	（名）shǒutíbāo	handbag
31 代	（动）dài	to do something on someone's behalf
32 问好	wèn hǎo	to send regards, to ask after
33 早	（形）zǎo	early
34 一路顺风	yílù shùn fēng	bon voyage, a pleasant trip

专名	Zhuānmíng	Proper name
钟楼	Zhōnglóu	Bell Tower, here it refers to the bell tower in Xian.

study points · 注释 · zhùshì

1 给你们添了不少麻烦。(Géi nǐmen tiānle bù shǎo máfan.)
This is to show your gratitude to people who have done something for you. You can also say "给你们添麻烦了" (géi nǐmen tiān máfan le). The usual response is "不麻烦" (Bù máfan), To be more emphatic, you can say "有什么麻烦呢？" (yǒu shénme máfan ne？) or "有什么麻烦啊。" (yǒu shénme máfan a.)

2 相见时难别亦难。(Xiāngjiàn shí nán bié yì nán.)
See the poem "Without a Title" by the Tang poet Li Shangyin.（李商隐）

3 那几本书买到以后。(Nà jǐběn shū mǎi dào yǐhòu.)
In compound verbs like "买到" (mǎi dào), "放好" (fàng hǎo) and "住在" (zhù zài) the second constituents（到，好，在，etc.）are used to show the completion of an action:

你们见到老张，请代我问好。
(Nǐmen jiàn dào Lǎo Zhāng, qǐng dài wǒ wèn hǎo.)
昨天晚上他们谈到九点半。
(Zuótiān wǎnshang tāmen tán dào jiǔdiǎnbàn.)
下星期我们还要回到北京来。
(Xià xīngqī wǒmen hái yào huí dào Běijīng lai.)
他们已经把菜弄好了。
(Tāmen yǐjing bǎ cài nòng hǎo le.)
When followed by the aspect particle "了" (le) these verbs indicate com-

pleted action:

昨天我看到王先生了。(Zuótiān wǒ kàn dào Wáng xiānsheng le.)

他写好了信了。(Tā xiě hǎo le xìn le.)

The negative is formed by adding " 没 (有) " (méi(yǒu)):

上午他没 (有) 买到书。(Shàngwǔ tā méi(yǒu) mǎi dào shū.)

4 今天上午我又打电话问了。(Jīntiān shàngwǔ wǒ yòu dǎ diànhuà wèn le.)

Both the adverbs " 又 " (yòu) and " 再 " (zài) can be used to show repetition of an action; but " 又 " is used for an already completed action, while " 再 " is for action yet to take place, for example:

昨天他来了，今天上午他又来了。

(Zuótiān tā lái le, jīntiān shàngwǔ tā yòu lái le.)

我昨天问他了，明天再问问他。

(Wǒ zuótiān wèn tā le, míngtiān zài wènwen tā.)

5 老张就住在钟楼附近。(Lǎo Zhāng jiù zhù zài Zhōnglóu fùjìn.)

1) " 就 " (jiù) is for emphasis here.

2) The verb " 在 " (zài) indicate the result of the action. It is often used to show that action has reached a certain place, therefore it must be followed by a word of place, for example:

他家住在西安。(Tā jiā zhù zài Xī'ān)

火车票放在手提包里了。(Huǒchēpiào fàng zài shǒutíbāolǐ le.)

6 行李放好了吗？(Xíngli fàng hǎo le ma?)

" 好 " here is an adjective to indicate the result as well as the completion of an action:

我写好信了。(Wǒ xiě hǎo xìn le.)

他们谈好了没有？(Tāmen tán hǎo le méiyǒu?)

---

supplementary words • 补充生词 • bǔchōng shēngcí

1	行李架	（名）	xínglijià	luggage rack
2	收	（动）	shōu	to receive, to keep
3	手续	（名）	shǒuxù	procedure

4	办	（动）bàn	to go through
5	讨论	（动）tǎolùn	to discuss
6	旅行	（动、名）lǚxíng	to travel, travel
7	口袋	（名）kǒudài	pocket
8	衣帽钩	（名）yīmàogōur	pegs for coats and hats
9	忘	（动）wàng	to forget
10	西服	（名）xīfú	suit
11	眼镜盒儿	（名）yǎnjìnghér	case for keeping glasses
12	丢	（动）diū	to lose
13	保险	（形、名）bǎoxiǎn	safe, security

• exercises • 练习 • liànxí

---

*1. **Answer the following questions:**

1) Model: A: 张　先生　住在什么　地方？
   Zhāng xiānsheng zhù zài shénme dìfang?

   B: 他　住在　钟楼　附近。（钟楼）
   Tā zhù zài Zhōnglóu fùjìn.（Zhōnglóu）

   (1) A: 李　文汉　同志　住在什么　地方？
   Lǐ Wénhàn tóngzhì zhù zài shénme dìfang?

   B: _____。（人民　剧场）
   _____.（Rénmín Jùchǎng）

   (2) A: 小　陈　住在几层？
   Xiǎo Chén zhù zài jǐcéng?

   B: _____。（四层）
   _____.（sìcéng）

   (3) A: 票　放在哪儿了？
   Piào fàng zài nǎr le?

   B: _____。（手提包）
   _____.（shǒutíbāo）

(4) A: 手提包 放 在 哪儿 了？
Shǒutíbāo fàng zài nǎr le?

B: ＿＿＿＿＿＿＿。（行李架）
＿＿＿＿＿＿＿. (xínglijià)

2) Model: A: 行李 放 好 了 吗？
Xíngli fàng hǎo le ma?

B: 放 好 了。
Fàng hǎo le.

(1) A: 准备 好 了 吗？
Zhǔnbèi hǎo le ma?

B: ＿＿＿＿＿＿。
＿＿＿＿＿＿.

(2) A: 票 收 好 了 吗？
Piào shōu hǎo le ma?

B: ＿＿＿＿＿＿。

(3) A: 手续 办 好 了 吗？
Shǒuxù bàn hǎo le ma?

B: ＿＿＿＿＿＿。
＿＿＿＿＿＿.

3) Model: A: 明天 的 特快 买 到 了 吗？
Míngtiān de tèkuài mǎi dào le ma?

B: 没 买 到。
Méi mǎi dào.

(1) A: 《汉 英 词典》借 到 了 吗？
"Hàn Yīng Cídiǎn" jiè dào le ma?

B: ＿＿＿＿＿＿。
＿＿＿＿＿＿.

(2) A: 你 见 到 老 李 了 吗？
Nǐ jiàn dào Lǎo Lǐ le ma?

B: ＿＿＿＿＿＿。
＿＿＿＿＿＿.

(3) A: 他 寄给 你 的 包裹 收 到 了 吗？
Tā jì gěi nǐ de bāoguǒ shōu dào le ma?

B: ＿＿＿＿＿＿。
＿＿＿＿＿＿.

*2. **Practice the following questions after the model:**

Model: 还 有 什么 事儿 需要 帮 忙 的 吗?

Hái yǒu shénme shìr xūyào bāng máng de ma?

(事儿， 帮 忙)

(shìr ， bāng máng)

(1) 问题， 讨论

wèntí ， tǎolùn

(2) 手续 ， 办

shǒuxù ， bàn

(3) 工作 ， 研究

gōngzuò ， yánjiū

3 . **Fill in the blanks:**

Model: 见 到老张 ， 请代我 问好。

Jiàn dào Lǎo Zhāng, qǐng dài wǒ wèn hǎo.

(1) 见 到老刘， _____。(我们)

Jiàn dào Lǎo Liú, _____ . (wǒmen)

(2) _____， 请 代我 向 他 问好。(老李)

_____， qǐng dài wǒ xiàng tā wèn hǎo. (Lǎo Lǐ)

(3) _____， 你给我带个好儿吧。(小 陈)

_____， nǐ gěi wǒ dài ge hǎor ba . (Xiǎo Chén)

4 . **Fill in the blanks:**

Model: 祝 你们 一路平安！

Zhù nǐmen yílù píng'ān!

(1) _____一路 顺 风！（你）

_____ yílù shùn fēng! (nǐ)

(2) _____ 旅行 愉快！（你们 一家）

_____ lǚxíng yúkuài! (nǐmen yìjiā)

5 . **Listen to the dialogues:**

1) 陈 明山： 票 收 好 了吗?

Chén Míngshān: Piào shōu hǎo le ma?

莉莉： 收 好 了。

Lìli : Shōu hǎo le .

陈 ： 放 在哪儿了?

Chén: Fàng zài nǎr le ?

莉： 放 在我的大衣 口袋里了。

Lì: Fàng zài wǒ de dàyī kǒudàili le .

陈 ： 你的大衣 呢?

Chén: Nǐ de dàyī ne?

莉：　　　　挂　在 衣帽钩上　了。
Lì:　　　　Guà zài yīmàogōushang le.

陈　：　　快　拿来，还是　放 在 我 这儿吧。
Chén:　　Kuài ná lai, háishi fàng zài wǒ zhèr ba.

2) 王　太太：　刘　先生　他们 家 住哪儿？你 知道 吗？
Wáng tàitai:　Liú xiānsheng tāmen jiā zhù nǎr？Nǐ zhīdao ma?

王　先　生：老 李 不是 给 咱们　写了 个 地址 吗？
Wáng xiānsheng: Lǎo Lǐ bú shì gěi zánmen xiěle ge dìzhǐ ma?

太太：　　拿来，我 看看。
tàitai:　　Ná lai, wǒ kànkan.

先　生：　哎呀，我 忘了　放 在哪儿了。你 没 看到？
xiānsheng:　Āiyā, wǒ wàngle fàng zài nǎr le. Nǐ méi kàn dào?

太太：　　没　看到。会 不会　放 在西服口袋里了？
tàitai:　　Méi kàn dào. Huì bu huì fàng zài xīfú kǒudàili le?

先　生：　没　放 在 口袋里。
xiānsheng:　Méi fàng zài kǒudàili.

太太：　　看看　眼镜盒儿里 有 没有 ？
tàitai:　　Kànkan yǎnjìnghérli yǒu méiyǒu?

先　生：　也 没有 。
xiānsheng:　Yě méiyǒu.

太太：　　再　找 找　别的 地方。
tàitai:　　Zài zhǎozhao biéde dìfang.

先　生：　还 能 在哪儿？能　找 的 地方我 都
xiānsheng:　Hái néng zài nǎr？Néng zhǎo de dìfang wǒ dōu
　　　　　找　了。没有 地址，怎么 办呢？
　　　　　zhǎo le. Méiyǒu dìzhǐ, zěnme bàn ne?

太太：　　你 怎么不 放　好呢！
tàitai:　　Nǐ zěnme bú fàng hǎo ne!

先　生：　我　放 好了。
xiānsheng:　Wǒ fàng hǎo le.

太太：　　什么　放 好了！一定 是 丢 了。
tàitai:　　Shénme fàng hǎo le! Yídìng shì diū le.

先　生：　不会，不会 丢。
xiānsheng:　Bú huì, bú huì diū.

太太：　　那，你再 好好儿　想想 。
tàitai:　　Nà, nǐ zài hǎohāor xiǎngxiang.

先　生：　啊，对 了 对 了。
xiānsheng:　À, duì le duì le.

太太:　　　放　在哪儿了？
tàitai:　　　Fàng zài nǎr le?

先生：　　　这　不，夹在　这本　书里了。我　说　放
xiānsheng:　Zhè bù, jiā zài zhèběn shūli le. Wǒ shuō fàng

　　　　　　好　了嘛。
　　　　　　hǎo le ma.

太太:　　　我　说　你　放　的这个地方也太"保险"
tàitai:　　　Wǒ shuō nǐ fàng de zhège dìfang yě tài "bǎoxiǎn"

　　　　　　了。
　　　　　　le.

25 Chinese Forms Of Address
中国人的称呼 zhōngguórén de chēnghu

(The Chens talk about Chinese ways of addressing people before they go to see Zhang Xin.)

| 陈：
Chén: | 刚才 我 给 老 张 打
Gāngcái wǒ gěi Lǎo Zhāng dǎ
电 话 了。
diànhuà le. | I just called Lao Zhang. |
| 艾：
Ài: | 打 通 了 吗？
Dǎ tōng le ma? | Did you get through? |

陈 :　打 通 了。他 让 我们
Chén:　Dǎ tōng le . Tā ràng wǒmen
明 天 上 午 去。① 他 和
míngtiān shàngwǔ qù.　Tā hé
他 太太 在 家 等 我们 。
tā tàitai zài jiā děng wǒmen.

Yes. He wants us over tomorrow morning. He and his wife will be waiting for us.

伟:　爸爸， 明天 见 面 时
Wěi:　Bàba , míngtiān jiàn miàn shí
怎么 叫 他们呢?
zěnme jiào tāmen ne?

Oh Dad, what shall I call them when we meet tomorrow?

陈 :　叫 " 伯伯"、" 伯母"。
Chén:　Jiào " bóbo"、 " bómǔ".

You call them "Bo Bo" and "Bo Mu".

伟:　为 什么 叫 " 伯伯"、" 伯
Wěi:　Wèi shénme jiào " bóbo"、 " bó
母"，不叫 " 叔叔"、"阿姨"
mǔ", bú jiào " shūshu"、 " āyí"
呢?
ne?

Why "Bo Bo" and "Bo Mu" and not "Shu Shu" and "Ah Yi"?

陈 :　因为 老张 比我大好
Chén:　Yīnwei Lǎo Zhāng bǐ wǒ dà hǎo
几岁。②
jǐsuì.

Because Lao Zhang is a few years older than me.

伟:　在 北京 常常 听 见
Wěi:　Zài Běijīng chángcháng tīng jiàn
孩子们 叫 " 叔叔"、"阿
háizimen jiào " shūshu"、 " ā
姨"，③ 这 是 怎么 回事儿
yí", zhè shì zěnme huí shìr
呢?
ne?

In Beijing I often hear children addressing grown-ups as "Shu Shu" and "Ah Yi". Why do they do that?

陈 :　孩子们 管 那些 跟自己
Chén:　Háizimen guǎn nàxiē gēn zìjǐ
父亲、母亲 年龄 差不多
fùqin、mǔqin niánlíng chà bu duō
的 叫"叔叔"、"阿姨"。
de jiào " shūshu"、 " āyí".

Children usually call people about the age of their parents "Shu Shu" and "Ah Yi".

莉:　爸爸， 中国人 的 称
Lì:　Bàba , Zhōngguórén de chēng

Oh Dad, the Chinese way of addressing

228

呼 太 复杂 了， 什么 "老
hū tài fùzá le, shénme "Lǎo
张 "、"小 刘"、"同志"、
Zhāng"、"Xiǎo Liú"、"tóngzhì"、
"先生"。④我 都 糊涂
"xiānsheng". Wǒ dōu hútu
了。到底 该 怎么 用， 您
le. Dàodǐ gāi zěnme yòng, nín
给 我 讲讲 吧。
gěi wǒ jiǎngjiang ba.

people is too compli-
cated. "Lao Zhang",
"Xiao Liu","Comrade",
"Mr.". I get them all
mixed up. You'd better
give me some ideas
as to how they're used.

陈：　你 叫 我 讲， 我 也 只
Chén:　Nǐ jiào wǒ jiǎng, wǒ yě zhǐ
能 简单 地 讲一下儿。⑤
néng jiǎndān de jiǎng yíxiàr.
现在 有的 情况 我 也
Xiànzài yǒude qíngkuàng wǒ yě
不 清楚。
bù qīngchu.

I can only give you a
rough idea. I'm not fami-
liar with some of the
present conditions my-
self.

莉：　您 先 讲 一 讲 "同志"。
Lì:　Nín xiān jiǎng yi jiǎng "tóngzhì".

First of all, tell us about
"Comrade".

陈 ：　"同志" 是 中国人 现
Chén:　"Tóngzhì" shì Zhōngguórén xiàn
在 常 用 的 一个普通
zài cháng yòng de yíge pǔtōng
称呼 。不 认识 的 人 见
chēnghu. Bú rènshi de rén jiàn
面 时， 可以 互相 称
miàn shí, kěyǐ hùxiāng chēng
呼 "同志"。知道 对方
hu "tóngzhì". Zhīdao duìfāng
姓名 的， 可以 称呼
xìngmíng de, kěyǐ chēnghu
"某 同志"， 或者 "某
"mǒu tóngzhì", huòzhě "mǒu
某 某 同志"。
mǒu mǒu tóngzhì".

"Comrade" is the most
common term Chinese
use to address people
nowadays. When strang-
ers meet, they can call
each other "comrade".
If you know his name
you can call him "Com-
rade so-and-so", using
either surname or full
name.

莉：　什么 时候 叫 "老 什
Lì:　Shénme shíhour jiào "lǎo shén

And when do you use
"Lao" and "Xiao"?

么 ”、“ 小 什么 ” 呢？
me ”、“ xiǎo shénme ” ne?

陈 :   比较 熟悉 的 人，年龄 大
Chén: Bǐjiào shúxi de rén, niánlíng dà

的 对 年龄 小 的 可以
de duì niánlíng xiǎo de kěyǐ

称呼 “ 小 什么 ”；年
chēnghu “ xiǎo shénme ”; nián

龄 小 的 对 年龄 大 的，
líng xiǎo de duì niánlíng dà de,

或者 年龄 差 不 多 的，
huòzhě niánlíng chà bu duō de,

可以 称呼 “ 老 什么 ”。
kěyǐ chēnghu “ lǎo shénme ”.

这样 听 起来 亲切 一些。
Zhèyàng tīng qilai qīnqiè yìxiē.

That's for people you're familiar with. Older ones can call those younger than they are "Xiao something" while younger ones can call those older or about the same age as they are "Lao something". It sounds more intimate that way.

伟 :   在 美国，“ 先生 ” 不 离
Wěi: Zài Měiguó, "xiānsheng" bù lí

口，可是 在 这儿，我 只
kǒu, kěshì zài zhèr, wǒ zhǐ

听 见 有 人 这样 称
tīng jiàn yǒu rén zhèyàng chēng

呼 您，这 是 为 什么？
hu nín, zhè shì wèi shénme?

In the United States, we call everybody Mr. so-and-so. But here I hear people addressing nobody but you as Mr. Chen. Why's that?

陈 :   现在 中国 国 内 很
Chén: Xiànzài Zhōngguó guó nèi hěn

少 称呼 “ 先生 ” 了。
shǎo chēnghu "xiānsheng" le.

At present you seldom use Mr. to address people in China.

伟 :   “ 太太 ”、“ 小姐 ” 呢？
Wěi: "Tàitai"、" xiǎojie " ne?

What about Mrs. and Miss?

陈 :   “ 太太 ”、“ 小姐 ” 都 不
Chén: "Tàitai"、" xiǎojie " dōu bú

用 了。“ 先生 ”、“ 太
yòng le. "Xiānsheng"、"tài

太 ”、“ 小姐 ” 现在 主要
tai "、" xiǎojie " xiànzài zhǔyào

是 用来 称呼 外国人
shì yònglái chēnghu wàiguó rén

Neither are used now. Mr., Mrs., Miss are used mostly to address foreigners and overseas Chinese visiting here.

和 回 国 参观 探亲 的
hé huí guó cānguān tànqīn de

华 侨。
huáqiáo.

| 艾:
Ài: | 我们 走吧，八点半 了。
Wǒmen zǒu ba, bādiǎnbàn le . | Let's go. It's eight-thirty. |
| 陈:
Chén: | 没 关系，老 张 让
Méi guānxi, Lǎo Zhāng ràng
我们 十点半 到 他家。
wǒmen shídiǎnbàn dào tā jiā . | No hurry. Lao Zhang expects us at half past ten. |

• new words • 生词 • shēngcí

1	称呼	（名、动）chēnghu	a form of address, to address, to call
2	通	（动）tōng	to be through, to lead to
	电话打通了	diànhuà dǎ tōng le	The phone call has been put through.
3	让	（动）ràng	to ask, to let, to give up
4	为什么	wèi shénme	why
5	叔叔	（名）shūshu	uncle
6	阿姨	（名）āyí	aunt (what children call young women)
7	因为	（连）yīnwei	because
8	比	（介、动、名）bǐ	than, to compare, comparison
9	好	（副）hǎo	well, quite
	好几岁	hǎo jǐsuì	quite a few years (of age)
10	听见	tīng jiàn	to hear
11	回	（量）huí	a measure word for time or round
	这是怎么 回事儿？	Zhè shì zěnme huí shìr?	What is the matter? What is the meaning of this?
12	管	（介、动）guǎn	as, (to call)...as

	管······叫······		guǎn···jiào···	to call···as
13	那些	（代）	nàxiē	those
14	父亲	（名）	fùqin	father
15	母亲	（名）	mǔqin	mother
16	差不多		chà bu duō	nearly, more or less
	跟······差不多		gēn··· chà bu duō	more or less the same as···
17	复杂	（形）	fùzá	complicated
18	糊涂	（形）	hútu	confused
19	到底	（副）	dàodǐ	after all, in the final analysis, how on earth
20	讲	（动）	jiǎng	to explain, to say, to talk
21	叫	（动）	jiào	to call, to address
22	简单	（形）	jiǎndān	simple
23	地	（助）	de	a particle added to adjectives as adverbial
24	有的	（代）	yǒude	some
25	情况	（名）	qíngkuàng	situation
26	清楚	（形）	qīngchu	clear
27	常	（形、副）	cháng	regular, frequent, often
28	普通	（形）	pǔtōng	ordinary, common
29	认识	（动、名）	rènshi	to know, understanding
30	互相	（副）	hùxiāng	each other
31	对方	（名）	duìfāng	the other party (side)
32	姓名	（名）	xìngmíng	full name
33	某	（代）	mǒu	certain
34	熟悉	（形）	shúxi	familiar
35	······之间		···zhījiān	between, among
36	······起来		···qilai	an expression indicating that an action is in progress
37	亲切	（形）	qīnqiè	friendly, warm

38	口	（名）	kǒu	mouth
	"先生"		"xiānsheng"	saying "Mr." all the time
	不离口		bù lí kǒu	
39	可是	（连）	kěshì	but, however
40	主要	（形）	zhǔyào	main
41	用来		yòng lái	to be used purposely
42	探亲		tàn qīn	to visit relatives

---

study points · 注释 · zhùshì

1　他让我们明天上午去。(Tā ràng wǒmen míngtiān shàngwǔ qù.)

In Chinese, there is a kind of sentence in which the object of its first verb is at the same time the subject of the second "subject-predicate" structure. Verbs like "请" (qǐng), "叫" (jiào), "让" (ràng), etc. often serve as the first verb in such sentences:

李先生请他吃饭。(Lǐ xiānsheng qǐng tā chī fàn.)

你叫我讲，我也只能简单地讲一下儿。

(Nǐ jiào wǒ jiǎng, wǒ yě zhǐ néng jiǎndān de jiǎng yíxiàr.)

老张让我们十点半到他家。

(Lǎo Zhāng ràng wǒmen shídiǎnbàn dào tā jiā.)

2　老张比我大好几岁。(Lǎo Zhāng bǐ wǒ dà hǎo jǐsuì.)

1)　"比" (bǐ) is the most common comparison indicator. The general pattern is: A＋比＋B＋the result or the difference of the comparison:

今天比昨天冷。(Jīntiān bǐ zuótiān lěng.)

你的书比他的书多吗？(Nǐ de shū bǐ tā de shū duō ma?)

老李比我大三岁。(Lǎo Lǐ bǐ wǒ dà sānsuì.)

The negative form is:

他不比我大。(Tā bù bǐ wǒ dà.)

2)　"好" (hǎo) is an adverb here, meaning "quite", "a good many", etc.

3　在北京常常听见孩子们叫"叔叔"，"阿姨"。

(Zài Běijīng chángcháng tīng jiàn háizǐmen jiào "shūshu", "āyí".)

The verb "见" (jiàn) is often placed after the verbs "听" (tīng) and "看"

(kàn) to mean "to have heard" and "to have seen".

4　什么 "老张"，"小刘"，"同志"，"先生"。
(Shénme "Lǎo Zhāng", "Xiǎo Liú", "tóngzhì", "xiānsheng".)

"什么" (Shénme) when placed before a series of parallel elements shows that there are too many to be listed.

5　我也只能简单地讲一下儿。(Wǒ yě zhǐ néng jiǎndān de jiǎng yīxiàr.)
When a two-syllable adjective is used as an adverbial, the structural particle "地" is usually placed between it and the verb:

他高兴地说："我已经买了汽车了。"
(Tā gāoxìng de shuō: "Wǒ yǐjīng mǎile qìchē le.")

他热情地介绍了很多情况。
(Tā rèqíng de jièshàole hěn duō qíngkuàng.)

supplementary words · 补充生词 · bǔchōng shēngcí

1	主持人	（名）zhǔchírén	chairperson
2	历史学家	（名）lìshǐxuéjiā	historian
3	不敢当	bù gǎndāng	not at all (literally, I don't deserve it.)
4	进行	（动）jìnxíng	to proceed
5	学术	（名）xuéshù	scholarship, academic subject
6	交流	（动）jiāoliú	to exchange
7	面前	（名）miànqián	before, in front of
8	班门弄斧	Bān mén nòng fǔ	to display one's slight skill before an expert
9	指正	（动）zhǐzhèng	to criticize
10	耽误	（动）dānwu	to take up (one's time)
11	衷心	（形）zhōngxīn	heartfelt
12	座谈	（动）zuòtán	to discuss (informally)
13	解答	（动）jiědá	to answer

• exercises • 练习 • liànxí

∗1. **Fill in the blanks with the right words:**

几点，哪天，谁，哪儿，什么
jǐdiǎn, nǎtiān, shuí, nǎr , shénme

1) A: 老　张　要　请 _____ 吃 饭？
　　　Lǎo Zhāng yào qǐng _____ chī fàn?

　 B: 请　陈　先生　全　家。
　　　Qǐng Chén xiānsheng quán jiā.

2) A: 老　张　请　他们 _____ 去？
　　　Lǎo Zhāng qǐng tāmen _____ qù?

　 B: 明　天。
　　　Míngtiān.

3) A: 老　张　请　他们　去 _____ ？
　　　Lǎo Zhāng qǐng tāmen qù _____ ?

　 B: 去　他　家。
　　　Qù tā jiā.

4) A: 老　张　让　他们 _____ 到 他家？
　　　Lǎo Zhāng ràng tāmen _____ dào tā jiā?

　 B: 十　点　半。
　　　Shídiǎnbàn.

5) A: 莉莉 叫 陈　先　生　讲 _____ ？
　　　Lìli jiào Chén xiānsheng jiǎng _____ ?

　 B: 讲　中国人　的　称呼。
　　　Jiǎng Zhōngguórén de chēnghu.

∗2. **Rearrange the following words and phrases into proper sentences:**

1) 北京 饭店，高，比，民族 饭店
　 Běijīng Fàndiàn, gāo, bǐ , Mínzú Fàndiàn

2) 莉莉，三岁，大 ，比，大伟
　 Lìli , sānsuì, dà , bǐ, Dàwěi

3) 老 丁，一点儿，瘦，比，陈 太太
　 Lǎo Dīng, yìdiǎnr, shòu, bǐ, Chén tàitai

4) 这 件，上衣，样子，好，比，那件
　 zhèjiàn, shàngyī, yàngzi, hǎo, bǐ, nàjiàn

5) 这 个 国 家 ， 差 不 多 ， 跟 ， 那 个 国 家 ， 大
   zhège guójiā, chà bu duō, gēn, nàge guójiā, dà

6) 他 ， 年 纪 ， 大 ， 差 不 多 ， 跟 ， 他
   tā , niánji, dà , chà bu duō, gēn, tā

3 . Answer the following questions:

1) 莉 莉 叫 老 张 什 么 ？
   Lìli jiào Lǎo Zhāng shénme?

2) 孩 子 们 管 谁 叫 " 叔 叔 " 、 " 阿 姨 " ？
   Háizimen guǎn shuí jiào " shūshu " 、 " āyí " ?

3) 什 么 人 见 面 时 互 相 称 呼 " 同 志 " ？
   Shénme rén jiànmiàn shí hùxiāng chēnghu " tóngzhì " ?

4) " 太 太 " 、 " 小 姐 " 主 要 用 来 称 呼 哪 些 人 ？
   " Tàitai " 、 " xiǎojie " zhǔyào yòng lái chēnghu nǎxiē rén ?

4 . Listen to the dialogue:

(Mr. Smith, a historian, gives a talk at a symposium at a university.)

主 持 人 : 今 天 ， 我 们 请 到 了 美 国 历 史 学 家 史 密 斯 先
zhǔchírén: Jīntiān, wǒmen qǐng dào le Měiguó lìshǐxuéjiā Shǐmìsī xiān

生 来 作 报 告 。史 密 斯 先 生 对 中 国 历 史
sheng lái zuò bàogào. Shǐmìsī xiānsheng duì Zhōngguó lìshǐ

很 有 研 究 。
hěn yǒu yánjiū.

史 密 斯 : 不 敢 当 ， 不 敢 当 。
Shǐmìsī : Bù gǎndāng, bù gǎndāng.

主 : 现 在 ， 让 我 们 欢 迎 史 密 斯 先 生 作
zhǔ: Xiànzài, ràng wǒmen huānyíng Shǐmìsī xiānsheng zuò

报 告 。
bàogào.

史 : 今 天 有 机 会 和 中 国 朋 友 进 行 学 术
Shǐ: Jīntiān yǒu jīhui hé Zhōngguó péngyou jìnxíng xuéshù

交 流 ， 我 很 高 兴 。不 过 ， 在 中 国 朋 友
jiāoliú, wǒ hěn gāoxìng. Búguò, zài Zhōngguó péngyou

面 前 谈 中 国 历 史 方 面 的 问 题 ， 实 在
miànqián tán Zhōngguó lìshǐ fāngmiàn de wèntí , shízài

是 班 门 弄 斧 。请 朋 友 们 多 多 指 正 。
shì Bān mén nòng fǔ . Qǐng péngyoumen duōduō zhǐzhèng.

                    ＊   ＊   ＊

史 : 今 天 我 要 讲 的 就 是 这 些 ， 耽 误 大 家 不 少
Shǐ: Jīntiān wǒ yào jiǎng de jiù shì zhèxiē, Dānwu dàjiā bù shǎo

时间，谢谢。
shíjiān, xièxie.

主：史密斯 先生 给 我们 作了 一个 很 好 的 学
zhǔ： Shǐmìsī xiānsheng gěi wǒmen zuòle yíge hěn hǎo de xué

术 报告，让 我们 向 史密斯 先生 表示
shù bàogào, ràng wǒmen xiàng Shǐmìsī xiānsheng biǎoshì

衷心 的 感谢。下边儿 史密斯 先生 还 想
zhōngxīn de gǎnxiè. Xiàbianr Shǐmìsī xiānsheng hái xiǎng

跟 我们 座谈座谈。大家 有 问题 可以 请 史
gēn wǒmen zuòtanzuòtan. Dàjiā yǒu wèntí kěyǐ qǐng Shǐ

密斯 先生 解答。
mìsī xiānsheng jiědá.

史：不 是 我 解答 问题，我 是 跟 你们 一起 谈谈，
Shǐ： Bú shì wǒ jiědá wèntí, wǒ shì gēn nǐmen yìqǐ tántan,

交流交流 情 况。座谈 嘛，在 这儿 的 先生、
jiāoliujiāoliu qíngkuàng. Zuòtán ma, zài zhèr de xiānsheng、

女士 都 要 谈，好 不 好？
nǚshì dōu yào tán, hǎo bu hǎo?

主：啊，都 不 要 客气 了。开始 吧。
zhǔ： À, dōu bú yào kèqi le. Kāishǐ ba.

*5. **Translate the following sentences into Chinese:**

1) What's your name, please?
2) David calls Wang Dazhong uncle.
3) She asked Mr. Chen to tell her how to address the Chinese people.
4) Come in, please!
5) Could you please tell me where comrade Xiao Zhang lives?
6) Lao Chen invited Xiao Li and his family to his place.

复习 (5)

Revision (5)
fùxí (5)

* **1.** **Give their antonyms:**

长 _____   大 _____   冷 _____   对 _____
cháng _____   dà _____   lěng _____   duì _____

多 _____   快 _____   早 _____   新 _____
duō _____   kuài _____   zǎo _____   xīn _____

肥 _____   复杂 _____   上 _____   里 _____
féi _____   fùzá _____   shàng _____   lǐ _____

这 _____   以前 _____   买 _____   来 _____
zhè _____   yǐqián _____   mǎi _____   lái _____

进 _____   开始 _____   出 国 _____   国 内 _____
jìn _____   kāishǐ _____   chū yuó _____   guó nèi _____

* **2.** **Fill in the blanks with the right words:**

给，管，往，在，从，跟，对，让，为
gěi, guǎn, wàng, zài, cóng, gēn, duì, ràng, wèi

1) 我 刚 _____ 张 先生 那儿来。
   Wǒ gāng _____ Zhāng xiānsheng nàr lái.

2) 他 要 _____ 今后 的 研究 工作 作些 准备 了。
   Tā yào _____ jīnhòu de yánjiū gōngzuò zuò xiē zhǔnbèi le.

3) _____ 这儿 遇见 你，我 真 高兴。
   _____ zhèr yùjiàn nǐ, wǒ zhēn gāoxìng.

4) 你 _____ 他 帮 你一下儿,他 还 能 不帮？
   Nǐ _____ tā bāng nǐ yíxiàr, tā hái néng bù bāng?

5) 我 怎么 能 _____ 他 比 呢，他 多 会 办事儿啊。
   Wǒ zěnme néng _____ tā bǐ ne, tā duō huì bàn shìr a.

6) 他 _____ 我的 帮助 太大了,我 得 好好儿谢谢 他。
   Tā _____ wǒ de bāngzhù tài dà le, wǒ děi hǎohāor xièxie tā.

7) _____ 你 这儿 吃饭,我 还 客气？ 咱们 是 谁 _____ 谁 呀！
   _____ nǐ zhèr chī fàn, wǒ hái kèqi? Zánmen shì shuí _____ shuí ya!

8) 小　王 ＿＿＿＿你 早点儿去，他说 他＿＿＿＿汽车站　等
Xiǎo Wáng＿＿＿＿nǐ zǎo diǎnr qù, tā shuō tā ＿＿＿＿qìchēzhàn děng

你 。
nǐ .

9) 快 ＿＿＿＿他们 送 票 去吧，他们 就别＿＿＿＿咱们 这儿
Kuài ＿＿＿＿tāmen sòng piào qu ba, tāmen jiù bié＿＿＿＿zánmen zhèr

跑 了。
pǎo le .

10) 你们 ＿＿＿＿张　明 叫"老张"，可 我们 都＿＿＿＿他
Nǐmen＿＿＿＿Zhāng Míng jiào "Lǎo Zhāng", kě wǒmen dōu＿＿＿＿tā

叫"小 张"，他比 我们 小 啊。
jiào "Xiǎo Zhāng", tā bǐ wǒmen xiǎo a .

*3.　Correct the mistakes in the sentences:

1) 他来 刚 从 小 赵 家。
Tā lái gāng cóng Xiǎo Zhào jiā .

2) 我们 去看 小 刘 明天 下午。
Wǒmen qù kàn Xiǎo Liú míngtiān xiàwǔ .

3) 晚上 他们 回 英国 从 中国 。
Wǎnshang tāmen huí Yīngguó cóng Zhōngguó .

4) 陈 先生 买了一些 历史 方面 的书 在 那个 书店。
Chén xiānsheng mǎile yìxiē lìshǐ fāngmiàn de shū zài nàge shūdiàn .

5) 后天 晚上 演杂技，王 小姐 给 一张 票 她 朋
Hòutiān wǎnshang yǎn zájì, Wáng xiǎojie gěi yìzhāng piào tā péng

友 。
you .

6) 小 张 游览 长城 跟 大伟 他们一起。
Xiǎo Zhāng yóulǎn Chángchéng gēn Dàwěi tāmen yìqǐ .

7) 他 回 学校 从 他 哥哥 那儿。
Tā huí xuéxiào cóng tā gēge nàr .

8) 前天 我 问了，又 今天 上午 我 问了。
Qiántiān wǒ wèn le , yòu jīntiān shàngwǔ wǒ wèn le .

9) 你们 去 广州 什么 时候？
Nǐmen qù Guǎngzhōu shénme shíhour?

10) 时间 这么 晚了，他们 不会 来 一定 了。
Shíjiān zhème wǎn le , tāmen bú huì lái yídìng le .

26 Asking The Way
问路 wèn lù

(The Chens are on their way to Zhang Xin's home.)

（一）

陈： Chén:	艾琳，今天 咱们 上 老 Àilín, jīntiān zánmen shàng Lǎo 张 家，走路去，好不 Zhāng jiā, zǒu lù qù, hǎo bu	Irene, let's walk to Lao Zhang's place, shall we?

	好？①	
	hǎo?	
艾：	咱们 不 认识路啊！	But we don't know
Ài:	Zánmen bú rènshi lù a!	the way.
陈：	鼻子 下边儿 有 嘴 呢，② 不	We've got mouths. We
Chén:	Bízi xiàbianr yǒu zuǐ ne, bú	can ask.
	认识 就 问 嘛。	
	rènshi jiù wèn ma.	
艾：	好，听 你 的。	All right, as you say.
Ài:	Hǎo, tīng nǐ de.	
陈：	老 张 就 住 在 钟楼	He lives close to Bell
Chén:	Lǎo Zhāng jiù zhù zài Zhōnglóu	Tower, so let's go to
	附近，我们 先 到 钟楼。	Bell Tower first.
	fùjìn, wǒmen xiān dào Zhōnglóu.	

（二）   II

陈：	请 问，前边儿 是 钟	Excuse me, is that Bell
Chén:	Qǐng wèn, qiánbianr shì Zhōng	Tower over there?
	楼 吗？	
	lóu ma?	
路人甲：	对。	That's right.
lùrén jiǎ:	Duì.	
陈：	和平 新 村 在 哪儿？	Where's New Peace
Chén:	Hépíng Xīn Cūn zài nǎr?	Village then?
路人甲：	钟楼 的 东边儿 是 剧	There's a theater to the
lùrén jiǎ:	Zhōnglóu de dōngbianr shì jù	east of Bell Tower, and
	院，和平 新 村 就 在	New Peace Village is
	yuàn, Hépíng Xīn Cūn jiù zài	to the north of it. Ask
	剧院 的 北边儿。您 到	again when you get
	jùyuàn de běibianr. Nín dào	there.
	那儿 再 问问。	
	nàr zài wènwen.	
陈：	谢谢。	Thank you.
Chén:	Xièxie.	

（三）   III

莉:　请　问，这是　和平　新　Excuse me, is this New
Lì:　Qǐng wèn, zhè shì Hépíng Xīn　Peace Village?
　　村　吗?
　　Cūn ma?

路人 乙:　这　不是　和平　新　村，和　No, New Peace Village
lùrén yǐ:　Zhè bú shì Hépíng Xīn Cūn, Hé　is in the south.
　　平　新　村　在　南边儿。
　　píng Xīn Cūn zài nánbianr.

伟 :　请　问　怎么　走呢? ③　Could you tell me how
Wěi:　Qǐng wèn zěnme zǒu ne?　to get there?

路人 乙:　顺　这条　路一直往　前　You go straight along
lùrén yǐ:　Shùn zhètiáo lù yìzhí wàng qián　this road, then turn right
　　走，到　路口　向　右拐。　when you come to the
　　zǒu, dào lùkǒu xiàng yòu guǎi.　end of it.

莉:
Lì:　谢谢，麻烦　您　啦。④　Thank you.
伟 :　Xièxie, máfan nín la.
Wěi:

（四）   IV

陈 :　劳驾，我　问一下儿,这儿是　Excuse me, is this New
Chén:　Láojià, wǒ wèn yíxiàr, zhèr shì　Peace Village?
　　和平　新　村　吗?
　　Hépíng Xīn Cūn ma?

路人 丙:　对。　Yes.
lùrén bǐng:　Duì.

陈 :　哪儿是　三号楼?　Could you tell me
Chén:　Nǎr shì sānhào lóu?　which is No 3 Building?

路人 丙:　您　看，那是　二号楼，二号　Look, that's No 2 Buil-
lùrén bǐng:　Nín kàn, nà shì èrhào lóu, èrhào　ding. No 3 is behind
　　楼　后边儿是　三号　楼。　it.
　　lóu hòubianr shì sānhào lóu.

陈 :　谢谢。　Thank you.
Chén:　Xièxie.

• new words • 生词 • shēngcí

1	路	（名）	lù	road, street, way
2	走路		zǒu lù	to walk
3	鼻子	（名）	bízi	nose
4	下边儿	（名）	xiàbianr	underneath, below
5	前	（名）	qián	front
6	前边儿	（名）	qiánbianr	in front, ahead
7	路人	（名）	lùrén	passerby
8	甲	（名）	jiǎ	A
9	东	（名）	dōng	east
10	东边儿	（名）	dōngbianr	to the east, in the east
11	剧院	（名）	jùyuàn	theater
12	北	（名）	běi	north
13	北边儿	（名）	běibianr	to the north, in the north
14	乙	（名）	yǐ	B
15	南	（名）	nán	south
16	南边儿	（名）	nánbianr	to the south, in the south
17	顺	（介）	shùn	along
18	条	（量）	tiáo	a measure word for something elongated in shape
19	往	（介）	wàng	toward
20	路口	（名）	lùkǒu	end of a road (street)
21	右	（名）	yòu	right
22	拐	（动）	guǎi	to turn
23	啦	（助）	la	a modal particle
24	丙	（名）	bǐng	C

25	号	（名）	hào	number
26	楼	（名）	lóu	building
27	后	（名）	hòu	back
28	后边儿	（名）	hòubianr	behind, back

专名   **Zhuānmíng**   **Proper name**

和平新村   Hépíng Xīn Cūn   New Peace Village (a residential area in Xian)

---

study points · 注释 · zhùshì

1   走路去，好不好? (Zǒu lù qù, hǎo bu hǎo?)

"好不好?" (hǎo bu hǎo?) is a form of asking for an opinion. (See Study Point 3 of Lesson 9).

2   鼻子下边儿有嘴呢。(Bízi xiàbianr yǒu zuǐ ne.)

In Chinese, "上边儿" (shàngbianr), "下边儿" (xiàbianr), "里边儿" (lǐbianr), "外边儿" (wàibianr), "旁边儿" (pángbiānr), "东边儿" (dōngbianr), "西边儿" (xībianr), "南边儿" (nánbianr), "北边儿" (běibianr), etc. are expressions of location. They can be used independently as nominal structures or they can follow nouns that modify them:

里边儿有小卖部。(Lǐbianr yǒu xiǎomàibù.)

二号楼后边儿是三号楼。(Èrhào lóu hòubianr shì sānhào lóu.)

和平新村在剧院的北边儿。(Hépíng Xīn Cūn zài jùyuàn de běibianr.)

3   怎么走呢? (Zěnme zǒu ne?)

The particle "呢" (ne) at the end of the question takes out its bluntness.

4   麻烦您啦。(Máfan nín la.)

This is a common expression to show your thanks for somebody who has helped you.

supplementary words · 补充生词 · bǔchōng shēngcí

1	打听	（动）	dǎting	to ask, to find out
2	路	（量）	lù	a measure word
3	售票员	（名）	shòupiàoyuán	conductor
4	方向	（名）	fāngxiàng	direction
5	左边儿	（名）	zuǒbianr	left side
6	跑	（动）	pǎo	to run
7	错	（形）	cuò	wrong
8	反	（形）	fǎn	the other way round
9	马路	（名）	mǎlù	street, road
10	对面	（名）	duìmiàn	opposite side

中国书店   Zhōngguó Shūdiàn   China Book Store

· exercises · 练习 · liànxí

*1. **Fill in the blanks in accordance with the contents of the pictures:**

北边儿，东边儿 ， 前边儿 ， 后边儿，
běibianr, dōngbianr, qiánbianr, hòubianr,

三号 楼 前边儿 那个 楼 就 是 二号 楼。
Sānhào lóu qiánbianr nàge lóu jiù shì èrhào lóu.

1) 钟楼 ＿＿＿＿ 是 剧院 。
   Zhōnglóu ＿＿＿＿ shì jùyuàn.

2) 和平 新村 在 剧院 ＿＿＿＿ 。
   Hépíng Xīn Cūn zài jùyuàn ＿＿＿＿.

3) 一号 楼 ＿＿＿＿ 有 一家 饭馆儿 。
   Yīhào lóu ＿＿＿＿ yǒu yìjiā fànguǎnr.

4) 二号 楼 _____ 那个楼 就是 三号 楼。
   Èrhào lóu _____ nàge lóu jiù shì sānhào lóu.

＊2. Complete the questions with your own words:

1) A: 今天 咱们 上 老李家，_____？
   Jīntiān zánmen shàng Lǎo Lǐ jiā，_____？

   B: 走 路去吧。
   Zǒu lù qù ba.

2) A: 劳驾，我想 跟您 打听打听，去友谊 医院 _____？
   Láo jià, wǒ xiǎng gen nín dǎtingdǎting, qù Yǒuyì Yīyuàn _____？

   B: 顺 这条 路一直 向 前 走。
   Shùn zhètiáo lù yìzhí xiàng qián zǒu.

3) A: 劳 您 驾，我 打听一下儿，人民 剧场 _____？
   Láo nín jià, wǒ dǎting yíxiàr, Rénmín Jùchǎng _____？

   B: 在 饭馆儿 南边儿。
   Zài fànguǎnr nánbianr.

4) A: 同志，请 问 _____ 三号 楼？
   Tóngzhì, qǐng wèn _____ sānhào lóu？

   B: 最 后边儿 那个楼 就是。
   Zuì hòubianr nàge lóu jiù shì.

3. Listen to the dialogues:

1) 陈 明 山：劳驾，我 打听一下儿，去 中国 书店
   Chén Míngshān: Láo jià, wǒ dǎting yíxiàr, qù Zhōngguó Shūdiàn

   怎么 坐车？
   zěnme zuò chē？

   路人：坐 一路、十路汽车 都 可以。
   lùrén: Zuò yílù、shílù qìchē dōu kěyǐ.

246

陈：	要 换 车 吗？	
Chén:	Yào huàn chē ma?	
路人：	得 换 一次。	
lùrén:	Děi huàn yícì.	
陈：	换 几路？	
Chén:	Huàn jǐlù?	
路人：	到 剧院 换 十四路，电 影 院 下。	
lùrén:	Dào jùyuàn huàn shísìlù, diànyǐngyuàn xià.	
陈：	谢 谢。	
Chén:	Xièxie.	

2) 售票员： 三路，先 下 后 上，上了 车 请
shòupiàoyuán: Sānlù, xiān xià hòu shàng, shàngle chē qǐng
往 里 走。
wàng lǐ zǒu.

大伟： 同志，是 三路 汽车 吗？
Dàwěi: Tóngzhì, shì sānlù qìchē ma?

售票员： 对。
shòupiàoyuán: Duì.

大伟： 快 上！
Dàwěi: Kuài shàng!

莉莉： 大伟，来 的 时候 怎么 没 看 见 右
Lìli: Dàwěi, lái de shíhour zěnme méi kàn jiàn yòu
边儿 这个 大楼？
bianr zhège dàlóu?

大伟： 是 啊。
Dàwěi: Shì a.

莉莉： 妈，您 说 咱们 这车 在 往哪个 方
Lìli: Mā, nín shuō zánmen zhè chē zài wàng nǎge fāng
向 走？
xiàng zǒu?

艾琳： 往 南 啊。
Àilín: Wàng nán a.

陈 明山： 是 吗？你 看，太阳 在 哪儿？
Chén Míngshān: Shì ma? Nǐ kàn, tàiyang zài nǎr?

艾琳： 太 阳 在 车 的 左边儿。
Àilín: Tàiyang zài chē de zuǒbianr.

陈： 前边儿 是 南，左边儿 就 是……
Chén: Qiánbianr shì nán, zuǒbianr jiù shì…

大伟：　　　东 。
Dàwěi:　　　Dōng.

陈 ：　　　你 看看，下午 五点钟 的 太阳 怎么
Chén:　　　Nǐ kànkan, xiàwǔ wǔdiǎnzhōng de tàiyang zěnme

跑 到 东边儿 去了？
pǎo dào dōngbianr qù le ?

艾琳 ：　　　那么 说，车 坐错 了！
Àilín :　　　Nàme shuō, chē zuò cuò le !

莉莉：　　　车 没 坐错，是 三路。大概 方向 不
Lìli :　　　Chē méi zuò cuò, shì sānlù. Dàgài fāngxiàng bú

对 。
duì .

大伟：　　　姐姐，你 快 去 问问 售票员 同志
Dàwěi:　　　Jiějie, nǐ kuài qù wènwen shòupiàoyuán tóngzhì

吧 。
ba .

莉莉：　　　　同志，这车 是 开 往 钟楼 的 吗？
Lìli :　　　　Tóngzhì, zhè chē shì kāi wǎng Zhōnglóu de ma?

售 票 员：　　不 对，你们 坐 反 了。快 下 车，到
shòupiàoyuán:　　Bú duì, nǐmen zuò fǎn le. Kuài xià chē, dào

马路 对面 去 上 。
mǎlù duìmiàn qù shàng

*4. **Translate the following sentences into Chinese:**

1) What can you see from the bell tower?

2) On the east side of the theater is the Roast Duck Restaurant.

3) Lili was sitting on the right side of Aunt Ding.

4) Is the Peace Housing Estate somewhere ahead?

5) Excuse me, could you show me the way to China Bookstore?

6) Go straight ahead, take the first turning on the right and you can't miss it.

27 When Old Friends Meet
老友重逢 lǎoyǒu chóngféng

(Mr. Chen Mingshan and Zhang Xin talk about what has become of them since they last met.)

| 陈 :
Chén: | 老 张 ，分别 四十年 了，
Lǎo Zhāng, fēnbié sìshínián le,
今天 我们 能 在 这儿 见
jīntiān wǒmen néng zài zhèr jiàn
面 ， 实在 太 高兴 了。
miàn, shízài tài gāoxìng le. | Lao Zhang, it's really
nice to see you again
after a period of forty
years. |

张 ： 可 不 是 吗？① 国 庆 前 接
Zhāng: Kě bu shì ma? Gúoqìng qián jiē
到 你 的 信，② 知道 你 要
dào nǐ de xìn, zhīdao nǐ yào
到 西安 来， 全 家人 都
dào Xī'ān lai, quán jiā rén dōu
高兴 极了。 昨天 上午
gāoxìng jí le. Zuótiān shàngwǔ
接 到 你 的 电话 后，我
jiē dào nǐ de diànhuà hòu, wǒ
就 告诉了 玉珍。 下午 她
jiù gàosule Yùzhēn. Xiàwǔ tā
就 买 好了 菜， 还 特意
jiù mǎi hǎo le cài, hái tèyì
买了 黄油、 面包， 准
mǎile huángyóu、miànbāo, zhǔn
备 今天 好好儿 招待 你
bèi jīntiān hǎohāor zhāodài nǐ
们 。
men.

Yes, isn't it? We were all overjoyed when we got your letter before the National Day saying that you were coming to Xian. I told Yuzhen about your coming right after. I got your call yesterday morning. She went grocery shopping in the afternoon and had everything ready for today's dinner. The bread and butter are specially prepared for you.

陈 ： 太 感谢 了。 老 张 ，你
Chén: Tài gǎnxiè le. Lǎo Zhāng, nǐ
这儿 离 我们 住 的 地方
zhèr lí wǒmen zhù de dìfang
很 近 啊。
hěn jìn a.

You are all too kind. Lao Zhang, your residence is very close to the place where we are staying.

张 ： 刚才 你们 是 怎么 来
Zhāng: Gāngcái nǐmen shì zěnme lái
的？③ 是 坐 公共 汽车
de? Shì zuò gōnggòng qìchē
来 的 吗？
lái de ma?

How did you get here? By bus?

陈 ： 不， 我们 是 走 来 的。
Chén: Bù, wǒmen shì zǒu lái de.
路上 问了 几个 人。
Lùshang wènle jǐge rén.

No, we walked. We asked several people on our way.

张 ： 你们 这次 在 北京 呆了
Zhāng: Nǐmen zhècì zài Běijīng dāile

How long did you stay in Beijing?

多　长　时间？
duō cháng shíjiān?

陈： Chén:	我 们 是 上个 月 二十 Wǒmen shì shàngge yuè èrshí 三 号 到 北京 的。在 sānhào dào Běijīng de. Zài 北京 呆了 两个 星期。 Běijīng dāile liǎngge xīngqī.	We arrived in Beijing on the 23rd of last month, and stayed there for two weeks.
张： Zhāng:	你 还 记得 四十年 前，我 Nǐ hái jìde sìshínián qián, wǒ 们 分别 的 情景 吗？ men fēnbié de qíngjǐng ma?	Do you still remember how we parted forty years ago?
陈： Chén:	忘 不 了。我们 是 在 Wàng bu liǎo. Wǒmen shì zài 昆明 的 一个 汽车站 Kūnmíng de yíge qìchēzhàn 分别 的。那 是 一九四〇年 fēnbié de. Nà shì yījiǔsìlíngnián 十一月 八号。④ shíyīyuè bāhào.	I'll never forget it. We bid each other farewell at a bus station in Kunming. It was on the 8th of November, 1940.
张： Zhāng:	我 是 四二年 大学 毕 业 Wǒ shì sì'èrnián dàxué bì yè 后 来 西安 的，快 四十年 hòu lái Xī'ān de, kuài sìshínián 了，一直 就 在 西安。 le, yìzhí jiù zài Xī'ān.	I came to Xian after I graduated from the university in 1942 nearly forty years ago, and I've been here ever since.
陈： Chén:	分别 时，我们 都 是 Fēnbié shí, wǒmen dōu shì 二十 来 岁 的 人，现在 èrshí lái suì de rén, xiànzài 见 面 时 都 成 老 jiàn miàn shí dōu chéng lǎo 头儿了. tóur le.	We were in our early twenties then, but we are old men now.
张： Zhāng:	自然 规律 嘛！孩子们 大 Zìrán guīlǜ ma! Háizimen dà 了，我们 也 老 了。 le, wǒmen yě lǎo le.	Ah, it's the law of nature! Our children have grown up, and we have grown old.

陈 : Chén:	你 几个 孩子 都 在 身边 Nǐ jǐge háizi dōu zài shēnbiān 吗？ ⑤ ma?	Are your children still with you?
张 : Zhāng:	三个 孩子 都 在 西安。老大 Sānge háizi dōu zài Xī'ān. Lǎodà 跟 老二 都 是 医院 的 医 gēn lǎo'èr dōu shì yīyuàn de yī 生 ，⑥ 老三 上 中学 shēng, lǎosān shàng zhōngxué 呢。 ne.	All three of them are in Xian. The elder two are doctors. The youngest is still in high school.
陈 : Chén:	老大、老二 结 婚 了 吗？ Lǎodà、lǎo'èr jié hūn le ma?	Are the elder ones married?
张 : Zhāng:	老大 去年 结 的 婚。⑦ 他 Lǎodà qùnián jié de hūn. Tā 爱人 在 工厂 工作 ，⑧ àiren zài gōngchǎng gōngzuò, 是 个 工程师 。老二 还 shì ge gōngchéngshī. Lǎo'èr hái 没 结婚，有 对象 了。 méi jié hūn, yǒu duìxiàng le.	The eldest was married last year. His wife is an engineer in a factory. The second isn't married yet but he's got a fiancée.
陈 : Chén:	什么 时候 结 婚 啊？ Shénme shíhour jié hūn a?	When are they going to get married?
张 : Zhāng:	元旦 。 现在 正 在 Yuándàn. Xiànzài zhèng zài 准备 。前 几天 刚 买了 zhǔnbèi. Qián jǐtiān gāng mǎile 床 、桌子、椅子、沙发、 chuáng、 zhuōzi、 yǐzi、 shāfā、 衣柜 。 yīguì.	On the New Year's Day. They are getting everything ready. They've bought a bed, a table, a few chairs, two sofas and a wardrobe just a few days ago.
陈 : Chén:	老二 的 对象 也 是 医 Lǎo'èr de duìxiàng yě shì yī 生 吗？ shēng ma?	Is his fiancée also a doctor?
张 : Zhāng:	不，是 个 舞蹈 演员 。我 Bù, shì ge wǔdǎo yǎnyuán. Wǒ	No, she is a dancer. I've asked them to come

让 他们 中午 下 班 都　after work to meet you
ràng tāmen zhōngwǔ xià bān dōu　all this noon.

回 来 跟 你们 见见 面。
huí lai gēn nǐmen jiànjian miàn.

陈：　太 好 了。老 张，你　Excellent! Lao Zhang,
Chén:　Tài hǎo le. Lǎo Zhāng, nǐ　your family is indeed a

这个 家庭 真 是 个 幸福　happy one.
zhège jiātíng zhēn shì ge xìngfú

的 家庭 啊!
de jiātíng a!

张：　是 啊。十二点 了，他们　Yes, indeed. Well, it's
Zhāng:　Shì a. Shí'èrdiǎn le, tāmen　twelve o'clock now.

也 快 回 来 了。咱们 准　They will be home
yě kuài huí lai le. Zánmen zhǔn　soon. Let's eat first.

备 吃 饭 吧, 一边 吃 一边　We can chat while we
bèi chī fàn ba, yìbiān chī yìbiān　eat. You can try Yu-

聊。今天 请 你 尝尝　zhen's cooking.
liáo. Jīntiān qǐng nǐ chángchang

玉 珍 的 手艺。
Yùzhēn de shǒuyì.

• new words • 生词 • shēngcí

1	老友重逢		lǎoyǒu chóngféng	reunion of old friends
2	分别	（动）	fēnbié	to part, to separate
3	可不是		kě bu shì	isn't it
4	国庆	（名）	guóqìng	National Day
5	接	（动）	jiē	to receive, to take, to connect
	接到		jiē dào	to receive
6	告诉	（动）	gàosu	to tell
7	特意	（副）	tèyì	specially
8	黄油	（名）	huángyóu	butter

9	面包	（名）	miànbāo	bread
10	招待	（动）	zhāodài	to entertain
11	近	（形）	jìn	near, close
12	公共	（形）	gōnggòng	public
	公共汽车		gōnggòng qìchē	public bus (service)
13	路上	（名）	lùshang	(on the) road, (on the) way
14	记得	（动）	jìde	to remember
15	情景	（名）	qíngjǐng	situation, scene
16	忘	（动）	wàng	to forget
	忘不了		wàng bu liǎo	unforgettable, not to forget
17	站	（名）	zhàn	station, stop
18	0	（数）	líng	zero, nil
19	大学	（名）	dàxué	university
20	毕业		bì yè	to graduate
21	成	（动）	chéng	to become
22	老头儿	（名）	lǎotóur	old man
23	自然	（形、名、副）	zìrán	natural, nature, naturally
24	规律	（名）	guīlǜ	law
25	身边	（名）	shēnbiān	one's side
26	老大	（名）	lǎodà	the eldest (son, daughter)
	老二		lǎo'èr	the second (eldest)
	老三		lǎosān	the third (eldest)
27	医院	（名）	yīyuàn	hospital
28	中学	（名）	zhōngxué	high school
29	结婚		jié hūn	to marry
30	爱人	（名）	àiren	wife, husband, fiancée, fiancé
31	工厂	（名）	gōngchǎng	factory
32	工程师	（名）	gōngchéngshī	engineer
33	对象	（名）	duìxiàng	fiancée, fiance, object
34	元旦	（名）	yuándàn	New Year's Day

35	床	（名）	chuáng	bed
36	椅子	（名）	yǐzi	chair
37	沙发	（名）	shāfā	sofa
38	衣柜	（名）	yīguì	wardrobe
39	舞蹈	（名）	wǔdǎo	dance
40	演员	（名）	yǎnyuán	actor, actress
41	中午	（名）	zhōngwǔ	noon
42	下班		xià bān	to come or go off work
43	家庭	（名）	jiātíng	family
44	幸福	（形）	xìngfú	happy
45	聊	（动）	liáo	to chat
46	手艺	（名）	shǒuyì	skill

专名	Zhuānmíng	Proper names
张新	Zhāng Xīn	name of a friend of Mr. Chen Mingshan
张	Zhāng	a common Chinese family name
玉珍	Yùzhēn	name of Lao Zhang's wife
昆明	Kūnmíng	Kunming, capital of Yunan Province in the southwest of China

study points · 注释 · zhùshì

1　可不是吗？ (Kě bu shì ma?)

This is a common expression to show your agreement.

2　国庆前接到你的信。(Guóqìng qián jiē dào nǐ de xìn.)

"国庆" (guóqìng) here refers to the National Day of the People's Republic of China. The PRC was founded on October 1st, 1949.

3   刚才你们是怎么来的？(Gāngcái nǐmen shì zěnme lái de?)

The "是…的" (shì…de) structure is often used to emphasize the time, place and manner of an action which has already taken place:

他们是上个月二十三号到北京的。

(Tāmen shì shàngge yuè èrshísānhào dào Běijīng de.)   (time)

我们是在昆明的一个火车站分别的。

(Wǒmen shì zài Kūnmíng de yíge huǒchēzhàn fēnbié de.)   (place)

你们是坐公共汽车来的吗？

(Nǐmen shì zuò gōnggòng qìchē lái de ma?)   (manner)

"是" (shì) is sometimes omitted in the structure. The object, if there is one, can be placed between the verb and "的" (de), or after "的":

他（是）昨天到中国的。(Tā (shì) zuótiān dào Zhōngguó de.) or

他（是）昨天到的中国。(Tā (shì) zuótiān dào de Zhōngguó.)

The negative form of this structure is "不是…的" (bú shì…de). In the negative, "是" cannot be omitted:

他们不是坐公共汽车来的。

(Tāmen bú shì zuò gōnggòng qìchē lái de.)

张先生不是从美国来的。

(Zhāng xiānsheng bú shì cóng Měiguó lái de.)

4   那是一九四○年十一月八号。(Nà shì yījiǔsìlíngnián shíyīyuè bāhào.)

In Chinese, the order of date is: __年 (nián) __月 (yuè) __日 (rì) or（号）(hào), the opposite of that in English.

5   你几个孩子都在身边吗？(Nǐ jǐge háizi dōu zài shēnbiān ma?)

"在身边" (zài shēnbiān) here means to live together with.

6   老大跟老二都是医院的医生。(Lǎodà gēn lǎo'èr dōu shì yīyuàn de yīshēng.)

"老大"（lǎodà）is a colloquial expression meaning the first son or daughter of the family. "老二" (lǎo'èr) is the second, "老三" (lǎosān) the third, so on and forth up to "十" (shí).

7   老大去年结的婚。(Lǎodà qùnián jié de hūn.)

"结" (jié) is a verb while "婚" (hūn) is the object of it. The normal way of using this expression is A 跟 (gēn) B 结婚。

8   他爱人在工厂工作。(Tā àiren zài gōngchǎng gōngzuò.)

The Chinese nowadays call their spouses "爱人" (àiren) instead of "丈夫" (zhàngfu, husband) or 妻子 (qīzi, wife). "先生" (xiānsheng) and "太太" (tàitai) are no longer used either.

---

supplementary words · 补充生词 · bǔchōng shēngcí

1	失散	（动）	shīsàn	to lose
2	羊肉泡馍		yángròu pào mó	a popular dish in the northwest of China
3	特产	（名）	tèchǎn	special produce
4	各	（代）	gè	every
5	满	（形）	mǎn	full
6	鱼翅	（名）	yúchì	shark's fin
7	难得	（形）	nándé	rare
8	席	（名）	xí	banquet, table
9	名贵	（形）	míngguì	valuable
10	练	（动）	liàn	to practice
11	洗尘	（动）	xǐchén	to celebrate someone's home-coming
12	恭敬不如从命		gōngjìng bùrú cóngmìng	The best way to show respect is to obey.

· exercises · 练习 · liànxí

---

*1. **Answer the following questions:**

Model: A: 你 是 怎么 来 的?
           Nǐ shì zěnme lái de?

       B: 我 是 走 来 的。（走）
          Wǒ shì zǒu lái de. (zǒu)

1) A: 他们 一家是 怎么去 上海 的?
   Tāmen yìjiā shì zěnme qù Shànghǎi de?

   B: _____。（火车）
   _____. （huǒchē）

2) A: 他们 是 什么 时候儿 到北京 的?
   Tāmen shì shénme shíhòur dào Běijīng de?

   B: _____。（九月五日下午）
   _____. （jiǔyuè wǔrì xiàwǔ）

3) A: 你 家老大 是 哪年 结的婚?
   Nǐ jiā lǎodà shì nǎnián jié de hūn?

   B: _____。（去年）
   _____. （qùnián）

4) A: 他们 是 在哪儿分别 的?
   Tāmen shì zài nǎr fēnbié de?

   B: _____。（汽车站）
   _____. （qìchēzhàn）

5) A: 你 是 在哪儿学 的 汉语?
   Nǐ shì zài nǎr xué de Hànyǔ?

   B: _____。（中国）
   _____. （Zhōngguó）

*2. **Complete the sentences after the model:**

Model: 见 到你，我 很 高兴。（很）
Jiàn dào nǐ , wǒ hěn gāoxìng. （hěn）

1) 今天 有机会来 你们 国家 参观、访问，_____
   Jīntiān yǒu jīhui lái nǐmen guójiā cānguān、fǎngwèn, _____
   _____。（很）
   _____. （hěn）

2) 接 到你的来信，_____。（……极了）
   Jiē dào nǐ de lái xìn, _____. （……jí le）

3) 这次回 国探亲， 找 到了失散 多年 的孩子，____
   Zhècì huí guó tànqīn, zhǎo dàole shīsàn duōnián de háizi, ____
   _____。（太……了）
   _____。（tài……le）

3. **Fill in the blanks after the model:**

Model: 今天 请你 尝尝 她的手艺。（你）
Jīntiān qǐng nǐ chángchang tā de shǒuyì. （nǐ）

1) _____ 西安的 羊肉 泡馍。
   _____ Xī'ān de yángròu pào mó.

2) _____ 我 家乡 的 特产 。

_____ wǒ jiāxiāng de tèchǎn .

3) _____ 北京 烤鸭 。

_____ Běijīng kǎoyā .

4 . Listen to the dialogue:

赵 太太：哎呀 ， 你们 太 客气 了 。看， 这 满满
Zhào tàitai: Āiyā , nǐmen tài kèqi le . Kàn, zhè mǎnmǎn

的 一 桌子 。
de yì zhuōzi .

刘 太太：也 没 什么 东西 。坐 ，坐 。
Liú tàitai: Yě méi shénme dōngxi . Zuò, zuò .

赵 先 生：不 要 这么 麻烦 嘛 。老 刘, 今天 咱们
Zhào xiānsheng: Bú yào zhème máfan ma . Lǎo Liú, jīntiān zánmen

主要 是 好好儿 聊聊 。
zhǔyào shì hǎohāor liáoliao .

刘 先 生：要 好好儿 聊聊 ，也 要 好好儿 喝喝 。来，
Liú xiānsheng: Yào hǎohāor liáoliao, yě yào hǎohāor hēhe . Lái,

先 为 咱们 两家 的 重逢 干一杯！
xiān wèi zánmen liǎngjiā de chóngféng gān yìbēi!

赵 先 生：干！
Zhào xiānsheng: Gān!

刘 太太：你们 尝尝 这个 。
Liú tàitai: Nǐmen chángchang zhège .

赵 先 生：这 是 鱼翅 吧？ 很 难得 呀！
Zhào xiānsheng: Zhè shì yúchì ba? Hěn nándé ya!

刘 先 生：是 我 哥哥 寄 来 的 。
Liú xiānsheng: Shì wǒ gēge jì lai de .

赵 太太：鱼翅 是 中国 席上 最 名贵 的 菜 呀！
Zhào tàitai: Yúchì shì Zhōngguó xíshang zuì míngguì de cài yà!

刘 太太：都 这么 说 。大概 就 名贵 在 难得
Liú tàitai: Dōu zhème shuō . Dàgài jiù míngguì zài nándé

上 了 。夹菜 呀！
shang le . Jiā cài ya!

赵 太太：好 ，我 自己 来 。
Zhào tàitai: Hǎo, wǒ zìjǐ lái .

赵 先 生：味道 真 好！ 没 想 到 刘 太太 你 还
Zhào xiānsheng: Wèidao zhēn hǎo! Méi xiǎng dào Liú tàitai nǐ hái

有 这么 高 的 手艺，跟 谁 学 的?
yǒu zhème gāo de shǒuyì, gēn shuí xué de?

刘 太太:　　自己 慢慢儿 练 的，做 得 不 好。
Liú tàitai:　　Zìjǐ mànmānr liàn de, zuò de bù hǎo.

刘 先 生:　　今天 为 老 赵 全 家 洗尘，应该 干
Liú xiānsheng:　Jīntiān wèi Lǎo Zhào quán jiā xǐchén, yīnggāi gān

三杯。请，请。
sānbēi. Qǐng, qǐng.

赵 先 生:　　请。
Zhào xiānsheng:　Qǐng.

刘 太太:　　赵 太太，来呀。
Liú tàitai:　　Zhào tàitai, lái ya.

赵 太太:　　哎呀，我 就 能 喝 一杯。
Zhào tàitai:　Āiyā, wǒ jiù néng hē yìbēi.

赵 先 生:　　恭敬 不如 从命，你 喝 啤酒 吧。
Zhào xiānsheng:　Gōngjìng bùrú cóngmìng, nǐ hē píjiǔ ba.

刘 先 生:　　好，添 上，添 上。
Liú xiānsheng:　Hǎo, tiān shang, tiān shang.

∗5. Translate the sentences into Chinese. Note the difference in meaning between the two sentences in each group.

1) It was in April, 1952 that I returned from abroad.
   I returned from abroad on April, 1952.

2) It was in the Uuited States that Lao Zhang got to know Lao Liu.
   Lao Zhang got to know Lao Liu in the United States.

3) It was with his father that he went to Britain.
   He went to Britain with his father.

28 Talking About Learning Chinese
谈汉语学习 tán hànyǔ xuéxí

(After dinner Guo Yuzhen, Lao Zhang's wife, talks to Lily about learning Chinese.)

郭 玉 珍: Guō Yùzhēn:	莉莉, 你 汉语 说 得 真 Lìli , nǐ Hànyǔ shuō de zhēn 好, ① 又 流利 又 清楚。② hǎo, yòu liúlì yòu qīngchu.	Lily, you speak excellent Chinese, fluent and clear.
莉: Lì:	伯母, 您 过奖 了。③ 我 Bómǔ, nín guòjiǎng le. Wǒ	Oh Auntie, you're flattering me. I don't

说　得不好。
shuō de bù hǎo.

speak well at all.

郭：
Guō:

不，你的　声调 、语调　都
Bù, nǐ de shēngdiào、yǔdiào dōu
很　自然，跟　从　小　生
hěn zìrán, gēn cóng xiǎo shēng
活　在　北京　的　人　差不
huó zài Běijīng de rén chà bu
多 。
duō.

No, you have such natural tone and intonation, just like people raised in Beijing.

张：
Zhāng:

莉莉，你 听听，④你伯母 是
Lìli, nǐ tīngting, nǐ bómǔ shì
教　外国　留学生　汉语
jiāo wàiguó liúxuéshēng Hànyǔ
的，⑤三句话 不离 本 行。⑥
de, sānjù huà bù lí běnháng.

Listen to her, Lily. Your Aunt teaches foreign students Chinese. She always talks shop.

莉：
Lì:

我　正　想　请 伯母　帮
Wǒ zhèng xiǎng qǐng bómǔ bāng
助　我　学 汉语　呢。不 知
zhù wǒ xué Hànyǔ ne. Bù zhī
道 伯母　愿意 不 愿意　收
dao bómǔ yuànyì bu yuànyì shōu
我 这个 学生。
wǒ zhège xuésheng.

And I was thinking of asking Auntie to help me with my Chinese. Would you take me as your student, Auntie?

郭：
Guō:

你 从　小　就 开始　学 的 吧?
Nǐ cóng xiǎo jiù kāishǐ xué de ba?

You must have started learning Chinese when you were very young?

莉：
Lì:

从　十一岁起，爸爸 就 教
Cóng shíyīsuì qǐ, bàba jiù jiāo
我。我　每天　都 起 得
wǒ. Wǒ měitiān dōu qǐ de
很 早，睡 得 很 晚。早
hěn zǎo, shuì de hěn wǎn. Zǎo
上 起 床　以后，我 就
shang qǐ chuáng yǐhòu, wǒ jiù
自己 念啊，背啊，说啊。⑦
zìjǐ niàn a, bèi a, shuō a.
下午　听录音，写 汉字。
Xiàwǔ tīng lùyīn, xiě Hànzì.

Dad started teaching me Chinese when I was eleven. I get up very early every morning and go to bed late. I read, recite and speak on my own in the morning. In the afternoon I practice writing Chinese characters and listen to tapes; at night I practice spoken

晚上　　跟爸爸练习　说
Wǎnshang gēn bàba liànxí shuō
汉语。
Hànyǔ.

Chinese with Dad.

郭：　怪　不得你学得这样
Guō: Guài bu de nǐ xué de zhèyàng
好。莉莉，你觉得汉语难
hǎo. Lìli, nǐ juéde Hànyǔ nán
吗？
ma?

No wonder your Chinese is so good. Do you find Chinese difficult, Lily?

莉：　我　觉得语音、语法不太难，
Lì: Wǒ juéde yǔyīn、yǔfǎ bú tài nán,
汉字比较难。
Hànzì bǐjiào nán.

Pronunciation and grammar aren't too difficult, but Chinese characters are.

郭：　你　汉字写得　怎么样？
Guō: Nǐ Hànzì xiě de zěnmeyàng?

How's your Chinese handwriting?

莉：　不　好。伯母，您看看，这
Lì: Bù hǎo. Bómǔ, nín kànkan, zhè
就是我写的汉字。
jiù shì wǒ xiě de Hànzì.

Bad. Auntie, look, I wrote these.

郭：　很　好，很好。莉莉，听
Guō: Hén hǎo, hén hǎo. Lìli, tīng
说你会好几种语言，
shuō nǐ huì hǎo jǐzhǒng yǔyán,
是吗？
shì ma?

Good, very good! Lily, I was told you speak many languages. Is that right?

莉：　除了英语、汉语以外，
Lì: Chúle Yīngyǔ、Hànyǔ yǐwài,
法语、日语也能　说　一
Fǎyǔ、Rìyǔ yě néng shuō yì
点儿。⑧
diǎnr.

Besides English and Chinese, I also speak a little French and Japanese.

陈：　莉莉，时间不早了，我们
Chén: Lìli, shíjiān bù zǎo le, wǒmen
该走了吧？
gāi zǒu le ba?

It's getting late, Lily. Shouldn't we be leaving?

莉：　伯母，耽误了您不少时
Lì: Bómǔ, dānwule nín bù shǎo shí

Auntie, I've taken up much of your time.

	间 ，谢谢 您 。		Thank you.
	jiān, xièxie nín.		
郭 ：	没 什么 。⑨ 陈 先生 ，		Oh, it's nothing. Mr.
Guō:	Méi shénme. Chén xiānsheng,		Chen, you've such a
	你 女儿 可 真 招 人 喜		lovely daughter.
	nǐ nǚ'ér kě zhēn zhāo rén xǐ		
	欢 啊! ⑩		
	huan a !		

• new words • 生词 • shēngcí

1	汉语	（名） Hànyǔ	the Chinese language
2	学习	（动、名） xuéxí	to learn, study
3	流利	（形） liúlì	fluent
4	过奖	（动） guòjiǎng	overpraise, flatter
5	声调	（名） shēngdiào	tone
6	语调	（名） yǔdiào	intonation
7	生活	（动、名） shēnghuó	to live, life
8	教	（动） jiāo	to teach
9	留学生	（名） liúxuéshēng	foreign students, students studying abroad
10	三句话不离本行	sānjù huà bù lí běnháng	talking shop
11	愿意	（助动） yuànyì	to be willing
12	收	（动） shōu	to accept, to keep
13	学生	（名） xuésheng	student, pupil
14	开始	（动） kāishǐ	to begin, to start
15	学	（动） xué	to learn
16	从……起	cóng…qǐ	from, starting from

17	起	（动）	qǐ	to rise
18	睡	（动）	shuì	to go to bed, to sleep
19	早上	（名）	zǎoshang	morning
20	起床		qǐ chuáng	to get out of bed, to get up
21	自己	（代）	zìjǐ	self
22	念	（动）	niàn	to read
23	背	（动）	bèi	to recite, to learn by heart
24	录音	（名）	lùyīn	recording
25	汉字	（名）	Hànzì	Chinese character
26	练习	（动、名）	liànxí	to practice, practice
27	觉得	（动）	juéde	to feel, to think
28	难	（形）	nán	difficult
29	语音	（名）	yǔyīn	pronunciation, phonetics
30	语法	（名）	yǔfǎ	grammar
31	语言	（名）	yǔyán	language
32	除了	（介）	chúle	besides, except
33	以外	（名）	yǐwài	apart from
	除了……以外		chúle…yǐwài	besides, except
34	英语	（名）	Yīngyǔ	the English language
35	法语	（名）	Fǎyǔ	the French language
36	日语	（名）	Rìyǔ	the Japanese language
37	耽误	（动）	dānwu	to hold up, to delay
38	可	（副）	kě	(for emphasis)
39	招	（动）	zhāo	to attract

专名　　　　**Zhuānmíng**　　　　**Proper Name**

郭玉珍　　Guō Yùzhēn　　the name of the wife of Zhang Xin, a friend of Chen Mingshan's

郭　　Guō　　a Chinese common family name

study points · 注释 · zhùshì

1 你汉语说得真好。(Nǐ Hànyǔ shuō de zhēn hǎo.)

To show the extent of an action, the following pattern is used:

subject+verb+ "得" (de) + adjective:

每天我起得很早。(Měitiān wǒ qǐ de hěn zǎo.)

他学得很好。(Tā xué de hěn hǎo.)

If there is an object, the pattern is as follows:

subject + verb + object + verb repeated+ "得" + adjective:

他写汉字写得很快。(Tā xiě Hànzì xiě de hěn kuài.)

我做饭做得很好。(Wǒ zuò fàn zuò de hěn hǎo.)

If the object is to be emphasized, the following two patterns are used:

a. subject+object+verb+ "得" + adjective:

他汉字写得很快。(Tā Hànzì xiě de hěn kuài.)

他饭做得很好。(Tā fàn zuò de hěn hǎo.)

b. object + subject + verb+ "得" +adjective:

汉字他写得很快。(Hànzì tā xiě de hěn kuài.)

饭他做得很好。(Fàn tā zuò de hěn hǎo.)

The negative is formed by putting the adverb "不" (bù) before the adjective:

昨天晚上他睡得不晚。(Zuótiān wǎnshang tā shuì de bù wǎn.)

我英语说得不好。(Wǒ Yīngyǔ shuō de bù hǎo.)

The alternative question is:

你休息得好不好？(Nǐ xiūxi de hǎo bu hǎo?)

他法语说得流利不流利？(Tā Fǎyǔ shuō de liúlì bu liúlì?)

2 又流利又清楚 (yòu liúlì yòu qīngchu)

"又 (yòu) …… 又 ……" shows two conditions or situations complementary to each other.

3 您过奖了。(Nín guòjiǎng le.)

"过奖" (guòjiǎng) is an expression to show modesty. It means the praise for one is too much.

4 你听听。(Nǐ tīngting.)

This is an parenthesis used to draw the attention of the listener.

5 你伯母是教外国留学生汉语的。(Nǐ bómǔ shì jiāo wàiguó liúxuéshēng Hànyǔ de.)

"subject + "是" (shì) + verb + object + "的" (de) " can be used to show one's profession:

他是开车的。(Tā shì kāi chē de.)

我是教历史的。(Wǒ shì jiāo lìshǐ de.)

6 三句话不离本行。(Sānjù huà bù lí běnháng.)

This is an idiom.

7 念啊，背啊，说啊。(Niàn a , bèi a, shuō a.)

The modal particle "啊" can be used in the following ways:

1) To be placed after each verb of a series:

我每天念啊，背啊，说啊。(Wǒ měitiān niàn a, bèi a, shuō a.)

2) To be placed at the end of a sentence to show a praise in surprise:

您的中国话不错啊！(Nín de Zhōngguóhuà búcuò a!)　　　　(Lesson 13)

北京的变化真不小啊！(Běijīng de biànhuà zhēn bù xiǎo a!)　　(Lesson 20)

真是百闻不如一见啊！(Zhēn shì bǎi wén bùrú yí jiàn a!)　　(Lesson 22)

3) To be placed at the end of a sentence to show affirmation:

是你啊。(Shì nǐ a.)　　　　(Lesson 21)

你这儿离我们住的地方很近啊。(Nǐ zhèr lí wǒmen zhù de dìfang hěn jìn a.)

(Lesson 27)

4) To be placed at the end of a sentence to form questions:

谁啊？(Shuí a?)　　　　(Lesson 10)

什么时候结婚啊？(Shénme shíhòur jié hūn a?)　　(Lesson 27)

8 除了英语、汉语以外，法语、日语也能说一点儿。

(Chúle Yīngyǔ、Hànyǔ yǐwài, Fǎyǔ、Rìyǔ yě néng shuō yìdiǎnr.)

"除了 (chúle) …… 以外 (yǐwài), …… 也 (yě)" means that there are other things besides something.

9 没什么 (méi shénme)

The praise here means "It does not matter."

10 你女儿可真招人喜欢啊！(Nǐ nǚ'ér kě zhēn zhāo rén xǐhuan a!)

"可" (kě) here is for emphasis.

supplementary words · 补充生词 · bǔchōng shēngcí

1	出差		chū chāi	to be sent out on business
2	空儿	（名）	kòngr	spare time

3	圈	（名、量）	quān	circle, round
4	呀	（助）	ya	a modal particle
5	运动	（动、名）	yùndòng	to do exercises, sports
6	球迷	（名）	qiúmí	fan (ball games)
7	网球	（名）	wǎngqiú	tennis
8	台球	（名）	táiqiú	billiards
9	高尔夫球	（名）	gāo'ěrfūqiú	golf
10	跳高	（名）	tiàogāo	high jump
11	个子	（名）	gèzi	height
12	篮球	（名）	lánqiú	basket-ball
13	中锋	（名）	zhōngfēng	cente (a position in ball games)
14	米	（量）	mǐ	mete
	王力		Wáng Lì	a well-known professor of Chinese linguistics

• exercises • 练习 • liànxí

---

*1. **Answer the questions:**

1) Model: A: 这个司机开车开得怎么样？

Zhège sījī kāi chē kāi de zěnmeyàng?

B: 他开车开得很好。

Tā kāi chē kāi de hěn hǎo.

(1) A: 郭伯母做菜做得怎么样？

Guō bómǔ zuò cài zuò de zěnmeyàng?

B: _____。

_____.

(2) A: 这个大夫看病看得怎么样？

Zhège dàifu kàn bìng kàn de zěnmeyàng?

B: _____。

_____.

(3) A: 他 念 书 念 得 怎么样？
　　　Tā niàn shū niàn de zěnmeyàng?

　　B: ＿＿＿＿＿＿＿＿＿＿。

2) Model: A: 她 起 得 早 不 早？
　　　　　Tā qǐ de zǎo bu zǎo?

　　　　B: 她 起 得 很 早。
　　　　　Tā qǐ de hěn zǎo.

(1) A: 雨 下 得 大 不 大？
　　　Yǔ xià de dà bu dà?

　　B: ＿＿＿＿＿＿＿＿。

(2) A: 车 开 得 快 不 快？
　　　Chē kāi de kuài bu kuài?

　　B: ＿＿＿＿＿＿＿。

(3) A: 她 回答 得 对 不 对？
　　　Tā huídá de duì bu duì?

　　B: ＿＿＿＿＿＿。

∗2. Fill in the blanks:

Model: A: 您 汉语 说 得 真 好！
  Nín Hànyǔ shuō de zhēn hǎo!

  B: 您 过 奖 了。我 说 得 不 好。
  Nín guòjiǎng le . Wǒ shuō de bù hǎo.

(1) A: 您 字＿＿＿＿＿＿！
  Nín zì ＿＿＿＿＿＿ !

  B: 您 过 奖 了。我 写 得 不 好。
  Nín guòjiǎng le . Wǒ xiě de bù hǎo.

(2) A: 你 球 ＿＿＿＿＿＿！
  Nǐ qiú ＿＿＿＿＿＿ !

  B: 您 过 奖 了。我 打 得 不 好。
  Nín guòjiǎng le . Wǒ dǎ de bù hǎo.

(3) A: 您 京剧 ＿＿＿＿＿！
  Nín jīngjù ＿＿＿＿＿ !

  B: 您 过 奖 了。我 演 得 不 好。
  Nín guòjiǎng le . Wǒ yǎn de bù hǎo.

∗3. Practice "怪不得" (guài bu de):

Model: A: 他 是 在 英国 上 的 小学 和 中 学。
  Tā shì zài Yīngguó shàng de xiǎoxué hé zhōngxué.

  B: 怪 不得他 英语这么 好。
  Guài bu de tā Yīngyǔ zhème hǎo.

(1) A: 他 是 语言学家 王 力 的 学生。
  Tā shì yǔyánxuéjiā Wáng Lì de xuésheng.

  B: ＿＿＿＿＿＿＿＿＿＿。（汉语）
  ＿＿＿＿＿＿＿＿＿＿. (Hànyǔ)

(2) A: 你 体温 三十八度九。
  Nǐ tǐwēn sānshíbādù jiǔ .

  B: ＿＿＿＿＿＿＿＿。（不舒服）
  ＿＿＿＿＿＿＿＿. (bù shūfu)

(3) A: 他 出 差 了，你 不 知道？
  Tā chū chāi le , nǐ bù zhīdao?

  B: ＿＿＿＿＿＿＿＿。（见）
  ＿＿＿＿＿＿＿＿. (jiàn)

∗4. Complete the sentences:

1) Model: 我 想 请 叔叔 帮 我学 算术 ，不 知道
  Wǒ xiǎng qǐng shūshu bāng wǒ xué suànshù, bù zhīdao

叔 叔 有 空 儿 没有 。（ 空儿 ）
shūshu yǒu kòngr méiyǒu.　（kòngr）

(1) 我 想 请 您 帮 我 买 飞机票，不 知道 您 _____
Wǒ xiǎng qǐng nín bāng wǒ mǎi fēijīpiào, bù zhīdao nín _____

_____ 。（ 时间 ）
_____.　（shíjiān）

(2) 我 想 请 您 和 您 太太 明天 带 孩子 来 玩儿
Wǒ xiǎng qǐng nín hé nín tàitai míngtiān dài háizi lai wánr

一 天，不 知道 你们_____ 。（ 别的 活动 ）
yìtiān, bù zhīdao nǐmen_____.　（biéde huódòng）

(3) 我 想 请 他 下午 来 一下儿，不 知道 他_____
Wǒ xiǎng qǐng tā xiàwǔ lái yíxiàr , bù zhīdao tā_____

_____ 。（ 事儿 ）
_____.　（ shìr ）

2) Model: 除 了 英语、汉语 以外，法语、日语 他 也 会 一
Chúle Yīngyǔ, Hànyǔ yǐwài, Fǎyǔ, Rìyǔ tā yě huì yì
点儿 。（ 会 ）
diǎnr.　（huì）

(1) 除 了 美元 以外，英 镑 我_____。（ 兑换 ）
Chúle Měiyuán yǐwài, Yīngbàng wǒ _____.　（duìhuàn）

(2) _____,别的 地方 他们 都 没 去。（ 北京，
_____, biéde dìfang tāmen dōu méi qù.　（Běijīng,
上海 ）
Shànghǎi ）

(3) 这次 回 来_____，我 还 想 看看 老 朋
Zhècì huí lai_____, wǒ hái xiǎng kànkan lǎo péng
友 。（ 参观，游览 ）
you.　（cānguān, yóulǎn）

3) Model: 从 十二岁起，我 就 跟 妈妈 学 汉语 。
Cóng shí'èrsuì qǐ , wǒ jiù gēn māma xué Hànyǔ.

(1) _____, 我 就 在 这儿 等 你 了。（ 九点 ）
_____, wǒ jiù zài zhèr děng nǐ le .　（jiǔdiǎn）

(2) _____, 他 就 开始了 新 的 生 活。（ 这一天 ）
_____, tā jiù kāishǐle xīn de shēnghuó.　（zhè yìtiān）

(3) _____, 我 就 不 抽 烟 了。（ 明天 ）
_____, wǒ jiù bù chōu yān le .　（míngtiān）

5 . Listen to the dialogue:

A: 哦，你 都 跑 回 来 了，起 得 真 早 啊。
　　Ó, nǐ dōu pǎo hui lai le, qǐ de zhēn zǎo a.

B: 五点半 从 家里出 去，跑 一 大 圈 回 来，不 到 六
　　Wǔdiǎnbàn cóng jiāli chū qu, pǎo yí dà quān huí lai, bú dào liù
　　点。早饭 前，还 有 不 少 时间 念念 日语。
　　diǎn. Zǎofàn qián, hái yǒu bù shǎo shíjiān niànnian Rìyǔ.

A: 你 天天 跑 吗？
　　Nǐ tiāntiān pǎo ma?

B: 除了 大 风 大 雨 天，都 跑。
　　Chúle dà fēng dà yǔ tiān, dōu pǎo.

A: 怪 不得你 身体这么 好。
　　Guài bu de nǐ shēntǐ zhème hǎo.

B: 你 身体也 不错 呀，一定也 很 喜欢 运动 吧？
　　Nǐ shēntǐ yě búcuò ya, yídìng yě hěn xǐhuan yùndòng ba?

A: 大家 都 管 我 叫 球迷，网球、台球、高尔夫球 都
　　Dàjiā dōu guǎn wǒ jiào qiúmí, wǎngqiú、táiqiú、gāo'ěrfūqiú dōu
　　喜欢。
　　xǐhuan.

B: 那 一定 打 得 很 好。
　　Nà yídìng dǎ de hěn hǎo.

A: 不 好。打 一会儿就 累得 不 行。你 喜欢 什么 运动？
　　Bù hǎo. Dǎ yíhuìr jiù lèi de bù xíng. Nǐ xǐhuan shénme yùndòng?

B: 跳高 。
　　Tiàogāo.

A: 啊，个子 高。那 你 篮球 大概 也 打 得 不错！ 高大 的
　　Ā, gèzi gāo. Nà nǐ lánqiú dàgài yě dǎ de búcuò! Gāodà de
　　中锋 啊！
　　zhōngfēng a !

B: 不，打 中 锋，我的 个子 还 不 够 高。你 知道 咱们
　　Bù, dǎ zhōngfēng, wǒ de gèzi hái bú gòu gāo. Nǐ zhīdao zánmen
　　国家 最 高 的 中锋 多 高？ 两米 二还 多 呢！
　　guójiā zuì gāo de zhōngfēng duō gāo? Liǎngmǐ èr hái duō ne!

A: 谁 能 跟 他 比 呀！全 国 不 就 一个 吗？
　　Shuí néng gēn tā bǐ ya! Quán guó bú jiù yíge ma?

29 The "Man" In The Shop Window
橱窗里的"人" chúchuāngli de "rén"

(A dialogue between Lily and David in front of a shop window)

伟： 姐姐，你 说 现在 冷 不 　　Would you say it's cold
Wěi： Jiějie, nǐ shuō xiànzài lěng bu　now, Lily?
冷？
lěng?

莉： 一点儿 也 不 冷。① 我们 不　Not at all. We are only
Lì： Yìdiǎnr yě bù lěng.　Wǒmen bù　wearing sweaters, aren't

都 是 穿 一件 毛衣 吗？   we?
dōu shì chuān yíjiàn máoyī ma?

伟： 对 啊, 可是 我 看见 有个   That's right, but I just
Wěi: Duì a, kěshì wǒ kàn jiàn yǒu ge   saw someone wearing

人 身上 穿着 皮   fur coat, high boots, fur
rén shēnshang chuānzhe pí   hat, scarf and gloves.

大衣, ② 脚上 穿着 皮
dàyī, jiǎoshang chuānzhe pí

靴子, 头上 戴着 皮帽子,
xuēzi, tóushang dàizhe pí màozi,

脖子上 围着 毛 围巾,
bózishang wéizhe máo wéijīn,

手上 戴着 皮 手套。
shǒushang dàizhe pí shǒutàor.

莉： 哦, 我 不 相信。   Oh no, I don't believe
Lì: Ó, wǒ bù xiāngxìn.   it.

伟： 不 相信？ 他 还 笑着   You don't? That person
Wěi: Bù xiāngxìn? Tā hái xiàozhe   even smiled and waved

向 我 招 手 呢。③   at me.
xiàng wǒ zhāo shǒu ne.

莉： 那 说 不 定 是 个 疯子。   It might be some-
Lì: Nà shuō bu dìng shì gc fēngzi.   one crazy.

伟： 他 一点儿 也 不 疯。   No, not at all.
Wěi: Tā yìdiǎnr yě bù fēng.

莉： 那 准 是 个 傻子。   Then he must be an
Lì: Nà zhǔn shì ge shǎzi.   idiot.

伟： 他 长着 一对 聪明 的   No, that person has
Wěi: Tā zhǎngzhe yíduì cōngming de   a pair of big, intelligent

大 眼睛。   eyes.
dà yǎnjing.

莉： 男 的 还是 女 的?   A man or a woman?
Lì: Nán de háishi nǔ de?

伟： 男 的。   A man.
Wěi: Nán de.

莉： 你 认识 他 吗?   Do you know him?
Lì: Nǐ rènshi tā ma?

伟： 不 认识。   I don't.
Wěi: Bú rènshi.

莉: Lì:	你 不 认识他， 他 怎么 会 Nǐ bú rènshi tā, tā zěnme huì 笑着 向 你 招 手 呢? xiàozhe xiàng nǐ zhāo shǒu ne?	If you don't know him, why did he smile and wave at you?
伟: Wěi:	他 向 谁 都 笑着 招 Tā xiàng shuí dōu xiàozhe zhāo 手 。④ shǒu.	He smiles and waves at everybody.
莉: Lì:	你 跟 他 说 话 了 吗? Nǐ gēn tā shuō huà le ma?	Did you speak to him?
伟: Wěi:	没有，他 不 说 话。 Méiyǒu, tā bù shuō huà.	No, he doesn't speak.
莉: Lì:	大伟，你 怎么 了?⑤你 说 Dàwěi, nǐ zěnme le? Nǐ shuō 得 我 都 糊涂 了。⑥你 在 de wǒ dōu hútu le. Nǐ zài 哪儿 看 见 的? nǎr kàn jiàn de?	What's wrong with you, David? You've got me all confused. Where did you see this person?
伟: Wěi:	远 在 天边，近 在 眼 Yuǎn zài tiānbiān, jìn zài yǎn 前 。⑦那不，他 在 橱窗 qián. Nà bù, tā zài chúchuāng 里 站着 呢。 li zhànzhe ne.	If you look far, he is ten thousand miles away, but if you look close, he is right in front of you. He is standing in the show window.
莉: Lì:	你 这个 调皮鬼! Nǐ zhège tiáopíguǐ!	You naughty boy!

• new words • 生词 • shēngcí

1	橱窗	（名）chúchuāng	show window
2	毛衣	（名）máoyī	sweater, jumper, pull-over
3	看见	kàn jiàn	to see
4	身上	（名）shēnshang	on the body

5	着	（助）	zhe	a particle placed after verbs to show continuation of an action or state.
6	皮	（名）	pí	fur, hide, skin
7	脚	（名）	jiǎo	foot
8	靴子	（名）	xuēzi	boots
9	戴	（动）	dài	to wear (hats, gloves and glasses, etc.)
10	帽子	（名）	màozi	hat, cap, head-gear
11	脖子	（名）	bózi	neck
12	围	（动）	wéi	to wrap, to surround
13	毛	（名）	máo	wool
14	围巾	（名）	wéijīn	scarf, muffler
15	手	（名）	shǒu	hand
16	手套	（名）	shǒutàor	gloves, mittens
17	相信	（动）	xiāngxìn	to believe
18	笑	（动）	xiào	to laugh, to smile
19	招手		zhāo shǒu	to wave
20	说不定		shuō bu dìng	perhaps, probably
21	疯子	（名）	fēngzi	madman
22	疯	（形）	fēng	mad, crazy
23	准	（形）	zhǔn	sure, certain
24	傻子	（名）	shǎzi	fool, idiot
25	长	（动）	zhǎng	to grow
26	对	（量）	duì	pair
27	聪明	（形）	cōngming	intelligent, bright, clever
28	眼睛	（名）	yǎnjing	eyes
29	男	（名）	nán	man, male
30	女	（名）	nǚ	woman, female
31	怎么了		zěnme le	What is wrong? What is the matter?

32	远在天边, 近在眼前		yuǎn zài tiānbiān, jìn zài yǎnqián	If you look far, it is ten thousand miles away, and if you look near, it is right in front of you.
33	那不		nà bù	an expression to direct people's attention to something obvious
34	站	（动）zhàn		to stand
35	调皮鬼	（名）tiáopíguǐ		naughty or mischievous person

---

study points · 注释 · zhùshì

1 一点儿也不冷。(Yìdiǎnr yě bù lěng.)

"一点儿也不" + adjective has an exact paralell in English which is "not a bit" + adjective.

2 我看见有个人身上穿着皮大衣。

(Wǒ kàn jiàn yǒu ge rén shēnshang chuānzhe pí dàyī.)

"着" (zhe) here functions as a continuation indicator:

他的脚上穿着皮靴子。(Tā de jiǎoshang chuānzhe pí xuēzi.)

他在橱窗里站着。(Tā zài chúchuāngli zhànzhe.)

桌子上放着手提包。(Zhuōzishang fàngzhe shǒutíbāo.)

The negative is formed by putting "没有" (méiyǒu) before the verb:

他的头上没有戴着皮帽子。(Tā de tóushang méiyǒu dàizhe pí màozi.)

"verb + 着" can sometimes be used adverbially to modify the verb that follows:

他笑着向我招手。(Tā xiàozhe xiàng wǒ zhāo shǒu.)

他们坐着谈话。(Tāmen zuòzhe tán huà.)

3 他还笑着向我招手呢。(Tā hái xiàozhe xiàng wǒ zhāo shǒu ne.)

The main uses of the adverb "还" (hái) are:

1) to show something you have not expected to happen or to be so but has actually happened or is so:

他还笑着向我招手呢。(Tā hái xiàozhe xiàng wǒ zhāo shǒu ne.)

2) to show an increase or an addition:

我还要五张八分邮票。(Wǒ hái yào wǔzhāng bāfēn yóupiào.)(Lesson 6)

还要别的吗？(Hái yào biéde ma?)   (Lesson 11)

七、八月还常常下雨。(Qī、bāyuè hái chángcháng xià yǔ.) (Lesson 16)

3) to show a moderate extent:

还能听懂吧？ (Hái néng tīng dǒng ba?) (Lesson 13)

陈太太，累了吧？ (Chén tàitai, lèi le ba?)

还好。(Hái hǎo.) (Lesson 18)

4) to show a state or an action still in progress:

爸爸还在跟王小姐谈话吗？

(Bàba hái zài gēn Wáng xiǎojie tán huà ma?) (Lesson 19)

我还得用刀子、叉子吃饭。

(Wǒ hái děi yòng dāozi、chāzi chī fàn.) (Lesson 23)

4 他向谁都招手。(Tā xiàng shuí dōu zhāo shǒu.)

谁 (shuí) here means anybody or everybody is general.

5 你怎么了？ (Nǐ zěnme le?)

"怎么" (zěnme) here is used to inquire about what has happened.

6 你说得我都糊涂了。(Nǐ shuō de wǒ dōu hútu le.)

"我都糊涂了"。(Wǒ dōu hútu le) indicates the result of the action "说" (shuō).

7 远在天边，近在眼前。(Yuǎn zài tiānbiān, jìn zài yǎnqián.)

This is an idiom.

supplementary words · 补充生词 · bǔchōng shēngcí

1	白	（形）bái	white
2	俩	（数量）liǎ	two
3	门口儿	（名）ménkǒur	door-way
4	盯	（动）dīng	to stare
5	打伞	dǎ sǎn	to hold an umbrella
6	雨衣	（名）yǔyī	raincoat
7	喊	（动）hǎn	to shout
8	跳	（动）tiào	to jump
9	抬	（动）tái	to carry (on shoulder)
10	箱子	（名）xiāngzi	suitcase, trunk

278

11 拉 　　　（动）lā 　　　 to pull
12 指 　　　（动）zhǐ 　　　 to point

• exercises • 练习 • liànxí

*1. **Fill in the blanks using the structure "verb＋ 着"**(zhe):

1) 这个 女 服务员， 身上 _____白 衣服，头上 _____白
　Zhège nǚ fúwùyuán， shēnshang_____ bái yīfu， tóushang_____ bái
帽 子，一只 手 _____ 五碗 米饭，一只 手_____一 大 把
máozi， yìzhī shǒu_____ wǔwǎn mǐfàn， yìzhī shǒu_____ yí dà bǎ
筷子。
kuàizi.

2) 一个 男顾客_____烟， 眼睛 _____菜单，嘴里_____菜名，
　Yíge nán gùkè_____ yān， yǎnjing_____ càidān， zuǐli_____ càimíng，
一个 服务员 在 他 的 左边儿_____，手里_____笔 在 纸
yíge fúwùyuán zài tā de zuǒbianr_____， shǒuli_____ bǐ zài zhǐ
上 _____。
shang_____.

3) 椅子上 _____一个 小 男孩儿， 小 脸上 _____一 对 聪
　Yǐzishang_____ yíge xiǎo nánháir， xiǎo liǎnshang_____ yíduì cōng
明 的 大 眼睛， 脖子上_____一块 大 手绢儿， 身上
míng de dà yǎnjing， bózishang_____ yíkuài dà shǒujuànr， shēnshang
_____ 小 红 毛衣， 脚上 _____ 小 皮鞋，_____ 向
_____ xiǎo hóng máoyī， jiǎoshang_____ xiǎo píxié， _____ xiàng
人 招 手 。
rén zhāo shǒu.

*2. **Complete the dialogues in accordance with the contents of the pictures:**

Model: A: 我 的 毛衣哪儿去 了？
　　　　　Wǒ de máoyī nǎr qù le ?
　　　　B: 在 你 身上 穿着 呢。
　　　　　Zài nǐ shēnshang chuānzhe ne.

1) A: 你 哥哥呢？
   Nǐ gēge ne?

   B: 在 那边儿_____呢。
   Zài nàbianr _____ ne.

2) A: 信 写了吗？
   Xìn xiěle ma?

   B: 这 不 正 _____？
   Zhè bù zhèng _____？

3) A: 我 要写字了，你注意 看啊！
   Wǒ yào xiě zì le, nǐ zhùyì kàn a !

   B: 我 不是_____？
   Wǒ bú shì _____？

4) A: 邮局 什么 时候 休息？
   Yóujú shénme shíhour xiūxi?

   B: 上边儿_____呢。
   Shàngbianr _____ ne.

3. **Rephrase the sentences using "说不定" (shuō bu dìng) and "准" (zhǔn):**

Model: 他是 个 演员 。——说 不 定他是 个 演员 。
Tā shì ge yǎnyuán. ——Shuō bú dìng tā shì ge yǎnyuán.

他准 是 个 演员 。
Tā zhǔn shì ge yǎnyuán.

1) 他 病 了。
Tā bìng le.

2) 他们 不来 了。
Tāmen bù lái le.

3) 车 开 走了。
Chē kāi zǒu le.

4) 他 是 个 外国人。
Tā shì ge wàiguórén.

5) 他们 去 长城 了。
Tāmen qù Chángchéng le.

6) 那 地方 冷啊。
Nà dìfang lěng a.

7) 那儿 是 个 学校。
Nàr shì ge xuéxiào.

8) 他们 俩 喜欢 吃 中国菜。
Tāmen liǎ xǐhuan chī Zhōngguócài.

4 . Listen to the dialogue.

A: 听 说，你 认识 我们 书店 的 小 赵 ？
Tīng shuō, nǐ rènshi wǒmen shūdiàn de Xiǎo Zhào?

B: 认识 啊。
Rènshi a.

A: 你们 怎么 认识 的？ 说 说 好 吗?
Nǐmen zěnme rènshi de? Shuōshuo hǎo ma?

B: 那 是 夏天 的 事儿 了。我 妹妹 回 家 探 亲，我 去 汽
Nà shì xiàtiān de shìr le. Wǒ mèimei huí jiā tàn qīn, wǒ qù qì
车站 接 她。天 下着雨，雨 大 了，我 就 在 书店
chēzhàn jiē tā. Tiān xiàzhe yǔ, yǔ dà le, wǒ jiù zài shūdiàn
门口儿 等着。
ménkǒur děngzhe.

A: 啊，这样 认识 的?
Á, zhèyàng rènshi de?

B: 你 听啊。 公共 汽车 来了，我 跑 到 车站，眼睛
Nǐ tīng a. Gōnggòng qìchē lái le, wǒ pǎo dào chēzhàn, yǎnjing
盯 着 一个一个下 车 的 人。先 下 来 几个大人，有的
dīngzhe yíge yíge xià chē de rén. Xiān xià lái jǐge dàren, yǒude
打着 伞，有的 穿着 雨衣。我 看了看，都 不 是。
dǎzhe sǎn, yǒude chuānzhe yǔyī. Wǒ kànle kàn, dōu bú shì.

"下 雨 了！好 玩儿 啊！" 一个 小 男孩儿 喊着，跳着 下了
"Xià yǔ le ! Hǎo wánr a ! " Yíge xiǎo nánháir hǎnzhe, tiàozhe xiàle
车，他 妈妈 跟着 也 下了 车。
chē, tā māma gēnzhe yě xiàle chē.

A: 你 妹妹 还 没 来？
Nǐ mèimei hái méi lái ?

B: 没 有 啊，等 下 一辆 吧。我 正 想着，车上 下
Méiyǒu a , děng xià yíliàng ba. Wǒ zhèng xiǎngzhe, chēshang xià
来 了 两个 女的。她 俩 抬着 一个 箱子。啊，来 了！
lai le liǎngge nǚ de. Tā liǎ táizhe yíge xiāngzi. À , lái le !

A: 你 俩 妹妹？
Nǐ liǎ mèimei?

B: 不 是。我 妹妹 说："哥，这是 我 在 汽车上 认识
Bú shì. Wǒ mèimei shuō: " Gē, zhè shì wǒ zài qìchēshang rènshi
的，她 帮了 我 不 少 忙。" 她 拉着 那 女 同志 的 手
de, tā bāngle wǒ bù shǎo máng. " Tā lāzhe nà nǚ tóngzhì de shǒu
说："走，到 我 家去 坐一会儿。" 那 女 同志 用 手
shuō: " Zǒu, dào wǒ jiā qu zuò yíhuìr. " Nà nǚ tóngzhì yòng shǒu
指着 书店 说："不，工作 时间 到 了。"
zhǐzhe shūdiàn shuō: " Bù, gōngzuò shíjiān dào le . "

A: 这 准 是 小 赵！她 真 热情，是 不 是？
Zhè zhǔn shì Xiǎo Zhào! Tā zhēn rèqíng, shì bu shì?

*5. **Translate the following into Chinese:**

1) The child is in a red wollen jacket.
2) It was raining heavily outside.
3) Today's newspaper is on my table.
4) He waved at me with a smile.

30 How To Write Chinese Letters
怎 样 写 中 文 信
zěnyàng xiě zhōngwén xìn

(After receiving a letter from Li Wenhan, Mr. Chen teaches David how to write Chinese letters.)

伟：	爸爸，信！ 服务员 送 来	Dad, it's a letter. The
Wěi:	Bàba, xìn! Fúwùyuán sòng lai	attendant delivered it.
	的。	
	de.	
陈 ：	给 我。	Give it to me.
Chén:	Gěi wǒ.	

伟 :	是 谁 寄来的?	Who is it from?
Wěi:	Shì shuí jì lai de?	
陈 :	李伯伯。	Uncle Li.
Chén:	Lǐ bóbo.	
伟 :	爸爸， 中文 信 跟 英	Dad, is the way of writ-
Wěi:	Bàba, Zhōngwén xìn gēn Yīng	ing Chinese letters the
	文 信 的 写法 一样 吗? ①	same as English ones?
	wén xìn de xiěfǎ yíyàng ma?	
陈 :	你 看看, 信封 是 怎么	See how the envelope
Chén:	Nǐ kànkan, xìnfēng shì zěnme	is written.
	写 的?	
	xiě de?	
伟 :	收信人 的 地址 写 在 信	The address's at the top,
Wěi:	Shōuxìnrén de dìzhǐ xiě zài xìn	the name in the middle,
	封 上边儿 , ② 信封 中	and the address of the
	fēng shàngbianr, xìnfēng zhōng	sender at the bottom.
	间儿 写 收信人 姓名 ,	
	jiànr xiě shōuxìnrén xìngmíng,	
	下边儿 写 寄信人 地址。	
	xiàbianr xiě jìxìnrén dìzhǐ.	
陈 :	这 跟 英文 信 的 写法	Is that the same as Eng-
Chén:	Zhè gēn Yīngwén xìn de xiěfǎ	lish letters?
	一样 吗?	
	yíyàng ma?	
伟 :	不 一样。 英文 信 是 在	No, it isn't. The English
Wěi:	Bù yíyàng. Yīngwén xìn shì zài	way is to write the name
	信封 的 正面 写 收信	and then the address in
	xìnfēng de zhèngmiàn xiě shōuxìn	the center of the enve-
	人 的 姓名 和 地址 , ③在	lope. The address of the
	rén de xìngmíng hé dìzhǐ, zài	sender is written in the
	左 上 角 或 背面 写 寄	upper left-hand corner
	zuǒ shàng jiǎo huò bèimiàn xiě jì	or on the back of the
	信人 的 地址。	envelope.
	xìnrén de dìzhǐ.	
陈 :	对 了。 写 中文 信, 信	That's right. For Chinese
Chén:	Duì le. Xiě Zhōngwén xìn, xìn	letters, you put down the
	封上 的 地址 要 先 写	province or city first,
	fēngshang de dìzhǐ yào xiān xiě	then the county or di-

大 地名， 后 写 小 地名，
dà dìmíng, hòu xiě xiǎo dìmíng,
也 就 是 说 ，④ 先 写 省
yě jiù shì shuō,　xiān xiě shěng
（市）、再 写 县 （区）、村（街），
(shì)、zài xiě xiàn(qū)、cūn(jiē),
最 后 写 门牌 号码儿。⑤
zuìhòu xiě ménpái hàomǎr .
如果 是 从 外国 寄来 的，
Rúguǒ shì cóng wàiguó jì lai de,
首先 要 写 中华 人
shǒuxiān yào xiě Zhōnghuá Rén
民 共 和 国 。
mín Gònghéguó.

strict, then the village or street, the number always comes last. If it is an overseas letter, People's Republic of China should be written first.

伟 ： 爸爸， 这 封 信 怎么 不 写
Wěi: Bàba, zhèfēng xìn zěnme bù xiě
日期 和 写信人 的 地点 呢?
rìqī hé xiěxìnrén de dìdiǎn ne?

Dad, why is there no date or the sender's address on the letter?

陈 ： 你 先 看， 看 完 再 说 。
Chén: Nǐ xiān kàn, kàn wán zài shuō.

Read it first, then you'll see.

伟 ： 哦， 中文 信 是 先 写
Wěi: Ò, Zhōngwén xìn shì xiān xiě
完 内容， 最后 才 写 日期
wán nèiróng, zuìhòu cái xiě rìqī
的 。 怎么 没有 写 信 的
de . Zěnme méiyǒu xiě xìn de
地点 呢?
dìdiǎn ne?

Ah, the body of the letter comes first, the date is written at the end. But why is there no sender's address?

陈 ： 写 信 的 地点 可以 不 写，
Chén: Xiě xìn de dìdiǎn kěyǐ bù xiě,
这 一点 也 跟 英文 信
zhè yìdiǎn yě gēn Yīngwén xìn
不 一样。 大伟， 你 去 问问
bù yíyàng. Dàwěi, nǐ qù wènwen
你 姐姐， 给 你 老爷 的 信
nǐ jiějie, gěi nǐ lǎoye de xìn
写 完 了 没有。 现在 有
xiě wán le méiyou. Xiànzài yǒu

It can be omitted and this is one of the differences between Chinese and English letters. David, go and ask your sister if she has finished her letter to Grandpa. In the meantime I'll write a reply to Lao Li, and we can mail the two

空儿，我 给 老李 回 封
kòngr, wǒ gěi Lǎo Lǐ huí fēng
信 ， 一会儿一起寄。
xìn, yíhuìr yìqǐ jì .

letters together.

伟 ： 给 我 老爷 的 信， 姐姐 昨
Wěi: Gěi wǒ lǎoye de xìn, jiějie zuó
天 晚上 就 写 完 了 。
tiān wǎnshang jiù xiě wán le .

Lily finished her letter to Grandpa last night.

陈 ： 那 你 来， 我 一边 写 一边
Chén: Nà nǐ lái, wǒ yìbiān xiě yìbiān
再给你说一说。⑥
zài gěi nǐ shuō yi shuō.

Then come. I'll explain to you the way of writing a Chinese letter as I write.

• new words • 生词 • shēngcí

1	怎样	（代）	zěnyàng	how
2	中文	（名）	Zhōngwén	Chinese
3	英文	（名）	Yīngwén	English
4	写法	（名）	xiěfǎ	the way to write
5	一样	（形）	yíyàng	same
	跟……一样		gēn…yíyàng	same as
6	上边儿	（名）	shàngbianr	upper part
7	中间儿	（名）	zhōngjiànr	middle
8	正面	（名）	zhèngmiàn	front
9	左	（名）	zuǒ	left
10	角	（名）	jiǎo	corner
11	或	（连）	huò	or
12	背面	（名）	bèimiàn	back
13	后	（副）	hòu	then, later
	先……后……		xiān…hòu…	first…then

14	地名	（名）dìmíng	name of a place
15	也就是说	yě jiù shì shuō	that is to say
16	省	（名）shěng	province
17	市	（名）shì	city, municipality
18	县	（名）xiàn	county
19	区	（名）qū	district
20	村	（名）cūn	village
21	街	（名）jiē	street
22	最后	（名）zuìhòu	last
23	门牌	（名）ménpái	number (of a house)
24	如果	（连）rúguǒ	if
25	首先	（副、名）shǒuxiān	first, beginning
26	日期	（名）rìqī	date
27	内容	（名）nèiróng	content, body
28	才	（副）cái	only then
29	地点	（名）dìdiǎn	place, locality, address
30	点	（量）diǎn	point
31	回信	huí xìn	reply
32	老爷	（名）lǎoye	maternal grandfather

专名	Zhuānmíng	Proper name
中华人民共和国	Zhōnghuá Rénmín Gònghéguó	The People's Republic of China

study points · 注释 · zhùshì

1 中文信跟英文信的写法一样吗？
(Zhōngwén xìn gēn Yīngwén xìn de xiěfǎ yíyàng ma?)

"……跟……一样" is a way of equating two items:

他的毛衣跟我的毛衣一样。(Tā de máoyī gēn wǒ de máoyī yíyàng.)

这张桌子跟那张桌子一样。(Zhèzhāng zhuōzi gēn nàzhāng zhuōzi yíyàng.)

The negative is formed by putting "不" (bù) before "一样" (yíyàng); the question form has a "吗" (ma) at the end.

2 收信人的地址写在信封上边儿。

(Shōuxìnrén de dìzhǐ xiě zài xìnfēng shàngbianr.)

This sentence is passive in meaning. (See Study Point 1 of Lesson 34.)

3 英文信是在信封的正面写收信人的姓名和地址。

(Yīngwén xìn shì zài xìnfēng de zhèngmiàn xiě shōuxìnrén de xìngmíng hé dì zhǐ.)

"是" (shì) is for emphasis here.

4 也就是说 (yě jiù shì shuō)

The expression means "that is to say".

5 先写省（市），再写县（区）、村（街），最后写门牌号码儿。

(Xiān xiě shěng(shì), zài xiě xiàn(qū)、cūn(jiē), zuìhòu xiě ménpái hàomǎr.)

There are thirty provinces, cities and autonomous regions (including Taiwan) in China. See appendix for their names and names of their capitals.

6 我一边写一边再给你说一说。(Wǒ yìbiān xiě yìbiān zài gěi nǐ shuō yi shuō.)

"说一说" here means "to explain briefly".

Similar expressions like "等一等" (děng yi děng), "看一看" (kàn yi kàn), etc. all carry the connotation of doing something briefly.

supplementary words · 补充生词 · bǔchōng shēngcí

1	文章	（名）	wénzhāng	article, composition
2	声	（名）	shēng	voice, sound
3	打开		dǎkāi	to open
4	人数		rén shù	number of people
5	扇子	（名）	shànzi	fan
6	画	（动）	huà	to draw, to paint
7	幅	（量）	fú	a measure word for pictures and

				paintings
8	画儿	（名）	huàr	drawing, painting
9	改	（动）	gǎi	to make changes
10	石头	（名）	shítou	stone
11	黑	（形）	hēi	black
12	金	（名）	jīn	gold
13	难看	（形）	nánkàn	ugly

• exercises • 练习 • liànxí

---

*1.   Fill in the blanks with the right words:

见 ，到 ，完 ，在 ，好
jiàn, dào, wán, zài, hǎo

1) 这本 书他 看_____ 了。
   Zhèběn shū tā kàn_____ le.

2) 爸爸 寄来 的 包裹 他 收_____ 了。
   Bàba jì lai de bāoguǒ tā shōu_____ le.

3) 给 哥哥 的 信 他 写_____ 了。
   Gěi gēge de xìn tā xiě_____ le.

4) 帽子、手套儿 全 都 戴_____ 了。
   Màozi、shǒutàor quán dōu dài_____ le.

5) 他们 坐_____ 前边儿 。
   Tāmen zuò_____ qiánbianr.

6) 他 的 表 找_____ 了。
   Tā de biǎo zhǎo_____ le.

7) 对 ，四十分钟 就 能 走_____ 。
   Duì, sìshífēnzhōng jiù néng zǒu_____.

8) 文章 不 长 ，二十分钟 就 看_____ 了。
   Wénzhāng bù cháng, èrshífēnzhōng jiù kàn_____ le.

9) 飞机 声 他们 早 就 听_____ 了。
   Fēijī shēng tāmen zǎo jiù tīng_____ le.

*2. Make short dialogues using "……跟……一样" (…gēn…yíyàng):

Model: A: 中文　信 跟 英文 信 的 写法 一样 吗?
Zhōngwén xìn gēn Yīngwén xìn de xiěfǎ yíyàng ma?

B: 写法 不 一样 。
Xiěfǎ bù yíyàng.

1) 这种 ， 那种 ， 字 ， 写法
zhèzhǒng, nàzhǒng, zì, xiěfǎ

2) 这个 ， 那个 ， 字 ， 声调
zhège, nàge, zì, shēngdiào

3) 这件 ， 那件 ， 衣服 ， 颜色
zhèjiàn, nàjiàn, yīfu, yánsè

4) 这个 ， 那个 ， 孩子 ， 年龄
zhège, nàge, háizi, niánlíng

5) 你们 ， 他们 ， 学校 ， 人数
nǐmen, tāmen, xuéxiào, rén shù

6) 你 ， 他 ， 工作 ， 时间
nǐ, tā, gōngzuò, shíjiān

3 . Listen to the dialogue:

老 王: 老 丁 ， 你 看 ， 这 是 我 新 买 的 扇子 。
Lǎo Wáng: Lǎo Dīng, nǐ kàn, zhè shì wǒ xīn mǎi de shànzi.

老 丁: 真 好 。如果 这 上边儿 再 画 上 一幅 好
Lǎo Dīng: Zhēn hǎo. Rúguǒ zhè shàngbianr zài huà shang yìfú hǎo
画儿 ， 那 才 好 呢!
huàr, nà cái hǎo ne!

老 王: 我 买了 扇子 一直 在 想 ，请 谁 给 画 一幅
Lǎo Wáng: Wǒ mǎile shànzi yìzhí zài xiǎng, qǐng shuí gěi huà yìfú
画儿 呢。听 说 ， 你 会 画……
huàr ne. Tīng shuō, nǐ huì huà……

老 丁: 啊，会 一点儿 。那 ，我 试试 。画 什么 呢?
Lǎo Dīng: Á, huì yìdiǎnr. Nà, wǒ shìshi. Huà shénme ne?

老 王: 你 想 画 什么 就 画 什么 吧。
Lǎo Wáng: Nǐ xiǎng huà shénme jiù huà shénme ba.

老 丁: 那好 。一个 星期 就 能 画 好 。
Lǎo Dīng: Nàhǎo. Yíge xīngqī jiù néng huà hǎo.

老 王: 我 先 谢谢 了 。
Lǎo Wáng: Wǒ xiān xièxie le .

（ 一个 星期 以后 ）
(Yíge xīngqī yǐhòu)

老　王：老　丁，我那扇子？
Lǎo Wáng: Lǎo Dīng, wǒ nà shànzi?

老　丁：啊，我给你画上了大树。
Lǎo Dīng: À, wǒ gěi nǐ huà shang le dà shù.

老　王：行啊。
Lǎo Wáng: Xíng a.

老　丁：可是，那大树画得太大了，只画了几个树叶儿，
Lǎo Dīng: Kěshì, nà dà shù huà de tài dà le, zhǐ huàle jǐge shùyèr,

不好，不好。我看，再改改，画块大石头吧。
bù hǎo, bù hǎo. Wǒ kàn, zài gǎigai, huà kuài dà shítou ba.

老　王：也行。
Lǎo Wáng: Yě xíng.

老　丁：老王，你再给我三天时间，三天准能
Lǎo Dīng: Lǎo Wáng, nǐ zài gěi wǒ sāntiān shíjiān, sāntiān zhǔn néng

画好。
huà hǎo.

（三天以后）
（Sāntiān yǐhòu）

老　丁：老王啊，那大石头我画完了，可是太黑
Lǎo Dīng: Lǎo Wáng a, nà dà shítou wǒ huà wán le, kěshì tài hēi

了。我再改改。改什么呢？对，这样，扇子
le. Wǒ zài gǎigai. Gǎi shénme ne? Duì, zhèyàng, shànzi

全都画黑了，再写上几个大金字，你看
quán dōu huà hēi le, zài xiě shang jǐge dà jīn zì, nǐ kàn

怎么样？
zěnmeyàng?

老　王：那跟买的黑扇子一样了。
Lǎo Wáng: Nà gēn mǎi de hēi shànzi yíyàng le.

老　丁：不一样。这是我画的呀。
Lǎo Dīng: Bù yíyàng. Zhè shì wǒ huà de ya.

老　王：太感谢了。画完了，你自己用吧。
Lǎo Wáng: Tài gǎnxiè le. Huà wán le, nǐ zìjǐ yòng ba.

老　丁：那合适吗？
Lǎo Dīng: Nà héshì ma?

老　王：还说什么呢？你用跟我用都一样难
Lǎo Wáng: Hái shuō shénme ne? Nǐ yòng gēn wǒ yòng dōu yíyàng nán

看啊！
kàn a!

Appendix: A sketch of the provinces (with their capitals), cities and autonomous reaions(with their capitals).

	Names of cities, provinces and autonomous regions	Capitals of provinces and autonomous regions		Names of cities, provinces and autonomous regions	Capitals of provinces and autonomous regions
1	北 京 市 Běijīng shì		16	河 南 省 Hénán shěng	郑 州 Zhèngzhōu
2	上 海 市 Shànghǎi shì		17	湖 北 省 Húběi ohěng	武 汉 Wǔhàn
3	天 津 市 Tiānjīn shì		18	湖 南 省 Húnán shěng	长 沙 Chángshā
4	河 北 省 Héběi shěng	石 家 庄 Shíjiāzhuāng	19	广 东 省 Guǎngdōng shěng	广 州 Guǎngzhōu
5	山 西 省 Shānxī shěng	太 原 Tàiyuán	20	广 西 壮 族 自 治 区 Guǎngxī zhuàngzú zizhìqū	南 宁 Nánníng
6	内 蒙 古 自 治 区 Nèi Měnggǔ zìzhìqū	呼 和 浩 特 Hūhéhàotè	21	陕 西 省 Shǎnxī shěng	西 安 Xī'ān
7	辽 宁 省 Liáoníng shěng	沈 阳 Shěnyáng	22	甘 肃 省 Gānsù shěng	兰 州 Lánzhōu
8	吉 林 省 Jílín shěng	长 春 Chángchūn	23	青 海 省 Qīnghǎi shěng	西 宁 Xīníng
9	黑 龙 江 省 Hēilóngjiāng shěng	哈 尔 宾 Hā'ěrbīn	24	宁 夏 回 族 自 治 区 Níngxià Huízú zizhìqū	银 川 Yínchuān
10	山 东 省 Shāndōng shěng	济 南 Jínián	25	新 疆 维 吾 尔 自 治 区 Xīnjiāng Wéiwúěr zizhìqū	乌 鲁 木 齐 Wūlǔmùqí
11	江 苏 省 Jiāngsū shěng	南 京 Nánjīng	26	四 川 省 Sìchuān shěng	成 都 Chéngdū
12	安 徽 省 Ānhuī shěng	合 肥 Héféi	27	贵 州 省 Guìzhōu shěng	贵 阳 Guìyáng
13	浙 江 省 Zhèjiāng shěng	杭 州 Hángzhōu	28	云 南 省 Yúnnán shěng	昆 明 Kūnmíng
14	江 西 省 Jiāngxī shěng	南 昌 Nánchāng	29	西 藏 自 治 区 Xīzàng zìzhìqū	拉 萨 Lāsà
15	福 建 省 Fújiàn shěng	福 州 Fúzhōu	30	台 湾 省 Táiwān shěng	台 北 Tāiběi

复习 (6)

Revision (6)
fùxí (6)

*1. **Rewrite the sentences using the verb " 在 " (zài):**

Model: 剧院 北边儿是 和平 新村。——
Jùyuàn běibianr shì Hépíng Xīn Cūn. ——

和平 新村 在 剧院 北边儿。
Hépíng Xīn Cūn zài jùyuàn běibianr.

1) 三号 楼 后边儿是 四号楼。
Sānhào lóu hòubianr shì sìhào lóu.

2) 剧院 南边儿 有个 汽车站。
Jùyuàn nánbianr yǒu ge qìchēzhàn.

3) 他 房间 的 左边儿是 我 的 房间。
Tā fángjiān de zuǒbianr shì wǒ de fángjiān.

4) 张 先生 右边儿坐的是 陈 先生。
Zhāng xiānsheng yòubianr zuò de shì Chén xiānsheng.

5) 她们 三个人 这样 站着：中间儿 是 刘 小姐， 左
Tāmen sānge rén zhèyàng zhànzhe: zhōngjiànr shì Liú xiǎojie, zuǒ

边儿是 王 小姐， 右边儿是 赵 小姐。
bianr shì Wáng xiǎojie, yòubianr shì Zhào xiǎojie.

6) 前边儿 是 小 汽车，后边儿是 大汽车。
Qiánbianr shì xiǎo qìchē, hòubianr shì dà qìchē.

*2. **Rewrite the following sentences using " 是······的 " (shì···de):**

Model: 他 坐飞机去 上海 了。——
Tā zuò fēijī qù Shànghǎi le. ——

他 是 坐飞机去 上海 的。
Tā shì zuò fēijī qù Shànghǎi de.

1) 他 俩 走着 去 友谊 商店 了。
Tā liǎ zǒuzhe qù Yǒuyì Shāngdiàn le.

2) 上 星期 他 跟 王 伯伯一起 参观 画展 了。
Shàng xīngqī tā gēn Wáng bóbo yìqǐ cānguān huàzhǎn le.

3) 中午　　 十二点他回　到了家里。
Zhōngwǔ shí'èrdiǎn tā huí dào le jiāli .

4) 去年　 国庆节，他 结了 婚 。
Qùnián Guóqìngjié, tā jiéle hūn .

5) 你 跟他在哪儿见了面 ？
Nǐ gēn tā zài nǎr jiànle miàn?

6) 十 年　前 的 秋天，我们 分别 了。
Shínián qián de qiūtiān, wǒmen fēnbié le .

7) 那些 书 九月 六号 借来了。
Nàxiē shū jiǔyuè liùhào jiè lai le .

8) 他 在那个大　商店　买了 电视机。
Tā zài nàge dà shāngdiàn mǎile diànshìjī.

∗3. Fill in the blanks with "得" (de) or "的" (de):

1) 他 ＿＿＿ 普通话 真 好。
Tā ＿＿＿ pǔtōnghuà zhēn hǎo.

2) 他 俩 汉语 都 说 ＿＿＿ 不错。
Tā liǎ Hànyǔ dōu shuō＿＿＿ búcuò.

3) 这 地方＿＿＿ 东西 真 贵 呀，比 你们 那儿贵 多 了！
Zhè dìfang＿＿＿ dōngxi zhēn guì ya, bǐ nǐmen nàr guì duō le !

4) 你们 家＿＿＿ 那张 画儿画＿＿＿ 多 好 啊！
Nǐmen jiā＿＿＿ nàzhāng huàr huà＿＿＿ duō hǎo a !

5) 赵　 先生　每天 都 来＿＿＿ 很 早，走＿＿＿ 很 晚。
Zhào xiānsheng měitiān dōu lái＿＿＿ hěn zǎo, zǒu＿＿＿ hén wǎn.

6) 他＿＿＿ 话不大 好 懂，说 ＿＿＿也太快，很 多人
Tā＿＿＿ huà bú dà hǎo dǒng, shuō＿＿＿ yě tài kuài, hěn duō rén
没 听 懂 。
méi tīng dǒng.

7) 他＿＿＿ 车你可别坐，开＿＿＿ 太快了！
Tā＿＿＿ chē nǐ kě bié zuò, kāi＿＿＿ tài kuài le !

8) 昨天 是小 刘 ＿＿＿生日，他请 我们 在他家 吃
Zuótiān shì Xiǎo Liú ＿＿＿ shēngrì, tā qǐng wǒmen zài tā jiā chī
＿＿＿饭，菜 做＿＿＿不错。
＿＿＿ fàn, cài zuò＿＿＿ búcuò.

31 We Are In The Same Profession
我们是同行 wǒmen shì tóngháng

(Mr. Chen Mingshan chats with a young teacher at the entrance of Qian Ling Museum before it opens.)

| 陈 :
Chén: | 请 问 ，博物馆 几点 开
Qǐng wèn, Bówùguǎn jǐdiǎn kāi
门 ？
mén? | Could you tell me when the museum opens, please? |
| 青年 :
qīngnián: | 八点 。您 也 是 来 参观
Bādiǎn. Nín yě shì lái cānguān | Eight o'clock. You've come to visit the mu- |

		seum too?
陈: Chén:	是 啊。我 是 华侨，在 Shì a . Wǒ shì huáqiáo, zài 美国 一个大学 教 中 Měiguó yíge dàxué jiāo Zhōng 国 历史。 guó lìshǐ .	Yes. I'm an overseas Chinese. I teach Chinese history at an American university.
青: qīng:	您 是 搞 古代史 的？ Nín shì gǎo gǔdài shǐ de?	Ancient history?
陈: Chén:	我 主要 是 研究 唐 史。 Wǒ zhǔyào shì yánjiū Táng shǐ. 唐 代 三百年，西安 是 Táng dài sānbǎinián, Xī'ān shì 当时 全 国 政治 、经济、 dāngshí quán guó zhèngzhì、jīngjì、 文化 的 中心 。西安 是 很 wénhuà de zhōngxīn. Xī'ān shì hěn 值得 参观 的。① 你 对 历史 zhíde cānguān de. Nǐ duì lìshǐ 也 有 兴趣？ yě yǒu xìngqù?	I study the history of Tang dynasty. Throughout the three hundred years of Tang dynasty, Xian was the political, economic and cultural center of the country; it is indeed the place to visit. You are also interested in history?
青: qīng:	我 也 是 搞 历史 的。我 在 Wǒ yě shì gǎo lìshǐ de. Wǒ zài 西安 大学 历史系 工作。 Xī'ān Dàxué lìshǐ xì gōngzuò.	History is also my specialty. I work in the History Department of Xian University.
陈: Chén:	我们 是 同行 啊！太好 Wǒmen shì tóngháng a ! Tài hǎo 了！请 问，您贵姓？② le ! Qǐng wèn, nín guì xìng?	Then we are in the same profession. How wonderful! May I ask your name?
青: qīng:	我 姓 林，叫 林 小东。 Wǒ xìng Lín, jiào Lín Xiǎodōng.	My name is Lin, Lin Xiaotung.
陈: Chén:	我 叫 陈 明 山。你 在 Wǒ jiào Chén Míngshān. Nǐ zài 西安 大学 工作 几年了？③ Xī'ān Dàxué gōngzuò jǐnián le?	And my name is Chen Mingshan. How long have you been teaching at Xian University?
青: qīng:	我 是 前年 毕业 的，刚 Wǒ shì qiánnián bì yè de, gāng	I graduated the year before last, so I've been

工作 了 两 年 多 ， 是 个
gōngzuòle liǎngnián duō, shì ge
助 教 。 您 教 中国 历史
zhùjiào. Nín jiāo Zhōngguó lìshǐ
教 了 多 长 时间 了 ？
jiāole duō cháng shíjiān le ?

working for only two years. I'm a teaching assistant. How long have you been teaching Chinese history?

陈 ：
Chén:

三 十 年 了 。
Sānshínián le .

Thirty years.

青 ：
qīng:

您 对 中国 历史 一定
Nín duì Zhōngguó lìshǐ yídìng
很 有 研究 喽 。
hěn yǒu yánjiū lou .

Then you must be an expert on Chinese history.

陈 ：
Chén:

哪里 ！ 在 国外 研究 中
Nǎlǐ ! Zài guówài yánjiū Zhōng
国 历史 ， 怎么 也 不如 你们
guó lìshǐ , zěnme yě bùrú nǐmen
在 国内 。④
zài guónèi .

Oh come. To study Chinese history outside China is not quite as good as within the country.

青 ：
qīng:

也 不一定 。 有的 人 在 国
Yě bù yídìng . Yǒude rén zài guó
外 研究 也 很 有 成
wài yánjiū yě hěn yǒu chéng
就 。 今天 参观 这个 乾
jiù . Jīntiān cānguān zhège Qián
陵 博物馆 对 您 研究
Líng Bówùguǎn duì nín yánjiū
唐 代 历史 一定 会 有 很
Táng dài lìshǐ yídìng huì yǒu hěn
大 帮助 。
dà bāngzhù.

Not necessarily. Some people are also doing very well (in their study of Chinese history) outside China. You'll find this Qian Ling Museum a great help to your study of Tang history.

陈 ：
Chén:

是 啊 。 西安 简直 是 个 大
Shì a . Xī'ān jiǎnzhí shì ge dà
博物馆 ， 可惜 时间 太 短
bówùguǎn, kěxī shíjiān tài duǎn
了 ， 不 能 都 去 参观 。
le , bù néng dōu qù cānguān.

Yes. Xian is a big museum. It's a pity that my stay here is too short and I can't visit all the places.

青 ：
qīng:

来 西安 几天 了 ？
Lái Xī'ān jǐtiān le ?

How long have you been in Xian?

陈 :	六天 了 。 过 两天 就	Six days. I'll have to
Chén:	Liùtiān le . Guò liǎntiān jiù	leave in a few days.
	得 走 了。⑤	
	děi zǒu le .	
青 :	以后 有 机会再来 。	Come again when you
qīng:	Yǐhòu yǒu jīhui zài lái .	have the chance.
陈 :	那 一定 。	Of course.
Chén:	Nà yídìng .	
青 :	开 门 了，我们 进去 吧。	The museum has open-
qīng:	Kāi mén le, wǒmen jìn qu ba.	ed. Let's go inside.

• new words • 生词 • shēngcí

1	同行	（名）	tóngháng	someone of the same trade or profession
2	博物馆	（名）	bówùguǎn	muscum
3	青年	（名）	qīngnián	youth, young man (men)
4	开	（动）	kāi	to open
5	门	（名）	mén	door, gate
6	开门		kāimén	to open the door, open to the public
7	搞	（动）	gǎo	to do, to carry on, to be engaged in
8	……史	（名）	…shǐ	history
9	代	（名）	dài	dynasty, generation
10	当时	（名）	dāngshí	at the time
11	政治	（名）	zhèngzhì	politics
12	经济	（名）	jīngjì	economy, economics
13	文化	（名）	wénhuà	culture
14	中心	（名）	zhōngxīn	center
15	兴趣	（名）	xìngqù	interest

	对……有兴趣	duì…yǒu xìngqù	to be interested in
16	系	（名）xì	department
17	贵姓	guì xìng	a polite way of asking someone's family name
	你（您）贵姓？	Nǐ (nín) guì xìng?	May I ask your name?
18	姓	（动、名）xìng	one's family name is…, family name
19	前年	（名）qiánnián	the year before last
20	助教	（名）zhùjiào	teaching assistant
21	喽	（助）lou	a particle meaning "naturally"
22	不如	（动）bùrú	not as good as, not as well as
23	成就	（名）chéngjiù	achievements
	有成就	yǒu chéngjiù	to enjoy success or to win recognition
24	简直	（副）jiǎnzhí	simply (for emphasis)
25	可惜	（形）kěxī	unfortunate, the pity is

专名	Zhuānmíng	Proper names
唐	Táng	Tang, an early dynasty in the history of China, between 618 and 907 A. D.
林	Lín	a common Chinese family name
林小东	Lín Xiǎodōng	name of a staff member of Xian University
西安大学	Xī'ān Dàxué	Xian University
乾陵博物馆	Qián Líng Bówùguǎn	Qian Ling Museum, the museum for the unearthed artifacts from the Qian Tomb which is the tomb of the well-known Tang emperor, Tang Gao Zong.

study points · 注释 · zhùshì

1 西安是很值得参观的。(Xī'ān shì hěn zhíde cānguān de.)
   "是……的" (shì…de) is for emphasis here.

2 您贵姓？(Nín guì xìng?)
   "贵" (guì) is a word of respect. "贵姓" (guì xìng) is a polite way to ask someone's family name. A less cordial way is "你姓什么？" (Nǐ xìng shénme?)

3 你在西安大学工作几年了？(Nǐ zài Xī'ān Dàxué gōngzuò jǐnián le?)
   In Chinese, the way to express the duration of an action or a situation is to put the time element at the end: Subject + action word + time element.
   For monosyllabic action words, the pattern is as follows:
   他工作六年多了。(Tā gōngzuò liùnián duō le.)
   他们谈了半个小时了。(Tāmen tánle bànge xiǎoshí le.)
   If there is an object, the verb has to be repeated and the time element placed after the repeated verb, for example:
   他教中国历史教了三十年了。(Tā jiao Zhōngguó lìshǐ jiāole sānshínián le.)
   我找你找了一个小时了。(Wǒ zhǎo nǐ zhǎole yíge xiǎoshí le.)
   If the object is not a pronoun or a name of a place, the time element can be placed between the verb and the object, for example:
   他教了三十年中国历史了。(Tā jiāole sānshínián Zhōngguó lìshǐ le.)
   This saves the trouble of repeating the first syllable.

4 怎么也不如你们在国内。(Zěnme yě bùrú nǐmen zài guónèi.)
   "怎么也" (zěnme yě) means "no matter how".

5 过两天就得走了。(Guò liǎngtiān jiù děi zǒu le.)
   "两天" (liǎngtiān) does not literally mean "two days" here. It shows an approximation and is unstressed.

supplementary words · 补充生词 · bǔchōng shēngcí

1	钟头	（名）zhōngtóu	hour
2	划（船）	（动）huá (chuán)	to row
3	船	（名）chuán	boat

4	真是的		zhēn shi de	a mild disapproval
5	岸	（名）	àn	shore
6	小说	（名）	xiǎoshuōr	novel
7	能力	（名）	nénglì	ability
8	眼	（名、量）	yǎn	eye, look
9	教育	（名、动）	jiàoyù	education, to educate
10	教书		jiāo shū	to teach

• exercises • 练习 • liànxí

*1. **Practice the following expressions of time:**
Ask questions in two different forms as shown in the models.

A. 几（小时，天，星期，月，年）
jǐ（xiǎoshí, tiān, xīngqī, yuè, nián）

B. 多 长 时间
duō cháng shíjiān

Model: 你 工作 —— 你 工作 几年 了 ?
nǐ gōngzuò —— Nǐ gōngzuò jǐnián le ?

你 工作 多 长 时间 了 ?
Nǐ gōngzuò duō cháng shíjiān le ?

1) 他 大学 毕业
tā dàxué bì yè

2) 他 俩 认识
tā liǎ rènshi

3) 他们 聊
tāmen liáo

4) 他 出 去
tā chū qu

5) 你们 分别
nǐmen fēnbié

6) 你们 等 他
nǐmen děng tā

2． **Practice "搞什么（工作）的"** (gǎo shénme (gōngzuò) de)

Model: 经济—— A: 他 是 搞 什么 （ 工作 ） 的？
jīngjì—— Tā shì gǎo shénme （gōngzuò） de?

B: 他 是 搞 经济 的。
Tā shì gǎo jīngjì de.

1) 贸易
mòoyì

2) 旅游
lǚyóu

3) 话剧
huàjù

4) 语言
yǔyán

5) 历史
lìshǐ

6) 舞蹈
wǔdǎo

＊3. **Make short dialogues after the model:**

Model: A: 你 打了 多 长 时间 电话？
Nǐ dǎle duō cháng shíjiān diànhuà?

B: 打了 一分钟 的 电话。（ 电话，一分钟 ）
Dǎle yìfēnzhōng de diànhuà. （ diànhuà, yìfēnzhōng ）

1) 听 广播，半个 钟头
tīng guǎngbō, bànge zhōngtóu

2) 学 历史，三年半
xué lìshǐ, sānniánbàn

3) 研究 中文，二十多 年
yánjiū Zhōngwén, èrshí duō nián

4) 坐 飞机，三个 小时
zuò fēijī, sānge xiǎoshí

5) 画 画儿，半天
huà huàr, bàntiān

4． **Listen to the dialogues:**

1) 小 赵：划 船 真 好玩儿。
Xiǎo Zhào: Huá chuán zhēn hǎowánr.

小 刘： 咱们 划了 多 长 时间 了？
Xiǎo Liú: Zánmen huále duō cháng shíjiān le?

小　赵：大概 划了 两个 钟头 了。
Xiǎo Zhào: Dàgài huále liǎngge zhōngtóu le.

小　刘：累 了 吧？ 让 我 划 一会儿。
Xiǎo Liú: Lèi le ba? Ràng wǒ huá yíhuìr.

小　赵：你 这个 人 可 真 是 的。我 才 划了 十几分
Xiǎo Zhào: Nǐ zhège rén kě zhēn shi de. Wǒ cái huále shíjǐ fēn

　　　　钟 ，累 什么？
　　　　zhōng, lèi shénme?

小　刘：那，咱们 再 划 半个 钟头 就 上岸 吧。
Xiǎo Liú: Nà, zánmen zài huá bànge zhōngtóu jiù shàng àn ba.

小　赵：好 ，听 你 的。
Xiǎo Zhào: Hǎo, tīng nǐ de.

2) 老　王：老李，听说，你们 写 小说 的 人 有 一
Lǎo Wáng: Lǎo Lǐ, tīng shuō, nǐmen xiě xiǎoshuōr de rén yǒu yì

　　　　种 能力，就是 你 看 一眼，就 知道 这个
　　　　zhǒng nénglì, jiù shì nǐ kàn yìyǎn, jiù zhīdao zhège

　　　　人 是 干 什么 工作 的。
　　　　rén shì gàn shénme gōngzuò de.

老　李：我 们 是 写 人 的，就 是 要 研究 人。在 这
Lǎo Lǐ: Wǒmen shì xiě rén de, jiù shì yào yánjiū rén. Zài zhè

　　　　方面 我 还 可以 说 有 一定 的 能力。
　　　　fāngmiàn wǒ hái kěyǐ shuō yǒu yídìng de nénglì.

老　王：真 的？那，你 说说 ，那边儿 那个 男 的,他
Lǎo Wáng: Zhēn de? Nà, nǐ shuōshuo, nàbianr nàge nán de, tā

　　　　是 搞 什么 的？
　　　　shì gǎo shénme de?

老　李：他 呀，他 是 搞 教育 的，他 已经 教了 十几年
Lǎo Lǐ: Tā ya, tā shì gǎo jiàoyù de, tā yǐjīng jiāole shíjǐnián

　　　　书 了。他 不 是 北京人，可是 他 在 北京 学
　　　　shū le. Tā bú shì Běijīngrén, kěshì tā zài Běijīng xué

　　　　习、工作、生活了 十五年 了。他 大学 还
　　　　xí, gōngzuò, shēnghuóle shíwǔnián le. Tā dàxué hái

　　　　是 在 北京 上 的 呢。
　　　　shì zài Běijīng shàng de ne.

老　王：你 说 完了 吧？我 去 问问 他。
Lǎo Wáng: Nǐ shuō wán le ba? Wǒ qù wènwen tā.

老　李：你 问 去，准 没错儿。
Lǎo Lǐ: Nǐ wèn qu, zhǔn méi cuòr.

老　王：　对不起，想麻烦您一下儿。啊！是你呀，
Lǎo Wáng:　Duì bu qǐ, xiǎng máfan nín yíxiàr. Ā! Shì nǐ ya,

老李的弟弟。哈哈，老李，你对你弟弟
Lǎo Lǐ de dìdi. Hāhā, Lǎo Lǐ, nǐ duì nǐ dìdi

研究得真好，你说的确实一点儿也没
yánjiū de zhēn hǎo, nǐ shuō de quèshí yìdiǎnr yě méi

错！
cuòr!

32 What's On The Radio And Television
现在什么节目 xiànzài shénme jiémù

(Lily and David listen to the radio and watch the TV.)

伟 :	姐姐 ， 现在 什么 节目?	Lily, what's on the radio
Wěi:	Jiějie , xiànzài shénme jiémù?	now?
莉:	国际 新闻。有 好 几条	International news. A few
Lì:	Guójì xīnwén. Yǒu hǎo jǐtiáo	items are about the Unit-
	关于 美国 的 消息。 现	ed States. They are read-
	guānyú Měiguó de xiāoxi. Xiàn	ing the headlines now,

在 正 播送 标题 呢。一
zài zhèng bōsòng biāotí ne. Yí
会儿有 详细 内容，你来
huìr yǒu xiángxì nèiróng, nǐ lái
听听。
tīngting.

the details will follow in a minute. Come and listen.

伟: 好，等 一会儿我 就来。新
Wěi: Hǎo, děng yíhuìr wǒ jiù lái. Xīn
闻 节目 完了是 什么？
wén jiémù wánle shì shénme?

All right. I'll be with you in a minute. What's on after the news.

莉: 音乐。
Lì: Yīnyuè.

Music.

伟: 姐姐，声 音太小，听不
Wěi: Jiějie, shēngyīn tài xiǎo, tīng bu
清楚 。① 你开大一点儿。
qīngchu. Nǐ kāi dà yìdiǎnr.

The volume is too low, Lily. I can't hear it clearly. Make it a bit louder.

莉: 行 了吗? 听 得清楚吗?
Lì: Xíng le ma? Tīng de qīngchu ma?

Is that O.K.? Clear now?

伟: 行 了 。
Wěi: Xíng le.

O. K.

(They listen together.)

莉: 音乐节目 完了。
Lì: Yīnyuè jiémù wán le.

That's the end of the music program.

伟: 关 了吧，别 听了。七点
Wěi: Guān le ba, bié tīng le. Qīdiǎn
了 ，咱们 看 电视 吧。
le, zánmen kàn diànshì ba.

Turn it off. No more of this. It's seven now, let's watch TV.

莉: 今天 晚上 电视 有
Lì: Jīntiān wǎnshang diànshì yǒu
什 么 节目？
shénme jiémù?

What's on TV this evening?

伟: 刚才 我看《广播 电
Wěi: Gāngcái wǒ kàn " Guǎngbō Diàn
视 节目 报 》，中央台
shì Jiémù Bào ", Zhōngyāngtái
第一套 节目 是 话剧《茶
dìyītào jiémù shì huàjù "Chá

I just looked on the TV Guide. The first program of the Central Station is "Tea House", which is a play and the second program is Beijing opera.

馆 》，② 第二套 节目 是
guǎnr", dì'èrtào jiémù shì
京剧。
jīngjù.

莉: 我们 看话剧《茶 馆 》 Let's watch the play
Lì: Wǒmen kàn huàjù " Cháguǎnr " "Tea House". We can't
吧。京剧 看 不 懂。 understand Beijing Opera
ba. Jīngjù kàn bu dǒng. anyway.

伟: 好，就 看 话剧 吧。 All right. Let's watch the
Wěi: Hǎo, jiù kàn huàjù ba. play then.

莉: 第一套节目 几 频道，你 知 Which channel is pro-
Lì: Dìyītào jiémù jǐ píndào, nǐ zhī gram one, do you
道 吗？ know?
dao ma?

伟: 知 道。第一套节目 是 二 频 Yes, it's on channel
Wěi: Zhīdao. Dìyītào jiémù shì èr pín 2.
道 。
dào.

莉: 图象 不太 清楚，你 调 The picture is not clear.
Lì: Túxiàng bú tai qīngchu, nǐ tiáo Will you adjust it?
一下儿。
yíxiàr.

伟: 我 调 不 好，你 来 吧。 No, I can't make it
Wěi: Wǒ tiáo bu hǎo, nǐ lái ba. clear. You try it, Lily.

莉: 你 调 一 调 天 线。好 了， Adjust the (direction of
Lì: Nǐ tiáo yi tiáo tiānxiàn. Hǎo le, the) aerial. O.K. The
图象 清楚 了。声音 太 picture is clear now, but
túxiàng qīngchu le. Shēngyīn tài the volume is too high.
大 了，你 调 小 一点儿。 Turn it down a bit.
dà le, nǐ tiáo xiǎo yìdiǎnr.

伟: 这样 行 了吗？ Is that O.K.?
Wěi: Zhèyàng xíng le ma?

莉: 再 小 一点儿，③ 好 了。 No, turn it down a bit
Lì: Zài xiǎo yìdiǎnr, hǎo le. more. O.K.

• new words • 生词 • shēngcí

1	节目	（名）	jiémù	program
2	国际	（名）	guójì	international (community)
3	新闻	（名）	xīnwén	news
4	关于	（介）	guānyú	about, on
5	消息	（名）	xiāoxi	news
6	播送	（动）	bōsòng	to broadcast
7	标题	（名）	biāotí	title, headline
8	详细	（形）	xiángxì	in detail, detailed
9	音乐	（名）	yīnyuè	music
10	声音	（名）	shēngyīn	sound
11	开(收音机)	（动）	kāi (shōuyīnjī)	to turn on (radio)
12	关	（动）	guān	to turn off, to close
13	电视	（名）	diànshì	television
14	报	（名）	bào	newspaper
15	第	（头）	dì	a prefix indicating the ordinal number
	第一		dìyī	No 1
	第二		dì'èr	No 2
16	套	（量）	tào	a measure word for radio or TV program
17	话剧	（名）	huàjù	play
18	频道	（名）	píndào	channel (of TV broadcast)
19	图象	（名）	túxiàng	picture
20	调	（动）	tiáo	to adjust
21	天线	（名）	tiānxiàn	aerial

专名	**Zhuānmíng**	**Proper names**
中央台	Zhōngyāngtái	Central (Radio or T.V.) Station
《广播电视 节目报》	"Guǎngbō Diànshì Jiémù Bào"	*Radio and TV Guide*
《茶馆》	"Cháguǎnr"	*The Tea House,* a play by the well-known modern Chinese playwright, Lao She (老舍). It tells about the changes Chinese society had undergone from the last days of the Qing dynasty to the eve of the founding of the People's Republic of China

---

study points · 注释 · zhùshì

1　听不清楚 (tīng bu qīngchu)

Consider the following question and answer pairs:

　　Q.　你能听清楚吗? (Nǐ néng tīng qīngchu ma?)

　　A.　我能听清楚。 (Wǒ néng tīng qīngchu.)

　　Q.　你可以听清楚吗? (Nǐ kěyǐ tīng qīngchu ma?)

　　A.　我可以听清楚。 (Wǒ kěyǐ tīng qīngchu.)

There is a more common version for the above patterns.

　　Q.　你听得清楚吗? (Nǐ tīng de qīngchu ma?)

　　A.　我听得清楚。 (Wǒ tīng de qīngchu.)

The negative is formed by substituting " 不 " for " 得 ":

　　我听不清楚。 (Wǒ tīng bu qīngchu.)

2　中央台第一套节目是话剧《茶馆》。

(Zhōngyāngtái dìyītào jiémù shì huàjù 《Cháguǎnr》.)

A cardinal number preceded by the prefix " 第 " (dì) becomes an ordinal one.

3　再小一点儿 (zài xiǎo yìdiǎnr)

"再" (zài) here is equivalent to "still + comparative" in English.

supplementary words · 补充生词 · bǔchōng shēngcí

1	柜子	（名）guìzi	wardrobe
2	好吃	（形）hǎochī	delicious
3	举	（动）jǔ	to hold up
4	灯	（名）dēng	light
5	毛病	（名）máobing	trouble
6	音量	（名）yīnliàng	volume (sound)
7	耳塞子	（名）ěrsāizi	earphones
8	插	（动）chā	to plug

· exercises · 练习 · liànxí

*1. **Rewrite the following sentences using** "得"(de) **or** "不"(bù):

Model: 我 能 听 懂。—— 我 听 得 懂。
Wǒ néng tīng dǒng. —— Wǒ tīng de dǒng.

1) 我 能 看 见。
Wǒ néng kàn jiàn.

2) 今天 他 能 写 完 这些 汉字。
Jīntiān tā néng xiě wán zhèxiē Hànzì.

3) 我 想，他 半小时 能 讲 完。
Wǒ xiǎng, tā bànxiǎoshí néng jiǎng wán.

4) 我 看 这个 房间 能 坐 下 二十个 人。
Wǒ kàn zhège fángjiān néng zuò xià èrshíge rén.

5) 这个 柜子 能 放 下 这些 衣服。
Zhège guìzi néng fàng xià zhèxiē yīfu.

310

6) 我 十分钟 不能 看 完 这篇 文章。
Wǒ shífēnzhōng bù néng kàn wán zhèpiān wénzhāng.

7) 这么 多好吃 的 东西，我 一个人 怎么 能 吃 完!
Zhème duō hǎochī de dōngxi, wǒ yíge rén zěnme néng chī wán!

8) 他 还是 个 小孩儿，不能 看 懂 这个 电影。
Tā hái shì ge xiǎoháir, bù néng kàn dǒng zhège diànyǐng.

*2. **Complete the dialogues after the model:**

Model: A: 你 那篇 文章 今天 写 得 完 写 不 完?
Nǐ nàpiān wénzhāng jīntiān xiě de wán xiě bu wán?

B: 写 得 完 。你呢?
Xiě de wán. Nǐ ne?

A: 我 那篇〔可 能〕写 不 完。
Wǒ nàpiān (kěnéng) xiě bu wán.

1) A: 你 那本 小说 这星期 看_____?
Nǐ nàběn xiǎoshuōr zhè xīngqī kàn_____?

B: _____。你呢?
_____. Nǐ ne?

A: 我 这本 可能 _____。
Wǒ zhèběn kěnéng_____.

2) A: 这辆 车_____?
Zhèliàng chē_____?

B: 坐 得 下 四个人。那辆 呢?
Zuò de xià sìge rén. Nàliàng ne?

A: _____。
_____.

3) A: 你 坐 在 这儿_____?
Nǐ zuò zài zhèr_____?

B: 看 得 见。你呢?
Kàn de jiàn. Nǐ ne?

A: _____。
_____.

4) A: 声音 开 小 了，你_____?
Shēngyīn kāi xiǎo le, nǐ_____?

B: 我 听 得 清楚。你呢?
Wǒ tīng de qīngchu. Nǐ ne?

A: _____。
_____.

5) A: 他们 家的 门牌号，你 _____？
   Tāmen jiā de ménpái hào, nǐ _____?

   B: 我 记 得 住 。你 呢？
      Wǒ jì de zhù. Nǐ ne?

   A: _____ 。
      _____ .

6) A: 从 你家 到 电影院 ， 二十分钟 _____ ？
   Cóng nǐ jiā dào diànyǐngyuàn, èrshífēnzhōng _____ ?

   B: _____ 。从 你家 呢？
      _____ . Cóng nǐ jiā ne?

   A: _____ 。

3 . Make sentences after the model:

Model: 声音 你 调 小 点儿，再 小 点儿， 好 了 。
Shēngyīn nǐ tiáo xiǎo diǎnr , zài xiǎo diǎnr , hǎo le .

1) 声音 开大点儿。
   Shēngyīn kāi dà diǎnr .

2) 车 开 快 点儿 。
   Chē kāi kuài diǎnr .

3) 手 举 高点儿 。
   Shǒu jǔ gāo diǎnr .

4) 让 他 站 远 点儿 。
   Ràng tā zhàn yuǎn diǎnr .

5) 你 走 慢 点儿 。
   Nǐ zǒu màn diǎnr .

6) 你 过 去 点儿 。
   Nǐ guò qu diǎnr .

4 . Listen to the dialogues:

1) 小 李: 天 黑 了 ， 看 不 见 了 ，开 灯 吧!
   Xiǎo Lǐ: Tiān hēi le , kàn bu jiàn le , kāi dēng ba!

   小 赵 : 不 用 ，还 看 得 见 。
   Xiǎo Zhào: Bú yòng, hái kàn de jiàn .

   小 李: 还 看 得 见 ？你 练 眼睛 哪! 报上 的 字
   Xiǎo Lǐ: Hái kàn de jiàn? Nǐ liàn yǎnjing na! Bàoshang de zì
           那么 小 ，不 开 灯 ， 准 看 不 见 了 。
           nàme xiǎo , bù kāi dēng, zhǔn kàn bu jiàn le .

   小 赵: 我 只 看 标题。这 大 字 标题，在 你 那儿 都
   Xiǎo Zhào: Wǒ zhǐ kàn biāotí. Zhè dà zì biāotí, zài nǐ nàr dōu

看 得 见。你 看 哪！
kàn de jiàn. Nǐ kàn na!

小 李： 我 看 不 见！ 快 开 灯 吧！ 你 是 不 想
Xiǎo Lǐ： Wǒ kàn bu jiàn! Kuài kāi dēng ba! Nǐ shì bù xiǎng

要 眼睛 了！
yào yǎnjing le!

2) 弟弟： 电视机 有 毛病 了。 图象 很 清楚，可是
dìdi ： Diànshìjī yǒu máobing le. Túxiàng hěn qīngchu, kěshì

声音 怎么 一点儿 也 听 不 见？
shēngyīn zěnme yìdiǎnr yě tīng bu jiàn?

哥哥： 是 啊。音量 再 调 大 点儿。
gēge ： Shì a. Yīnliàng zài tiáo dà diǎnr.

弟弟： 好 ，再 调 大 点儿。现在 调 到 最大了，还
dìdi ： Hǎo, zài tiáo dà diǎnr. Xiànzài tiáo dào zuì dà le , hái

听 不 见！
tīng bu jiàn!

哥哥： 你 看看 ,耳塞子还 插着 呢，哪儿会 听 得 见
gēge ： Nǐ kànkan, ěrsāizi hái chāzhe ne, nǎr huì tīng de jiàn

声音！
shēngyīn!

33 I've Been To Xian Before
我以前来过西安 wǒ yǐqián láiguo Xī'ān

(Before leaving Xian, Mr. Chen Mingshan tells Zhang Xin his impressions of the city.)

陈：
Chén:
时间 过 得 真 快，到
Shíjiān guò de zhēn kuài, dào
西安 已经 八 天 了。
Xī'ān yǐjīng bātiān le.

How time flies! I've been in Xian for eight days already.

张：
Zhāng:
一切 都 很 好 吧？ 我 记得
Yíqiè dōu hěn hǎo ba? Wǒ jìde

Is everything O. K.? I re-member you telling me

你 说 过，① 你 以前 来过
nǐ shuōguo, nǐ yǐqián láiguo
西安。
Xī'ān.

that you've been here
before.

陈 ： 是。一九四〇年 来过一次。② Yes, once in 1940.
Chén: Shì. Yījiǔsìlíngnián láiguo yícì.

张 ： 这次 来西安，旧 地 重 游， Well, how do you find
Zhāng: Zhècì lái Xī'ān, jiù dì chóng yóu, it after all these years?
有 什么 感想 呢？
yǒu shénme gǎnxiǎng ne?

陈 ： 四十 年 来，西安 的 变化 Xian has certainly chang-
Chén: Sìshínián lái, Xī'ān de biànhuà ed a lot in the past 40
实在 太 大 了。城市 比 以 years. It's a much big-
shízài tài dà le. Chéngshì bǐ yǐ ger city now, and the
前 大 多 了，③ 街道 也 跟 streets too are different.
qián dà duō le, jiēdào yě gēn
以 前 不 一样 了。
yǐqián bù yíyàng le.

张 ： 比 以前 宽 了。 They are wider now.
Zhāng: Bǐ yǐqián kuān le.

陈 ： 也 比 以前 干净 了。那时 And cleaner too. There
Chén: Yě bǐ yǐqián gānjing le. Nà shí were very few trees on
候 ， 街道 两边儿 的 树 the sidewalks then, and
hour, jiēdào liǎngbiānr de shù there weren't so many
很 少， 工厂 、 学校、 factories, schools, stores
hěn shǎo, gōngchǎng、 xuéxiào、 and hospitals.
商店 、 医院 也 没有 现
shāngdiàn、 yīyuàn yě méiyǒu xiàn
在 这样 多 。④
zài zhèyàng duō.

张 ： 高 楼 大厦 更 少 。 There were even less
Zhāng: Gāo lóu dàshà gèng shǎo. tall buildings.

陈 ： 现在 西安 到处 充满着 Xian is full of vitality
Chén: Xiànzài Xī'ān dàochù chōngmǎnzhe now. It is indeed an an-
生气 ， 真 是 一个 古老 而 cient and youthful city.
shēngqì, zhēn shì yíge gǔlǎo ér
又 年轻 的 城市。⑤
yòu niánqīng de chéngshì.

张 :
Zhāng: 来 西安 这么 多 天 了，到 华清池 洗过 温泉 澡 没有？
Lái Xī'ān zhème duō tiān le, dào Huáqīngchí xǐguo wēnquán zǎo méiyǒu?

After all these days in Xian, have you been to the hot springs at Hua Ching Chi for a bath?

陈 :
Chén: 到 西安的 第二天 就 去了，后来 艾琳 她们 又 去过 两次。
Dào Xī'ān de dì'èrtiān jiù qù le, hòulái Àilín tāmen yòu qùguo liǎngcì.

Yes, on the very next day of our arrival. Irene and the children went twice again.

张 :
Zhāng: 这 几天 都 参观了 哪些 地方 了？
Zhè jǐtiān dōu cānguānle nǎxiē dìfang le?

Where else have you visited in the last few days?

陈 :
Chén: 能 去 的 地方 差不多 都 去了。历史 博物馆 去过 两次了，但是 只 看完 一遍。明天 还 想 再 去一次。我想 再 详细地 了解一些 唐代 中外 文化 交流 的 情况。⑥
Néng qù de dìfang chà bu duō dōu qù le. Lìshǐ Bówùguǎn qùguo liǎngcì le, dànshì zhǐ kàn wán yíbiàn. Míngtiān hái xiǎng zài qù yícì. Wǒ xiǎng zài xiáng xì de liǎojiě yìxiē Táng dài Zhōng wài wénhuà jiāoliú de qíng kuàng.

I've been to most places that I can possibly go. I've been to the history museum twice, but only had time to go through it once. I intend to go again tomorrow. I want to find out more about the cultural exchange between China and the West during the Tang dynasty.

张 :
Zhāng: 这个 题目 很 值得 研究。对 了，这 几天 西安 正 上演 大型 舞剧《丝路花
Zhège tímù hěn zhíde yánjiū. Duì le, zhè jǐtiān Xī'ān zhèng shàngyǎn dàxíng wǔjù " Sī Lù Huā

Yes, this is a worth-while research subject. By the way, the dance drama "Tales of the Silk Route" is now being performed in Xi'an. You

	雨 》，你们 看 吗？ Yǔ ", nǐmen kàn ma?	want to see it?
陈： Chén:	上个 月 北京 演过，我 Shàngge yuè Běijīng yǎnguo, wǒ 们 在 北京 看过 了。这 men zài Běijīng kànguo le. Zhè 个 舞剧 很 有 意思，无论 ge wǔjù hěn yǒu yìsi, wúlùn 音乐 还是 舞蹈 都 很 yīnyuè háishi wǔdǎo dōu hěn 好。你 看过 了 吗？ hǎo. Nǐ kànguo le ma?	We saw it last month when it was performed in Beijing. It is a very interesting performance. Both the music and the dancing are very good. Did you see it?
张： Zhāng:	没有 呢。明天 看。你 Méiyǒu ne. Míngtiān kàn. Nǐ 们 还看 吗？⑦ men hái kàn ma?	No. We are going to-morrow. Do you want to see it again?
陈： Chén:	不 了。明天 晚上 得 Bù le. Míngtiān wǎnshang děi 准备 准备，后天 就 回 zhǔnbeizhǔnbei, hòutiān jiù huí 去 了。我 有 一个 侄子 在 qu le. Wǒ yǒu yíge zhízi zài 郑州 。回 北京 时路过 Zhèngzhōu. Huí Běijīng shí lùguò 郑州 ，我 还得 在 郑 Zhèngzhōu, wǒ hái děi zài Zhèng 州 呆 两天。 zhōu dāi liǎngtiān.	No, thank you. We have to prepare for our departure tomorrow evening. We'll be leaving the day after tomorrow. I've a nephew in Zheng-zhou and I'll have to stay there for two days before returning to Beijing.
张： Zhāng:	哪天 回 美国 定 了 吗？ Nǎtiān huí Měiguó dìng le ma?	Have you fixed a date for returning to the States?
陈： Chén:	定 了，二十三号。二十六号 Dìng le, èrshísānhào. Èrshíliùhào 以前 必须 赶 回 美国。 yǐqián bìxū gǎn huí Měiguó. 明年 有机会我 再来。 Míngnián yǒu jīhui wǒ zài lái.	Yes, the 23rd. I have to get back before the 26th. I'll come again next year if I have a chance.

| 张 :
Zhāng: | 希望 下次来 能 多 呆几
Xīwàng xiàcì lái néng duō dāi jǐ
天 。
tiān . | Hope you can stay long-
er next time you come. |
| 陈 :
Chén: | 一 定 ， 一 定。
Yídìng ， yídìng . | Sure, sure. |

• new words • 生词 • shēngcí

1	一切	（代） yíqiè	all, everything
2	过	（助） guo	a suffix to show a past experience
3	以前	（名） yǐqián	former times, before
4	感想	（名） gǎnxiǎng	reflection, feeling
5	城市	（名） chéngshì	city
6	街道	（名） jiēdào	street
7	宽	（形） kuān	wlde
8	干净	（形） gānjing	clean
9	学校	（名） xuéxiào	school
10	商店	（名） shāngdiàn	shop, store
11	大厦	（名） dàshà	tall building
12	更	（副） gèng	more, still more
13	到处	（名） dàochù	everywhere
14	充满	（动） chōngmǎn	to fill, to be full of
15	生气	（名） shēngqì	vitality, life
16	古老	（形） gǔlǎo	ancient
17	而	（连） ér	a connective, in the text it means "as well as"
18	年轻	（形） niánqīng	young

19	洗澡		xǐ zǎo	bath, to take a bath
20	温泉	（名）	wēnquán	hot spring
21	后来	（名）	hòulái	later, after that
22	哪些	（代）	nǎxiē	which (pl.)
23	但是	（连）	dànshì	but
24	遍	（量）	biàn	times (emphasizing the whole process)
25	了解	（动、名）	liǎojiě	to understand, to find out, understanding, investigation
26	交流	（动）	jiāoliú	to exchange
27	题目	（名）	tímù	topic, subject
28	上演	（动）	shàngyǎn	to perform, to put on a show
29	型	（名）	xíng	scale, model
30	舞剧	（名）	wǔjù	dance drama, ballet
31	无论	（连）	wúlùn	no matter
	无论……还是……都……		wúlùn…háishi…dōu…	no matter… or …all
32	定	（动）	dìng	to settle, to fix
33	必须	（助动）	bìxū	must
34	赶	（动）	gǎn	to hurry
35	明年	（名）	míngnián	next year

专名　　　　Zhuānmíng　　　　Proper names

华清池	Huáqīngchí	Huaching Springs, a place in Xian famous for its hot springs.
历史博物馆	Lìshǐ Bówùguǎn	The Historical Museum
《丝路花雨》	"Sī Lù Huā Yǔ"	*Tales of the Silk Route* a full-length dance drama about China's early cultural exchanges with Central Asia.

郑州　　　　Zhèngzhōu　　　Zhengzhou capital of Honan province
in central China.

---

study points · 注释 · zhùshì

1 我记得你说过。(Wǒ jìde nǐ shuōguo.)

"过" (guò) placed after a verb indicates a past experience or action:

我十年前来过西安。(Wǒ shíniánqián láiguo Xī'ān.)

他看过这个舞剧。(Tā kànguo zhège wǔjù.)

The negative is formed by adding "没有" (méi (yǒu)) before the verb:

他们没有洗过温泉澡。(Tāmen méiyǒu xǐguo wēnquán zǎo.)

昨天老张没有来过这儿。(Zuótiān Lǎo Zhāng méiyǒu láiguo zhèr.)

2 一九四〇年来过一次。(Yījiǔsìlíngnián láiguo yícì.)

Common measure words for verbs are "次" (cì), "遍" (biàn), "回" (huí), "趟" (tàng), etc. "一次" is once, "两次" is twice and so on. "遍" also expresses the idea of "the whole process from the beginning to the end":

历史博物馆我去过两次了，但是还没有看完一遍。

(Lìshǐ Bówùguǎn wǒ qùguo liǎngcì le, dànshì hái méiyǒu kàn wán yíbiàn.)

3 城市比以前大多了。(Chéngshì bǐ yǐqián dà duō le.)

"大多了" is "much bigger", "重多了" is "much heavier", therefore "多" serves to emphasize the degree of difference.

4 工厂、学校、商店、医院也没有现在这样多。

(Gōngchǎng, xuéxiào, shāngdiàn, yīyuàn yě méiyǒu xiànzài zhèyàng duō.)

"没有" can also be used for comparison in Chinese:

他没有你大。(Tā méiyǒu nǐ dà.)

我的车没有你的车新。(Wǒ de chē méiyou nǐ de chē xīn.)

This is paralell to the "not as …as" structure in English.

5 真是一个古老而又年轻的城市。

(Zhēn shì yíge gǔlǎo ér yòu niánqīng de chéngshì.)

"而" (ér) is a cojoining word for adjectives.

The structure of "adjective ＋ 而 (ér) ＋ 又 (yòu) ＋ adjective" indicates two kinds of states or situations that exist at the same time.

6 我想再详细地了解一些唐代中外文化交流的情况。

(Wǒ xiǎng zài xiángxì de liǎojiě yìxiē Táng dài Zhōng wài wénhuà jiāoliú de qíngkuàng.)

中外 (Zhōng wài) is the short term for "China and the foreign countries".

7　你们还看吗? (Nǐmen hái kàn ma?)

"还" here means "again", "once more" or "still".

---

supplementary words · 补充生词 · bǔchōng shēngcí

1	读	(动) dú	to read
2	磁带(盘)	(名) cídài	magnetic tape
3	胖	(形) pàng	fat
4	炒	(动) chǎo	to stir and fry
5	香	(形) xiāng	fragrant or smell deliciously
6	好听	(形) hǎotīng	pleasant to the ear
7	头发	(名) tóufa	hair
8	爱动	ài dòng	active (physically)
9	体育	(名) tǐyù	physical exercise
10	游泳	(动、名) yóuyǒng	to swim, swimming
11	过去	(名) guòqù	the past
12	水	(名) shuǐ	water
13	跑步	pǎo bù	jogging, to run
	法国	Fǎguó	France

· exercises · 练习 · liànxí

1 . Make sentences using "过"(guo):

1) Model:　听　说 你看过 话剧《茶馆》，请你给 我们
Tīng shuō nǐ kànguo huàjù "Cháguǎnr", qǐng nǐ gěi wǒmen

介绍介绍。(话剧《茶馆》)
jièshaojièshao. (huàjù "Cháguǎnr")

(1) 那个　工厂
nàge gōngchǎng

(2) 颐和园
Yíhéyuán

(3) 这个　电影
zhège diànyǐng

(4) 那个 报告
nàge bàogào

2) Model:　约翰　　先生 一九七六年　到过 法国。(一九七
Yuēhàn xiānsheng yījiǔqīliùnián dàoguo Fǎguó. (yījiǔqī

六 年 ，法国)
liùnián, Fǎguó)

(1) 一九七七年，英 国
yījiǔqīqīnián , Yīngguó

(2) 前 年 ，加拿大
qiánnián, Jiānádà

(3) 去 年 ，日 本
qùnián, Rìběn

(4) 今年 ，中　国
jīnnián, Zhōngguó

(5) 这 几年，许多 地方
zhè jǐnián, xǔduō dìfang

*2. Complete the following dialogues:

Model: A: 你 看 没 看过 这个 电影 ？
Nǐ kàn méi kànguo zhège diànyǐng?

B: 我　没 看过。你看过 吗？
Wǒ méi kànguo. Nǐ kànguo ma?

A: 我　看过 两次 了。(次)
Wǒ kànguo liǎngcì le. (cì)

(1) A: 你 读_____ 这本 小说　？
Nǐ dú_____ zhèběn xiǎoshuōr?

B: 我　没 读过。你_____ ？
Wǒ méi dúguo. Nǐ_____ ?

A: _____ 。（遍）

_____ .（biàn）

(2) A: 他 研究 _____ 这个 问题？

Tā yánjiū _____ zhège wèntí?

B: _____ 。_____ ？

_____ . _____ ?

A: 我 研究了 两个 月了。

Wǒ yánjiūle liǎngge yuè le .

(3) A: 你 买 _____ 这种 糖？

Nǐ mǎi _____ zhèzhǒng táng?

B: _____ 。_____ ？

_____ . _____ ?

A: 我 _____ 。（次）

Wǒ _____ .（cì）

(4) A: 你 听 _____ 这盘儿 磁带？

Nǐ tīng _____ zhèpánr cídài ?

B: _____ 。_____ ？

_____ . _____ ?

A: 我 _____ 。（遍）

Wǒ _____ .（biàn）

(5) A: 你 吃 _____ 北京 烤鸭？

Nǐ chī _____ Běijīng kǎoyā ?

B: _____ 。_____ ？

_____ . _____ ?

A: _____ 。（回）

_____ .（huí）

(6) A: 你 见 _____ 这位 先生？

Nǐ jiàn _____ zhèwèi xiānsheng?

B: 我 没 见过。 _____ ？

Wǒ méi jiànguo. _____ ?

A: 我 见过 几次面 。

Wǒ jiànguo jǐcì miàn.

*3. Practice making sentences of comparison:

1) Model: A: 那 时候 , 这儿的 树 没有 这么 多 。

Nà shíhour , zhèr de shù méiyǒu zhème duō .

B: 可 不, 现在 这儿的 树 比 以前 多 多了。

Kě bù, xiànzài zhèr de shù bǐ yǐqián duō duō le .

(1) A: 前　几天　没有　今天　这么冷。
　　　Qián jǐtiān méiyǒu jīntiān zhème lěng.

　　B: ＿＿＿＿＿＿＿＿＿＿＿＿。

(2) A: 两年　　前，来这儿旅游　的人　没有　这么　多。
　　　Liǎngnián qián, lái zhèr lǚyóu de rén méiyǒu zhème duō.

　　B: ＿＿＿＿＿＿＿＿＿＿＿＿。

(3) A: 两年　　以前，他　没有　现在　这么胖。
　　　Liǎngnián yǐqián, tā méiyǒu xiànzài zhème pàng.

　　B: ＿＿＿＿＿＿＿＿＿＿＿＿。

(4) A: 去年　这种　皮鞋　没有　今年　这么贵。
　　　Qùnián zhèzhǒng píxié méiyǒu jīnnián zhème guì.

　　B: ＿＿＿＿＿＿＿＿＿＿＿＿。

(5) A: 上次　来这儿的　收获　没有　这次　这么　大。
　　　Shàngcì lái zhèr de shōuhuò méiyǒu zhècì zhème dà.

　　B: ＿＿＿＿＿＿＿＿＿＿＿＿。

2) Model: A: 上　星期　没有　这么　热。
　　　　　Shàng xīngqī méiyǒu zhème rè.

　　　　B: 哪儿啊！比现在热多了。
　　　　　Nǎr a! Bǐ xiànzài rè duō le.

(1) A: 他炒　的菜　没有　你炒　的这么　香。
　　　Tā chǎo de cài méiyǒu nǐ chǎo de zhème xiāng.

　　B: ＿＿＿＿＿＿＿＿＿＿＿＿。

(2) A: 这种　　椅子没有　那种　舒服。
　　　Zhèzhǒng yǐzi méiyǒu nàzhǒng shūfu.

　　B: ＿＿＿＿＿＿＿＿＿＿＿＿。

(3) A: 这个　舞剧的　音乐　没有　那个的　好听。
　　　Zhège wǔjù de yīnyuè méiyǒu nàge de hǎotīng.

　　B: ＿＿＿＿＿＿＿＿＿＿＿＿。

(4) A: 他　知道　的　情况　没有　你们　详细。
　　　Tā zhīdao de qíngkuàng méiyǒu nǐmen xiángxì.

B: _____。

_____.

4．Listen to the dialogue:

老　钱：　老　关，今天你见　到王　　先生　了没有？
Lǎo Qián:　Lǎo Guān, jīntiān nǐ jiàn dào Wáng xiānsheng le méiyǒu?

老　关：　见　到了。
Lǎo Guān:　Jiàn dào le.

老　钱：　这　是你第一次见　到他吧？
Lǎo Qián:　Zhè shì nǐ dìyīcì jiàn dào tā ba?

老　关：　哪儿啊！五年　前，我　招待过　他一次。他现
Lǎo Guān:　Nǎr a! Wǔnián qián, wǒ zhāodàiguo tā yícì. Tā xiàn

在比以前老　多了，白头发也多　多了。
zài bǐ yǐqián lǎo duō le, bái tóufa yě duō duō le.

老　钱：　那　时候他没有　这么胖　吧？
Lǎo Qián:　Nà shíhour tā méiyǒu zhème pàng ba?

老　关：　可不，那　时候他比你现在　还瘦呢。
Lǎo Guān:　Kě bù, nà shíhour tā bǐ nǐ xiànzài hái shòu ne.

老　钱：　可看起来，王　　先生　比我身体好多了。
Lǎo Qián:　Kě kàn qǐlai, Wáng xiānsheng bǐ wǒ shēntǐ hǎo duō le.

老　关：　是啊。我说老钱，你得注意身体呀。两
Lǎo Guān:　Shì a. Wǒ shuō Lǎo Qián, nǐ děi zhùyì shēntǐ ya. Liǎng

年　前你比现在爱动，差不多　每天　都
nián qián nǐ bǐ xiànzài ài dòng, chà bu duō měitiān dōu

参加体育活动。记得一年　夏天，咱们　还一起
cānjiā tǐyù huódòng. Jìde yìnián xiàtiān, zánmen hái yìqǐ

参加过　几个大学的游泳　比赛呢！
cānjiāguo jǐge dàxué de yóuyǒng bǐsài ne!

老　钱：　那是过去的事儿了！去年　夏天，我没下过
Lǎo Qián:　Nà shì guòqù de shìr le! Qùnián xiàtiān, wǒ méi xiàguo

一次水，一场球也没打过。不　行啊，得
yícì shuǐ, yìchǎng qiú yě méi dǎguo. Bù xíng a, děi

改改。下个月一号，我开始跑步。
gǎigai. Xiàge yuè yíhào, wǒ kāishǐ pǎo bù.

老　关：　还等　什么下个月！明天　早上，我来找
Lǎo Guān;　Hái děng shénme xiàge yuè! Míngtiān zǎoshang, wǒ lái zhǎo

你。咱们　一起跑步。
nǐ. Zánmen yìqǐ pǎo bù.

老 钱： 好 啊！

Lǎo Qián: Hǎo a ！

*5. **Translate the following sentences into Chinese:**

1) Lao Zhao has been to the United States.

2) Lao Zhao has gone to the United States.

3) He lived in China for twenty years.

4) He has been living in China for the last twenty years.

5) Lao Chen is not as old as Lao Zhang.

34 We'll Be Leaving China Tonight
晚 上 我们 就 要 离开 中 国 了
wǎnshang wǒmen jiù yào líkāi Zhōngguó le

(The Chens are preparing to leave China.)

艾:	飞 机票 拿 来 了 没有？①	Have we got the plane
Ài:	Fēijīpiào ná lai le méiyǒu?	tickets?
陈 ：	拿 来 了。	Yes.
Chén:	Ná lai le.	
伟 ：	爸爸，给 姑姑 和 舅舅 的 电	Dad, have you cabled
Wěi:	Bàba, gěi gūgu hé jiùjiu de diàn	Auntie and Uncle?

报 打 了 吗？②
bào dǎ le ma?

陈： Chén:	没有 呢,一会儿去打。艾 Méiyǒu ne, yíhuìr qù dǎ. Ài 琳， 东西 收拾 得 怎么 lín, dōngxi shōushi de zěnme 样 了 。 yàng le.	Not yet. I'll do that later. How's the packing, Irene?
艾： Ài:	差 不 多 了 。那 两 个 Chà bu duō le. Nà liǎngge 箱子 托运， 别的 东西 xiāngzi tuōyùn, biéde dōngxi 自己 带 . zìjǐ dài.	Nearly done. Those two cases are to be sent by freight. The rest will be hand-carried.
莉： Lì:	妈妈， 早晨 送 去 洗 的 Māma, zǎochén sòng qu xǐ de 衬衫 和 裤子 送 来 了 吗? chènshān hé kùzi sòng lai le ma?	Is the laundry back yet, Mom? I sent in a blouse and a pair of slacks this morning.
艾： Ài:	送 来 了 . Sòng lai le.	They are here.
陈： Chén:	我 昨天 新 买 的 眼镜 和 Wǒ zuótiān xīn mǎi de yǎnjìng hé 领带 给 我 拿 出 来 了 没 lǐngdài gěi wǒ ná chu lai le méi 有 ? yǒu?	Have you gotten out the glasses and tie I bought yesterday?
艾： Ài:	拿 出 来 了 . Ná chu lai le.	Yes.
陈： Chén:	晚上 就要 离开了,你们 Wǎnshang jiù yào líkāi le, nǐmen 想想 ， 还 有 些 什么 xiǎngxiang, hái yǒu xiē shénme 事儿 要 办 ? shìr yào bàn?	Is there anything else you people want to do before we leave this evening?
伟： Wěi:	我 想 再 去 天安门 照 Wǒ xiǎng zài qù Tiān'ānmén zhào 几张 照片, 上次 的 照 jǐzhāng zhàopiàn, shàngcì de zhào	I want to take a few more pictures of Tian An Men. The ones I took last time didn't

	片 没有 照 好。 piàn méiyǒu zhào hǎo.	come out well.
陈 ： Chén:	莉莉，你 有 事儿吗？ Lìli , nǐ yǒu shìr ma?	How about you, Lily?
莉： Lì:	我 想 帮助 妈妈 收拾 Wǒ xiǎng bāngzhù māma shōushi 收拾 东西，可是 大伟 让 shōushi dōngxi, kěshì Dàwěi ràng 我 跟他 一起去。 wǒ gēn tā yìqǐ qù.	Actually I want to help mother with the packing, but David wants me to go with him.
艾： Ài:	东西 快 收拾 好了。我 Dōngxi kuài shōushi hǎo le . Wǒ 自己 干 就 行 了。你 跟弟弟 zìjǐ gàn jiù xíng le . Nǐ gēn dìdi 一起 去 吧。 yìqǐ qù ba.	There isn't much more to be done. I'll manage myself. You go with David.
伟： Wěi:	飞机 几点的？ Fēijī jǐdiǎn de?	What time is our plane?
陈 ： Chén:	八 点 一刻 的。 Bādiǎn yíkè de.	A quarter after eight.
伟： Wěi:	咱们 几点离开饭店？ Zánmen jǐdiǎn líkāi fàndiàn?	When shall we leave here then?
陈 ： Chén:	六 点 半。你们 五点半 Liùdiǎnbàn. Nǐmen wǔdiǎnbàn 左右 回来 就 行 了。③ zuǒyòu huí lai jiù xíng le .	Six thirty. It'll be all right if you come back around five thirty.
艾： Ài:	莉莉，你们 照 完 相 以 Lìli , nǐmen zhào wán xiàng yǐ 后，顺便 到 王府井 hòu, shùnbiàn dào Wángfǔjǐng 百货 大楼 再 买 点儿 小 Bǎihuò Dàlóu zài mǎi diǎnr xiǎo 礼品 吧。早点儿 回 来。 lǐpǐn ba. Zǎo diǎnr huí lai.	Lily, after you've finished taking pictures, run to the department store in Wang Fu Jing and buy some more gifts and souvenirs. Hurry back.
莉： Lì:	好。 Hǎo.	All right.
艾： Ài:	帐 结了吗？ Zhàng jié le ma?	Have you checked out yet?

陈 : Chén:	这 不 忙 。④ 我 现在 就 Zhè bù máng. Wǒ xiànzài jiù 去 。 帐 结 完 了 ，我 去 qù. Zhàng jié wán le, wǒ qù 打 电报 。 dǎ diànbào.	No hurry. I'm going to do it now. Then I'll send the cable.
	（ 电话 铃声 ）	(The telephone rings)
艾 : Ài:	谁 来 的 电话 ？ Shuí lái de diànhuà?	Who was it?
陈 : Chén:	老 李 来 的 。他们 单位 Lǎo Lǐ lái de. Tāmen dānwèi 决定 让 他 今天 晚上 juédìng ràng tā jīntiān wǎnshang 到 上海 参加 一个 重 dào Shànghǎi cānjiā yíge zhòng 要 会议 ，所以 晚上 不 yào huìyì, suǒyǐ wǎnshang bù 能 来 送 我们 。他 表示 néng lái sòng wǒmen. Tā biǎoshì 抱歉 。他 说 一会儿 老 丁 bàoqiàn. Tā shuō yíhuìr Lǎo Dīng 要 来 . yào lái.	Lao Li. His unit has decided to send him to Shanghai tonight for an important conference, so he apologizes for not being able to see us off tonight. He said Lao Ding will come in a moment.
艾 : Ài:	没 说 什么 时候 来 ？ Méi shuō shénme shíhour lái?	Did he say what time is she coming?
陈 : Chén:	没有·， 就 说 一会儿 来 。⑤ Méiyou, jiù shuō yíhuìr lái. 我 现在 赶快 去 结 帐 、 Wǒ xiànzài gǎnkuài qù jié zhàng、 打 电报 。 dǎ diànbào.	No, except that she'll be here shortly. So I better go and settle the account and send the cable now.
艾 : Ài:	你 快 去 快 回 。 Nǐ kuài qù kuài huí.	You'd better hurry and get back soon.

330

• new words • 生词 • shēngcí

1	拿	（动）	ná	to take
2	姑姑	（名）	gūgu	aunt (father's sister)
3	舅舅	（名）	jiùjiu	uncle (mother's brother)
4	收拾	（动）	shōushi	to pack, to tidy up
5	箱子	（名）	xiāngzi	suitcase, trunk
6	托运	（动）	tuōyùn	to check (luggage), to send by freight
7	洗	（动）	xǐ	to wash
8	衬衫	（名）	chènshān	shirt, blouse
9	裤子	（名）	kùzi	trousers
10	眼镜	（名）	yǎnjìngr	glasses, spectacles
11	领带	（名）	lǐngdài	tie
12	照	（动）	zhào	to take (a picture)
13	照片	（名）	zhàopiàn	picture, snapshot
14	饭店	（名）	fàndiàn	hotel, restaurant
15	左右	（名）	zuǒyòu	a noun indicating an approximate number (quantity), around, about
16	照相		zhào xiàng	to take pictures
17	顺便	（副）	shùnbiàn	on the way, in passing
18	礼品	（名）	lǐpǐn	present, gift
19	结帐		jié zhàng	to settle account, to check out
20	忙	（形）	máng	busy
21	单位	（名）	dānwèi	unit, organization
22	决定	（动、名）	juédìng	to decide, decision
23	参加	（动）	cānjiā	to attend, to take part in
24	会议	（名）	huìyì	meeting, conference
25	所以	（连）	suǒyǐ	so, therefore

26 抱歉	（形）bàoqiàn	to apologize

专名	**Zhuānmíng**	**Proper names**
天安门	Tiān'ānmén	Tenanmen, main gate of the Imperial Palace, situated in the centre of Beijing
王府井	Wángfǔjǐng	Wangfujing Department Store, the
百货大楼	Bǎihuò Dàlóu	biggest department store in Beijing
上海	Shànghǎi	Shanghai, China's biggest and most industrialized city

study points · 注释 · zhùshì

1 飞机票拿来了没有？(Fēijīpiào ná lai le méiyǒu?)

In Chinese, passive sentences are usually indicated by the word "被" (bèi) or "给" (gěi).

我被人打了。(Wǒ bèi rén dǎ le.)

村庄给烧了。(Cūn zhuāng gěi shāo le.)

But there is another kind of passive sentences in which no passive indicators are necessary. This kind of sentences is used mostly in spoken Chinese.

东西都收拾好了。(Dōngxi dōu shōushi hǎo le.)

电报打了吗？(Diànbào dǎ le ma?)

2 给姑姑和舅舅的电报打了吗？(Gěi gūgu hé jiùjiu de diànbào dǎ le ma?)

Father's sisters are called "姑姑" (gūgu) (they can be called "姑妈" (gūmā) or "姑母" (gūmǔ) if they are married). Mother's brothers are called "舅舅" (jiùjiu). Father's elder brothers are called "伯伯" (bóbo), and his younger brothers are called "叔叔" (shūshu). Mother's sisters are called "姨" (yí) (they can be called "姨妈" (yímā) or "姨母" (yímǔ) if they are married).

3 你们五点半左右回来就行了。(Nǐmen wǔdiǎnbàn zuǒyòu huí lai jiù xíng le.)

"左右" literally means "in the neighborhood of"; so it is an expression of approximation.

4 这不忙。(Zhè bù máng.)

This is a colloquial expression for "No hurry".

5 就说一会儿来。(Jiù shuō yíhuìr lái.)

The main uses of the adverb " 就 " (jiù) are:

1) to show the limit or scope:

就 说一会儿来。(Jiù shuō yíhuìr lái.)

就这些。(Jiù zhèxiē.)   (Lesson 14)

2) to mean within a short time:

我们很快就要离开北京了。

(Wǒmen hěn kuài jiù yào líkāi Běijīng le.)   (Lesson 19)

晚上就上飞机了。(Wǎnshang jiù shàng fēijī le.)   (Lesson 20)

3) to show one action closely followed by another:

跟小王谈完就去。(Gēn Xiǎo Wáng tán wán jiù qù.)   (Lesson 19)

昨天我们吃了早饭就出去了。

(Zuótiān wǒmen chīle zǎofàn jiù chū qu le.)   (Lesson 20)

4) to show the lack of choices under the circumstances:

那就买八号的吧。(Nà jiù mǎi bāhào de ba.)   (Lesson 21)

5) to emphasize something that had taken place a very long time ago:

两千多年以前，中国人民就有这样伟大的创造。(Liǎngqiān duō nián yǐqián,
Zhōngguó rénmín jiù yǒu zhèyàng wěidà de chuàngzào.)   (Lesson 22)

6) to emphasize a fact:

老张就住在钟楼附近。

(Lǎo Zhāng jiù zhù zài Zhōnglóu fùjìn.)   (Lesson 24)

---

supplementary words · 补充生词 · bǔchōng shēngcí

1	岁数	（名）	suìshu	age
2	开会		kāi huì	to hold meeting, conference
3	里	（量）	lǐ	Li (equal to half a kilometer)
4	斤	（量）	jīn	Jin (equal to half a kilogram)
5	拍	（动）	pāi	to send (cable)
6	租	（动）	zū	to hire

7	行动	（动、名）	xíngdòng	movement, to take action
8	装	（动）	zhuāng	to pack
9	任务	（名）	rènwu	task
10	罐头	（名）	guàntou	canned food(s)

• exercises • 练习 • liànxí

*1. **Fill in the blanks with the right choice:**

1) A: 信 呢？
   Xìn ne ?

   B: _____ 。

   _____ .

   (1) 寄 走 信 了。
       Jì zǒu xìn le .

   (2) 信 寄 走 了。
       Xìn jì zǒu le .

2) A: 你 买 来 什么 了？
   Nǐ mǎi lai shénme le ?

   B: _____ 。

   _____ .

   (1) 面 包、 水果 买 来 了。
       Miànbāo、 shuǐguǒ mǎi lai le .

   (2) 买 来 了 面包 、 水果。
       Mǎi lai le miànbāo、 shuǐguǒ .

3) A: 图象 调 好 了 吧？
   Túxiàng tiáo hǎo le ba?

   B: _____ 。

   _____ .

   (1) 图象 调 好 了。
       Túxiàng tiáo hǎo le .

   (2) 调 好 图象 了。
       Tiáo hǎo túxiàng le .

334

4) A: 啤酒 拿 来了 没有？
　　Píjiǔ ná lai le méiyǒu?

B: ＿＿＿＿＿＿＿。
＿＿＿＿＿＿＿.

(1) 拿 来啤酒了。
　　Ná lai píjiǔ le.

(2) 啤酒拿 来了。
　　Píjiǔ ná lai le.

5) A: 门 打开了吧？
　　Mén dǎ kāi le ba?

B: ＿＿＿＿＿＿＿。
＿＿＿＿＿＿＿.

(1) 打 开 门 了。
　　Dǎ kāi mén le.

(2) 门 打开了。
　　Mén dǎ kāi le.

6) A: 给 朋友 的礼品 买 好了吗？
　　Gěi péngyou de lǐpǐn mǎi hǎo le ma?

B: ＿＿＿＿＿＿＿。
＿＿＿＿＿＿＿.

(1) 给 朋友 的 礼品 买 好了。
　　Gěi péngyou de lǐpǐn mǎi hǎo le.

(2) 买 好了给 朋友 的礼品。
　　Mǎi hǎo le gěi péngyou de lǐpǐn.

*2. **Answer the questions using "左右" (zuǒyòu):**

Model: A: 那个人 多 大岁数？
　　　　Nàge rén duō dà suìshu?

B: 三 十 岁 左右。（二 十 九岁）
　　Sānshísuì zuǒyòu. （èrshíjiǔsuì）

1) A: 会 几点 能 开完？
　　Huì jǐdiǎn néng kāi wán?

B: ＿＿＿＿＿＿。（四点 二 十五）
＿＿＿＿＿＿. （sìdiǎn èrshíwǔ）

2) A: 那儿大概 有 多 少书？
　　Nàr dàgài yǒu duōshao shū?

B: ＿＿＿＿＿＿。（四十九本）
＿＿＿＿＿＿. （sìshíjiǔběn）

3) A: 你 看 他 年纪 有 多大?
     Nǐ kàn tā niánjì yǒu duō dà?

   B: _____。（四十一岁）
     _____.（sìshíyīsuì）

4) A: 从 你们 家 到 汽车站 有 多 远?
     Cóng nǐmen jiā dào qìchēzhàn yǒu duō yuǎn?

   B: _____。（半里多点儿）
     _____.（bànlǐ duō diǎnr）

5) A: 你 说 他 有 多 高?
     Nǐ shuō tā yǒu duō gāo?

   B: _____。（一米零 三）
     _____.（yìmǐ líng sān）

6) A: 这 个 箱子 有 多 重?
     Zhège xiāngzi yǒu duō zhòng?

   B: _____。（十九斤 多）
     _____.（shíjiǔjīn duō）

*3. **Make sentences with** "……了, 就……" (...le, jiù...):

Model: 相 照 完了, 就早 点儿回 来。
      Xiàng zhào wán le, jiù zǎo diǎnr huí lai.

1) 买，礼物，吃 饭
   mǎi, lǐwù, chī fàn

2) 收 拾，东西，托运
   shōushi, dōngxi, tuōyùn

3) 取，飞机票，拍，电报
   qǔ, fēijīpiào, pāi, diànbào

4) 结，帐，离开，饭店
   jié, zhàng, líkāi, fàndiàn

5) 穿，衣服，散步
   chuān, yīfu, sàn bù

6) 写，信，寄
   xiě, xìn, jì

4 . **Listen to the dialogue:**

张 : 今天 天气 真 好! 走, 出 去玩儿玩儿, 照 几张
Zhāng: Jīntiān tiānqì zhēn hǎo! Zǒu, chū qu wánrwanr, zhào jǐzhāng
      相 。
      xiàng.

李: 应该，应该。我 找 小 王 去。
Lǐ: Yīnggāi, yīnggāi. Wǒ zhǎo Xiǎo Wáng qu.

张 ： 小 王 的 电话 刚 打完，他 知道了。
Zhāng: Xiǎo Wáng de diànhuà gāng dǎ wán, tā zhīdao le.

李 ： 吃 的 东西……
Lǐ: Chī de dōngxi…

张 ： 吃 的 东西 他 准备。
Zhāng: Chī de dōngxi tā zhǔnbèi.

李 ： 汽车 租 了吗？
Lǐ: Qìchē zū le ma?

张 ： 汽车 租 好了。
Zhāng: Qìchē zū hǎo le.

李 ： 你 行动 够 快的！我 去 收拾一下儿东西。
Lǐ: Nǐ xíngdòng gòu kuài de! Wǒ qù shōushi yíxiàr dōngxi.

张 ： 东西 都 装 好了。你的 任务 是 等 小 王，
Zhāng: Dōngxi dōu zhuāng hǎo le. Nǐ de rènwu shì děng Xiǎo Wáng,
小 王 来了咱们 就 走。我 去 看看 汽车 来了
Xiǎo Wáng láile zánmen jiù zǒu. Wǒ qù kànkan qìchē lái le
没有。
méiyǒu.

李 ： 好 吧，你 快去 快 回。
Lǐ: Hǎo ba, nǐ kuài qù kuài huí.

张 ： 我 不回来了。小 王 来了你们 就 下 楼。
Zhāng: Wǒ bù huí lai le. Xiǎo Wáng láile nǐmen jiù xià lóu.

（ 小 张 走了。一会儿 小 王 来了。）
(Xiǎo Zhāng zǒu le. Yíhuìr Xiǎo Wáng lái le.)

李 ： 小 王，你来了。吃 的东西 准 备 得 怎么样 了？
Lǐ: Xiǎo Wáng, nǐ lái le. Chī de dōngxi zhǔnbèi de zěnmeyàng le?

王 ： 吃 的 都 准备 好了。看，面包 、水果 、罐头、
Wáng: Chī de dōu zhǔnbèi hǎo le. Kàn, miànbāo、shuǐguǒ、guàntou、
啤酒、糖，都 买 来了。
píjiǔ、táng, dōu mǎi lai le.

李 ： 走 吧。
Lǐ: Zǒu ba.

王 ： 小 张 呢？
Wáng: Xiǎo Zhāng ne?

李 ： 他 在 楼下 等 汽车 呢。他 不 回 来了。
Lǐ: Tā zài lóuxià děng qìchē ne. Tā bù huí lai le.

王 ： 那 我们 快 下去 吧。
Wáng: Nà wǒmen kuài xià qu ba.

张　：小　王！小李！
Zhāng: Xiǎo Wáng! Xiǎo Lǐ!

李：小　张，车还没来？
Lǐ:　Xiǎo Zhāng, chē hái méi lái?

张　：车来了。
Zhāng: Chē lái le.

王　：你回来有事儿？
Wáng: Nǐ huí lai yǒu shìr?

张　：胶卷　用完了，没取出来，新胶卷还没
Zhāng: Jiāojuǎnr yòng wán le, méi qǔ chu lai, xīn jiāojuǎnr hái méi
装　上呢。
zhuāng shang ne.

王　：那就赶快装吧。
Wáng: Nà jiù gǎnkuài zhuāng ba.

张　：新胶卷还没买来呢！
Zhāng: Xīn jiāojuǎnr hái méi mǎi lai ne!

王　：糟糕！
Wáng: Zāogāo!

＊5.　Translate the sentences into Chinese:

1) Has the letter to your grandparents been written or not?
2) Have the two suitcases been checked?
3) The address of the addressee should be written at the top of the envelope.
4) How should the affairs be handled?
5) It is not difficult to learn Chinese.

35 Wish You A Pleasant Trip
祝你们一路平安 zhù nǐmen yílù píng'ān

(The Chens are leaving China. Wang Fang sees them off at the airport.)

王 :	陈 先生 ， 您 不 是 多	Mr. Chen, did you say
Wáng:	Chén xiānsheng, nín bú shì duō	you had two pieces of
	两件 行李 吗？ 咱们 去	excess luggage? Shall
	liǎngjiàn xíngli ma? Zánmen qù	we go and get them
	托运 吧。	checked?
	tuōyùn ba.	

陈： Chén:	好。在哪儿？ Hǎo. Zài nǎr?	Where?
王： Wáng:	在　二层　大厅。 Zài　èrcéng　dàtīng.	In the lounge of the second floor.
工作人员： gōngzuò rényuán:	请　您　把　行李　放　在 Qǐng　nín　bǎ　xíngli　fàng　zài 这儿，①我　称　一下儿。 zhèr,　wǒ　chēng　yíxiàr.	Please take them over here to be weighed.
陈： Chén:	多少　公斤？ Duōshao gōngjīn?	How many kilos?
工作人员： gōngzuò rényuán:	三十二公斤。这　是　行李 Sānshí'èrgōngjīn. Zhè　shì　xíngli 托运单，您　把　这张　单子 tuōyùndān, nín　bǎ　zhèzhāng　dānzi 填　一下儿。填　好　以后，到 tián　yíxiàr. Tián hǎo yǐhòu, dào 对面　交钱。 duìmiàn jiāo qián.	Thirty-two. This is the luggage consignment form for you to fill in. After you've finished, pay at the counter opposite.
王： Wáng:	好了，我们　到海关办 Hǎo le, wǒmen dào hǎiguān bàn 手续吧。 shǒuxù ba.	All right. Let's go to the customs.
工作人员： gōngzuò rényuán:	请　把（飞）机票和护 Qǐng bǎ (fēi) jīpiào hé hù 照　给我　看一下儿。 zhào gěi wǒ kàn yíxiàr.	Please show me your tickets and passports.
陈： Chén:	好。 Hǎo.	Here you are.
王： Wáng:	来，咱们　把行李拿这边儿 Lái, zánmen bǎ xíngli ná zhèbianr 来。 lai.	Come, let's bring the luggage over here.
工作人员： gōngzuò rényuán:	一共　几件？ Yígòng jǐjiàn?	How many pieces altogether?
陈： Chén:	四件。 Sìjiàn.	Four.
工作人员： gōngzuò rényuán:	这　是行李牌儿，请　收　好。 Zhè shì xínglipáir, qǐng shōu hǎo.	Here are your tags.

王 :　手续 都 办 完 了。　　　　Well, that's it.
Wáng:　Shǒuxù dōu bàn wán le.

陈 :　艾琳，你 把（飞）机票 和　Irene, put the tickets
Chén:　Àilín, nǐ bǎ (fēi) jīpiào hé　and passports inside the
　　　护照 都 放 在手提包里。　handbag. Xiao Wang,
　　　hùzhào dōu fàng zài shǒutíbāoli.　you've been a great help
　　　小 王 ，这次回 国 得到　to us throughout our
　　　Xiǎo Wáng, zhècì huí guó dédào　visit. We must all thank
　　　你 很 多 帮助，我们　you for it.
　　　nǐ hěn duō bāngzhù, wǒmen
　　　全 家 向 你 表示 衷
　　　quán jiā xiàng nǐ biǎoshì zhōng
　　　心 的 感谢。
　　　xīn de gǎnxiè.

王 :　别 客气。有 做 得不 够　Don't say that. You
Wáng:　Bié kèqi. Yǒu zuò de bú gòu　must excuse me for any
　　　的 地方，请 原谅。希　inadequacies on my
　　　de dìfang, qǐng yuánliàng. Xī　part. I hope you'll give
　　　望 您 对 我们的 工作　your opinion on our
　　　wàng nín duì wǒmen de gōngzuò　work so as to help us
　　　提 出 意见，帮助 我们　improve in future.
　　　tí chū yìjiàn, bāngzhù wǒmen
　　　以后 改进。
　　　yǐhòu gǎijìn.

陈 :　你们 的 工作 做 得 很　You've done excellent
Chén:　Nǐmen de gōngzuò zuò de hěn　work, we have no com-
　　　好，没 什么 意见，② 真　plaint to make. To be
　　　hǎo, méi shénme yìjiàn,　zhēn　able to come back after
　　　的。离开 祖国 四十年 了，　an absence of fourty
　　　de. Líkāi zǔguó sìshínián le,　years is the realization
　　　这次 有 机会 回 来，实现了　of a long cherished
　　　zhècì yǒu jīhui huí lai, shíxiànle　dream. I just can't de-
　　　多 年 的 愿望，③ 心里　scribe how happy I am.
　　　duō nián de yuànwàng,　xīnli
　　　真 有 说 不 出 的 高
　　　zhēn yǒu shuō bu chū de gāo
　　　兴 。
　　　xìng.

王 : Wáng:	欢迎　你们　随时回来 Huānyíng nǐmen suíshí huí lai 参观　游览。 cānguān yóulǎn.		You're welcome any time.
陈 : Chén:	希望　以后还有机会见 Xīwàng yǐhòu hái yǒu jīhui jiàn 面。小王，我们就要 miàn. Xiǎo Wáng, wǒmen jiù yào 分别了，在这儿照　张 fēnbié le, zài zhèr zhào zhāng 相　作个纪念吧。④莉莉， xiàng zuò ge jìniàn ba. Lìli, 把照相机拿过来。 bǎ zhàoxiàngjī ná guo lai. (After Mr. Chen has taken the pictures).		Hope to see you again. Xiao Wang, let's take a picture together to commemorate the occasion. Give me the camera, Lily.
王 : Wáng:	时间　到了，你们进去 Shíjiān dào le, nǐmen jìn qu 吧。祝　你们　一路平安！ ba. Zhù nǐmen yílù píng'ān!		It's time for you to go. Wish you a pleasant trip back.

• new words • 生词 • shēngcí

1	大厅	（名）dàtīng	lounge, hall
2	把	（介）bǎ	(a preposition whose object is the receiver of the action)
3	公斤	（量）gōngjīn	kilogram
4	对面	（名）duìmiàn	opposite side
5	多	（形）duō	many, much
6	海关	（名）hǎiguān	customs
7	手续	（名）shǒuxù	procedure, formalities
	办手续	bàn shǒuxù	to go through the procedure (for-

malities)

8	行李牌儿	（名）	xínglipáir	luggage tag
9	得到	（动）	dédào	to have got
10	衷心	（形）	zhōngxīn	heartfelt
11	不够		bú gòu	not enough, inadequate
12	原谅	（动）	yuánliàng	to excuse, to forgive
13	提	（动）	tí	to lift, to raise
	提出		tí chū	to raise, to put forward
14	意见	（名）	yìjiàn	opinion
	提意见		tí yìjiàn	to criticize, to raise an opinion
15	改进	（动）	gǎijìn	to improve, to innovate
16	真的	（副）	zhēnde	really
17	祖国	（名）	zǔguó	motherland
18	实现	（动）	shíxiàn	to realize
19	愿望	（名）	yuànwàng	wish
20	心里	（名）	xīnli	heart, bottom of the heart
21	随时	（副）	shuíshí	anytime
22	照相机	（名）	zhàoxiàngjī	camera
23	过来		guò lai	this way (used after a verb to show direction)
24	纪念	（名、动）	jìniàn	souvenir, to commemorate

---

study points · 注释 · zhùshì

---

1 请你把行李放在这儿。(Qǐng nǐ bǎ xíngli fàng zài zhèr.)
To emphasize what is being done to the object of a sentence, the preposition
"把"(bǎ) is usually used to bring the object before the verb. Thus the pattern
for this kind of sentences is as follows:
subject＋"把"＋object＋verb＋other elements.

你把这单子填一下儿。(Nǐ bǎ zhè dānzi tián yíxiàr.)

咱们把行李放在这儿。(Zánmen bǎ xíngli fàng zài zhèr.)

我把东西收拾收拾。(Wǒ bǎ dōngxi shōushishōushi.)

他昨天把信写完了。(Tā zuótiān bǎ xìn xiě wán le.)

Note:

1) Since the verb takes an object, it must be transitive. But verbs like "喜欢" (xǐhuan), "觉得" (juéde), "看见" (kàn jiàn), "知道" (zhīdao), "欢迎" (huānyíng), etc. cannot be used in these "把" sentences.

2) There must be other elements, usually adverbial in nature, to follow the verb.

3) Negative adverbs, adverbs of time and auxilliary verbs must be placed before the word "把".

4) The objects of these sentences must be specific.

2 没什么意见。(Méi shénme yìjiàn.)

This can either mean "no opinion" or "no complaint"!

3 实现了多年的愿望。(Shíxiànle duō nián de yuànwàng.)

"多年" (duō nián) means "very many years".

4 在这儿照张相作个纪念吧。(Zài zhèr zhào zhāng xiàng zuò ge jìniàn ba.)

The verb "作" (zuò) can take the verb "纪念" (jìniàn) as its object. "作个纪念" (zuò ge jìniàn) means the same as "作纪念" but is more informal.

supplementary words · 补充生词 · bǔchōng shēngcí

1	脏	（形）	zāng	dirty
2	窗户	（名）	chuānghu	window
3	挂	（动）	guà	to hang
4	它	（代）	tā	it
5	起飞	（动）	qǐfēi	to take off
6	安全带	（名）	ānquándài	safty belt
7	系	（动）	jì	to tie
8	俗话	（名）	súhuà	common saying
9	秧	（名）	yāng	seedling

10	谷	（名）gǔ	grain
11	妻	（名）qī	wife
12	福	（名）fú	happiness, luck
13	心细	xīn xì	careful
14	特点	（名）tèdiǎn	characteristic
15	闲不住	xián bu zhù	always keep oneself busy

• exercises • 练习 • liànxí

*1. Complete the sentences using "把" (bǎ):

Model: 他 病 了，把他 送 到 医院 去 吧。
Tā bìng le, bǎ tā sòng dào yīyuàn qu ba.
（ 送 ， 医院 ）
(sòng , yīyuàn)

1) 这件 衣服脏 了，_____。（ 洗,一下儿）
Zhèjiàn yīfu zāng le, _____. (xǐ, yíxiàr)

2) 刮 风了，_____。（ 门， 窗 户， 关 ）
Guā fēng le, _____. (mén, chuānghu, guān)

3) 我 眼睛不好，_____。（给，念，信）
Wǒ yǎnjing bù hǎo, _____. (gěi, niàn, xìn)

4) 咱们 去 公园 玩儿玩儿，_____。
Zánmen qù gōngyuánr wánrwanr, _____.
（ 带， 水果， 照相 机 ）
(dài, shuǐguǒ, zhàoxiàngjī)

5) 现在 收拾 东西吧，_____。
Xiànzài shōushi dōngxī ba, _____.
（ 毛衣， 衬衫 ， 大衣， 放， 挂，箱子，柜子）
(máoyī, chènshān, dàyī, fàng, guà, xiāngzi, guìzi)

6) 该 吃 饭 了，_____。
Gāi chī fàn le, _____.
（ 黄油 ， 面 包，鸡蛋汤，菜， 拿， 端 ）
(huángyóu, miànbāo, jīdàntāng, cài, ná, duān)

*2. **Make dialogues after the model:**

Model: A: 托运　几件？
Tuōyùn jǐjiàn ?

B: 就　这　两个　箱子。
Jiù zhè liǎngge xiāngzi.

A: 来，把 它们 拿 这儿 来。
Lái, bǎ tāmen ná zhèr lai.

1) A: 你买了 几本？
Nǐ mǎile jǐběn ?

B: _____ 三本 。
_____ sānběn,

A: _____, _____ 给 我 看看。
_____, _____ gěi wǒ kànkan.

2) A: 你 写了 几封 信？
Nǐ xiěle jǐfēng xìn ?

B: _____ 两封 。
_____ liǎngfēng.

A: _____, _____ 寄 走 吧。
_____, _____ jì zǒu ba.

3) A: 你看了 很 长 时间 电视 了吧？
Nǐ kànle hěn cháng shíjiān diànshì le ba ?

B: _____ 一个 小 时 。
_____ yíge xiǎoshí.

A: _____, _____ 关 上 吧。
_____, _____ guān shang ba.

4) A: 你 兑换 多少 美元？
Nǐ duìhuàn duōshao Měiyuán?

B: _____ 二百 美元 。
_____ èrbǎi Měiyuán.

A: _____, _____ 点一点。
_____, _____ diǎnyídiǎn.

5) A: 你们 有 几件 行李？
Nǐmen yǒu jǐjiàn xínglǐ?

B: _____ 两件。
_____ liǎngjiàn.

A: _____, _____ 放 这儿 吧。
_____, _____ fàng zhèr ba.

6) A: 还 有 不 少 啤酒 吧 ?
Hái yǒu bù shǎo píjiǔ ba?

B: _____ 六瓶 了。
_____ liùpíng le.

A: _____ , _____ 都 拿 来。
_____ , _____ dōu ná lai.

3.. **Listen to the dialogue:**
（ 在 飞机上 ）
（ Zài fēijīshang ）

飞机服务员:　朋友们　，飞机快 要 起飞了，您 坐 好以
fēijī fúwùyuán:　Péngyoumen, fēijī kuài yào qǐfēi le , nín zuò hǎo yǐ
后，请 赶 快 把 安全带 系好。
hòu, qǐng gǎnkuài bǎ ānquándài jì hǎo.

大伟:　爸爸，您 快系 安全带 吧。
Dàwěi:　Bàba, nín kuài jì ānquándài ba.

陈 明山:　来，把 这个 小 皮箱 放 到 你 那儿去。
Chén Míngshān:　Lái, bǎ zhège xiǎo píxiāng fàng dào nǐ nàr qu.

大伟:　您 休息吧，我 把 它 提 过去。
Dàwěi:　Nín xiūxi ba, wǒ bǎ tā tí guo qu.

陈 明山:　好 吧。艾琳，把 那个 红 皮箱 给 我。
Chén Míngshān:　Hǎo ba. Àilín, bǎ nàge hóng píxiāng gěi wǒ.

艾琳:　怎么? 把 红 箱子 也 放 到 那儿 去? 不
Àilín:　Zěnme? Bǎ hóng xiāngzi yě fàng dào nàr qu? Bú
用 吧。
yòng ba.

陈 明山:　这 我 知道。你 看，起飞 后 我 得 看 书 啊。
Chén Míngshān:　Zhè wǒ zhīdao. Nǐ kàn, qǐfēi hòu wǒ děi kàn shū a.

艾琳:　你 是 要 书 啊。
Àilín:　Nǐ shì yào shū a.

陈 明山:　对 了，把 那 几本 书 给 我。
Chén Míngshān:　Duì le , bǎ nà jǐběn shū gěi wǒ.

艾琳:　莉莉，把 书 给 爸爸。
Àilín:　Lìli , bǎ shū gěi bàba.

莉莉:　给 您。
Lìli :　Gěi nín.

陈 明山:　啊，都 在 这儿了?
Chén Míngshān:　À , dōu zài zhèr le ?

艾琳： 对了，你要的书都在这儿了。
Àilín： Duì le, nǐ yào de shū dōu zài zhèr le.

陈明山： 西安买的那本书，把它收到大箱
Chén Míngshān: Xī'ān mǎi de nàběn shū, bǎ tā shōu dào dà xiāng
子里了吧？
zili le ba?

艾琳： 你再看看，最下边儿的那本是不是？
Àilín： Nǐ zài kànkan, zuì xiàbianr de nàběn shì bu shì?

陈明山： 啊，正是它。
Chén Míngshān: À, zhèng shì tā.

艾琳： 我知道你没看完，收拾东西的时候，
Àilín:: Wǒ zhīdao nǐ méi kàn wán, shōushi dōngxi de shíhour,
特意把它留在外边儿了。
tèyì bǎ tā liú zài wàibianr le.

陈明山： 俗话说："秧好一半谷，妻好一半福"，
Chén Míngshān: Súhuà shuō: "Yāng hǎo yíbàn gǔ, qī hǎo yíbàn fú",
我可真有福啊。
wǒ kě zhēn yǒu fú a.

艾琳： 你呀，什么"谷"啊，"福"啊，快看
Àilín： Nǐ ya, shénme "gǔ" a, "fú" a, kuài kàn
书吧！
shū ba!

复习 (7)

Revision (7)
fùxí (7)

＊1. Fill in the blanks with " 了 " (le) **or " 过 "** (guo):

1) 我 去＿＿＿＿那个 商店 , 我 在 那儿 买＿＿＿＿＿＿东西。
   Wǒ qù＿＿＿＿ nàge shāngdiàn, wǒ zài nàr mǎi＿＿＿＿＿＿ dōngxi.

2) 以 前 我 没 进＿＿＿＿这家 饭馆。
   Yǐqián wǒ méi jìn＿＿＿＿ zhèjiā fànguǎnr.

3) 怎 么 , 准 备＿＿＿＿这么 长 时间 , 还 没 准 备 好 ?
   Zěnme, zhǔnbèi＿＿＿＿ zhème cháng shíjiān, hái méi zhǔnbèi hǎo?

4) 他 认 识＿＿＿＿一个 老 医 生 , 请 这 位 老 先 生 给
   Tā rènshi＿＿＿＿ yíge lǎo yīshēng, qǐng zhèwèi lǎo xiānsheng gěi
   看 看 吧。
   kànkan ba.

5) 我们 听＿＿＿＿一会儿 音乐 , 就 把 收音机 关 了。
   Wǒmen tīng＿＿＿＿ yíhuìr yīnyuè, jiù bǎ shōuyīnjī guān le.

6) 你 不 是 没 吃＿＿＿＿饺子 吗 ? 你 尝 尝 , 好 吃 不
   Nǐ bú shì méi chī＿＿＿＿ jiǎozi ma? Nǐ chángchang, hǎochī bu
   好 吃 ?
   hǎochī?

＊2. Rewrite the following sentences after the model:

Model: 我 前年 大学 毕业 以后 就 开始 工作 了。
   Wǒ qiánnián dàxué bì yè yǐhòu jiù kāishǐ gōngzuò le.

   我 大学 毕业 以后 工作了 两 年 了。
   Wǒ dàxué bì yè yǐhòu gōngzuòle liǎngnián le.

1) 他 从 一九五○年 到 现在 一直 教 中国 历史。
   Tā cóng yījiǔwǔlíngnián dào xiànzài yìzhí jiāo Zhōngguó lìshǐ.

2) 昨天 晚上 , 从 八点 到 十点四十分 , 我 在 家 看
   Zuótiān wǎnshang, cóng bādiǎn dào shídiǎn sìshífēn, wǒ zài jiā kàn
   电视 了。
   diànshì le.

3) 他们 九月 十五日 到二十八日呆 在 西安。
   Tāmen jiǔyuè shíwǔrì dào èrshíbārì dāi zài Xī'ān.

4) 这个 大型 舞剧是 六点半 开始的，九点半才 演完。
Zhège dàxíng wǔjù shì liùdiǎnbàn kāishǐ de, jiǔdiǎnbàn cái yǎn wán.

5) 那个 包裹老 王 十三号 寄出 的，他朋 友二十一号
Nàge bāoguǒ Lǎo Wáng shísānhào jì chū de, tā péngyou èrshíyīhào
才 收 到 。
cái shōu dào.

6) 我们 六点 二十从 家里出 来，差 十分 七点 走到了
Wǒmen liùdiǎn èrshí cóng jiāli chū lai, chà shífēn qīdiǎn zǒu dàole
剧 院 。
jùyuàn.

7) 老 刘 前天 就去 上海 出 差了。
Lǎo Liú qiántiān jiù qù Shànghǎi chūchāi le.

8) 从 五岁 到三十五岁他一直 生活 在 北京 。
Cóng wǔsuì dào sānshíwǔsuì tā yìzhí shēnghuó zài Běijīng.

*3. See if "的" (de)、"地" (de)、"得" (de) are correctly used in the following sentences and correct the wrong parts:

1) 历史 博物馆 地 同志 详细 得 给 他们 作了介绍。
Lìshǐ Bówùguǎn de tóngzhì xiángxì de gěi tāmen zuòle jièshào.

2) 到 北京 得第二天下午，他们 就去 故宫 了。
Dào Běijīng de dì'èrtiān xiàwǔ, tāmen jiù qù Gùgōng le.

3) 时 间 过地 真 快，我离家已经 一个 月 了。
Shíjiān guò de zhēn kuài, wǒ lí jiā yǐjīng yíge yuè le.

4) 小 地箱子我拿的动，大地箱子我拿 不动。
Xiǎo de xiāngzi wǒ ná de dòng, dà de xiāngzi wǒ ná bu dòng.

5) 他 亲切得对我说："在 这儿遇见你，我太 高兴了!"
Tā qīnqiè de duì wǒ shuō: "Zài zhèr yùjiàn nǐ, wǒ tài gāoxìng le!"

6) 小 陈 他们在 北海 玩儿地 很 高兴。
Xiǎo Chén tāmen zài Běihǎi wánr de hěn gāoxìng.

7) 他们 都是从 美国回来探亲 地华侨。
Tāmen dōu shì cóng Měiguó huí lai tànqīn de huáqiáo.

8) 老 王 高兴 得说："你地英语 说 的太 好了!"
Lǎo Wáng gāoxìng de shuō: "Nǐ de Yīngyǔ shuō de tài hǎo le!"

Appendix I

词汇表 cíhuì biǎo Vocabulary

A

ā	阿姨	（名）	āyí	aunt (what children call young women)	25
à	啊	（叹）	à	an interjection like "ah"	2
a	啊	（助）	a	ah, oh	10
āi	哎呀	（叹）	āiyā	Oh, dear! (surprise or annoyance	9
	哎哟	（叹）	āiyō	an interjection expressing surprise, pain, etc.	20
ài	爱人	（名）	àiren	wife, husband, fiancée, fiancé	27
àn	按时	（副）	ànshí	on time.	15

B

bā	八	（数）	bā	eight	3
bǎ	把	（介）	bǎ	(a preposition whose object is the receiver of the action)	35
bà	爸爸	（名）	bàba	father, dad	5
ba	吧	（助）	ba	modal particle	5
bǎi	百	（数）	bǎi	hundred	7
	百闻不如一见		bǎi wén bù rú yí jiàn	Seeing is believing. (Hearing a hundred times is not as good as seeing once.)	22
bàn	半	（数）	bàn	half	9
	办	（动）	bàn	to do, to handle, to carry out	21
bāng	帮	（动）	bāng	to help, to aid	13

	帮忙		bāng máng	to help, help	24
	帮助	（动、名）	bāngzhù	to help, help	22
bāo	包裹	（名）	bāoguǒ	parcel	22
bào	报	（名）	bào	newspaper	32
bào	抱歉	（形）	bàoqiàn	to apologize	34
bēi	杯	（量）	bēi	cup, glass	23
běi	北	（名）	běi	north	26
	北边儿	（名）	běibianr	to the north, in the north	26
bèi	背	（动）	bèi	to recite, to learn by heart	28
	背面	（名）	bèimiàn	back	30
běn	本	（量）	běn	a measure word (copy)	5
	本子	（名）	běnzi	notebook	11
bí	鼻子	（名）	bízi	nose	26
bǐ	比	（介、动、名）	bǐ	than, to compare, comparison	25
	比较	（副、动）	bǐjiào	comparatively, relatively, to compare, to contrast.	12
bì	必须	（助动）	bìxū	must	33
	毕业	（名）	bì yè	to graduate	27
biàn	遍	（量）	biàn	times (emphasizing the whole process)	33
	变化	（名）	biànhuà	change	20
bianr	……边儿	（名）	…bianr	(used after words of location to show direction, location, etc.)	12
biāo	标题	（名）	biāotí	title, headline.	32
biǎo	表	（名）	biǎo	watch	9
	表示	（动）	biǎoshì	to show, to express	24
bié	别	（副）	bié	do not	22
	别的	（代）	biéde	other, else	4
bǐng	丙	（名）	bǐng	C	26
bìng	病	（动、名）	bìng	to be sick, illness, disease	15
bō	播送	（动）	bōsòng	to broadcast	32
bó	伯伯	（名）	bóbo	uncle (father's elder brother); also a respectful form of addressing men about the age

				of one's father	2
	伯母	（名）	bómǔ	aunt	16
	博物馆	（名）	bówùguǎn	museum	31
	脖子	（名）	bózi	neck	29
bú	不错	（形）	búcuò	good, fair, not bad	12
	不到长城 非好汉		bú dào Cháng chéng fēi hǎohàn	We are no true heroes if we do not reach the Great Wall.	22
	不够		búgòu	not enough, inadequate	35
	不过	（连）	búguò	yet, however	18
	不谢		bú xiè	You are welcome. Don't mention it.	3
	不用		bú yòng	not necessary	7
bù	不	（副）	bù	no, not	1
	不如	（动）	bùrú	not as good as, not as well as	31
	不行	（形）	bùxíng	not so good, not so well	17

C

cái	才	（副）	cái	only then	30
cài	菜	（名）	cài	dish, vegetable	14
cān	参观	（动）	cānguān	to visit (usually a place)	4
	参加	（动）	cānjiā	to attend, to take part in	34
céng	层	（量）	céng	floor, storey, layer	3
chā	叉子	（名）	chāzi	fork	23
chá	茶	（名）	chá	tea	2
cha	差	（动）	chà	to be short of, to differ from, not up to standard	9
	差不多		chà bu duō	nearly, more or less	25
cháng	长	（形）	cháng	long	12
	尝	（动）	cháng	to taste, to sample	23
	常	（形、副)	cháng	regular, frequent, often	25
	常常	（副）	chángcháng	often, frequently	16
chǎng	场	（量）	chǎng	show	9
chāo	超重		chāo zhòng	overweight	6

chē	车	（名）	chē	vehicle	18
	车站	（名）	chēzhàn	station	24
chèn	衬衫	（名）	chènshān	shirt, blouse	34
chēng	称	（动）	chēng	to weigh	6
	称呼	（名、动）	chēnghu	a form of address, to address, to call	25
chéng	成	（动）	chéng	to become	27
	成就	（名）	chéngjiù	achievement	31
	城市	（名）	chéngshì	city	33
chī	吃	（动）	chī	to eat	11
chōng	充满	（动）	chōngmǎn	to fill, to be full of	33
chōu	抽烟		chōu yān	to smoke a cigarette (a pipe or cigar)	2
chū	出来		chū lai	to come out	16
	出去		chū qu	to go out	20
	出租	（动）	chūzū	to rent out	13
chú	橱窗	（名）	chúchuāng	show window	29
	除了	（介）	chúle	besides, except	28
chuān	穿	（动）	chuān	to put on, to wear	12
chuáng	床	（名）	chuáng	bed	27
chuàng	创造	（名、动）	chuàngzào	create, to creation	22
chūn	春天	（名）	chūntiān	spring	16
cí	词典	（名）	cídiǎn	dictionary	21
	辞行		cí xíng	to say good-bye, to take leave	20
cì	次	（量）	cì	time	18
cōng	聪明	（形）	cōngming	intelligent, bright, clever	29
cóng	从	（介）	cóng	since, from	18
	从……到……		cóng…dào…	from…to…	18
	从……起		cóng…qǐ	from, starting from	28
cù	醋	（名）	cù	vinegar	14
cūn	村	（名）	cūn	village	30

D

dǎ	打	（动）dǎ	to make (a telephone call), to beat, to strike	10
	打	（动）dǎ	to have (injection)	15
	打算	（动）dǎsuàn	to intend, to plan	21
dà	大	（形）dà	big, large, loud, old	11
	大后天	（名）dàhòutiān	two days from today	18
	大家	（代）dàjiā	everybody, all	23
	大厦	（名）dàshà	tall building	33
	大使馆	（名）dàshǐguǎn	embassy	4
	大厅	（名）dàtīng	lounge, hall	35
	大学	（名）dàxué	university	27
	大衣	（名）dàyī	overcoat	12
dāi	呆	（动）dāi	to stay	24
dài	带	（动）dài	to take, to bring	17
	代	（动）dài	to do something on some-one's behalf	24
	代	（名）dài	dynasty, generation	31
	戴	（动）dài	to wear (hats, gloves and glasses, etc.)	29
	大夫	（名）dàifu	doctor	15
dān	单位	（名）dānwèi	unit, organization	34
	单子	（名）dānzi	form, list	7
	耽误	（动）dānwu	to hold up, to delay	28
dàn	但	（连）dàn	but, however	16
	但是	（连）dànshì	but	33
	蛋糕	（名）dàngāo	cake	8
dāng	当时	（名）dāngshí	at the time	31
dāo	刀子	（名）dāozi	knife	23
dào	到	（动）dào	to arrive, to reach, to get to	13
	到处	（名）dàochù	everywhere	33
	到底	（副）dàodǐ	after all, in the final analysis, how on earth	25
dé	得到	（动）dédào	to have got	35
de	的	（助）de	a structural particle	1
	的	（助）de	a particle indicating affir-

				mation	20
	得	（助）	de	(used before complement to indicate degree or possibility)	18
	地	（助）	de	a particle added to adjectives as adverbial	25
děi	得	（助动、动）	děi	must, should, to have to, to need	23
děng	等	（动）	děng	to wait	10
dì	第	（头）	dì	a prefix indicating the ordinal number	32
	弟弟	（名）	dìdi	younger brother	8
	地点	（名）	dìdiǎn	place, locality, address	30
	地方	（名）	dìfāng	place	20
	地名	（名）	dìmíng	name of a place	30
	地址	（名）	dìzhǐ	address	24
diǎn	点	（动）	diǎn	to count	7
	点	（量）	diǎn	o'clock	9
	点	（量）	diǎn	point	30
diàn	电报	（名）	diànbào	telegram, cable	20
	电话	（名）	diànhuà	telephone	10
	电视	（名）	diànshì	television	32
	电梯	（名）	diàntī	lift, elevator	22
	电影	（名）	diànyǐng	motion picture, movie, film	9
dìng	定	（动）	dìng	to settle, to fix	33
dōng	东	（名）	dōng	east	26
	东边儿	（名）	dōngbianr	to the east, in the east	26
	东西	（名）	dōngxi	thing, things	4
	冬天	（名）	dōngtiān	winter	16
dǒng	懂	（动）	dǒng	understand	13
dōu	都	（副）	dōu	all, already	10
dòu	豆腐	（名）	dòufu	bean-curd	14
dù	度	（量）	dù	degree	15
duǎn	短	（形）	duǎn	short	12
duì	对	（形）	duì	yes, right, correct.	1

	对	（介） duì	for	22
	对	（量） duì	pair	29
	对不起	duì bu qǐ	I am sorry. Excuse me	1
	对方	（名） duìfāng	the other party (side)	25
	对了	duì le	by the way	11
	对象	（名） duìxiàng	fiancée, fiance, object	27
	兑换	（动） duìhuàn	to change (currencies)	7
duō	多	（副、形） duō	much, many	15
	多少	（代） duōshao	how many, how much	5

E

ér	而	（连） ér	a connective, in the text it means "as well as"	33
	儿子	（名） érzi	son	2
èr	二	（数） èr	two	3

F

fā	发烧	fā shāo	to have a fever	15
fǎ	法语	（名） Fǎyǔ	the French language	28
fàn	饭	（名） fàn	meal	11
	饭店	（名） fàndiàn	hotel, restaurant	34
	饭馆	（名） fànguǎnr	restaurant	14
fāng	方面	（名） fāngmiàn	aspect, side	21
fáng	房间	（名） fángjiān	room	3
fǎng	访问	（动、名） fǎngwèn	to visit, visit	23
fàng	放	（动） fàng	to put	24
	放心	（动） fàngxīn	to rest assured, to be at ease	24
fēi	飞机	（名） fēijī	airplane, aircraft	20
fēn	分	（量） fēn	the lowest denomination of Chinese currency	5
	分	（量） fēn	minute	9
	分别	（动） fēnbié	to part, to separate	27
	分钟	（量） fēnzhōng	minute	24

fēng	封	（量）	fēng	a measure word for letters	5
	风	（名）	fēng	wind	16
	风景	（名）	fēngjǐng	scenery	18
	疯	（形）	fēng	mad, crazy	29
	疯子	（名）	fēngzi	madman	29
fú	服务员	（名）	fúwùyuán	receptionist, waiter	3
fù	附近	（名）	fùjìn	vicinity	24
	父亲	（名）	fùqin	father	25
	复杂	（形）	fùzá	complicated	25

G

gāi	该	（助动）	gāi	should, ought to	9
gǎi	改进	（动）	gǎijìn	to improve, to innovate	35
gān	干杯		gān bēi	bottoms up, cheers	23
	干净	（形）	gānjing	clean	33
gǎn	赶	（动）	gǎn	to hurry	33
	赶快	（副）	gǎnkuài	as quickly as possible, quickly	20
	感冒	（动、名）	gǎnmào	to have a cold, cold, influenza	15
	感想	（名）	gǎnxiǎng	reflection, feeling	33
	感谢	（动）	gǎnxiè	to thank	22
gàn	干	（动）	gàn	to do, to be engaged in	4
gāng	刚	（副）	gāng	just, barely	21
	刚才	（名）	gāngcái	just now, a moment ago	19
	钢笔	（名）	gāngbǐ	pen, fountain-pen	11
gāo	高兴	（形）	gāoxìng	happy	23
gǎo	搞	（动）	gǎo	to do, to carry on, to be engaged in	31
gào	告诉	（动）	gàosu	to tell	27
gē	哥哥	（名）	gēge	elder brother	21
gè	个	（量）	gè	a measure word	3
gěi	给	（介）	gěi	for, to	5
	给	（动）	gěi	to give	6

gēn	跟	（介、连）gēn	with, and	19
gèng	更	（副）gèng	more, still more	33
gōng	工厂	（名）gōngchǎng	factory	27
	工程师	（名）gōngchéngshī	engineer	27
	工作	（动、名）gōngzuò	to work, work, job	7
	公斤	（量）gōngjīn	kilogram	35
	公共	（形）gōnggòng	public	27
	公园	（名）gōngyuán	park	17
gòu	够	（形）gòu	enough, adequate	18
gū	姑姑	（名）gūgu	aunt (father's sister)	34
gǔ	古代	（名）gǔdài	ancient times	21
	古老	（形）gǔlǎo	ancient	33
	古玩	（名）gǔwán	antique	20
guā	刮（风）	（动）guā (fēng)	to blow (wind)	16
guà	挂号		guà hào	register, registered	6
guǎi	拐	（动）guǎi	to turn	26
guài	怪不得		guài bu de	no wonder	17
guān	关	（动）guān	to turn off, to close	32
	关于	（介）guānyú	about, on	32
guǎn	管	（介、动）guǎn	as, (to call)…as	25
guàng	逛	（动）guàng	to saunter, to go (shopping)	21
guī	规律	（名）guīlǜ	law	27
guì	贵	（形）guì	dear, expensive	12
	贵姓		guì xìng	the polite way of asking someone's family name	31
guó	国	（名）guó	country, nation	3
	国际	（名）guójì	international (community)	32
	国庆	（名）guóqìng	National Day	27
guò	过	（动）guò	to pass, to spend	19
	过奖	（动）guòjiǎng	overpraise, flatter	28
guò	过	（助）guo	a suffix to show past experience	33
	过来		guò lai	this way (used after a verb to show direction)	35

H

hā	哈	（象声）	hā	ha	19
hái	还	（副）	hái	also, as well, in addition, still	6
	还是	（连、副）	háishi	or. (not used in an declarative sentence) still	14
	孩子	（名）	háizi	child, children, son(s) and daughter(s)	17
hǎi	海关	（名）	hǎiguān	customs	35
hàn	汉语	（名）	Hànyǔ	the Chinese language	28
	汉字	（名）	Hànzì	Chinese character	28
hǎo	好	（形）	hǎo	good, all right	1
	好	（副）	hǎo	well, quite	25
	好好	（副）	hǎohāor	well, sufficiently	18
	好了		hǎole	enough (used to wind up a remark and introduce the next one)	18
hào	号〔日〕	（名）	hào (rì)	colloquial form for date	8
	号	（量）	hào	number	26
	号码儿	（名）	hàomǎr	number	22
hē	喝	（动）	hē	to drink	2
hé	和	（连、介）	hé	and, with	6
	合适	（形）	héshì	fit, proper, suitable	12
	合同	（名）	hétóng	contract	20
hěn	很	（副）	hěn	very, very much (usually not stressed; stressed only when emphasis is needed)	12
hóng	红	（形）	hóng	red	16
	红烧		hóngshāo	to stew with red sauce (soya bean sauce)	14
hòu	后	（名）	hòu	back	26
	后	（副）	hòu	then, later	30
	后边儿	（名）	hòubianr	behind	26

	后来	（名） hòulái	later, after that	33
	后天	（名） hòutiān	the day after tomorrow	10
hū	呼吸	（动） hūxī	to breathe	15
hú	糊涂	（形） hútu	confused	25
hù	互相	（副） hùxiāng	each other	25
	护照	（名） hùzhào	passport	24
huá	华侨	（名） huáqiáo	overseas Chinese	1
huà	话剧	（名） huàjù	play	32
	话务员	（名） huàwùyuán	telephone operator	10
huān	欢迎	（动） huānyíng	to welcome, to meet	1
huàn	换	（动） huàn	to change	12
huáng	黄油	（名） huángyóu	butter	27
huí	回	（动） huí	to come back, to return	20
	回	（量） huí	a measure word for time, round	25
	回来	huí lai	to come back, to return	9
	回去	huí qu	to go back, to return	15
	回信	huí xìn	reply	30
huì	会	（助动、动） huì	can, will, to know how to	2
	会议	（名） huìyì	meeting, conference	34
huó	活动	（名、动） huódòng	activity, to move	4
huǒ	火车	（名） huǒchē	train	21
huò	或	（连） huò	or	30
	或者	（连） huòzhě	or	18

J

jī	鸡	（名） jī	chicken	14
	鸡蛋	（名） jīdàn	egg	14
	机场	（名） jīchǎng	airport	13
	机会	（名） jīhuì	opportunity	23
jí	极	（形、副、名） jí	utmost, extremely, pole	22
	急	（形） jí	urgent, hurried, impatient	20
jǐ	几	（代） jǐ	some, several	5
jì	寄	（动） jì	to post, to mail	5

	记得	（动）jìde	to remember	27
	季节	（名）jìjié	season	16
	纪念	（名、动）jìniàn	souvenir, to commemorate	35
jiā	家	（名）jiā	family, home	10
	家庭	（名）jiātíng	family	27
jiǎ	甲	（名）jiǎ	A	26
jiǎn	简单	（形）jiǎndān	simple	25
	简直	（副）jiǎnzhí	simply (for emphasis)	31
	捡到	jiǎn dào	to find, to pick up by chance	11
jiàn	件	（量）jiàn	a measure word for over-coats, coats, as well as for things or matters, etc.	12
	见	（动）jiàn	to see, to meet	18
	见面	jiàn miàn	to meet	24
	健康	（名、形）jiànkāng	health, healthy	23
jiǎng	讲	（动）jiǎng	to explain, to say, to talk	25
jiāo	教	（动）jiāo	to teach	28
	交流	（动）jiāoliú	to exchange	33
jiǎo	角	（量）jiǎo	*jiao*, a unit of Chinese currency, equal to 1／10 *yuan*	6
	角	（名）jiǎo	corner	30
	脚	（名）jiǎo	foot	29
jiào	叫	（动）jiào	to call, to be called, one's name is…	1
	叫	（动）jiào	to call, to order	13
	叫	（动）jiào	to call, to address	25
jiē	接	（动）jiē	to receive, to take, to connect	27
	街	（名）jiē	street	30
	街道	（名）jiēdào	street	33
jié	结合	（动、名）jiéhé	to combine, combination	23
	结婚	jié hūn	to marry	27
	结帐	jié zhàng	to settle account, to check out	34
	结束	（动）jiéshù	to finish, to be over	20

	节目	（名）	jiémù	program	32
jiě	姐姐	（名）	jiějie	elder sister	9
jiè	介绍	（动、名）	jièshào	to introduce	2
jīn	今后	（名）	jīnhòu	future	21
	今天	（名）	jīntiān	today	7
jìn	进	（动）	jìn	to come in, to enter	2
	进来		jìn lai	to come in	13
	进去		jìn qu	to go in, to enter	22
	近	（形）	jìn	near, close	27
	经常	（形）	jīngcháng	often	23
jīng	经济	（名）	jīngjì	economy, economics	31
	京剧	（名）	jīngjù	Beijing opera	10
jìng	净	（副）	jìng	only	23
	敬	（动）	jìng	to toast, to respect	23
jiǔ	九	（数）	jiǔ	nine	7
	酒	（名）	jiǔ	alcoholic drinks	14
	酒逢知己千杯少		jiǔ féng zhījǐ qiānbēi shǎo	Even a thousand cups are not enough when good friends meet.	23
jiù	旧	（形）	jiù	old, out-dated	11
	旧地重游		jiù dì chóng yóu	to revisit a place that one used to know well	18
	就	（副）	jiù	just, only, (as soon) as, etc., also used in clauses of result	14
	舅舅	（名）	jiùjiu	uncle (mother's brother)	34
jù	剧院	（名）	jùyuàn	theater	26
jué	觉得	（动）	juéde	to feel, to think	28
	决定	（动、名）	juédìng	to decide, decision	34

K

kā	咖啡	（名）	kāfēi	coffee	11
kāi	开	（动）	kāi	to start, to drive	24
	开	（动）	kāi	to open	31
	开（收音机）	（动）	kāi (shōuyīnjī)	to turn on (radio)	32

	开门		kāi mén	to open the door, open to the public	31
	开始	（动）	kāishǐ	to begin, to start	28
	开水	（名）	kāishuǐ	boiled water	15
kàn	看	（动）	kàn	to see, to look at	4
	看病		kàn bìng	to see a doctor, doctor examining patient	15
	看见		kànjiàn	to see	29
	看望	（动）	kànwàng	to visit, to see	20
kǎo	烤	（动）	kǎo	to roast	23
ké	咳嗽	（动）	késou	to cough	15
kě	可	（副）	kě	(for emphasis)	28
	可不是		kě bu shì	isn't it	27
	可能	（助动、形）	kěnéng	possible, may	18
	可是	（连）	kěshì	but, however	25
	可惜	（形）	kěxī	unfortunate, the pity is	31
	可以	（助动、形）	kěyǐ	can, may, will do, good enough	13
kè	刻	（量）	kè	quarter (of an hour)	9
	客气	（形）	kèqi	polite, courteous	22
kòngr	空儿	（名）	kòngr	free time, spare time	21
kǒu	口	（名）	kǒu	mouth	25
kù	裤子	（名）	kùzi	trousers	34
kuài	块〔元〕	（量）	kuài (yuán)	colloquial form for "yuan"	6
	快	（副、形）	kuài	soon, quick, fast	19
	快车	（名）	kuàichē	express train	21
	筷子	（名）	kuàizi	chopsticks	23
kuān	宽	（形）	kuān	wide	33
kuǎn	款待	（动、名）	kuǎndài	to entertain, hospitality	24

L

là	辣子	（名）	làzi	hot pepper	14
la	啦	（助）	la	a modal particle	26
lái	来	（动）	lái	to come	2

	……来	（名）	…lái	since	22
	来	（助）	lái	approximately	17
láo	劳驾		láo jià	a polite way to ask some-one to do something or to make way.	12
lǎo	老	（头、形)	lǎo	old, elderly	2
	老大	（名）	lǎodà	the eldest (son, daughter)	27
	老家	（名）	lǎojiā	home town, birthplace	17
	老人	（名）	lǎorén	old man(woman),old people	17
	老头儿	（名）	lǎotóur	old man	27
	老先生	（名）	lǎoxiānsheng	elderly gentleman	17
	老爷	（名）	lǎoye	maternal grandfather	30
	老友重逢		lǎo yǒu chóng féng	reunion of old friends	27
le	了	（助）	le	a particle	9
lèi	累	（形）	lèi	tired, weary	18
lěng	冷	（形）	lěng	cold, chilly	16
lí	离	（介、动）	lí	from, to leave	24
	离开	（动）	líkāi	to leave	19
lǐ	里	（名）	lǐ	a particle used to indicate "within certain time, space or scope	14
	里边儿	（名）	lǐbianr	inside	14
	礼品	（名）	lǐpǐn	present, gift	34
	礼物	（名）	lǐwù	present, gift	8
lì	历史	（名）	lìshǐ	history	21
li	……里	（名）	…lǐ	(used after nouns meaning within a certain limit of time or space)	16
liàn	练习	（动、名）	liànxí	to practise, practice	28
liáng	量	（动）	liáng	to measure, to take mea-surement	15
liǎng	两	（数）	liǎng	two	6
liàng	辆	（量）	liàng	a measure word for vehicles	13
liáo	聊	（动）	liáo	to chat	27

liǎo	了不起	（形）liǎobuqǐ	great (in praise of…)	22
	了解	（动、名）liǎojiě	to understand, to find out, understanding, investigation	33
líng	零	（数）líng	zero, nil	7
	零下	líng xià	below zero	16
	0	（数）líng	zero, nil	27
lǐng	领带	（名）lǐngdài	tie	34
liú	留	（动）liú	to leave behind	22
	留学生	（名）liúxuéshēng	foreign students, students studying abroad	28
	流利	（形）liúlì	fluent	28
liù	六	（数）liù	six	7
lóu	楼	（名）lóu	building	26
lou	喽	（助）lou	a particle meaning naturally	31
lù	路	（名）lù	road, street, way	26
	路过	（动）lùguò	to pass	21
	路口	（名）lùkǒu	end of a road (street)	26
	路人	（名）lùrén	passerby	26
	路上	（名）lùshang	(on the) road, (on the) way	27
	录音	（名）lùyīn	recording	28
lǚ	旅途	（名）lǚtú	journey, trip	22
	旅游	（动）lǚyóu	to visit as tourist	23

M

mā	妈妈	（名）māma	mother, mom	5
má	麻烦	（动、名、形）máfan	to trouble, trouble, troublesome	10
mǎ	马上	（副）mǎshàng	immediately, right away	11
ma	吗	（助）ma	a particle used at the end of a sentence to turn it into a question	1
	嘛	（助）ma	an interjection to give em-

				phasis	16
mǎi	买	（动）	mǎi	to buy, to purchase	4
mán	馒头	（名）	mántou	steamed bread in the shape of a half ball	14
mǎn	满意	（动、形）	mǎnyì	to satisfy, satisfactory	20
màn	慢	（形）	màn	slow	10
máng	忙	（形）	máng	busy	34
máo	毛〔角〕	（量）	máo (jiǎo)	colloquial form for "jiao"	6
	毛	（名）	máo	wool	29
	毛衣	（名）	máoyī	sweater, jumper, pull-over	29
mào	贸易	（动、名）	màoyì	to trade, trade	20
	帽子	（名）	màozi	hat, cap, head-gear	29
méi	没	（动、副）	méi	to have not, there is (are) not, no, not	13
	没关系		méi guānxi	That is all right. It does not matter.	1
	没想到		méi xiǎng dào	unexpected, out of expectation	21
	没（有）	（副）	méi(yǒu)	(to have) not, (there is (are)) not, no	4
měi	每	（代）	měi	every, each	16
	美	（形）	měi	pretty, beautiful	16
	美德之家		měidé zhī jiā	home of the virtuous	23
	美元	（名）	Měiyuán	American dollar	7
mèi	妹妹	（名）	mèimei	younger sister	21
mén	门	（名）	mén	door, gate	31
	门牌	（名）	ménpái	number (of a house)	30
men	们	（尾）	men	a suffix added to nouns or pronouns to make them plural	2
mǐ	米饭	（名）	mǐfàn	cooked rice	14
miàn	面包	（名）	miànbāo	bread	27
míng	明年	（名）	míngnián	next year	33
	明天	（名）	míngtiān	tomorrow	4
	明信片	（名）	míngxìnpiàn	post-card	6

	名不虚传		míng bù xū chuán	to live up to it name	23
	名字	（名）	míngzi	name	15
mǒu	某	（代）	mǒu	certain	25
mǔ	母亲	（名）	mǔqin	mother	25

N

ná	拿	（动）	ná	to take	34
nǎ	哪	（代）	nǎ	which	3
	哪里	（代）	nǎlǐ	not at all, where	17
	哪些	（代）	nǎxiē	which (pl.)	33
nà	那	（代）	nà	that	2
	那不		nà bù	an expression to direct people's attention to something obvious	29
	那（么）	（连）	nà(me)	then	11
	那些	（代）	nàxiē	those	25
nǎi	奶奶	（名）	nǎinai	grandma	17
nán	难	（形）	nán	difficult	28
	男	（名）	nán	man, male	29
	南	（名）	nán	south	26
	南边儿	（名）	nánbianr	to the south, in the south	26
nǎr	哪儿	（代）	nǎr	where	3
nàr	那儿	（代）	nàr	there	21
ne	呢	（助）	ne	a particle	4
nèi	内	（名）	nèi	inside (usually used in written language)	20
	内容	（名）	nèiróng	content, body	30
néng	能	（助动）	néng	can, to be able to	13
ng	嗯	（叹）	ng	an interjection to express appreciation or consent	12
nǐ	你	（代）	nǐ	you (sing.)	2
	你们	（代）	nǐmen	you (pl.)	2
nián	年	（名）	nián	year	16

年级		（名） niánjí	grade, year	17
年纪		（名） niánjì	age	17
年龄		（名） niánlíng	age	17
年轻		（形） niánqīng	young	33
niàn 念		（动） niàn	to read	28
念书		niàn shū	to study, to read a book, to go to school	18
nín 您		（代） nín	you (a respectful form of address for the second person singular)	1
nǔ 女		（名） nǔ	woman, female	29
女儿		（名） nǔ'ér	daughter	2
nuǎn 暖和		（形） nuǎnhuo	warm	16

O

ó 哦		（叹） ó	an interjection indicating surprise or doubt	4
ò 哦		（叹） ò	an interjection like "oh"	10

P

pá 爬		（动） pá	to climb, to crawl	22
pái 牌价		（名） páijià	exchange rate	7
péng 朋友		（名） péngyou	friend	4
pí 皮		（名） pí	fur, hide, skin	29
啤酒		（名） píjiǔ	beer	14
piào 票		（名） piào	ticket, coupon	9
pín 频道		（名） píndào	channel (of TV broadcast)	32
píng 瓶		（量） píng	bottle	14
平安		（形） píng'ān	safe, free from dangers	20
pǔ 普通		（形） pǔtōng	ordinary, common	25
普通话		（名） pǔtōnghuà	common speech (standard modern spoken Chinese)	17

Q

qī	七	（数）	qī	seven	7
qǐ	起	（动）	qǐ	to rise	28
	起床		qǐ chuáng	to get out of bed, to get up	28
	起来	（动）	…qǐ lai	an expression indicating that an action is in progress	25
qì	汽车	（名）	qìchē	car, automobile	13
	气温	（名）	qìwēn	temperature (weather)	16
qiān	千	（数）	qiān	thousand	7
	签订	（动）	qiāndìng	to sign	20
qián	钱	（名）	qián	money	6
	前	（名）	qián	front	26
	前边儿	（名）	qiánbianr	in front, ahead	26
	前年	（名）	qiánnián	the year before last	31
	前天	（名）	qiántiān	day before yesterday	24
qīn	亲戚	（名）	qīnqi	relative , kin	20
	亲切	（形）	qīnqiè	friendly, warm	25
qīng	清楚	（形）	qīngchu	clear	25
	青年	（名）	qīngnián	youth, young man (men)	31
qíng	晴	（形）	qíng	fine (weather)	16
	情况	（名）	qíngkuàng	situation	25
	情景	（名）	qíngjǐng	situation, scene	27
qǐng	请	（动）	qǐng	to please, to invite	2
	请问		qǐng wèn	Excuse me, but…? May I ask…?	1
qiū	秋天	（名）	qiūtiān	autumn, fall	16
qū	区	（名）	qū	district	30
qǔ	取	（动）	qǔ	to fetch, to get	15
qù	去	（动）	qù	to go	4
quán	全	（形）	quán	all, whole	10
què	确实	（形）	quèshí	really, truly	23

R

ràng	让	（动） ràng	to ask, to let, to give up	25
rè	热	（形） rè	hot	16
	热情	（形、名） rèqíng	warm, warm-heartedness	24
rén	人	（名） rén	person, people	3
	人民	（名） rénmín	people	22
	人民币	（名） Rénmínbì	Renminbi (Chinese currency)	7
	人员	（名） rényuán	personnel, staff	7
rèn	认识	（动、名） rènshi	to know, understanding	25
rì	日	（名） rì	written form for date	8
	日期	（名） rìqī	date	30
	日语	（名） Rìyǔ	the Japanese language	28
ròu	肉	（名） ròu	meat	14
rú	如果	（连） rúguǒ	if	30

S

sān	三	（数） sān	three	3
	三句话不离本行	sānjù huà bù lí běnháng	talking shop	28
shā	沙发	（名） shāfā	sofa	27
shǎ	傻子	（名） shǎzi	fool, idiot	29
shāng	商店	（名） shāngdiàn	shop, store	33
shàng	上	（动） shàng	to be in (with grade or year in school and university)	17
	上	（名） shàng	last, previous, above, on top of, on the surface of	18
	上	（动） shàng	to go, to get on, to board	19
	上边儿	（名） shàngbianr	upper part	30
	上去	shàng qù	to go up	22
	上午	（名） shàngwǔ	morning	9
	上学	shàng xué	to go to school	17
	上演	（动） shàngyǎn	to perform, to put on a show	33
shang …… 上		（名） …shang	(used after nouns corre-

				sponding to "on" or "above")	11
shǎo	少	（形）	shǎo	less, little, few	24
shēn	深	（形）	shēn	deep, profound	15
	身边儿	（名）	shēnbiān	one's side	27
	身上	（名）	shēnshang	on the body	29
	身体	（名）	shēntǐ	physical health, body	17
shén	什么	（代）	shénme	what	4
shēng	声调	（名）	shēngdiào	tone	28
	声音	（名）	shēngyīn	sound	32
	生活	（动、名）	shēnghuó	to live, life	28
	生气	（名）	shēngqì	vitality, life	33
	生日	（名）	shēngrì	birthday	8
shěng	省	（名）	shěng	province	30
shí	十	（数）	shí	ten	5
	……时	（名）	…shí	time	18
	时候	（名）	shíhour	time	8
	时间	（名）	shíjiān	time	18
	实现	（动）	shíxiàn	to realize	35
	实在	（副、形）	shízài	really, so real, honest, substantial	20
shǐ	……史	（名）	…shǐ	history	31
shì	是	（动）	shì	to be (is, are…)	1
	事儿	（名）	shìr	business, work, engagement	4
	事情	（名）	shìqing	matter, business	20
	试	（动）	shì	to try on, to try	12
	……室	（名）	…shì	room, section	15
	市	（名）	shì	city, municipality	30
shōu	收	（动）	shōu	to accept, to keep	28
	收获	（名、动）	shōuhuò	results, yield, to harvest	20
	收拾	（动）	shōushi	to pack, to tidy up	34
	收音机	（名）	shōuyīnjī	radio	19
shǒu	手	（名）	shǒu	hand	29
	手套	（名）	shǒutàor	gloves, mittens	29
	手提包	（名）	shǒutíbāo	handbag	24
	手续	（名）	shǒuxù	procedures, formalities	35

	手艺	（名）	shǒuyì	skill	27
	首先	（副、名）	shǒuxiān	first beginning	30
shòu	售货员	（名）	shòuhuòyuán	shop assistant	11
shū	书	（名）	shū	book	19
	书店	（名）	shūdiàn	book store	21
	舒服	（形）	shūfu	well, comfortable	15
	叔叔	（名）	shūshu	uncle	25
shú	熟悉	（形）	shúxi	familiar	25
	熟练	（形）	shúliàn	skilled, skilful	23
shù	树	（名）	shù	tree	16
shuāng	双方	（名）	shuāngfāng	both sides	20
shuí	谁	（代）	shuí, shéi	who, whom	3
shuì	睡	（动）	shuì	to go to bed, to sleep	28
shùn	顺	（介）	shùn	along	26
	顺便	（副）	shùnbiàn	on the way, in passing	34
shuō	说	（动）	shuō	to speak	10
	说不定		shuō bu dìng	perhaps, probably	29
	说话		shuō huà	to talk	23
	说曹操，曹操就到		shuō Cáo Cāo, Cáo Cāo jiù dào	Talking of the devil and the devil comes.	19
sī	司机	（名）	sījī	driver	13
sì	四	（数）	sì	four	7
sòng	送	（动）	sòng	to send, to take, to present, to see off.	10
	送行		sòng xíng	to see (somebody)...off	24
suí	随时	（副）	suíshí	anytime	35
suì	岁	（名）	suì	year (of age)	17
sūn	孙子	（名）	sūnzi	grandson	17
suǒ	所以	（连）	suǒyǐ	so, therefore	34

T

tā	他	（代）	tā	he, him	3
	他们	（代）	tāmen	they, them	18
	她	（代）	tā	she, her	4

	她们	（代）	tāmen	they, them (female)	21
tài	太	（副）	tài	too, too much	12
	太太	（名）	tàitai	wife, Mrs, madam	2
	太阳	（名）	tàiyang	sun	16
tán	谈	（动）	tán	to talk	19
	谈话		tán huà	to talk, to speak	19
	谈判	（动）	tánpàn	to negotiate	20
tàn	探亲		tàn qīn	to visit relatives	25
tāng	汤	（名）	tāng	soup	14
táng	糖	（名）	táng	sugar, sweets, candies	14
tào	套	（量）	tào	a measure word for radio or TV program	32
tè	特快	（名）	tèkuài	special express train	21
	特意	（副）	tèyì	specially	27
téng	疼	（动）	téng	to ache, to have a pain	15
tí	提	（动）	tí	to lift, to raise	35
	题目	（名）	tímù	subject	33
tǐ	体温	（名）	tǐwēn	body temperature	15
tiān	天	（名）	tiān	day, sky	8
	天气	（名）	tiānqì	weather	16
	天线	（名）	tiānxiàn	aerial	32
	添	（动）	tiān	to add	24
tián	填	（动）	tián	to fill (in)	7
tiáo	条	（量）	tiáo	a measure word for something elongated in shape	26
	调	（动）	tiáo	to adjust	32
tiáo	调皮鬼	（名）	tiáopíguǐ	naughty or mischievous person	29
tīng	听	（动）	tīng	to listen, to hear	13
	听说		tīng shuō	to hear, to be told	14
	听见		tīng jiàn	to hear	25
tíng	停	（动）	tíng	to stop	9
tōng	通	（动）	tōng	to be through, to lead to	25
tóng	同行	（名）	tónghángB	someone of the same trade or profession	31

	同志	（名）	tóngzhì	comrade	3
tǒng	筒	（量）	tǒng	can, tin	11
tóu	头	（名）	tóu	head	15
tú	图象	（名）	túxiàng	picture	32
tuō	托运	（动）	tuōyùn	to check luggage, to send by freight	34

W

wài	外	（名）	wài	outside	19
	外币	（名）	wàibì	foreign currency	7
	外边儿	（名）	wàibianr	open air, outside, outdoors	19
	外国	（名）	wàiguó	foreign country	11
wán	完	（动）	wán	to finish, to end	19
wǎn	晚	（形）	wǎn	late	9
	晚上	（名）	wǎnshang	evening, night	4
	碗	（名、量）	wǎn	bowl	14
wǎng	往	（动）	wǎng	to go	22
wàng	往	（介）	wàng	toward	26
	忘	（动）	wàng	to forget	27
wánr	玩儿	（动）	wánr	to play, to enjoy oneself	17
wéi	围	（动）	wéi	to wrap, to surround	29
	围巾	（名）	wéijīn	scarf, muffler	29
wěi	伟大	（形）	wěidà	great	22
wèi	喂	（叹）	wèi	hello	10
	位	（量）	wèi	a measure word used respectfully for people	11
	为	（介）	wèi	for	21
	为什么		wèi shénme	why	25
	味道	（名）	wèidào	taste, flavor	23
wēn	温泉	（名）	wēnquán	hot spring	33
wén	文化	（名）	wénhuà	culture	31
wèn	问	（动）	wèn	to ask, to inquire into	11
	问好		wèn hǎo	to send regards, to ask after	24
	问题	（名）	wèntí	problem, question	13

wǒ	我	（代） wǒ	I, me	1
	我们	（代） wǒmen	we, us	8
wú	无论	（连） wúlùn	no matter	33
wǔ	五	（数） wǔ	five	5
	舞蹈	（名） wǔdǎo	dance	27
	舞剧	（名） wǔjù	dance drama, ballet	33

X

xī	希望	（动） xīwàng	to wish, to hope	24
xǐ	洗	（动） xǐ	to wash	34
	洗澡	xí zǎo	to bathe, to take a bath	33
	喜欢	（动） xǐhuan	to like	23
xì	系	（名） xì	department	31
xiā	虾	（名） xiā	prawn, shrimp	14
xià	下	（名） xià	next, lower, below, under	8
	下（雨、雪）	（动） xià (yǔ, xuě)	to fall (rain, snow)	16
	下	（动） xià	to get off, to disembark	18
	下班	xià bān	to come or go off work	27
	下边儿	（名） xiàbianr	below	26
	下来	xià lai	to come down	22
	下去	xià qu	to go down	22
	下午	（名） xiàwǔ	afternoon	8
	夏天	（名） xiàtiān	summer	16
xiān	先	（副） xiān	firstly, before hand	15
	先生	（名） xiānsheng	Mr., sir, gentleman	1
xiàn	县	（名） xiàn	county	30
	现在	（名） xiànzài	present, now	9
xiāng	相会	（动） xiānghuì	to meet, to come together	23
	相见时难别亦难	xiāngjiàn shí nán bié yì nán	difficult to meet, difficult to part	24
	相信	（动） xiāngxìn	to believe	29
	相遇	（动） xiāngyù	to meet	21
	箱子	（名） xiāngzi	suitcase, trunk	34
xiáng	详细	（形） xiángxì	in detail, detailed	32

xiǎng	想	（助动、动）xiǎng	to want, to intend, to think	14
xiàng	象	（动）xiàng	to look like, to resemble	17
	向	（介）xiàng	to, towards	20
xiāo	消息	（名）xiāoxi	news	32
xiǎo	小	（头、形）xiǎo	little, small, young (used before family names of young people one knows well)	11
	小姐	（名）xiǎojie	miss	1
	小卖部	（名）xiǎomàibù	small shops at railway stations or hotels, as different to regular shops	11
	小朋友	（名）xiǎopéngyou	little friend, children (a polite way to address a child or children one does not know)	17
	小时	（名）xiǎoshí	hour	13
	小学	（名）xiǎoxué	elementary school	17
xiào	笑	（动）xiào	to laugh, to smile	29
xiē	些	（量）xiē	some, a little (indicating a certain quantity or degree)	14
xiě	写	（动）xiě	to write	8
	写法	（名）xiěfǎ	the way to write	30
xiè	谢谢	（动）xièxie	to thank	1
xīn	新	（形）xīn	new, recent	11
	新闻	（名）xīnwén	news	32
	心里	（名）xīnli	heart, bottom of the heart	35
xìn	信	（名）xìn	letter	5
	信封	（名）xìnfēng	envelope	5
xīng	星期	（名）xīngqī	week	8
	星期天〔星期日〕	（名）xīngqītiān (xīngqī rì)	Sunday	8
xíng	行	（形）xíng	all right, O. K., capable	11
	行李	（名）xíngli	luggage, baggage	24
	行李牌儿	（名）xínglipáir	luggage tag	35
	型	（名）xíng	scale, model	33
xìng	姓	（动、名）xìng	one's family name is…, family	

				name	31
	姓名	（名）	xìngmíng	full name	25
	幸福	（形）	xìngfú	happy	27
	兴趣	（名）	xìngqù	interest	31
xióng	雄伟	（形）	xióngwěi	magnificent	22
xiū	休息	（动）	xiūxi	to rest	15
xū	需要	（动、名）	xūyào	to need, need	24
xǔ	许多	（形）	xǔduō	many, a lot of	20
xuē	靴子	（名）	xuēzi	boots	29
xué	学	（动）	xué	to learn	28
	学生	（名）	xuésheng	student, pupil	28
	学习	（动、名）	xuéxí	to learn, study	28
	学校	（名）	xuéxiào	school	33
xuě	雪	（名）	xuě	snow	16

Y

yā	鸭（子）		yā (zi)	duck	23
yán	研究	（动、名）	yánjiū	to study, research	21
	颜色	（名）	yánsè	color	12
yǎn	演	（动）	yǎn	to perform, to put on a show	10
	演员	（名）	yǎnyuán	actor, actress	27
	眼镜	（名）	yǎnjìngr	glasses, spectacles	34
	眼睛	（名）	yǎnjing	eye	29
yàn	宴请	（动）	yànqǐng	to host a dinner party, to give a banquet	23
yàng	样子	（名）	yàngzi	style, look, model	12
yào	要	（动）	yào	to want, to need, to ask	6
	要	（助动）	yào	will, would	8
	要……了		yào…le	to be going to (an adverb to indicate sth. about to happen)	19
	要	（动）	yào	to ask sb. to do sth.	20
	药	（名）	yào	medicine	15

	药方	（名）	yàofāngr	prescription	15
	药房	（名）	yàofáng	dispensary, pharmacy, drug- store	15
yé	爷爷	（名）	yéye	grandpa	17
yě	也	（副）	yě	too, also	4
	也就是说		yě jiù shì shuō	that is to say	30
yèr	叶儿	（名）	yèr	leaf	16
yī	一	（数）	yī	one	3
	衣服	（名）	yīfu	clothes, clothing	19
	衣柜	（名）	yīguì	wardrobe	27
	医生	（名）	yīshēng	doctor	15
	医学	（名）	yīxué	medical science	19
	医院	（名）	yīyuàn	hospital	27
yí	一定	（副、形）	yídìng	surely, definitely, sure, definite	16
	一共	（副）	yígòng	altogether, in all	6
	一会儿	（名）	yíhuìr	a moment, a little bit later	11
	一路	（名）	yílù	the whole journey, all the way	20
	一路顺风		yílù shùn fēng	bon voyage, a pleasant trip	24
	一切	（代）	yíqiè	all, everything	33
	一下儿	（量）	yíxiàr	a measure word for verbs, also used to indicate the action as being short or in- formal	2
	一样	（形）	yíyàng	same	30
yǐ	乙	（名）	yǐ	B	26
	以后	（名）	yǐhòu	after	13
	以前	（名）	yǐqián	former times, before	33
	以外	（名）	yǐwài	apart from	28
	已经	（副）	yǐjīng	already	19
	椅子	（名）	yǐzi	chair	27
yì	一边……一边……		yìbiān…yìbiān	at the same time, …while…	23
	一点儿	（量）	yìdiǎnr	a bit, a little	4
	一家	（名）	yìjiā	family	23
	一起	（副、名）	yìqǐ	together, being together	21

	一些	（量） yìxiē	some, several	21
	一直	（副） yìzhí	ever, all along	18
	意见	（名） yìjiàn	opinion	35
	意思	（名） yìsi	meaning	23
yīn	阴	（形） yīn	cloudy, overcast	16
	因为	（连） yīnwei	because	25
	音乐	（名） yīnyuè	music	32
yīng	英镑	（名） Yīngbàng	English pound	7
	英文	（名） Yīngwén	English	30
	英语	（名） Yīngyǔ	the English language	28
	应该	（助动） yīnggāi	should, to ought	22
yíng	营业员	（名） yíngyèyuán	clerk	6
yòng	用	（动） yòng	to use	23
	用来		yòng lái	to be used purposely	25
yóu	邮局	（名） yóujú	post office	5
	邮票	（名） yóupiào	stamp	5
	游览	（动） yóulǎn	to tour, to go sightseeing	16
yǒu	有	（动） yǒu	to have, there is (are)	4
	有的	（代） yǒude	some	25
	有点儿		yǒudiǎnr	somewhat, a little bit	15
	有时候		yǒu shíhour	sometimes	16
	有意思		yǒu yìsi	interesting, meaningful	18
	友谊	（名） yǒuyì	friendship	23
yòu	又	（副） yòu	again	24
	右	（名） yòu	right	26
yú	鱼	（名） yú	fish	14
	愉快	（形） yúkuài	happy, enjoyable	22
yǔ	雨	（名） yǔ	rain	16
	语调	（名） yǔdiào	intonation	28
	语法	（名） yǔfǎ	grammar	28
	语言	（名） yǔyán	language	28
	语音	（名） yǔyīn	pronunciation, phonetics	28
yù	预报	（名、动） yùbào	forecast	16
	遇见		yù jiàn	to meet, to come upon	21
yuán	元	（量） yuán	*yuan,* a unit of Chinese cur-	

				rency	6
	元旦	（名）	yuándàn	New Year's Day	27
	原谅	（动）	yuánliàng	to excuse, to forgive	35
yuǎn	远	（形）	yuǎn	far, distant	24
	远在天边，近在眼前		yuǎn zài tiān biān, jìn zài yǎn qián	If you look far it is ten thousand miles away, and if you look near, it is right in front of you.	29
yuàn	愿望	（名）	yuànwàng	wish	35
	愿意	（助动）	yuànyì	to be willing	28
yuè	月	（名）	yuè	month	8

Z

zá	杂技	（名）	zájì	acrobatics	4
	杂志	（名）	zázhì	magazine, journal	19
zài	在	（动）	zài	to be (is, are…), to be situated	3
	在	（介）	zài	at, in	10
	在	（副）	zài	an adverb indicating sth. is in progress	19
	再	（副）	zài	too, also, in addition to	5
	再见		zàijiàn	good-bye, see you again	1
zán	咱们	（代）	zánmen	we, us (inclusive first person)	8
zāo	糟糕	（形）	zāogāo	awful, too bad	9
zǎo	早	（形）	zǎo	early	24
	早晨	（名）	zǎochén	morning	11
	早饭	（名）	zǎofàn	breakfast	20
	早上	（名）	zǎoshang	morning	28
zěn	怎么	（代）	zěnme	why, how, what	21
	怎么办		zěnme bàn	how to do, what to do	21
	怎么了		zěnme le	What is wrong? What is the matter?	29
	怎么样	（代）	zěnmeyàng	how	12
	怎样	（代）	zěnyàng	how	30

zhá	炸	（动）	zhá	to fry	14
zhàn	站	（名）	zhàn	station, stop	27
	站	（动）	zhàn	to stand	29
zhāng	张	（量）	zhāng	a measure word (piece, sheet)	5
	张开		zhāngkāi	to open	15
zhǎng	长	（动）	zhǎng	to grow	29
zhāo	招	（动）	zhāo	to attract	28
	招待	（动）	zhāodài	to entertain	27
	招手		zhāo shǒu	to wave	29
zhǎo	找	（动）	zhǎo	to look for, to look up	3
	找	（动）	zhǎo	to give change	6
zhào	照	（动）	zhào	to take (a picture)	34
	照片	（名）	zhàopiàn	picture, snapshot	34
	照相		zhào xiàng	to take pictures	34
	照相机	（名）	zhàoxiàngjī	camera	35
zhè	这	（代）	zhè	this	2
	这不		zhè bù	(used to call attention to something that is obvious)	19
	这么	（代）	zhème	so, such	20
	这些	（代）	zhèxiē	these	14
	这样	（代）	zhèyàng	this, such	11
zhe	着	（助）	zhe	(a paritcle placed after verbs to show continuation of action or state)	29
zhēn	针	（名）	zhēn	syringe, needle	15
	真	（形）	zhēn	true, real	16
	真的	（副）	zhēnde	really	35
zhēng	争取	（动）	zhēngqǔ	to try, to manage	24
zhèng	正	（副）	zhèng	just, exactly (indicating an action in progress)	18
	正面	（名）	zhèngmiàn	front	30
	正在	（副）	zhèngzài	in the process of, in the middle of	19
	政治	（名）	zhèngzhì	politics	31
zhèr	这儿	（代）	zhèr	here	11

zhī	支	（量）	zhī	a measure word for cylindrical objects or songs or army units	11
	知道	（动）	zhīdào	to know	23
	……之间		…zhījiān	between, among	25
zhí	值得	（动）	zhíde	to be worth	23
	直接	（形）	zhíjiē	direct, straight	24
	侄子	（名）	zhízi	nephew	21
zhǐ	只	（副）	zhǐ	only	24
	只要	（连）	zhǐyào	if only, so long as	24
zhōng	中国话	（名）	Zhōngguóhuà	spoken Chinese	13
	中间儿	（名）	zhōngjiànr	middle	30
	中文	（名）	Zhōngwén	Chinese	30
	中午	（名）	zhōngwǔ	noon	27
	中心	（名）	zhōngxīn	center	31
	中学	（名）	zhōngxué	high school	27
	衷心	（形）	zhōngxīn	heartfelt	35
zhǒng	种	（量）	zhǒng	kind, sort	11
zhòng	重要	（形）	zhòngyào	important	20
zhǔ	主要	（形）	zhǔyào	main	25
zhù	住	（动）	zhù	to live, to stay	3
	祝	（动）	zhù	to wish, to congratulate	20
	助教	（名）	zhùjiào	teaching assistant	31
	注射	（动）	zhùshè	to inject	15
	注意	（动）	zhùyì	to note, to be sure of, to heed	15
zhuǎn	转	（动）	zhuǎn	to turn, to change	16
zhǔn	准	（形）	zhǔn	sure, certain	29
	准备	（动、名）	zhǔnbèi	to prepare, to get ready, preparation	20
zhuō	桌子	（名）	zhuōzi	table	11
zì	自己	（代）	zìjǐ	self	28
	自然	（形、名、副）	zìrán	natural, nature, naturally	27
zǒu	走	（动）	zǒu	to go, to leave, to walk	9
	走路		zǒu lù	to walk	26
zǔ	祖国	（名）	zǔguó	motherland	35

zuǐ	嘴	（名）zuǐ	mouth	15
zuì	最	（副）zuì	most	16
	最后	（名）zuìhòu	last	30
zuó	昨天	（名）zuótiān	yesterday	11
zuǒ	左	（名）zuǒ	left	30
	左右	（名）zuǒyòu	a noun indicating an approximate number, (quantity), around, about	34
zuò	坐	（动）zuò	to sit	2
	作	（动）zuò	to do, to work	21
	做	（动）zuò	to do, to make	22

专 名　　　ZHUĀNMÍNG　　　PROPER NAMES

A

ài	艾琳	Àilín	Irene	2

B

běi	北海	Běihǎi	a park in Beijing	18
	北京	Běijīng	Beijing (Peking)	16
	北京饭店	Běijīng Fàndiàn	Beijing Hotel	10
bǐ	比利·威尔逊	Bǐlì Wēi'ěrxùn	Bailey Wilson	11

C

chá	《茶馆》	Cháguǎnr	Tea House (a play by Lao She, a major contemporary Chinese play-wright)	32
cháng	长城	Chángchéng	the Great Wall	4
chén	陈	Chén	a common Chinese family name	1
	陈明山	Chén Míngshān	a name	1

D

dà	《大闹天宫》	Dà Nào Tiāngōng	The Monkey King Creates Havoc in Heaven	10
	大伟	Dàwěi	David	2
dīng	丁淑琴	Dīng Shūqín	a name	16

G

gù	故宫	Gùgōng	the Imperial Palace (the Forbidden City or the Palace Museum)	4
guǎng	《广播电视节目报》	Guǎngbō Diànshì Jiémù Bào	*Radio and TV Guide*	32
guō	郭	Guō	a common Chinese family name	28
	郭玉珍	Guō Yùzhēn	a name	28
guó	国际机场	Guójì Jīchǎng	International Airport	13

H

hàn	《汉英词典》	Hàn Yīng Cídiǎn	*The Chinese-English Dictionary*	21
hé	和平新村	Hépíng Xīn Cūn	New Peace Village (an area in Xian)	26
hēng	亨利	Hēnglì	Henry	4
huá	华清池	Huáqīngchí	Huaqing Spring, a place in Xian famous for its hot springs	33

K

kūn	昆明	Kūnmíng	Kunming, capital of Yunnan Province in the south-

			west of China	27

L

lǐ	李	Lǐ	a common Chinese family name	2
	《李时珍》	《Lǐ Shízhēn》	title of a film after the name of an ancient Chinese pharmacist	9
	李文汉	Lǐ Wénhàn	a name	2
lì	莉莉	Lìlì	Lily	2
	历史博物馆	Lìshǐ Bówùguǎn	the Historical Museum	33
lín	林	Lín	a common Chinese family name	31
	林小东	Lín Xiǎodōng	a name	31
liú	刘	Liú	a common Chinese family name	11
	琉璃厂	Liúlíchǎng	a famous street in Beijing for selling Chinese paintings, calligraphy, stationaries and antiques.	20
lǚ	旅游局	lǚyóujú	The Tourist Bureau	1

M

měi	美国	Měiguó	the United States	3

Q

qián	乾陵博物馆	Qián Líng Bówùguǎn	Qian Ling Museum (one of the museums in Xian)	31
quán	全聚德烤鸭店	Quánjùdé Kǎoyā Diàn	Quan Ju De Roast Duck Restaurant (the best known Beijing Duck restaurant in Beijing)	23

386

R

| rén | 人民剧场 | Rénmín Jùchǎng | People's Theater | 10 |

S

| shàng | 上海 | Shànghǎi | Shanghai | 34 |
| sī | 《丝路花雨》 | Sī Lù Huā Yǔ | *Tales of the Silk Route* | 33 |

T

táng	唐	Táng	Tang, an early dynasty in the history of China, between 618 and 907	31
	唐代绘画展览	Tángdài Huìhuà Zhǎnlǎn	Exhibition of Paintings of the Tang Dynasty	20
tiān	天安门	Tiān'ānmén	Tiananmen, the main gate of the Imperial Palace, situated in the centre of Beijing	34
	天坛	Tiāntán	the Temple of Heaven, a park in Beijing	18

W

wáng	王	Wáng	a common Chinese family name	1
	王芳	Wáng Fāng	a woman's name	1
	王府井百货大楼	Wángfǔjǐng Bǎihuò Dàlóu	Wangfujing Department store, the biggest department store in Beijing	34

X

| xī | 西安 | Xī'ān | Xian, capital of Shaanxi Province in the north-west |

			of China.	8
	西安大学	Xī'ān Dàxué	Xian University	31
	西方	Xīfāng	the West	23
xiāng	香山	Xiāngshān	Fragrant Hills (one of Beijing's scenic spots, known for its crimson maple leaves in autumn)	16
xiǎo	小江	Xiǎojiāng	a given name	17

Y

yān	燕山中学	Yānshān Zhōngxué	name of a middle school	18
yí	颐和园	Yíhéyuán	the Summer Palace, a park in Beijing	18
yīng	"英雄"	"Yīngxióng"	Hero (here, a brand name of Chinese pens)	11
yǒu	友谊商店	Yǒuyì Shāngdiàn	Friendship Store, a store for foreigners and overseas Chinese	19
yù	玉珍	Yùzhēn	a name	27
yuē	约翰·史密斯	Yuēhàn Shǐmìsī	John Smith	3

Z

zhāng	张	Zhāng	a common Chinese family name	27
	张新	Zhāng Xīn	a name	27
zhèng	郑州	Zhèngzhōu	Zhengzhou, capital of Henan Province in central China	33
zhōng	中国	Zhōngguó	China	9
	《中国画报》	《Zhōngguó Huàbào》	*China Pictorial*	5
	中华人民共和国	Zhōnghuá Rénmín Gònghéguó	the People's Republic of China	30
	中山公园	Zhōngshān Gōngyuán	a park named after Dr. Sun Yat-sen in Beijing	18

中央台	Zhōngyāngtái	Central (Radio or T. V.) Station	32
钟楼	Zhōnglóu	the Bell Tower	24

卜充词汇表 bǔchōng cíhuì biǎo Supplementary Vocabulary

A

					Lesson
ā	阿姨	（名）	āyí	auntie	17
á	啊	（叹）	á	exclamation of doubt	2
a	啊	（助）	a	ah, oh	2
ài	爱动		ài dòng	physically active	33
ān	安排	（动）	ānpái	to arrange	4
	安全带	（名）	ānquándài	safety belt	35
àn	岸	（名）	àn	shore	31

B

bǎ	把	（量）	bǎ	a measure word	5
bái	白	（形）	bái	white	29
	白酒	（名）	báijiǔ	spirits (alcohol)	14
	白天	（名）	báitiān	day (time)	16
	白血球	（名）	báixuèqiú	white blood cell	15
bān	班门弄斧		Bān mén nòng fǔ	to display one's slight skill before an expert.	25
bàn	办	（动）	bàn	to go through	24
bāo	包裹单	（名）	bāoguǒdān	parcel invoice	6
bǎo	保险	（形、名）	bǎoxiǎn	safe, security	24
bào	报	（名）	bào	newspaper	5
	报告	（动、名）	bàogào	to report, report	19
bēi	杯	（量）	bēi	cup, glass	5
bǐ	比赛	（动、名）	bǐsài	to compete, match	19
biàn	变	（动）	biàn	to change	16
bù	布	（名）	bù	cloth	12

不敢当			bù gǎndāng	not at all (literally, I don't deserve it.)	25
不如		（动）	bùrú	not as good as, not as well as	23

C

chā	插	（动）	chā	to plug	32
chǎn	刬	（动）	chǎn	to lift	23
cháng	长短	（名）	chángduǎnr	length	12
	长途	（名）	chángtú	long distance	22
chǎo	炒	（动）	chǎo	to stir and fry	33
chī	吃	（动）	chī	to eat	9
chǐ	尺	（量）	chǐ	a measure word	12
chū	出差		chū chāi	to be sent out on business	28
	出发	（动）	chūfā	to start off	21
chǔ	处理	（动）	chǔlǐ	to handle	11
chuán	船	（名）	chuán	boat	31
chuāng	窗户	（名）	chuānghu	window	35
chuáng	床	（名）	chuáng	bed	5
cí	磁带〔盘〕	（名）	cídài [pán]	magnetic tape	33
cōng	聪明	（形）	cōngming	intelligent, clever	17
cún	存	（动）	cún	to deposit	7
	存折	（名）	cúnzhé	bank-book	7
cuò	错	（形）	cuò	wrong	26

D

dǎ	打开		dǎ kāi	to open	30
	打球		dǎ qiú	to play ball games	9
	打伞		dǎ sǎn	to hold an umbrella	29
	打听	（动）	dǎtīng	to ask, to find out	26
dà	大概	（副）	dàgài	about	6
	大人	（名）	dàren	grown-up	22
	大小	（名）	dàxiǎor	size	12

dān	耽误	（动）dānwu	to take up (one's time)	25
dāng	当然	（形、副）dāngrán	certain, certainly	13
dé	得	（动）dé	to be ready	12
dēng	灯	（名）dēng	light	32
dì	地铁	（名）dìtiě	underground railway, subway	23
diǎn	点（菜）	（动）diǎn (cài)	to order (dishes)	20
diàn	电报	（名）diànbào	telegram, cable	10
	电报纸	（名）diànbàozhǐ	telegram form	10
diào	掉	（动）diào	to fall	16
dīng	盯	（动）dīng	to stare	29
dìng	定期	（名）dìngqī	time (deposit), fixed (deposit)	7
diū	丢	（动）diū	to lose	24
dú	读	（动）dú	to read	33
dù	肚子	（名）dùzi	stomach	15
duān	端	（动）duān	to take, to hold	23
duì	对面	（名）duìmiàn	opposite side	26

E

ér	儿媳妇	（名）érxífu	daughter-in-law (son's wife)	22
ěr	耳塞子	（名）ěrsāizi	earphones	32

F

fǎ	法郎	（名）Fǎláng	Franc	7
fān	翻译	（动、名）fānyì	to translate, translation	21
fǎn	反	（形）fǎn	the other way round	26
fàn	饭店	（名）fàndiàn	restaurant, hotel	3
fāng	方便	（形）fāngbiàn	convenient	23
	方向	（名）fāngxiàng	direction	26
fáng	房租	（名）fángzū	rent	22
féi	肥	（形）féi	loose	12
	肥瘦儿	（名）féishòur	width	12
fēn	分钟	（名）fēnzhōng	minute	19
fú	幅	（量）fú	a measure word for pic-	

				tures and paintings	30
	福	（名）	fú	happiness, luck	35
fù	副	（量）	fù	a measure word (pair)	11

G

gǎi	改	（动）	gǎi	to make changes	30
gāng	刚	（副）	gāng	just	19
gāo	高	（形）	gāo	high	15
	高尔夫球	（名）	gāo'ěrfūqiú	golf	28
gào	告别	（动）	gàobié	to say good-bye	19
gē	歌剧	（名）	gējù	opera	10
gè	各	（代）	gè	every	27
	个子	（名）	gèzi	height	28
gēn	跟	（介）	gēn	with	13
gōng	工资	（名）	gōngzī	wage, pay	22
	公费医疗		gōngfèi yīliáo	free medical care	22
	恭敬不如从命		gōngjìng bùrú cóng mìng	The best way to show respect is to obey.	27
gǒu	狗	（名）	gǒu	dog	18
gòu	够	（形）	gòu	enough	12
	够用		gòu yòng	enough (for a purpose)	22
gǔ	谷	（名）	gǔ	grain	35
gù	顾客	（名）	gùkè	customer	6
guà	挂	（动）	guà	to hang	35
guāi	乖	（形）	guāi	well-behaved	17
guàn	罐头	（名）	guàntou	canned food(s)	34
guǎng	广播	（动、名）	guǎngbō	to broadcast, broadcast	19
guì	柜子	（名）	guìzi	wardrobe	32
guó	国家	（名）	guójiā	country, nation	16
guò	过去	（名）	guòqù	the past	33

H

hā	哈	（象声）	hā	ha (laughing sound)	2

hǎn	喊	（动）	hǎn	to shout	29
hàn	汉语	（名）	Hànyǔ	Chinese	23
hǎo	好吃	（形）	hǎochī	delicious	32
	好听	（形）	hǎotīng	pleasant to the ear	33
	好玩儿	（形）	hǎowánr	enjoyable	18
hēi	黑	（形）	hēi	black	30
hóng	红	（形）	hóng	red	11
hòu	后天	（名）	hòutiān	day after tomorrow	8
huā	花生米	（名）	huāshēngmǐ	peanut	14
huá	划（船）	（动）	huá (chuán)	to row	31
huà	画	（动）	huà	to draw, to paint	30
	话剧	（名）	huàjù	play	10
	画儿	（名）	huàr	drawing, painting	30
	画展	（名）	huàzhǎn	exhibition of paintings	4
huáng	黄瓜	（名）	huángguā	cucumber	14
huí	回	（动）	huí	to come back, to return	8
huó	活期	（名）	huóqī	demand (deposit)	7
huǒ	火车	（名）	huǒchē	train	20

J

jì	系	（动）	jì	to tie	35
	记性	（名）	jìxing	memory	17
jiā	夹	（动）	jiā	to pick up	23
	家乡	（名）	jiāxiāng	native place	16
jiàng	酱肉	（名）	jiàngròu	cooked meat seasoned in soy sauce	14
jiāo	教书		jiāo shū	to teach	31
	交流	（动）	jiāoliú	to exchange	25
	胶卷	（名）	jiāojuǎnr	film	20
jiǎo	饺子	（名）	jiǎozi	dumpling	14
jiào	教育	（名、动）	jiàoyù	education, to educate	31
jiē	接	（动）	jiē	to take, to receive	21
jié	节目	（名）	jiémù	program	18
jiě	解答	（动）	jiědá	to answer	25

jiè	借	（动） jiè	to borrow, to lend	20
jīn	金	（名） jīn	gold	30
	斤	（量） jīn	jin (equal to half a kilo)	34
	金笔	（名） jīnbǐ	gold-tipped pen	11
	今年	（名） jīnnián	this year	17
jìn	进行	（动） jìnxíng	to proceed	25
jiǔ	酒	（名） jiǔ	alcoholic drink	13
jǔ	举	（动） jǔ	to hold up	32
jù	句	（名、量） jù	sentence, a measure word	17

K

kā	咖啡	（名） kāfēi	coffee	2
kāi	开（车）	（动） kāi (chē)	(a vehicle) to start	19
	开会	kāi huì	to hold a meeting or conference	34
	开球	kāi qiú	to serve the ball	19
	开始	（动） kāishǐ	to begin	15
	开玩笑	kāi wánxiào	to make jokes	21
kàn	看够	kàn gòu	to see enough of	18
kě	可不是	kěbushì	exactly, indeed	16
kè	客人	（名） kèrén	guest	19
kōng	空气	（名） kōngqì	air	17
kòng	空儿	（名） kòngr	spare time	28
kǒu	口	（量） kǒu	a measure word	22
	口袋	（名） kǒudài	pocket	24
	口音	（名） kǒuyīn	accent	17
kù	裤子	（名） kùzi	trousers	12
kuài	块	（量） kuài	a measure word (lump, piece, etc.)	11
kuǎn	款	（名） kuǎn	deposit	7

L

lā	拉	（动） lā	to pull	29

lán	篮球	（名）lánqiú	basketball	28
lǎo	老大爷	（名）lǎodàye	grandpa (polite way to address elderly men)	17
lǐ	里	（量）lǐ	li (equal to half a kilometre)	34
lì	历史学家	（名）lìshǐxuéjiā	historian	25
liǎ	俩	（数量）liǎ	two	29
liàn	练	（动）liàn	to practice	27
liè	列车	（名）lièchē	train	19
lǔ	旅客	（名）lǔkè	passenger	19
	旅行	（动、名）lǔxíng	to travel, travel	24
lù	路	（量）lù	a measure word	26

M

mǎ	马克	（名）Mǎkè	Mark	7
	马路	（名）mǎlù	street, road	26
	马戏	（名）mǎxì	circus	18
mài	卖	（动）mài	to sell	6
mǎn	满	（形）mǎn	full	27
máng	忙	（形）máng	busy	20
máo	毛病	（名）máobing	trouble	32
méi	没错儿	méi cuòr	exactly	7
	没什么	méi shénme	You are welcome. Don't mention it.	7
mén	门口儿	（名）ménkǒur	doorway	29
mǐ	米	（量）mǐ	metre	28
miàn	面包	（名）miànbāo	bread	14
	面前	（名）miànqián	before, in front of	25
	面条	（名）miàntiáor	noodles	14
míng	名贵	（形）míngguì	valuable	27

N

| ná | 拿 | （动）ná | to bring | 22 |
| nà | 那么 | （连）nàme | then | 1 |

	那儿	（代）	nàr	there	4
nǎi	奶奶	（名）	nǎinai	grandma	2
nán	难得	（形）	nándé	rare	27
	难看	（形）	nánkàn	ugly	30
néng	能力	（名）	nénglì	ability	31
niú	牛奶	（名）	niúnǎi	milk	14
	牛肉	（名）	niúròu	beef	14
nǚ	女士	（名）	nǚshì	lady	23

P

pá	扒	（动）	pá	to gather up, to rake up	23
pāi	拍	（动）	pāi	to send (cable)	34
pái	牌儿	（名）	páir	brand	11
pán	盘儿	（量）	pánr	a measure word (dish, plate)	14
pàng	胖	（形）	pàng	fat	33
pǎo	跑	（动）	pǎo	to run	26
	跑步		pǎo bù	jogging, to run	33
péi	陪	（动）	péi	to accompany	20
pí	啤酒	（名）	píjiǔ	beer	2
	脾气	（名）	píqi	temper	15
	皮鞋	（名）	píxié	leather shoes	12
pīn	拼盘	（名）	pīnpánr	mixed cold dish, hors d'oeuvre	14
píng	凭	（动）	píng	to use (as evidence)	7
	瓶	（量）	píng	bottle	5

Q

qī	妻	（名）	qī	wife	35
qǐ	起床		qǐ chuáng	to get up, to get out of bed	9
	起飞	（动）	qǐfēi	to take off	35
qì	气象台	（名）	qìxiàngtái	weather station	16
qián	前天	（名）	qiántiān	day before yesterday	8
qiú	球迷	（名）	qiúmí	fans (ball games)	28

qǔ	取（款）	（动）qǔ (kuǎn)	to draw (money)	7
quān	圈	（名、量）quānr	circle, round	28

R

rén	人数	rén shù	number of people	30
rèn	任务	（名）rènwu	task	34
rì	日元	（名）Rìyuán	(Japanese) yen	7
róng	容易	（形）róngyì	easy	23

S

sàn	散步	sàn bù	to go for a walk	9
sǎng	嗓子	（名）sǎngzi	throat	15
shàn	扇子	（名）shànzi	fan	30
shàng	上楼	shàng lóu	to go upstairs	19
shēn	身体	（名）shēntǐ	body	15
shēng	声	（名）shēng	voice, sound	30
	生活	（动、名）shēnghuó	to live, life	23
shī	失散	（动）shīsàn	to lose	27
shí	石头	（名）shítou	stone	30
shōu	收	（动）shōu	to receive, to keep	24
shǒu	首都	（名）shǒudū	capital	16
	手绢	（名）shǒujuànr	handkerchief	11
	手套	（名）shǒutàor	gloves	11
	手续	（名）shǒuxù	procedure	24
shòu	瘦	（形）shòu	tight, thin	12
	售票员	（名）shòupiàoyuán	conductor	26
shū	叔叔	（名）shūshu	uncle	2
shuāng	双	（量）shuāng	a measure word (pair)	12
shuǐ	水	（名）shuǐ	water	33
	水电费	（名）shuǐdiànfèi	payment for water and electricity	22
	水果	（名）shuǐguǒ	fruit	19
shuì	睡觉	shuì jiào	to sleep	9

sú	俗话	（名）	súhuà	saying	35
suàn	算术	（名）	suànshù	arithmetic	18
suì	岁数	（名）	suìshu	age	34
sūn	孙女	（名）	sūnnür	granddaughter	17

T

tā	它	（代）	tā	it	35
tái	台	（名）	tái	station	22
	抬	（动）	tái	to carry (on shoulder)	29
	台球	（名）	táiqiú	billiards	28
tǎo	讨论	（动）	tǎolùn	to discuss	24
tè	特产	（名）	tèchǎn	special produce	27
	特点	（名）	tèdiǎn	characteristic	35
tǐ	体育	（名）	tǐyù	physical exercises	33
tiáo	条	（量）	tiáo	a measure word	12
tiào	跳	（动）	tiào	to jump	29
	跳高	（名）	tiàogāo	high jump	28
tóng	同学	（名）	tóngxué	school-mate	21
	同志	（名）	tóngzhì	comrade	1
tǒng	统筹医疗费	（名）	tǒngchóu yī liáofèi	payment for a co-operative medical care	22
tóu	头发	（名）	tóufa	hair	33
tuì	退休金	（名）	tuìxiūjīn	retire pension	22
tuō	托儿费	（名）	tuō'érfèi	payment for child care	22
	托儿所	（名）	tuō'érsuǒ	nursery	22

W

wài	外地	（名）	wàidì	other places	20
wǎn	晚饭	（名）	wǎnfàn	supper, dinner	9
wàn	万	（数）	wàn	ten thousand	7
wǎng	网球	（名）	wǎngqiú	tennis	28
wàng	忘	（动）	wàng	to forget	24
wèi	位	（量）	wèi	a measure word for people	10

wén	文化宫	（名）	wénhuàgōng	cultural palace	4
	文章	（名）	wénzhāng	article, composition	30
wǔ	午饭	（名）	wǔfàn	lunch	9
wù	雾	（名）	wù	fog	16

X

xī	西餐	（名）	xīcān	western food	23
	西服	（名）	xīfú	suit	24
	西药	（名）	xīyào	western medicine	15
xí	席	（名）	xí	banquet, table	27
xǐ	洗（照片）	（动）	xǐ (zhàopiàn)	to develop (photos)	21
	洗尘	（动）	xǐchén	to celebrate someone's home-coming	27
	喜欢	（动）	xǐhuan	to like	14
xià	下午	（名）	xiàwǔ	afternoon	4
xián	闲不住		xián bu zhù	always keep oneself busy	35
xiāng	香	（形）	xiāng	fragrant or smell deliciously	33
	箱子	（名）	xiāngzi	suitcase, trunk	29
xiǎo	小说	（名）	xiǎoshuōr	novel	31
xīn	心细		xīn xì	careful	35
xíng	行动	（动、名）	xíngdòng	movement, to take action	34
	行李架	（名）	xínglijià	luggage rack	24
xìng	幸福	（形、名）	xìngfú	happy, happiness	23
xué	学术	（名）	xuéshù	scholarship, academic subjects	25
	学校	（名）	xuéxiào	school	5
xuè	血压	（名）	xuèyā	blood pressure	15

Y

yá	牙	（名）	yá	tooth	15
ya	呀	（助）	ya	a modal particle	28
yǎn	眼	（名、量）	yǎn	eye, look	31
	眼镜盒	（名）	yǎnjìnghér	case (for keeping glasses)	24

yāng	秧	（名）yāng	seedling	35
yáng	羊肉	（名）yángròu	mutton	14
	羊肉泡馍	yángròu pào mó	a popular dish in the north-west of China	27
	洋娃娃	（名）yángwáwa	doll	21
yàng	样	（名、量）yàngr	appearance, kind; a measure word	11
yào	钥匙	（名）yàoshi	key	11
yé	爷爷	（名）yéye	grandpa	2
yī	衣帽钩	（名）yīmàogōur	pegs for coats and hats	24
	铱金	（名）yījīn	iridium	11
	医院	（名）yīyuàn	hospital	15
yí	一定	（形、副）yídìng	definite, definitely, must	1
yǐ	椅子	（名）yǐzi	chair	5
yì	一起	（名、副）yìqǐ	together	13
yīn	音量	（名）yīnliàng	volume (sound)	32
yīng	英语	（名）Yīngyǔ	English	17
yóu	游泳	（动、名）yóuyǒng	to swim, swimming	33
yú	鱼翅	（名）yúchì	shark's fin	27
yǔ	雨衣	（名）yǔyī	raincoat	29
yún	云	（名）yún	cloud	16
yùn	运动	（动、名）yùndòng	to do exercises, sports	28

Z

zāng	脏	（形）zāng	dirty	35
zǎo	早	（形）zǎo	early	12
	早饭	（名）zǎofàn	breakfast	9
zěn	怎么	（代）zěnme	how	6
zhàn	占线	zhàn xiàn	the line is busy	10
zhào	照	（动）zhào	to take (photos)	21
	照片	（名）zhàopiàn	photo	21
	罩衫	（名）zhàoshān	a kind of jacket	12
	照相馆	（名）zhàoxiàngguǎn	photo studio	21
zhè	这么	（代）zhème	so	13

zhēn 真是的		zhēnshide	a mild disapproval	31
zhèn 阵雨	（名）	zhènyǔ	shower	16
zhèng 正好	（形、副）	zhènghǎo	precise, precisely, no more, no less	7
zhī 只	（量）	zhī	a measure word	11
zhǐ 指	（动）	zhǐ	to point	29
指正	（动）	zhǐzhèng	to criticize	25
zhōng 中锋	（名）	zhōngfēng	centre(a position in ball games)	28
中式	（名）	Zhōngshì	Chinese style	12
中药	（名）	zhōngyào	Chinese medicine	15
钟头	（名）	zhōngtóu	hour	31
衷心	（形）	zhōngxīn	heartfelt	25
zhòng 重	（形）	zhòng	heavy	15
zhū 猪肉	（名）	zhūròu	pork	14
zhǔ 主持人	（名）	zhǔchírén	chairperson	25
zhuāng 装	（动）	zhuāng	to pack	34
zhuō 桌子	（名）	zhuōzi	table	5
zì 字	（名）	zì	character	10
自己	（代）	zìjǐ	self	23
zū 租	（动）	zū	to hire	34
zuó 昨天	（名）	zuótiān	yesterday	8
zuǒ 左边儿	（名）	zuǒbianr	left side	26
zuò 作	（动）	zuò	to do	18
做	（动）	zuò	to make	12
座谈	（动）	zuòtán	to discuss (informally)	25

专　名　　ZHUĀNMÍNG　　PROPER NAMES

B

北京	Běijīng	Beijing (Peking)	3
北京饭店	Běijīng Fàndiàn	Beijing Hotel (Peking Hotel)	3

C

《茶馆》	"Cháguǎnr"	"The Tea House"	10

D

地下宫殿	Dìxià Gōngdiàn	Underground Palace	20

F

法国	Fǎguó	France	33

G

广州	Guǎngzhōu	Guangzhou (Canton), capital of Guangdong Province in south China	16

H

华侨大厦	Huáqiáo Dàshà	Overseas Chinese Hotel	10

J

加拿大	Jiānádà	Canada	3

L

李	Lǐ	a common Chinese family name	1
李小兰	Lǐ Xiǎolán	name of a girl	17

M

民族饭店	Mínzú Fàndiàn	Nationalities Hotel	13

Q

青岛	Qīngdǎo	a major coastal city in Shandong Province)	14

R

日本	Rìběn	Japan	3

S

上海	Shànghǎi	Shanghai	10
首都剧场	Shǒudū Jùchǎng	Capital Theater	10

T

唐人街	Tángrénjiē	Chinatown	23

W

王大娘	Wáng dàniáng	Auntie Wang	22
王力	Wáng Lì	a well-known professor Chinese linguistics	28

X

西单	Xīdān	name of a commercial centre in the west of Beijing	4
西德	Xīdé	West Germany	7
小同	Xiǎotóng	name of a girl	19

Y

颐和园	Yíhéyuán	the Summer Palace	8
英国	Yīngguó	Britain; England	3

Z

张	Zhāng	a common Chinese family name	1
张大中	Zhāng Dàzhōng	name of a man	1
张文汉	Zhāng Wénhàn	name of a man	1
赵	Zhào	a common Chinese family name	1
中国	Zhōngguó	China	3
中国书店	Zhōngguó Shūdiàn	China Book store	26
中国银行	Zhōngguó Yínháng	China Bank	7

Appendix II

练习答案 liànxí dá'àn Key To Exercises

语音 Yǔyīn KEY TO PHONETIC EXERCISES

2. 2)

(1) b/p (2) b/p (3) d/t (4) d/t (5) zh/ch
(6) zh/ch (7) j/q (8) j/q (9) c/z (10) z/s
(11) ch/sh (12) ch/sh (13) q/x (14) q/x (15) zh/j
(16) zh/j (17) ch/q (18) ch/q (19) g/k (20) g/k
(21) z/c (22) z/c (23) sh/x (24) sh/x (25) z/j
(26) z/j (27) c/q (28) c/q (29) z/x (30) s/x
(31) z/zh (32) z/zh (33) c/ch (34) c/ch (35) s/sh
(36) s/sh

3)

(1) + (2)   (3) + (4)   (5)   (6) +
(7)   (8) + (9)   (10) + (11)   (12) +

4)

(1) z, j (2) z, zh (3) j, zh (4) c, ch (5) c, q (6) q, ch
(7) x, sh (8) s, sh (9) s,x (10) d,t (11) ch, zh (12) q, j

3. 2)

(1) a/e (2) a/e (3) an/en (4) an/en (5) ang/eng
(6) ang/eng (7) ai/ei (8) ai/ei (9) ao/ou (10) ao/ou
(11) ou/uo (12) ou/uo (13) ia/ie (14) ia/ie (15) iao/iu
(16) iao/iu (17) ua/uo (18) ua/uo (19) u/ü (20) u/ü
(21) u/iu (22) u/iu (23) uo/üe (24) uo/üe (25) an/ang
(26) an/ang (27) en/eng (28) en/eng (29) in/ing (30) in/ing
(31) ian/iang (32) ian/iang (33) uan/uang (34) uan/uang (35) un/ong
(36) un/ong

3)

(1)   (2) + (3)   (4) + (5)   (6) +
(7) + (8)   (9) + (10)   (11)   (12) +

4)

(1) ù,ǔ (2) ù, ǔ (3) uè, uò (4) uē, üè (5) án, áng

(6) éng, èn   (7) īn, íng   (8) iǎng, ǎn   (9) uān, uǎng   (10) ūn, óng

(11) iē, ià   (12) iāo, iú

4. 1) B

(1) bái/bǎi	(2) cháng/chǎng	(3) qíng/qǐng	(4) jí/jǐ
(5) lái/lǎo	(6) méi/měi	(7) liáng/liǎng	(8) guó/guǒ

C

(1) wán	(2) wǎn	(3) zuǒ	(4) zuó
(5) mǎi	(6) mái	(7) lán	(8) lǎn

2) B

(1) bāo/bào	(2) fāng/fàng	(3) qiān/qiàn	(4) jīn/jìn
(5) shū/shù	(6) wēn/wèn	(7) mō/mò	(8) yē/yè

C

(1) dài	(2) dāi	(3) shōu	(4) shòu
(5) jī	(6) jì	(7) jiāng	(8) jiàng

5. 1)

(1) yóulǎn	(2) yóujú	(3) gōngchǎng	(4) gōngyuánr
(5) máoyī	(6) màoyì	(7) láo jià	(8) lǎojiā

2)

(1) shōushi	(2) xiūxi	(3) xiāngcài	(4) xiànzài
(5) kuānguǎng	(6) qǐng jìn	(7) qiú duì	(8) nǚxu

KEY TO EXERCISES IN THE 35 LESSONS

第一课 dìyīkè   Lesson 1

2. 1) 请 问, 您 是 张 大中 先生 吗?
Qǐng wèn, nín shì Zhāng Dàzhōng xiānsheng ma?

2) 请 问, 您 是 王 同志 吗?
Qǐng wèn, nín shì Wáng tóngzhì ma?

3) 请 问, 您 是 李 小姐 吗?
Qǐng wèn, nín shì Lǐ xiǎojie ma?

4) 请 问, 您 是 赵 先生 吗?
Qǐng wèn, nín shì Zhào xiānsheng ma?

6. 1) 您 好!
Nín hǎo!

2) 请 问, 您 是 赵 小姐 吗?
Qǐng wèn, nín shì Zhào xiǎojie ma?

3) 欢 迎 您, 张 同志!
Huānyíng nín, Zhāng tóngzhì!

4) 我 不 是 王 芳。
Wǒ bú shì Wáng Fāng.

5) 我 叫 张 大 中。
Wǒ jiào Zhāng Dàzhōng.

第二课　dì'èrkè　Lesson 2

3. 1) 请 进。
Qǐng jìn.

2) 请 坐。
Qǐng zuò.

3) 请 喝茶。
Qǐng hē chá.

4) 请 抽 烟。
Qǐng chōu yān.

5) 请 喝啤酒。
Qǐng hē píjiǔ.

6) 请 喝咖啡。
Qǐng hē kāfēi.

4. 1) 介绍
jièshào

2) 介绍，是，是
jièshào, shì, shì

3) 是，介绍，是，是，是
shì, jièshào, shì, shì, shì

第三课　dìsānkè　Lesson 3

3. 1) 爷爷，奶奶，叔叔
yéye, nǎinai, shūshu

2) 太太，女儿，儿子
tàitai, nǚ'ér, érzi

4. 1) 这 是 谁？
Zhè shì shuí?

2) 谁 叫 张 大中?
Shuí jiào Zhāng Dàzhōng?

3) 他们 是 哪 国 人？
Tāmen shì nǎ guó rén?

4) 他们 住 哪儿?
Tāmen zhù nǎr?

5) 谁 找 陈 明 山 先生?
Shuí zhǎo Chén Míngshān xiānsheng?

6) 他 爷爷 住 哪个 房间?
Tā yéye zhù nǎge fángjiān?

7) 老 赵 找 谁?
Lǎo Zhào zhǎo shuí?

8) 八一三二 房间 在 哪儿?
Bāyāosān'èr fángjiān zài nǎr?

9) 他 爷爷 住 哪个 饭店?
Tā yéye zhù nǎge fàndiàn?

5. 1) 他 是 谁？他 是 谁 儿子？谁 是 你 儿子？
Tā shì shuí? Tā shì shuí érzi? Shuí shì nǐ érzi?

2) 李 叔叔 找 谁？谁 找 你 爷爷？李 叔叔 找 谁 爷爷？
Lǐ shūshu zhǎo shuí? Shuí zhǎo nǐ yéye? Lǐ shūshu zhǎo shuí yéye?

7. 1) 他 是 谁？
Tā shì shuí?

2) 他 是 哪 国 人?
Tā shì nǎ guó rén?

3) 他 住 哪儿?
Tā zhù nǎr ?

4) 他 住 哪个 房间?
Tā zhù nǎge fángjiān?

5) 你 找 谁?
Nǐ zhǎo shuí?

第四课　dìsìkè　Lesson 4

3. 1) (1) 我 不 去。我 去 故 宫。
Wǒ bú qù. Wǒ qù Gùgōng.

(2) 我 不 去。我 去 看 朋 友。
Wǒ bú qù. Wǒ qù kàn péngyou.

(3) 我 不 去。我 去 长 城。
Wǒ bú qù. Wǒ qù Chángchéng.

(4) 我 不 去。我 去 买 东西。
Wǒ bú qù. Wǒ qù mǎi dōngxi.

2) (1) A: 你们 下午 有 活动 吗?
Nǐmen xiàwǔ yǒu huódòng ma?

B: 没有。你 呢?
Méiyǒu. Nǐ ne?

(2) A: 你们 晚 上 有 事儿 吗?
Nǐmen wǎnshang yǒu shìr ma?

B: 没有。你 呢?
Méiyǒu. Nǐ ne?

(3) A: 你们 明天 有 安排 吗?
Nǐmen míngtiān yǒu ānpái ma?

B: 没 有。你 呢?
Méiyǒu. Nǐ ne?

4. 1) b 2) c 3) c 4) b 5) c 6) b

第五课　dìwǔkè　Lesson 5

3. 1) 几 2) 多 少 3) 多 少 4) 几 5) 几
jǐ　duōshao　duōshao　jǐ　jǐ

5. 1) 一个 朋 友
yíge péngyou

2) 一封 信
yìfēng xìn

3) 几 张 邮票
jǐzhāng yóupiào

4) 一本《中 国 画报》
yìběn " Zhōngguó Huàbào "

5) 五个 信封
wǔge xìnfēng

6) 八把 椅子
bābǎ yǐzi

7) 十 张 桌子
shízhāng zhuōzi

8) 三 张 床
sānzhāng chuáng

复习 (1)　fùxí (1)　Review (1)

2. 1) 不 2) 不 3) 没 4) 不 5) 不 6) 不 7) 没 8) 不 9) 不
bù　bù　méi　bù　bù　bù　méi　bù　bù

10) 没
méi

第六课　dìliùkè　Lesson 6

3. 1) 明 信 片 五分 一 张。
Míngxìnpiàn wǔfēn yìzhāng.

2) 信 封 一分 一个。
Xìnfēng yìfēn yígè.

3) 《中 国 画 报》一块 三 一本。
"Zhōngguó Huàbào" yíkuài sān yìběn.

4) 桌子 十五块 一张。
Zhuōzi shíwǔkuài yìzhāng.

5) 信 封 一毛 钱 十个。
Xìnfēng yìmáo qián shígè.

6) 椅子 八块 五 一把。
Yǐzi bākuài wǔ yìbǎ.

4. 1) 一 张 八分 邮票。三 张 明 信 片。两 毛 三。
Yìzhāng bāfēn yóupiào. Sānzhāng míngxìnpiàn. Liǎngmáo sān.

2) 多 少? 多 少 钱? 两 毛。多 少 钱 一本? 两 块 八。
Duōshao? Duōshao qián? Liǎngmáo. Duōshao qián yìběn? Liǎngkuài bā.
两 毛。
Liǎngmáo.

第七课　dìqīkè　Lesson 7

3. 1) 什 么 外币?
Shénme wàibì?

2) 兑 换 外币吗? 是 多少? 兑 换 人民币 六百 八十五元 二毛
Duìhuàn wàibì ma? Shì duōshao? Duìhuàn Rénmínbì liùbǎi bāshíwǔyuán èrmáo
三 分。
sānfēn.

3) 多 少? 五百 英 镑。五 百 英 镑 兑 换 人民币 一千 六百
Duōshao? Wǔbǎi Yīngbàng. Wǔbǎi Yīngbàng duìhuàn Rénmínbì yìqiān liùbǎi
四十二元 一毛 五分。
sìshí'èryuán yìmáo wǔfēn.

4) 一 千 二百。一 千 二 百 马 克 兑 换 人民币 一千 零 一十六元 一
Yìqiān èrbǎi. Yìqiān èrbǎi Mǎkè duìhuàn Rénmínbì yìqiān líng yīshíliùyuán yì
毛 六分。
máo liùfēn.

第八课　dìbākè　Lesson 8

3. 1) 几号
jǐhào

2) 星期几
xīngqījǐ

3) 什 么 时候
shénme shíhour

4) 下 星期几
xià xīngqījǐ

5) 什 么 时候
shénme shíhour

第九课　dìjiǔkè　Lesson 9

2. 1) 现 在 两 点 零 五。
Xiànzài liǎngdiǎn líng wǔ.

2) 现 在 三 点 一 刻 了。
Xiànzài sāndiǎn yíkè le.

3) 四 点 半 了。
Sìdiǎnbàn le.

4) 我 的 表 十一点 五十 了。
Wǒ de biǎo shíyīdiǎn wǔshí le.

第十课　dìshíkè　Lesson 10

3. 1) (1) 是 不 是 话剧?
shì bu shì huàjù?

(2) 是 不 是 张 大 中 同志
shì bu shì Zhāng Dàzhōng tóngzhì

(3) 是 不 是 艾琳?
shì bu shì Àilín?

2) (1) 演《 茶 馆 》, 您 看 不 看?
yǎn " Cháguǎnr ", nín kàn bu kàn?

(2) 演《 李 时 珍 》, 您 看 不 看?
yǎn " Lǐ Shízhēn ", nín kàn bu kàn?

(3) 演 歌剧, 您 看 不 看?
yǎn gējù, nín kàn bu kàn?

3) (1) 有 没 有 昨天 的 报?
yǒu méiyǒu zuótiān de bào?

(2) 有 没 有 后天 的 电影票?
yǒu méiyǒu hòutiān de diànyǐngpiào?

(3) 有 没 有《 中 国 画报 》?
yǒu méiyǒu " Zhōngguó Huàbào "?

4) (1) 去 不 去 西安?
qù bu qù Xī'ān?

(?) 去 不 去 故宫 ?
qù bu qù Gùgōng?

(3) 去 不 去 华 侨 大厦?
qù bu qù Huáqiáo Dàshà?

4. 1) 抽 不 抽
chōu bu chōu

2) 喝 不 喝
hē bu hē

3) 买 不 买
mǎi bu mǎi

4) 送 不 送
sòng bu sòng

5) 演 不 演
yǎn bu yǎn

复习 (2)　fùxí (2)　Review (2)

3. 1) 星期一, 星期二, 星期三, 星期四, 星期五, 星期六, 星期日
xīngqīyī, xīngqī'èr, xīngqīsān, xīngqīsì, xīngqīwǔ, xīngqīliù, xīngqīrì

2) 一 月, 三 月, 五 月, 七 月, 八 月, 十 月, 十二 月 有 三十一 天。
Yīyuè, sānyuè, wǔyuè, qīyuè, bāyuè, shíyuè, shí'èryuè yǒu sānshíyītiān.

四 月, 六 月, 九 月, 十一月 有 三十 天。
Sìyuè, liùyuè, jiǔyuè, shíyīyuè yǒu sānshítiān.

二 月 有 二十八天 或者 二十九天。
Èryuè yǒu èrshíbātiān huòzhě èrshíjiǔtiān.

第十一课　dìshíyīkè　Lesson 11

2. 1) (1) 这 块 手绢 是 谁 的?
Zhèkuài shǒujuànr shì shuí de?

(2) 这 把 钥匙 是 哪位 的?
Zhèbǎ yàoshi shì nǎwèi de?

(3) 这 副 手套 是 哪个 同志 的?
Zhèfù shǒutàor shì nǎge tóngzhì de?

2) (1) 这 副 手套 是 你 的 吗?
Zhèfù shǒutàor shì nǐ de ma?

(2) 这 把 钥匙 是 你 的 吗?
Zhèbǎ yàoshi shì nǐ de ma?

(3) 这 块 手绢 是 你 的 吗?
Zhèkuài shǒujuànr shì nǐ de ma?

3) (1) 是 不 是 陈 先生 的?
shì bu shì Chén xiānsheng de?

(2) 是 不 是 大伟 的?
shì bu shì Dàwěi de?

(3) 是 不 是 史密斯 太太 的?
shì bu shì Shǐmìsī tàitai de?

3. 1) 不 是 我 的, 是 我 弟弟 的。
Bú shì wǒ de, shì wǒ dìdi de.

2) 不 是 我 姐姐 的, 是 她 朋友 的。
Bú shì wǒ jiějie de, shì tā péngyou de.

3) 不 是 我们 家 的, 是 我们 学校 的。
Bú shì wǒmen jiā de, shì wǒmen xuéxiào de.

4) 不 是 小 刘 的, 是 老 张 的。
Bú shì Xiǎo Liù de, shì Lǎo Zhāng de.

第十二课　dìshí'èrkè　Lesson 12

2. 小, 旧, 短, 颜色不好, 样子不好, 长 短不合适, 肥瘦儿不
xiǎo, jiù, duǎn, yánsè bù hǎo, yàngzi bù hǎo, chángduǎn bù héshì, féishòur bù
合适, 大小儿 不 合适
héshì, dàxiǎor bù héshì

3. 1) 顾客: 太 小。 有 大 点儿 的 吗?
gùkè: Tài xiǎo. Yǒu dà diǎnr de ma?

顾客: 这 件 大小儿合适。
gùkè: Zhèjiàn dàxiǎor héshì.

2) 顾客: 太 长。 有 短 点儿 的 吗?
gùkè: Tài cháng. Yǒu duǎn diǎnr de ma?

顾客: 这 件 长 短 合适。
gùkè: Zhèjiàn chángduǎn héshì.

3) 顾客: 太 瘦。 有 肥 点儿 的 吗?
gùkè: Tài shòu. Yǒu féi diǎnr de ma?

顾客: 这 双 肥瘦儿、 大小儿 都 合适。
gùkè: Zhèshuāng féishòur 、 dàxiǎor dōu héshì.

5. 1) 这个 剧场 很 大。
Zhège jùchǎng hěn dà.

2) 这条 鱼不贵。
Zhètiáo yú bú guì.

3) 那 件 上 衣 样 子 很 好。
Nàjiàn shàngyī yàngzi hěn hǎo.

4) 颜 色 不 太 好。
Yánsè bú tài hǎo.

5) 这 件 大 衣 很 合 适。
Zhèjiàn dàyī hěn héshì.

第 十 三 课   dìshísānkè   Lesson 13

2. 1) 会 ， 会
huì, huì

2) 能 ， 能
néng, néng

3) 会 ， 会
huì, huì

4) 能 ， 能
néng, néng

第 十 四 课   dìshísìkè   Lesson 14

2. 1) (1) 服 务 员 同 志 , 有 没 有 面 包 ?
Fúwùyuán tóngzhì, yǒu méiyǒu miànbāo?

(2) 请 问 , 有 没 有 牛 奶 ?
Qǐng wèn, yǒu méiyǒu niúnǎi?

(3) 今 天 晚 上 有 没 有 电 影 ?
Jīntiān wǎnshang yǒu méiyǒu diànyǐng?

2) (1) 你 要 什 么 酒 ，啤酒还是白酒 ?
Nǐ yào shénme jiǔ, píjiǔ háishi báijiǔ?

(2) 你 去 北 京 饭 店 还 是 民 族 饭 店 ?
Nǐ qù Běijīng Fàndiàn háishi Mínzú Fàndiàn?

(3) 你 们 星 期 六 还 是 星 期 天 去 颐 和 园 ?
Nǐmen xīngqīliù háishi xīngqītiān qù Yíhéyuán?

(4) 他 还 是 你 ?
Tā háishi nǐ ?

3. 1) 来 个 拼 盘。大 拼 盘。
Lái ge pīnpánr. Dà pīnpánr.

2) 来 个 汤。黄 瓜 汤。
Lái ge tāng. Huángguatāng.

3) 来 碗 面 条。小 碗 的。
Lái wǎn miàntiáor. Xiǎo wǎn de.

第 十 五 课   dìshíwǔkè   Lesson 15

2. 1) 我 头 疼。
Wǒ tóu téng.

2) 我 牙 疼。
Wǒ yá téng.

3) 我 肚 子 疼。
Wǒ dùzi téng.

3. 1) (1) 这 个 人 身 体 很 好。
Zhège rén shēntǐ hěn hǎo.

(2) 这 个 人 脾 气 很 好。
Zhège rén píqì hěn hǎo.

(3) 这 个 人 中 国 话 很 好。
Zhège rén Zhōngguóhuà hěn hǎo.

2) (1) 你 体 温 很 高。
Nǐ tǐwēn hěn gāo.

他 嗓 子 很 红。
Tā sǎngzi hěn hóng.

(3) 我 头 很 疼。
Wǒ tóu hěn téng.

(4) 他 妈 妈 病 很 重。
Tā māma bìng hěn zhòng.

(5) 他 弟弟 白血球 很 高。
Tā dìdi báixuèqiú hěn gāo.

4. 1) (1) 有 点儿　　(2) 点儿　　(3) 有 点儿
yǒu diǎnr　　diǎnr　　yǒu diǎnr

(4) 一点儿　　(5) 有 点儿　　(6) 有 点儿
yìdiǎnr　　yǒu diǎnr　　yǒu diǎnr

2) (1) 还　　(2) 再　　(3) 还　　(4) 再
hái　　zài　　hái　　zài

(5) 再　　(6) 再　　(7) 还
zài　　zài　　hái

复习 (3)　　fùxí (3)　　Review 3

2. 1) 那个 面包 很 大。
Nàge miànbāo hěn dà.

那个 面包 是 大 的。
Nàge miànbāo shì dà de.

2) 小 王 的 裤子 很 长。
Xiǎo Wáng de kùzi hěn cháng.

小 王 的 裤子 是 长 的。
Xiǎo Wáng de kùzi shì cháng de.

3) 这 种 蛋糕 很 贵。
Zhèzhǒng dàngāo hěn guì.

这 种 蛋糕 是 贵 的。
Zhèzhǒng dàngāo shì guì de.

4) 那 张 桌子 很 高。
Nàzhāng zhuōzi hěn gāo.

那 张 桌子 是 高 的。
Nàzhāng zhuōzi shì gāo de.

5) 她 衣服 很 红。
Tā yīfu hěn hóng.

她 衣服 是 红 的。
Tā yīfu shì hóng de.

3. 1) 你 能 不 能 给 我 一个 信封?
Nǐ néng bu néng gěi wǒ yíge xìnfēng?

2) 他 想 不 想 吃 糖醋鱼?
Tā xiǎng bu xiǎng chī tángcùyú?

3) 你 会 不 会 抽 烟?
Nǐ huì bu huì chōu yān?

4) 他 们 有 事儿 不 能 来 了。
Tāmen yǒu shìr bù néng lái le.

5) 一个 小时 以后, 他 会 不 会 去 文化宫? 一个 小时 以后, 他 会
Yíge xiǎoshí yǐhòu, tā huì bu huì qù wénhuàgōng? Yíge xiǎoshí yǐhòu, tā huì

去 文化宫 吗?
qù wénhuàgōng ma?

6) 请 问, 半个 小时 能 不 能 到 学 校? 请 问, 半个 小时
Qǐng wèn, bànge xiǎoshí néng bu néng dào xuéxiào? Qǐng wèn, bànge xiǎoshí

能 到 学 校 吗?
néng dào xuéxiào ma?

第十六课　dìshíliùkè　Lesson 16

4. 1) 太阳 出 来 了。
Tàiyang chū lai le.
2) 春 天 到 了。
Chūntiān dào le.
3) 他 上 哪儿 了?
Tā shàng nǎr le?

4) 我 的 表 停 了。
Wǒ de biǎo tíng le.
5) 我 老 了。
Wǒ lǎo le.

第十七课　dìshíqīkè　Lesson 17

1. 1) 几岁 了?
Jǐsuì le?
2) 多 大 年纪 了?
Duō dà niánjì le?
3) 多 大 了?
Duō dà le?

2. 1) 几号 了?
Jǐhào le?
2) 几点 了?
Jǐdiǎn le?
3) 几年级 了?
Jǐ niánjí le?

3. 1) A: 您 的 普通话 真 不错 啊!
Nín de pǔtōnghuà zhēn búcuò a!
B: 不 行 啊。
Bùxíng a.

2) A: 您 的 英语 真 不错 啊!
Nín de Yīngyǔ zhēn búcuò a!
B: 不 行 啊。
Bùxíng a.

3) A: 您 的 记性 真 不错 啊!
Nín de jìxing zhēn búcuò a!
B: 不 行 啊。
Bùxíng a.

6. 1) 现 在 几点 了?
Xiànzài jǐdiǎn le?
2) 今 天 几号?
Jīntiān jǐhào?

3) 今 天 星期几?
Jīntiān xīngqījǐ?
4) 大 伟 多 大 了?
Dàwěi duō dà le?

5) 你 上 几年级 了?
Nǐ shàng jǐ niánjí le?
6) 小 江 几岁 了?
Xiǎo Jiāng jǐsuì le?

7) 老大爷，您 多 大 年纪 了?
Lǎodàye, nín duō dà niánjì le?
8) 你 是 哪儿 人?
Nǐ shì nǎr rén?

第十八课　dìshíbākè　Lesson 18

2. 1) A: 学 校 都　B: 没 都 去
xuéxiào dōu　méi dōu qù
2) A: 老 朋 友 都　B: 没 都 去
lǎo péngyou dōu　méi dōu qù

3) A: 电 影 都　B: 没 都 看
diànyǐng dōu　méi dōu kàn

4. 1) 你 今 天 晚 上 去 哪儿 了?
Nǐ jīntiān wǎnshang qù nǎr le?
2) 他们 昨天 去 颐和园 了。
Tāmen zuótiān qù Yíhéyuán le.

3) 前 天 晚 上 你 作 什么 了?
Qiántiān wǎnshang nǐ zuò shénme le?
4) 昨天 你 去 故宫 了吗?
Zuótiān nǐ qù Gùgōng le ma?

5) 他 前 天 没 来。
Tā qiántiān méi lái.

第十九课　dìshíjiǔkè　Lesson 19

1. 1) 正
zhèng
2) 就要
jiù yào
3) 正
zhèng

414

4) 就要，正　　5) 正
jiù yào, zhèng　　zhèng

2. 1) 看 报 呢
kàn bào ne
2) 在 写 信 呢
zài xiě xìn ne
3) 在 打 电话 呢
zài dǎ diànhuà ne

4. 1) 我 快 五十 了。
Wǒ kuài wǔshí le.

2) 他们 快 要 离开 北京 了。
Tāmen kuài yào líkāi Běijīng le.

3) 我们 正 说 王 先生，他 就 来 了。
Wǒmen zhèng shuō Wáng xiānsheng, tā jiù lái le.

4) 你 要 干 什么？
Nǐ yào gàn shénme?

5) 他们 没 在 谈话。
Tāmen méi zài tán huà.

6) 我 进去 的 时候，他 正 在 写信。
Wǒ jìn qu de shíhour, tā zhèng zài xiě xìn.

第二十课　dì'èrshíkè　Lesson 20

1. 1) 买，看，写，寄，借
mǎi, kàn, xiě, jì, jiè

2) 参 观，看，说，看望，买，喝，吃，叫
cānguān, kàn, shuō, kànwàng, mǎi, hē, chī, jiào

2. 1) 咖啡，菜，大衣，啤酒，饭，茶，信，书，单子，外币
kāfēi, cài, dàyī, píjiǔ, fàn, chá, xìn, shū, dānzi, wàibì

2) 一 场 电影，一 本 书，几个 朋友，两 张 报
yìchǎng diànyǐng, yìběn shū, jǐge péngyou, liǎngzhāng bào

3. 1) 昨天 我 出 去 看了 一个 亲戚。
Zuótiān wǒ chū qu kànle yíge qīnqi.
2) 他 下午 去 机场 了。
Tā xiàwǔ qù jīchǎng le.

3) 她 没 吃 晚饭 就 睡 了。
Tā méi chī wǎnfàn jiù shuì le.
4) 他们 吃 饭 了。
Tāmen chī fàn le.

4. 1) 我 买了 一个 胶卷。
Wǒ mǎile yíge jiāojuǎnr.
2) 我 买了 两 斤 大虾。
Wǒ mǎile liǎngjīn dà xiā.

3) 我 买了 两 本 杂志。
Wǒ mǎile liǎngběn zázhì.

5. 1) 吃了 饭
chīle fàn
2) 看了 电 影
kànle diànyǐng

3) 游 览 了 长 城
yóulǎn le Chángchéng
4) 买了 古玩
mǎile gǔwán

7. 1) 莉莉 买了 一 本 杂志。
Lìli mǎile yìběn zázhì.

2) 我 们 昨天 参观了 一个 学校。
Wǒmen zuótiān cānguānle yíge xuéxiào.

3) 他 吃了 晚饭 就 出 去 了。
Tā chīle wǎnfàn jiù chū qu le .

4) 他 来了，我们 就去 颐和园。
Tā láile, wǒmen jiù qù Yíhéyuán.

5) 上 星 期 他 每天 去 看 电影。
Shàngxīngqī tā měitiān qù kàn diànyǐng.

复习 (4)　　fùxí (4)　　Review 4

1. 1) 这些 古玩 是 赵 先生 的?　这些 古玩 是 赵 先生 的 吗?
Zhèxiē gǔwán shì Zhào xiānsheng de?　Zhèxiē gǔwán shì Zhào xiānsheng de ma?

这些 古玩 是 谁 的?　这些 古玩 是 不 是 赵 先生 的?
Zhèxiē gǔwán shì shuí de?　Zhèxiē gǔwán shì bu shì Zhào xiānsheng de?

这些 古玩 是 赵 先生 的 还是 张 先生 的?
Zhèxiē gǔwán shì Zhào xiānsheng de háishi Zhāng xiānsheng de?

2) 他们 有 一辆 新 汽车?　他们 有 一辆 新 汽车 吗?
Tāmen yǒu yíliàng xīn qìchē?　Tāmen yǒu yíliàng xīn qìchē ma?

他 们 有 几辆 新 汽车?　他们 有 一辆 新 汽车 还是 旧 汽车?
Tāmen yǒu jǐliàng xīn qìchē?　Tāmen yǒu yíliàng xīn qìchē háishi jiù qìchē?

3) 她 的 休息 时间 多?　她 的 休息 时间 多 吗?
Tā de xiūxi shíjiān duō?　Tā de xiūxi shíjiān duō ma?

谁 的 休息 时间 多?　她 的 休息 时间 多 不 多?
Shuí de xiūxi shíjiān duō?　Tā de xiūxi shíjiān duō bu duō?

她 的 休息 时间 多 还是 少?
Tā de xiūxi shíjiān duō háishi shǎo?

4) 他 买了 两瓶 啤酒?　他 买了 两 瓶 啤酒 吗?
Tā mǎile liǎngpíng píjiǔ?　Tā mǎile liǎngpíng píjiǔ ma?

他 买了 什么?　他 买 没 买 啤酒?　他 买了 两瓶 还是 三瓶
Tā mǎile shénme?　Tā mǎi méi mǎi píjiǔ?　Tā mǎile liǎngpíng háishi sānpíng

啤酒?
píjiǔ?

5) 他们 昨天 去 看 画展 了?　他们 昨天 去 看 画展 了 吗?
Tāmen zuótiān qù kàn huàzhǎn le?　Tāmen zuótiān qù kàn huàzhǎn le ma?

他 们 昨天 干 什么 了?　他们 昨天 去 没 去 看 画 展?
Tāmen zuótiān gàn shénme le?　Tāmen zuótiān qù mei qù kàn huàzhǎn?

他们 昨天 去 看 画展 了 还是 去 看 电影 了?
Tāmen zuótiān qù kàn huàzhǎn le háishi qù kàn diànyǐng le?

2. 1) 没　　　2) 没, 不　　　3) 不　　　4) 不
　 méi　　　　 méi, bù　　　　 bù　　　　　 bù

5) 没　　　6) 没　　　7) 没, 不　　　8) 没
　 méi　　　 méi　　　 méi, bù　　　 méi

3. 1) 昨 天 下午 没 签订 合同。
Zuótiān xiàwǔ méi qiāndìng hétóng.

2) 他 上午 写了信 就 出 去 了。
　　Tā shàngwǔ xiěle xìn jiù chū qu le.

3) 明 天 我 看望了老朋友，就去 琉璃厂。
　　Míngtiān wǒ kànwàngle lǎo péngyou, jiù qù Liúlíchǎng.

4) 昨 天 的 电视 我 看 了，真 好！
　　Zuótiān de diànshì wǒ kàn le, zhēn hǎo!

5) 上 星期 你们 参观 故宫 没有？
　　Shàng xīngqī nǐmen cānguān Gùgōng méiyǒu?

6) 王 先生 说 他 给 买 飞机票。
　　Wáng xiānsheng shuō tā gěi mǎi fēijīpiào.

第二十一课　　dì'èrshíyīkè　　Lesson 21

1. 1) (1) 他 从 他 妹妹 那儿来。
　　　　　Tā cóng tā mèimei nàr lái.

　　(2) 我 们 从 张 大中 同志 那儿来。
　　　　　Wǒmen cóng Zhāng Dàzhōng tóngzhì nàr lái.

　2) (1) 我 们 到 陈 伯伯 那儿去。
　　　　　Wǒmen dào Chén bóbo nàr qù.

　　(2) 陈 小姐 到 她 朋友 那儿去了。
　　　　　Chén xiǎojie dào tā péngyou nàr qù le.

2. 1) 在家呢，在家，给谁
　　　zài jiā ne, zài jiā, gěi shuí

　2) 跟 我，跟 你，给 我，给 你，跟 你。
　　　gēn wǒ, gēn nǐ, gěi wǒ, gěi nǐ, gēn nǐ.

3. 1) 他们 从 日本 来。
　　　Tāmen cóng Rìběn lái.

　2) 你 到 哪儿 去?
　　　Nǐ dào nǎr qù?

　3) 他 跟 同学 一起 去 打球。
　　　Tā gēn tóngxué yìqǐ qù dǎ qiú.

　4) 老 刘 要 跟 小 陈 说 一件 事儿。
　　　Lǎo Liú yào gēn Xiǎo Chén shuō yíjiàn shìr.

　5) 我 给 你们 介绍 一下儿。
　　　Wǒ gěi nǐmen jièshào yíxiàr.

4. 1) (1) 没 想 到 你 来 看 我 了。
　　　　　méi xiǎng dào nǐ lái kàn wǒ le.

　　(2) 我 正 打算 到 你 那儿 去 取 票。
　　　　　Wǒ zhèng dǎsuàn dào nǐ nàr qù qǔ piào.

　　(3) 没 想 到 你 已经 买 来 了。
　　　　　méi xiǎng dào nǐ yǐjīng mǎi lai le.

　2) (1) 买 六点 五十 的 吧。　　(2) 等 一会儿 吧。
　　　　　Mǎi liùdiǎn wǔshí de ba.　　　Děng yíhuìr ba.

(3) 以后 再 去 吧。
　　Yǐhòu zài qù ba.

6. 1) 你 从 哪儿 来？
　　Nǐ cóng nǎr lái?

2) 我 到 英 国 去。
　　Wǒ dào Yīngguó qù.

3) 王　 先 生 给 孩子 买了 几本 书。
　　Wáng xiānsheng gěi háizi mǎile jǐběn shū.

4) 你 下午 给 我 打 电 话 吧。
　　Nǐ xiàwǔ gěi wǒ dǎ diànhuà ba.

5) 他 跟 你 谈 什么 了？
　　Tā gēn nǐ tán shénme le?

6) 赵　 先 生 请 老 刘 跟 他们 一起 去 香 山。
　　Zhào xiānsheng qǐng Lǎo Liú gēn tāmen yìqǐ qù Xiāngshān.

第二十二课　　dì'èrshí'èrkè　　Lesson 22

1. 1) 我 上 邮局 打 长 途 电话 去。
　　Wǒ shàng yóujú dǎ chángtú diànhuà qu.

2) 我 上 银行 兑 换 外币 去。
　　Wǒ shàng yínháng duìhuàn wàibì qu.

3) 我 找 小 陈 去。
　　Wǒ zhǎo Xiǎo Chén qu.

4) 我 们 到 故宫 去 了。
　　Wǒmen dào Gùgōng qu le.

5) 他 到 这儿 给 赵　 先 生 送 书 来 了。
　　Tā dào zhèr gěi Zhào xiānsheng sòng shū lai le.

6) 他 打算 晚 上 到 老 刘 那儿 送 火 车 票 去。
　　Tā dǎsuàn wǎnshang dào Lǎo Liú nàr sòng huǒchēpiào qu.

2. 1) 下 来　　2) 上 去　　3) 回 来　　4) 进 去
　　xià lai　　　　shàng qu　　　huí lai　　　jìn qu

3. 1) 他们 现在 不 回 英 国 去。
　　Tāmen xiànzài bù huí Yīngguó qu.

2) 老 刘 要 上 楼 去。
　　Lǎo Liú yào shàng lóu qu.

3) 请 进 屋 来 吧。
　　Qǐng jìn wū lai ba.

4) 莉莉, 拿 茶 来 呀！
　　Lìli, ná chá lai ya!

5) 上 午 张 先 生 送 来了 一本 《汉 英 词典》。
　　Shàngwǔ Zhāng xiānsheng sòng laile yìběn "Hàn Yīng Cídiǎn".

4. 1) (1) 对 不 起　　　　(2) 请 等 一会儿
　　　　Duì bu qǐ　　　　　　Qǐng děng yíhuìr

418

    (3) 对 不起，请 等 一会儿。
       Duì bu qǐ , qǐng děng yíhuìr .

2) (1) 怎么样？ 美
     zěnmeyàng? měi

  (2) 怎么样？ 热
     zěnmeyàng ? rè

  (3) 怎么样？ 多
     zěnmeyàng? duō

5. 1) 别 客气。
    Bié kèqi .

  2) 这 是 我 应该 做 的。
    Zhè shì wǒ yīnggāi zuò de .

  3) 这 是 我 应该 做 的。
    Zhè shì wǒ yīnggāi zuò de .

7. 1) come up 2) go up 3) come down 4) go down 5) come in
6) go in 7) come out 8) go out 9) come back 10) go back

第二十三课　dì'èrshísānkè　Lesson 23

1. 1) (1) 西方人 用 刀子、叉子 吃 饭。
     Xīfāngrén yòng dāozi 、chāzi chī fàn .

  (2) 电报纸 用 钢笔 写。
     Diànbàozhǐ yòng gāngbǐ xiě .

  (3) 我们 两个 用 汉语 谈话。
     Wǒmen liǎngge yòng Hànyǔ tán huà .

2) (1) 他 坐 出租 汽车 去 国际 机场。
     Tā zuò chūzū qìchē qù Guójì Jīchǎng.

  (2) 约翰 先 生 坐 火车 去 上 海。
     Yuēhàn xiānsheng zuò huǒchē qù Shànghǎi.

  (3) 他 们 一家 坐 飞机 回 英国。
     Tāmen yìjiā zuò fēijī huí Yīngguó.

3. 1) 她 一边 走 一边 看。
    Tā yìbiān zǒu yìbiān kàn .

  2) 他 们 一边 参观 一边 谈话。
    Tāmen yìbiān cānguān yìbiān tán huà .

  3) 很 多 人 一边 工作 一边 上 学。
    Hěn duō rén yìbiān gōngzuò yìbiān shàng xué .

6. 1) 中 国 人 用 筷子 吃 饭。
    Zhōngguórén yòng kuàizi chī fàn .

  2) 来 北京 游览 的 外国 朋友 都 要 到 长 城 看 一看。
    Lái Běijīng yóulǎn de wàiguó péngyou dōu yào dào Chángchéng kàn yi kàn .

  3) 来，为 我们 的 友谊 干 一杯!
    Lái, wèi wǒmen de yǒuyì gān yìbēi !

  4) 我 们 得 回去 了。
    Wǒmen děi huí qu le .

第二十四课　dì'èrshísìkè　Lesson 24

1. 1) (1) 他 住 在 人民 剧场 附近。
Tā zhù zài Rénmín Jùchǎng fùjìn .

(2) 他 住 在 四层 。
Tā zhù zài sìcéng .

(3) 票 放在 手提包里了。
Piào fàng zài shǒutíbāoli le .

(4) 手提包 放在 行李架上 了。
Shǒutíbāo fàng zài xínglijiàshang le .

2) (1) 准 备 好 了。 (2) 收 好 了。 (3) 办 好 了。
Zhǔnbèi hǎo le . Shōu hǎo le . Bàn hǎo le .

3) (1) 没 借 到。 (2) 没 借 到。 (3) 没 收 到。
Méi jiè dào . Méi jiè dào . Méi shōu dào .

2. 1) 还 有 什么 问题 需要 讨论 的 吗?
Hái yǒu shénme wèntí xūyào tǎolùn de ma?

2) 还 有 什么 手续 需要 办 的 吗?
Hái yǒu shénme shǒuxù xūyào bàn de ma?

3) 还 有 什么 工作 需要 研究 的 吗?
Hái yǒu shénme gōngzuò xūyào yánjiū de ma?

第二十五课　　dì'èrshíwǔkè　　Lesson 25

1. 1) 谁 2) 哪天 3) 哪儿 4) 几点 5) 什么
shuí nǎtiān nǎr jǐdiǎn shénme

2. 1) 北京 饭店 比 民族 饭店 高。
Běijīng Fàndiàn bǐ Mínzú Fàndiàn gāo .

2) 莉莉 比 大伟 大 三岁。
Lìlì bǐ Dàwěi dà sānsuì .

3) 老 丁 比 陈 太太 瘦 一点儿。
Lǎo Dīng bǐ Chén tàitai shòu yìdiǎnr .

4) 这 件 上衣 比 那件 样子 好。
Zhèjiàn shàngyī bǐ nàjiàn yàngzi hǎo .

5) 这个 国家 跟 那个 国家 差 不多 大。
Zhège guójiā gēn nàge guójiā chà bu duō dà .

6) 他 年纪 跟 她 差 不多 大。
Tā niánjì gēn tā chà bu duō dà .

5. 1) 你 叫 什么 名字?
Nǐ jiào shénme míngzi?

2) 大伟 管 王 大中 叫 叔叔。
Dàwěi guǎn Wáng Dàzhōng jiào shūshu .

3) 她 叫 陈 先生 讲 中国人 的 称呼。
Tā jiào Chén xiānsheng jiǎng Zhōngguórén de chēnghu .

4) 请 进来!
Qǐng jìn lai !

5) 请 问，小 张 同志 住 哪儿?
Qǐng wèn, Xiǎo Zhāng tóngzhì zhù nǎr?

6) 老 陈 请 小李 一家 去 他家。
Lǎo Chén qǐng Xiǎo Lǐ yìjiā qù tā jiā.

复习 (5)　　fùxí (5)　　Review 5

1.
长 —— 短	大—— 小	冷——热
cháng —— duǎn	dà —— xiǎo	lěng —— rè
对——错	多—— 少	快 —— 慢
duì —— cuò	duō —— shǎo	kuài —— màn
早—— 晚	新—— 旧	肥—— 瘦
zǎo —— wǎn	xīn —— jiù	féi —— shòu
复杂—— 简单	上 —— 下	里—— 外
fùzá —— jiǎndān	shàng —— xià	lǐ —— wài
这 —— 那	以前 —— 以后	买 —— 卖
zhè —— nà	yǐqián —— yǐhòu	mǎi —— mài
来—— 去	进—— 出	开始 —— 结束
lái —— qù	jìn —— chū	kāishǐ —— jiéshù
出 国 —— 回国	国内 —— 国外	
chū guó —— huí guó	guónèi —— guówài	

2.
1) 从	2) 为	3) 在	4) 让	5) 跟
cóng	wèi	zài	ràng	gēn

6) 对	7) 在, 跟	8) 让 , 在	9) 给, 往	10) 管 , 管
duì	zài, gēn	ràng, zài	gěi, wàng	guǎn, guǎn

3. 1) 他 刚 从 小 赵 家 来。
Tā gāng cóng Xiǎo Zhào jiā lái.

2) 我们 明天 下午 去 看 小 刘。
Wǒmen míngtiān xiàwǔ qù kàn Xiǎo Liú.

3) 晚 上 他们 从 中国 回 英国。
Wǎnshang tāmen cóng Zhōngguó huí Yīngguó.

4) 陈 先 生 在 那个 书店 买了 一些 历史 方面 的 书。
Chén xiānsheng zài nàge shūdiàn mǎile yìxiē lìshǐ fāngmiàn de shū.

5) 后 天 晚 上 演 杂技，王 小姐 给 她 朋友 一张 票。
Hòutiān wǎnshang yǎn zájì, Wáng xiǎojie gěi tā péngyou yìzhāng piào.

6) 小 张 跟 大伟 他们 一起 游览 长 城。
Xiǎo Zhāng gēn Dàwěi tāmen yìqǐ yóulǎn Chángchéng.

7) 他 从 他 哥哥 那儿 回 学 校。
Tā cóng tā gēge nàr huí xuéxiào.

8) 前 天 我 问 了，今天 上 午 我 又 问 了。
Qiántiān wǒ wèn le, jīntiān shàngwǔ wǒ yòu wèn le.

9) 你们 什么 时候 去 广 州?
Nǐmen shénme shíhòur qù Guǎngzhōu?

10) 时间 这么 晚 了 , 他们 一定 不 回 来 了。
Shíjiān zhème wǎn le , tāmen yídìng bù huí lai le .

第二十六课　　　dì'èrshíliùkè　　　Lesson 26

1. 1) 东边儿　　　2) 北边儿　　　3) 前边儿　　　4) 后边儿
dōngbianr　　　běibianr　　　qiánbianr　　　hòubianr

2. 1) 怎么 去?　　　2) 怎么 走?　　　3) 在 哪儿?　　　4) 哪儿 是
zěnme qù?　　　zěnme zǒu?　　　zài nǎr ?　　　nǎr shì

4. 1) 钟 楼 上边儿 有 什么?
Zhōnglóu shàngbianr yǒu shénme?

2) 剧 场 东边儿 是 烤鸭店。
Jùchǎng dōngbianr shì kǎoyādiàn .

3) 莉莉 坐 在 丁 伯母 右边儿。
Lìli zuò zài Dīng bómǔ yòubianr .

4) 前边儿 是 不 是 和平 新村?
Qiánbianr shì bu shì Hépíng Xīncūn?

5) 请 问, 去 中国 书店 怎么 走?
Qǐng wèn, qù Zhōngguó Shūdiàn zěnme zǒu?

6) 顺 这条 路 往 前 走, 见了 路口 向 右 拐,就 到 了。
Shùn zhètiáo lù wàng qián zǒu, jiànle lùkǒu xiàng yòu guǎi, jiù dào le .

第二十七课　　　dì'èrshíqīkè　　　Lesson 27

1. 1) 他 们 一家 是 坐 火车 去 上海 的。
Tāmen yìjiā shì zuò huǒchē qù Shànghǎi de .

2) 他 们 是 九月 五日 下午 到 北京 的。
Tāmen shì jiǔyuè wǔrì xiàwǔ dào Běijīng de .

3) 我 家 老大 是 去年 结 的 婚。
Wǒ jiā lǎodà shì qùnián jié de hūn.

4) 他 们 是 在 汽车站 分别 的。
Tāmen shì zài qìchēzhàn fēnbié de .

5) 我 是 在 中学 学 的 汉语。
Wǒ shì zài zhōngxué xué de Hànyǔ .

2. 1) 我 很 高兴。　　　2) 我 高兴 极 了。　　　3) 我 太 高兴 了。
Wǒ hěn gāoxìng .　　　Wǒ gāoxìng jí le .　　　Wǒ tài gāoxìng le .

5. 1) 我 是 一九五二年 四月 回 到 国内 的。
Wǒ shì yījiǔwǔ'èrnián sìyuè huí dào guónèi de .

我 一九五二年 四月 回 到 了 国内。
Wǒ yījiǔwǔ'èrnián sìyuè huí dào le guónèi .

2) 老 张 是 在 美国 认识 老 刘 的。
Lǎo Zhāng shì zài Měiguó rènshi Lǎo Liú de .

老 张 在 美国 认识 了 老 刘。
Lǎo Zhāng zài Měiguó rènshile Lǎo Liú .

---

3) 他 是 跟 他 爸爸 一起 去 英国 的。
Tā shì gēn tā bàba yìqǐ qù Yīngguó de.

他 跟 他 爸爸 一起 去 了 英国。
Tā gēn tā bàba yìqǐ qù le Yīngguó.

第二十八课　dì'èrshíbākè　Lesson 28

1. 2) (1) 雨 下 得 很 大。 (2) 车 开 得 很 快。 (3) 他 回答 得 很 对。
Yǔ xià de hěn dà. Chē kāi de hěn kuài. Tā huídá de hěn duì.

2. 1) 写 得 很 好！您 过 奖 了。 2) 打 得 真 好！
xiě de hěn hǎo! Nín guòjiǎng le. dǎ de zhēn hǎo!

3) 演 得 真 好！
yǎn de zhēn hǎo!

3. 1) 怪 不 得 他 汉语 说 得 这么 好。
Guài bu de tā Hànyǔ shuō de zhème hǎo.

2) 怪 不 得 我 这么 不 舒服。
Guài bu de wǒ zhème bù shūfu.

3) 怪 不 得 我 没 见 到 他。
Guài bu de wǒ méi jiàn dào tā.

4. 1) (1) 有 时间 没有 (2) 有 别的 活动 没有
yǒu shíjiān méiyǒu yǒu biéde huódòng méiyǒu

(3) 有 事儿 没有
yǒu shìr méiyǒu

第二十九课　dì'èrshíjiǔkè　Lesson 29

1. 1) 穿 着，戴着，端着，拿着
chuānzhe, dàizhe, duānzhe, názhe

2) 抽 着，看着，念着，站着，拿着，写着
chōuzhe, kànzhe, niànzhe, zhànzhe, názhe, xiězhe

3) 坐 着，长着，围着，穿着，笑着
zuòzhe, zhǎngzhe, wéizhe, chuānzhe, xiàozhe

2. 1) 站 着 2) 写着 呢 吗
zhànzhe xiězhe ne ma

3) 注意 看着 呢 吗 4) 写着
zhùyì kànzhe ne ma xiězhe

5. 1) 那个 小孩儿 身 上 穿 着 一件 红 毛衣。
Nàge xiǎoháir shēnshang chuānzhe yíjiàn hóng máoyī.

2) 外边儿 下着 大雨。
Wàibianr xiàzhe dà yǔ.

3) 今天 的 报 在 桌子 上 放着 呢。
Jīntiān de bào zài zhuōzishang fàngzhe ne.

4) 他 笑着 对 我 招 了 招 手。
Tā xiàozhe duì wǒ zhāole zhāo shǒu.

第三十课　dìsānshíkè　Lesson 30

1. 1) 完
wán
2) 到
dào
3) 完
wán
4) 好
hǎo

5) 在
zài
6) 到
dào
7) 到
dào
8) 完
wán

9) 见
jiàn

复习 (6)　fùxí (6)　Review 6

1 1) 四号楼在三号楼后边儿。
Sìhào lóu zài sānhào lóu hòubianr.

2) 汽车站在剧场南边儿。
Qìchēzhàn zài jùchǎng nánbianr.

3) 我的房间在他的房间的左边儿。
Wǒ de fángjiān zài tā de fángjiān de zuǒbianr.

4) 陈先生坐在张先生的右边儿。
Chén xiānsheng zuò zài Zhāng xiānsheng de yòubianr.

5) 她们三个人这样站着：刘小姐在中间儿，王小姐在
Tāmen sānge rén zhèyàng zhànzhe: Liú xiǎojie zài zhōngjiànr, Wáng xiǎojie zài

她左边儿，赵小姐在她右边儿。
tā zuǒbianr, Zhào xiǎojie zài tā yòubianr.

6) 小汽车在前边儿，大汽车在后边儿。
Xiǎo qìchē zài qiánbianr, dà qìchē zài hòubianr.

2. 1) 他俩是走着去友谊商店的。
Tā liǎ shì zǒuzhe qù Yǒuyì Shāngdiàn de.

2) 上星期他是跟王伯伯一起参观画展的。
Shàng xīngqī tā shì gēn Wáng bóbo yìqǐ cānguān huàzhǎn de.

3) 他是中午十二点回到家里的。
Tā shì zhōngwǔ shí'èrdiǎn huí dào jiā li de.

4) 他是去年国庆节结的婚。
Tā shì qùnián guóqìngjié jié de hūn.

5) 你是跟他在哪儿见的面？
Nǐ shì gēn tā zài nǎr jiàn de miàn?

6) 我们是十年前的秋天分别的。
Wǒmen shì shínián qián de qiūtiān fēnbié de.

7) 那些书是九月六号借来的。
Nàxiē shū shì jiǔyuè liùhào jiè lai de.

8) 他是在那个大商店买的电视机。
Tā shì zài nàge dà shāngdiàn mǎi de diànshìjī.

3. 1) 的
de
2) 得
de
3) 的
de
4) 的，得
de, de

得, 得   6) 的, 得   7) 的, 得   8) 的, 的, 得
de, de   de, de   de, de   de, de, de

第三十一课   dìsānshíyīkè   Lesson 31

1. 1) 他 大学 毕业 几年 了？他 大学 毕业 多 长 时间 了？
   Tā dàxué bìyè jǐnián le? Tā dàxué bìyè duō cháng shíjiān le?

   2) 他 俩 认识 几个 月 了？他 俩 认识 多 长 时间 了？
   Tā liǎ rènshi jǐge yuè le? Tā liǎ rènshi duō cháng shíjiān le?

   3) 他们 聊了 几个 小时 了？他们 聊了 多 长 时间 了？
   Tāmen liáole jǐge xiǎoshí le? Tāmen liáole duō cháng shíjiān le?

   4) 他 出 去 几个 星期 了？他 出 去 多 长 时间 了？
   Tā chū qu jǐge xīngqī le? Tā chū qu duō cháng shíjiān le?

   5) 你们 分别 几年 了？你们 分别 多 长 时间 了？
   Nǐmen fēnbié jǐnián le? Nǐmen fēnbié duō cháng shíjiān ie?

   6) 你们 等 他 几天 了？你们 等 他 多 长 时间 了？
   Nǐmen děng tā jǐtiān le? Nǐmen děng tā duō cháng shíjiān le?

3. 1) 你 听了 多 长 时间 广播？ 听了 半个 钟头 的 广播。
   Nǐ tīngle duō cháng shíjiān guǎngbō? Tīngle bànge zhōngtóu de guǎngbō.

   2) 你 学了 多 长 时间 历史？学了 三年半 的 历史。
   Nǐ xuéle duō cháng shíjiān lìshǐ? Xuéle sānniánbàn de lìshǐ

   3) 你 研究了 多 长 时间 中 文？研究了 二十多 年 的 中 文。
   Nǐ yánjiūle duō cháng shíjiān Zhōngwén? Yánjiūle èrshí duō nián de Zhōngwén.

   4) 你 坐了 多 长 时间 飞机？ 坐了 三个 小时 的 飞机。
   Nǐ zuòle duō cháng shíjiān fēijī? Zuòle sānge xiǎoshí de fēijī

   5) 你 画了 多 长 时间 画儿？画了 半天 的 画儿。
   Nǐ huàle duō cháng shíjiān huàr? Huàle bàntiān de huàr.

第三十二课   dìsānshí'èrkè   Lesson 32

1. 1) 我 看 得 见。
   Wǒ kàn de jiàn.

   2) 今天 他 写 得 完 这些 汉字。
   Jīntiān tā xiě de wán zhèxiē Hànzì.

   3) 我 想，他 半 小时 讲 得 完。
   Wǒ xiǎng, tā bàn xiǎoshí jiǎng de wán.

   4) 我 看 这个 房间 坐 得 下 二十个 人。
   Wǒ kàn zhège fángjiān zuò de xià èrshíge rén.

   5) 这个 柜子 放 得 下 这些 衣服。
   Zhège guìzi fàng de xià zhèxiē yīfu.

   6) 我 十分钟 看 不 完 这篇 文章。
   Wǒ shífēnzhōng kàn bu wán zhèpiān wénzhāng.

   7) 这么 多 好吃 的 东西，我 一个 人 怎么 吃 得 完！
   Zhème duō hǎochī de dōngxi, wǒ yíge rén zěnme chī de wán!

8) 他 还 是 个 小孩儿， 看 不 懂 这个 电影。
Tā hái shì ge xiǎoháir , kàn bu dǒng zhège diànyǐng .

2. 1) 看 得 完 看 不 完？ 看 得 完。 看 不 完。
Kàn de wán kàn bu wán? Kàn de wán. Kàn bu wán.

2) 坐 得 下 坐 不 下 四个人？ 那辆 可能 坐 不 下。
zuò de xià zuò bu xià sìge rén ? Nàliàng kěnéng zuò bu xià .

3) 看 得 见 看 不 见？ 我 看 不 见。
kàn de jiàn kàn bu jiàn? Wǒ kàn bu jiàn .

4) 听 得 清楚 听 不 清 楚？ 我 听 不 清楚。
tīng de qīngchu tīng bu qīng chu ? Wǒ tīng bu qīngchu .

5) 记 得 住 记 不 住？ 我 记 不 住。
jì de zhù jì bu zhù? Wǒ jì bu zhù .

6) 到 得 了 到 不 了？ 到 得 了。 到 不 了。
dào de liǎo dào bu liǎo ? Dào de liǎo . Dào bu liǎo .

第三十三课 dìsānshísānkè Lesson 33

2. 1) 没 读过。读过。我 读过 两 遍 了。
méi dúguo . dúguo . Wǒ dúguo liǎngbiàn le .

2) 没 研究过 。我 没 研究过 。你 研究过 吗？
méi yánjiūguo . Wǒ méi yánjiūguo . Nǐ yánjiūguo ma?

3) 没 买过。我 没 买过。你 买过 吗？买过 两次 了。
méi mǎiguo . Wǒ méi mǎiguo . Nǐ mǎiguo ma? mǎiguo liǎngcì le .

4) 没 听过。我 没 听过。你 听过 吗？听过 两次 了。
méi tīngguo . Wǒ méi tīngguo . Nǐ tīngguo ma? tīngguo liǎngcì le .

5) 没 吃过。我 没 吃过。你 吃过 吗？我 吃过 两 回 了。
méi chīguo . Wǒ méi chīguo . Nǐ chīguo ma? Wǒ chīguo liǎnghuí le .

6) 没 见过。你 见过 吗？
méi jiànguo . Nǐ jiànguo ma?

3. 1) (1) 可 不，今天 比 前 几天 冷 多了。
Kě bù , jīntiān bǐ qián jǐtiān lěng duō le .

(2) 可 不，现在 来 这儿 旅游 的 人 比 两年 前 多 多了。
Kě bù , xiànzài lái zhèr lǚyóu de rén bǐ liǎngnián qián duō duō le .

(3) 可 不，他 现在 比 两年 以前 胖 多了。
Kě bù , tā xiànzài bǐ liǎngnián yǐqián pàng duō le .

(4) 可 不，今年 这 种 皮鞋 比 去年 贵 多了。
Kě bù , jīnnián zhèzhǒng píxié bǐ qùnián guì duō le .

(5) 可 不，这次 来 这儿 的 收获 比 上次 大 多了。
Kě bù , zhècì lái zhèr de shōuhuò bǐ shàngcì dà duō le .

2) (1) 哪儿啊! 比 我 炒 的 香 多了。
Nǎr a ! Bǐ wǒ chǎo de xiāng duō le .

(2) 哪儿啊! 比 那 种 椅子 舒服 多了。
Nǎr a ! Bǐ nàzhǒng yǐzi shūfu duō le .

哪儿啊! 比 那个 舞剧 的 音乐 好听 多 了。
Nǎr a ! Bǐ nàge wǔjù de yīnyuè hǎotīng duō le.

(4) 哪儿啊! 比 我们 知道 的 详细 多 了。
Nǎr a ! Bǐ wǒmen zhīdao de xiángxì duō le.

5. 1) 老 赵 去过 美国。
Lǎo Zhào qùguo Měiguó.

2) 老 赵 去 美国 了。
Lǎo Zhào qù Měiguó le.

3) 他 在 中国 住过 二十年。
Tā zài Zhōngguó zhùguo èrshínián.

4) 他 在 中国 住了 二十年 了。
Tā zài Zhōngguó zhùle èrshínián le.

5) 老 陈 没有 老 张 大。
Lǎo Chén méiyǒu Lǎo Zhāng dà.

第三十四课　　dìsānshísìkè　　Lesson 34

1. 1) (2); 2) (2); 3) (1); 4) (2); 5) (2); 6) (1)

2. 1) 四点半 左右
sìdiǎnbàn zuǒyòu

2) 五十本 左右
wǔshíběn zuǒyòu

3) 四十岁 左右
sìshísuì zuǒyòu

4) 半里 左右
bànlǐ zuǒyòu

5) 一米 左右
yìmǐ zuǒyòu

6) 二十斤 左右
èrshíjīn zuǒyòu

3. 1) 礼物 买 好 了 就 吃 饭。
Lǐwù mǎi hǎo le jiù chī fàn.

2) 东西 收拾 好 了 就 托运。
Dōngxi shōushi hǎo le jiù tuōyùn.

3) 飞机票 取 来 了 就 拍 电报。
Fēijīpiào qǔ lai le jiù pāi diànbào.

4) 帐 结了 就 离开 饭店。
Zhàng jiéle jiù líkāi fàndiàn.

5) 衣服 穿 好 了 就 散步。
Yīfu chuān hǎo le jiù sànbù.

6) 信 写 完 了 就 寄。
Xìn xiě wán le jiù jì.

5. 1) 给 爷爷 奶奶 的 信 写 好 了 没有?
Gěi yéye nǎinai de xìn xiě hǎo le méiyǒu?

2) 那 两个 箱子 托运 了 吗?
Nà liǎngge xiāngzi tuōyùn le ma?

3) 收信人 的 地址 写 在 信封 上边儿。
Shōuxìnrén de dìzhǐ xiě zài xìnfēng shàngbianr.

4) 这 事儿怎么 办呢?
Zhè shìr zěnme bàn ne?

5) 汉语 不 难 学。
Hànyǔ bù nán xué.

第三十五课　　dìsānshíwǔkè　　Lesson 35

1. 1) 把 它 洗一下儿吧。
bǎ tā xǐ yíxiàr ba.

2) 把 门 和 窗户 关 上 吧。
bǎ mén hé chuānghu guān shang ba.

3) 给 我 把 信 念念 吧。
gěi wǒ bǎ xìn niànnian ba.

4) 把 水果 、照相机 带 上 吧。
bǎ shuǐguǒ 、zhàoxiàngjī dài shang ba.

5) 把 大衣 挂 在 柜子里，把 毛衣、衬衫 放 在 箱子里 吧。
bǎ dàyī guà zài guìzili , bǎ máoyī 、chènshān fàng zài xiāngzili ba.

6) 把 黄 油 、面 包 拿来，把菜、鸡蛋汤 端 来吧。
bǎ huángyóu 、miànbāo ná lai , bǎ cài 、jīdàntāng duān lai ba.

2. 1) 就 这 。来，把 它们　　2) 就 这 。来，把 它们
jiù zhè . lái , bǎ tāmen　　　jiù zhè . lái , bǎ tāmen

3) 就。来，把 电视　　4) 就 。来，把 它们
jiù . lái , bǎ diànshì　　　jiù . lái , bǎ tāmen

5) 就 。来，把 它们　　6) 就。来，把 它们
jiù . lái , bǎ tāmen　　　jiù . lái , bǎ tāmen

复习 (7)　　fùxí (7)　　Review 7

1. 1) 过，过　　2) 过　　3) 了
guo , guo　　　guo　　　le

4) 了　　5) 了　　6) 过
le　　　le　　　guo

2. 1) 他 教 中国 历史 教了 三十 多 年 了。
Tā jiāo Zhōngguó lìshǐ jiāo le sānshí duō nián le.

2) 昨 天 晚 上，我 在 家 看 电视 看了 两 小时 四十 分钟 。
Zuótiān wǎnshang, wǒ zài jiā kàn diànshì kànle liǎng xiǎoshí sìshífēnzhōng.

3) 他 们 在 西安 呆了 十 三 天。
Tāmen zài Xī'ān dāile shísāntiān.

4) 这 个 大型 舞剧 演了 三 个 钟 头 。
Zhège dàxíng wǔjù yǎnle sānge zhōngtóu.

5) 那 个 包 裹 寄了 一 个 星 期 。
Nàge bāoguǒ jìle yíge xīngqī.

6) 我 们 去 剧院 走了 半 个 钟 头 。
Wǒmen qù jùyuàn zǒule bànge zhōngtóu.

7) 老 刘 去 上 海 出差，去了 两天 了。
　　Lǎo liú qù Shànghǎi chūchāi, qùle liǎngtiān le.

8) 他 在 北京 生活了 三十年。
　　Tā zài Běijīng shēnghuóle sānshínián.

3.   1) 的，地   2) 的   3) 得   4) 的，得，的
        de , de   de   de   de , de , de

     5) 地   6) 得   7) 的   8) 地，的，得
        de   de   de   de , de , de